W0064675

Ecco 2

METODO DI ITALIANO

Dieses Buch gibt es auch auf
www.scook.de

Es kann dort nach Bestätigung der
allgemeinen Geschäftsbedingungen
genutzt werden.

Buchcode: **v4sk9-3hprk**

INHALTSVERZEICHNIS

Die folgenden aufgelisteten Angebote sind nicht obligatorisch abzuarbeiten. Die Auswahl der Übungen und Übungsteile richtet sich nach den Schwerpunkten des schulinternen Curriculums.

3 ROMA, CAPITALE D'ITALIA

Lernaufgabe (*officina creativa*): eine Stadtführung organisieren
Methodischer Schwerpunkt: Sprachmittlung, Hörverstehen

**In Bayern nur
rezeptiv zu behandeln*

62 BILANCIO 1

4 ANDARE A SCUOLA E LAVORARE

Lernaufgabe (*officina creativa*): einen Zeitungsartikel schreiben
Methodischer Schwerpunkt: Schreiben, Dialogisches Sprechen

**In Bayern nur
rezeptiv zu behandeln*

Inhaltsverzeichnis

SUPPLEMENTO

IL PIACERE DI LEGGERE

APPENDICE

CIAO

Formate dei gruppi di quattro persone. Tre di voi giocano e provano ad arrivare a Lecce. Uno di voi fa l'arbitro[1] che fa le domande e controlla le soluzioni. (p. 140–141)

Per giocare avete bisogno di un  e di tre .

Se il risultato è un vai avanti di tre caselle.

1. Di' poi in quale città e in quale regione sei.
Giusto? ✅ Fai l'esercizio **2**.
Sbagliato? ❌ Tira[2] il e vai indietro ↩.
Tocca all'altro giocatore.

> Sono a Torino nella regione Piemonte.

2. Al simbolo ❓ rispondi alla domanda che ti pone l'arbitro.
Al simbolo 🖼 cerca la leggenda corretta (1–13) della foto del luogo in cui ti trovi e descrivi la foto.
Fai attenzione alle preposizioni e agli articoli.

[1] l'arbitro – der Schiedsrichter   [2] tirare il dado – würfeln

> Che cosa ci si trova e che cosa potete farci?

> visitare ⬛ città bianca, passeggiare ⬛ i vicoli

> A ⬛ possiamo visitare la città bianca e …

Giusto? ✅ Puoi rimanere.
Falso? ❌ Torna alla casella precedente.

 Chi arriva per primo a Lecce ha vinto.

1 andare ⬛ montagna, fare sci/snowboard

2 fare ⬛ foto ⬛ monumenti

3 andare ⬛ mercato, fare spesa

4 andare ⬛ spiaggia, camminare ⬛ lungomare, prendere ⬛ sole

5 vedere monumenti, visitare la città

6 andare ⬛ spiaggia, fare surf

7 andare ⬛ piazza, vedere palazzi, edifici, mangiare, bere ⬛ ristoranti

8 passeggiare ⬛ parco

9 passeggiare ⬛ vicoli, visitare ⬛ centro storico, fare ⬛ spesa

10 andare ⬛ montagna, visitare ⬛ chiesa

11 andare ⬛ montagna, fare ⬛ passeggiate

12 visitare ⬛ città bianca, passeggiare ⬛ vicoli

13 andare ⬛ spiaggia, prendere ⬛ pedalò, fare ⬛ bagno, prendere ⬛ sole

Trieste

Verona

Camogli

Genova

L'Aquila

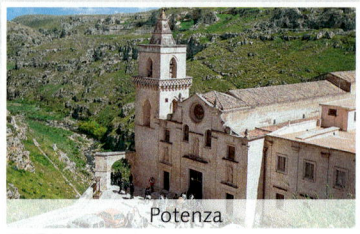
Potenza

ABRUZZO

FRIULI-VENEZIA GIULIA

EMILIA-ROMAGNA

Trento

Venezia

AUSTRIA

SLOVENIA

LIGURIA

CAMPANIA

Firenze

BOSNIA
ERZEGOVINA

Ostuni

Cagliari

CALABRIA

VALLE D'AOSTA

MOLISE

Isola d'Elba

UMBRIA

SICILIA

LAZIO

PIEMONTE

VENETO

TRENTINO-ALTO ADIGE

MARCHE

TOSCANA

LOMBARDIA

Capri

Palermo

BASILICATA

PUGLIA

SARDEGNA

ITALIA

Mar Mediterraneo

ALGERIA   TUNISIA

Aosta
Milano
Trento
Verona   Venezia
Trieste
Torino
Genova
Canogli
Bologna
San Marino
Firenze
Siena
Ancona
Sanremo
Perugia
L'Aquila
Roma
Campo-
basso
Bari
Ostuni
Napoli
Potenza
Lecce
Capri
Cagliari
Catanzaro
Palermo

🎧 1 2

La Puglia è "il tacco dello stivale". Ha una superficie di 19.541 chilometri quadrati e circa quattro milioni di abitanti. Il suo capoluogo è Bari.

APPROCCIO

Penisola del Gargano

Nel nord della Puglia troviamo il Gargano, dove c'è la Foresta Umbra. Si chiama così perché ci sono alberi molto alti che creano un bosco davvero bello con tanta ombra.

Bari è la città di San Nicola. Nel bel centro storico della città si trova la chiesa del santo e gli abitanti lo celebrano ogni anno dal 7 al 9 maggio con una bella festa grande in tutta la città.

Trani

Bari

Castel del Monte

La Puglia è anche famosa per i suoi monumenti storici: infatti sulla moneta italiana da 1 centesimo troviamo Castel del Monte, uno dei bei castelli medioevali di Federico II.

CULTURA E CIVILTÀ 🌐

▶ Federico II: imperatore tedesco che ha passato la sua vita nel sud d'Italia.

Un'altra cosa che possiamo vedere solo in Puglia sono i trulli, case tipiche con un tetto di pietra. Ad Alberobello c'è un quartiere con circa 400 trulli, uno accanto all'altro.

APPROCCIO

PREPARARSI ALLA LETTURA

1 **a** Ti ricordi della Puglia da *Ecco 1*?

– Dove si trova la Puglia in Italia?
– Quale dei ragazzi viene dalla Puglia?
– Da quale città viene?

b Che cosa vedi? Descrivi le foto.

▶ *Bilder beschreiben, S. 157*

Sapevi che in Italia ci sono venti regioni? La Puglia è una di queste.

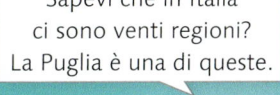

5

6

7

Nella regione c'è un ottimo olio d'oliva e c'è la produzione di pasta. Infatti la Puglia è famosa per le orecchiette, pasta tipica della regione.

Ostuni

Alberobello

Brindisi

Taranto

Lecce

Una costa così lunga offre tante belle spiagge. Non ci sono solo spiagge di sabbia, ma anche tanti scogli. Quasi dappertutto il mare è pulito, ideale per fare il bagno.

Il mare è molto importante per la regione che ha 830 chilometri di costa. In Puglia si trovano molti porti importanti; per esempio il porto di Taranto sul Mar Ionio.

Salento

8

LEGGERE E CAPIRE

2 Leggi il testo e prepara dieci domande sulla Puglia.
Il tuo compagno / La tua compagna ti risponde.

> Quanti abitanti ci sono in Puglia?

> Ci sono circa 4 milioni di abitanti.

Dove …?	abitare
Come …?	avere
Chi …?	essere
Quando …?	esserci
Quanti/-e …?	chiamarsi
Che cosa …?	fare
Quale/-i …?	trovarsi
	vivere

SCOPRIRE E ESERCITARSI

3 Bello o bel? Leggi la cartolina e trova la regola:
quando si usa quale forma di bello?

4 Lucia racconta perché dovete visitare assolutamente
anche la Sicilia. Come descrive le cose che si trovano in
Sicilia? Completa le frasi con le forme giuste di bello.

Conoscete la Sicilia? È una delle venti regioni d'Italia e si
trova, come la Puglia, nel sud d'Italia. È molto ▦. La sua
costa ha anche delle ▦ spiagge. Poi ci sono anche dei ▦
centri storici: per esempio quello di Catania è molto ▦.
La Sicilia offre anche dei parchi naturali molto ▦. Se non
la conoscete ancora dovete assolutamente fare un ▦
viaggio in Sicilia.

> Ciao bella,
> tanti saluti dalla Puglia. Abbiamo già visto
> tante cose molto belle: belle spiagge, bei
> castelli e begli alberghi. A Bari c'è un bel
> centro storico. Anche il porto di Taranto è
> veramente bello. Ieri abbiamo fatto una
> bella gita ad Otranto e abbiamo fatto delle
> belle foto.
> Un bacio, Carlo

5 Filippo racconta perché dovete assolutamente visitare la Puglia.
Come descrive le cose che si trovano in Puglia?

> In Puglia ci sono delle belle spiagge. C'è anche un grande castello medioevale.

| In Puglia | c'è
ci sono
si trova
si trovano | tanto/-a
molto/-a
poco/-a | spiaggia/spiagge
porto/-i
centro/-i storico/-i
castello/-i
bosco/boschi
albero/-i | fantastico/-a
medioevale
importante
pulito/-a
alto/-a
tipico/-a
ottimo/-a
bianco/-a |
| | | ▦ grande
bello/-a | ▦ | ▦ |

PARLARE

6 a Cerca nei testi (p. 8–9) le espressioni utili per presentare una regione.

b Vi trovate in una lezione di geografia in Italia. Il professore vi chiede informazioni sul vostro paese
/ sulla vostra regione. Preparate un piccolo discorso e presentatelo in classe.

7 a Scegli una foto (p. 8–9) e cerca altre informazioni sul posto, p. e. in Internet.

b Presenta il posto al tuo compagno / alla tua compagna.

PREPARARSI ALLA LETTURA

1 Racconta al tuo compagno / alla tua compagna una tipica giornata al presente. Usa anche:

la mattina, a mezzogiorno, nel pomeriggio, la sera, dopo scuola, poi, dopo

Durante le vacanze Filippo sta in Puglia da suo nonno Sandro, che vive a San Donato, vicino a Lecce. Una sera fanno una passeggiata in paese insieme.

5 **Filippo:** Nonno, San Donato è un paese abbastanza piccolo, ma a piedi diventa davvero grande. La prossima volta vorrei prendere la macchina.
Nonno: Ma Filippo, quanto sei pigro! Sai che
10 quando avevo la tua età, non avevamo la macchina, anzi c'erano poche macchine per strada e andavamo quasi sempre a piedi. E ci alzavamo tutti molto presto anche la domenica per andare a messa. La vita era davvero faticosa qui in cam-
15 pagna e tutti lavoravano tanto anche il sabato e la domenica.
Filippo: Sì, nonno, lo so. Tutto era tanto difficile allora.
Nonno: Ma no, non tutto. Da bambini poteva-
20 mo giocare per strada senza pericoli. Gli adulti lavoravano vicino a casa e avevano sempre tempo per due chiacchiere. Nel paese ci sentivamo come in una grande famiglia. Ci conoscevamo tutti e la sera ci incontravamo in piazza.
25 **Filippo:** Ma come sapevate quando incontrarvi tutti in piazza? Non vi davate appuntamento?
Nonno: D'estate passavamo tanto tempo in piazza la sera. Ad un certo punto c'erano tutti. Non bisognava mettersi d'accordo su un'ora pre-
30 cisa.

Filippo: Oggi a Torino purtroppo non è così. La città è troppo grande per incontrarsi senza appuntamento e in centro i bambini certamente non possono giocare per strada.
Nonno: Ah, guarda. Questa è la stazione di San 35 Donato: era così anche quando avevo la tua età. Sapevi che mio cugino lavorava qui?
Filippo: No, non lo sapevo.
Nonno: Lui conosceva davvero tutto il paese. Quando si andava in città, si prendeva il treno e 40 si compravano i biglietti da lui allo sportello. Oggi alla stazione lui non c'è più, ma la ferrovia è quasi come allora.
Filippo: Sì, ma oggi si trovano solo pochi sportelli e quasi sempre con code lunghe, ma per 45 fortuna c'è Internet e lì non si comprano solo i biglietti. In fondo è molto comodo.
Nonno: Sì, certo, ma non c'era Internet e neanche la televisione quando ero giovane.
Filippo: Oddio, neanche la tv. Allora come si fa- 50 ceva la sera quando non era possibile andare in piazza?
Nonno: D'inverno non avevamo tanto da fare la sera. Casomai i vecchi raccontavano delle storie. Spesso si preferiva andare a letto abbastanza 55 presto.
Filippo: Sì, e senza Internet scrivevate solo delle lettere per comunicare. No, scherzo… qualche volta le scriviamo ancora oggi.
Nonno: Lo so, lo so. Per fortuna la vita oggi è di- 60 versa, abbastanza comoda, ma anche frenetica.

LEGGERE E CAPIRE

2 **a** Leggi il testo e abbina le frasi in modo corretto.

1. Prima non c'erano tante	per due chiacchiere.
2. Oggi a Torino i bambini non possono	delle lettere.
3. Allora i biglietti si compravano agli	comoda ma frenetica.
4. Gli adulti lavoravano vicino a	casa.
5. La sera si andava a letto molto	la sera.
6. I vecchi raccontavano delle storie	presto.
7. Oggi solo qualche volta si scrivono	macchine.
8. Prima tutte le persone del paese	giocare per strada.
9. Adesso la vita è	si conoscevano.
10. Allora le persone avevano più tempo	sportelli della stazione.

b Di' una frase dell'esercizio 2a, il tuo compagno / la tua compagna dice se è una situazione di oggi o di allora.

oggi   allora   La sera si andava a letto ...   È una situazione di allora.

SCOPRIRE

3 **a** Was drückt die neue Zeitform der Verben in den Übungen 2a+b aus?

b Cerca le forme dell'imperfetto nel testo (p. 11). Fai una lista:

▶ Riassunto 2

sapevo (io) → sapere

c Completa la griglia.

	lavorare	sentire	sapere
[io]			sapevo
[tu]			

	essere
[io]	
[tu]	

	avere
[io]	
[tu]	

	fare
[io]	
[tu]	

PARLARE

4 **Filippo racconta della vita di nonno Sandro quando aveva quindici anni. Che cosa dice?**

Allora		*scrivere* delle lettere.
		non *avere* la macchina.
		andare quasi sempre a piedi.
Da bambino / bambini	il nonno	*alzarsi* presto.
	i suoi amici	*lavorare* anche il sabato.
	la sua famiglia	*potere* giocare per strada.
Quando aveva la mia età	tutti	*conoscersi* tutti in paese.
Quando avevano la nostra età		*prendere* il treno per andare in città.
		preferire andare a letto presto.
		non *avere* un televisore.

5 Com'era la vita allora? Immagina che cosa dice la nonna di Giorgia.

> Allora la vita in città non era …

Oggi a Torino
- la vita è molto frenetica.
- quasi tutte le persone hanno Internet e un cellulare.
- ci sono tante macchine.
- si scrive spesso in chat.
- molte persone lavorano con il computer.
- ogni anno molte persone visitano le attrazioni della città.

6 Che cosa (non) ti piaceva quando eri piccolo/-a? Che cosa facevi? Prendi appunti e racconta al tuo compagno / alla tua compagna del tuo passato.

Esempio: Quando ero piccolo/-a, non mi piaceva stare a casa. Di solito giocavo con i miei amici nel parco. Nel mio quartiere …

> sempre, da bambino/-a, quando ero piccolo/-a, allora, di solito

ESERCITARSI

7 Completa con le forme del si *impersonale/passivante*. ▶ Riassunto 4

Oggi la vita è molto diversa. Quasi sempre ▦ la macchina e non ▦ a piedi. Poi, ▦ solo dal lunedì al venerdì. Ma tutti hanno più fretta e non ▦ tempo per due chiacchiere. Molte cose ▦ in Internet. Per incontrarsi ▦ o ▦ dei messaggi.

> andare, comprare, lavorare, avere, telefonare, prendere, scrivere

8 Come si fa oggi? Come si faceva allora?
Racconta dal tuo punto di vista.

> Oggi si leggono i giornali in Internet.

> Allora non si avevano tante macchine.

Oggi		*scrivere* delle lettere.	*comprare* tanti vestiti online.
	(non)	*scrivere* dei messaggi.	*giocare* ai videogiochi.
Allora		*conoscere* tutte le persone del paese.	*fare* tanto sport nel tempo libero.
		prendere l'autobus / il treno per andare a scuola.	*giocare* per strada.
		comunicare con le persone dall'altra parte del mondo.	*preparare* le relazioni con l'aiuto di google.
		comprare quasi tutto in Internet.	*cercare* delle informazioni in Internet. ▦

ASCOLTARE

9 a La mamma di Anna racconta della sua vita trascorsa prima in campagna e del perché ama vivere a Torino adesso. Completa la tabella nel tuo quaderno.

in campagna:

Pro	Contro

b E voi? Dove preferite vivere? Fate una lista e discutete.

> Io preferisco vivere in città perché ▪▪▪

> Io (invece) preferisco vivere in campagna perché ▪▪▪

in citta:

Pro	Contro

> Secondo me ▪▪▪

> Hai ragione. / Sì, è vero.

ITALIA IN DIRETTA

10 a Guarda la foto e leggi la ricetta. Che cosa capisci?

▶ *Texte über ihre Gestaltung erkennen, S. 154; Das Wörterbuch benutzen, S. 150*

b Formate dei gruppi di quattro persone e scambiate le vostre informazioni.

c A casa vuoi preparare le orecchiette alla crudaiola insieme a tua madre o tuo padre. Però tua madre / tuo padre non capisce l'italiano. Spiegagli/-le come si fanno.

▶ *Detailgenaues Leseverstehen, S. 154*

orecchiette alla crudaiola

Ingredienti:

4 etti di orecchiette
5 etti di pomodori
1 spicchio d'aglio
1 ciuffo di basilico
olio d'oliva
peperoncino
sale
parmigiano

1. Lavare i pomodori, tagliarli a spicchi, metterli in un contenitore e aggiungere sale, un peperoncino, aglio a fette, basilico fresco e olio. A piacere spolverare con parmigiano.

2. Mettere tutto in frigorifero ad una temperatura di 5 gradi e lasciarlo riposare per circa un'ora.

3. Cuocere le orecchiette e, quando sono pronte, prendere il contenitore dal frigo, togliere l'aglio e il peperoncino e mescolare la pasta con il sugo.

Buon appetito!

MEDIAZIONE

11 a Insieme ai tuoi genitori passi le tue vacanze a Bari. Tuo padre ha trovato un volantino di Castel del Monte e lo vuole visitare. Dal cellulare fai il numero indicato perché i tuoi genitori hanno delle domande. Che cosa dici al telefono per chiedere le seguenti informazioni?

> Wie viele Kilometer sind es von Bari zum Castel del Monte?

> Gibt es von Bari aus einen Zug oder einen Bus?

> Wie teuer sind die Eintrittskarten?

> Gibt es dort in der Nähe noch mehr zu besichtigen?

b Ascolta il dialogo e confronta le domande con le tue.

c Ascolta il dialogo un'altra volta e prendi appunti sulle informazioni che vi servono. Poi spiegale in tedesco ai tuoi genitori.

CONCORSO
Scrivete un racconto su un'avventura d'estate.

Un giorno ero in spiaggia: mentre mangiavo un gelato con mia cugina Adriana e ascoltavo la mia canzone preferita ad un tratto un pallone mi ha colpito e il mio gelato è volato nella sabbia. Mi sono davvero arrabbiata perché c'era sabbia dappertutto: sul mio asciugamano, tra i miei capelli, sulla mia schiena e naturalmente sul mio gelato … e perfino su Adriana. Quando

5 ho alzato la testa, ho visto due ragazzi che correvano verso di noi. Uno di loro era alto e biondo e aveva i capelli lunghi un po' ricci e l'altro invece era abbastanza basso con i capelli neri e corti.

I due ragazzi si sono scusati subito. Erano molto gentili e così abbiamo cominciato a parlare. Si chiamavano Nicola e Daniele ed erano fratelli, ma

10 tanto diversi. Il loro padre era italiano e la mamma austriaca e perciò abitavano a Vienna e passavano le vacanze in Puglia dalla famiglia. Nicola, il biondo, era davvero carino e mi sorrideva sempre.

Siamo andati a fare il bagno insieme (e così mi sono finalmente tolta la sabbia dalla schiena) e poi ci siamo divertiti tutto il pomeriggio a giocare a pallavolo.

15 Alla fine Nicola e Daniele ci hanno invitato al cinema all'aperto a S. Maria di Leuca.

Quando i due ragazzi sono arrivati a prenderci, Nicola è sceso e ci ha salutato: "Greta, Adriana, ciao! Salite! Andiamo!" – Wow! In camicia e jeans e

20 con i suoi occhiali da sole era davvero bellissimo!

In quel momento è successa una cosa tanto imbarazzante; è uscita la nonna e ci ha subito fermato: "Ragazze, così no!" Non voleva lasciarci andare con degli sconosciuti e per un attimo ho avuto davvero paura di perdermi una bellissima serata. Alla fine, però, siamo riusciti a convincerla: ci ha lasciato

25 andare, ma ha dovuto accompagnarci mio cugino Paolo. Si sa bene che le nonne – e anche le mamme – sono così!

Dopo questa serata fantastica abbiamo passato insieme dieci bellissime giornate tra spiaggia, bar e qualche discussione interessante. Purtroppo il momento dell'addio è arrivato troppo presto. Per rimanere in contatto ci

30 siamo scambiati indirizzi e numeri. Prima di partire per Vienna Nicola mi ha dato un pacchetto con dentro un bellissimo ricordo dei giorni passati insieme …

(Greta, 17 anni)

LEGGERE E CAPIRE

1 a Cerca nel testo (p. 15) le informazioni che corrispondono alle vignette. Poi metti le immagini nell'ordine giusto.

b Che cosa rende la storia vivace e avvincente?

SCOPRIRE

2 a Collega le frasi alle vignette.

1. Nicola è sceso e ci ha salutato.
2. Ero in spiaggia, mangiavo un gelato e ascoltavo la mia canzone preferita.
3. In camicia e jeans con i suoi occhiali da sole era davvero bellissimo.
4. Ad un tratto un pallone mi ha colpito e il mio gelato è volato nella sabbia.

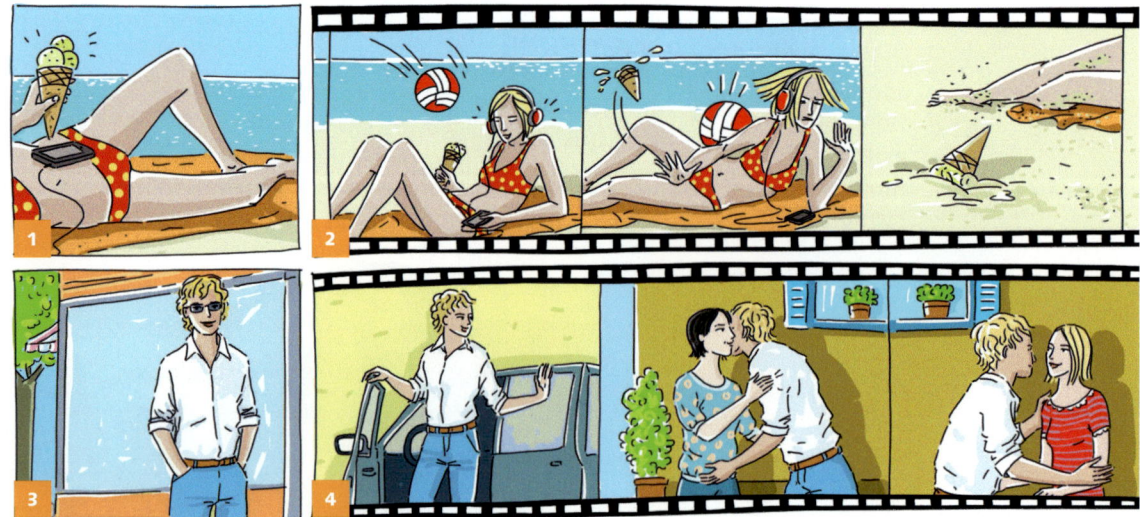

b In quali frasi succede qualcosa, in quali si descrive qualcosa?   ▶ *Riassunto 3*

IMPARARE MEGLIO

3   Mit Merkhilfen arbeiten

a   Leggi il testo (p. 15) un'altra volta. Quando si descrive qualcosa e quando succede qualcosa? Cerca degli esempi e fa' una griglia.

🖼	🎞
1.	
2.	

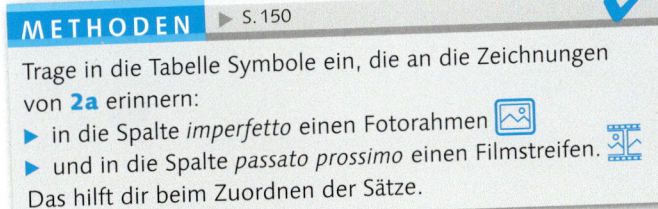

METHODEN   ▸ S. 150   ✔

Trage in die Tabelle Symbole ein, die an die Zeichnungen von **2a** erinnern:
▸ in die Spalte *imperfetto* einen Fotorahmen 🖼
▸ und in die Spalte *passato prossimo* einen Filmstreifen. 🎞
Das hilft dir beim Zuordnen der Sätze.

b   Guarda le vignette. Com'era la situazione dopo la partenza di Nicola e Daniele, che cosa è successo? Racconta dal punto di vista di Greta. Decidi se devi usare il passato prossimo o l'imperfetto.

(quando) ad un tratto, a quel punto, in quel momento, tutti i giorni, sempre, spesso

ASCOLTARE

🎧 11|7   **4**   Ascolta il racconto di Nicola: qual era la situazione? Che cosa è successo? Fai una tabella come nell'esercizio 3 e prendi appunti. Poi racconta tu.

ESERCITARSI

5   Greta racconta. Completa le frasi con le forme dei verbi al passato prossimo o all'imperfetto.
▸ Riassunto 3

▦ venerdì, ▦ molto caldo. Nicola e Daniele ▦ a prenderci. Ma mia nonna non ▦ lasciarci andare da sole con due ragazzi. Così ci ▦ anche mio cugino Paolo. Tutti insieme ▦ in un bar. Quando ▦ ▦ già tante persone. Per questo ▦ di andare di nuovo in spiaggia e lì ▦ una serata bellissima.

essere, fare, venire, volere, accompagnare, andare, arrivare, esserci, decidere, passare

6 Che cosa hanno fatto gli Agostini ieri? A che ora? Usa i seguenti verbi al passato prossimo.

| svegliarsi, farsi la doccia, incontrarsi, mettersi a lavorare, mettersi a studiare |

PARLARE

7 **a** Com'era la tua vita quando eri piccolo/-a? Racconta al tuo compagno / alla tua compagna dove andavate di solito.

una volta / due volte all'anno   di solito   d'estate

ogni anno   con i miei nonni   d'inverno

con i miei genitori   con i miei fratelli   con la mia famiglia

METHODEN ▶ S. 157 ✔
▶ Verwende in deiner Erzählung verschiedene stilistische Mittel, z. B. Ausrufe.

b Che cosa è successo? Racconta una situazione concreta (p.e. una tua festa di compleanno, un giorno durante le vacanze ecc.). | Folgende Elemente helfen dir, dein Erlebnis spannend zu erzählen:

un giorno, una (domenica) sera, una mattina, quando ad un tratto, in quel momento, ad un certo punto, improvvisamente

c Quale racconto ti è piaciuto di più? Motiva la tua scelta. ▶ Einen Text bewerten, S. 162

avvincente   bello   interessante   divertente

8 Come sono state le tue vacanze? Tu (A) incontri un amico / un'amica (B, p. 141) per strada e parli con lui/lei delle vacanze.

A
1. Du grüßt zurück und sagst, dass du auf Mallorca warst.
2. Du sagst, dass es wie immer sehr warm war, aber dass du dieses Mal neue Freunde kennengelernt hast und ihr jeden Tag zusammen verbracht habt; ihr habt Beach-Volleyball gespielt, Eis gegessen und euch gesonnt. An einem Tag seid ihr sogar surfen gewesen.
3. Du sagst, dass es am Anfang schwierig war; du bist ständig herunter gefallen. Aber nach zwei Stunden hat es gut geklappt. Dann fragst du B, was er/sie in den Ferien gemacht hat.
4. Du stimmst zu und verabschiedest dich.

SCRIVERE

9 "Purtroppo il momento dell'addio è arrivato troppo presto. Per rimanere in contatto ci siamo scambiati indirizzi e numeri." (p. 15). Scrivi una mail o una cartolina dopo la partenza al posto di Nicola o di Greta. Racconta per esempio: ▶ *einen Brief schreiben, S. 160*

– Che tempo faceva a Vienna / a Torino dopo le vacanze al mare?
– Che cosa hai fatto in questi giorni a casa?
– Come ti trovavi dopo il ritorno?
– A quale situazione delle vacanze pensi spesso e volentieri?

> Ieri / I giorni passati faceva …,
> (Non) mi trovavo …,
> Sono andato …, Sai quando …?,
> Ci penso spesso., Secondo me era …,
> … mi piace/piacciono tanto.

1

MEDIAZIONE

10 a Laura ha bisogno di informazioni sulla Puglia e chiede un favore a Robert perché lui conosce una ragazza che viene dalla Puglia. Leggi la mail di Laura e scrivi al posto di Robert un messaggio alla sua amica Eloisa che abita in Puglia.

> Hey Robert,
> ich habe dir ja schon erzählt, dass ich im Juli eine Reise mit meinen Eltern nach Apulien machen werde. Jetzt sind wir dabei alles zu planen und da dachte ich an dich: Deine Freundin Eloisa wohnt doch dort. Kannst du sie mal fragen, ob sie uns
> 5 ein paar Tipps geben kann, wo wir wohnen können und was wir uns unbedingt ansehen sollten?
> Wir würden gern in einem Appartement wohnen, ein paar Touren mit dem Auto machen und an die schönsten Strände Apuliens fahren, um uns dort zu erholen. Außerdem würden wir gern wissen, wo man gut und nicht so teuer essen kann.
> 10 Vielen Dank für deine Hilfe und liebe Grüße an deine Eltern,
> Laura

b Quando Eloisa ha ricevuto il tuo messaggio ti telefona. Ascolta e prendi appunti riguardo ai consigli per la Puglia.

Dove?	Che cosa?

c Adesso rispondi alla mail di Laura e dalle i consigli di Eloisa.
▶ *kreatives Schreiben, p.. 162*

OFFICINA CREATIVA

1 a Come avete passato le vostre vacanze d'estate? Ogni studente scrive un testo.

Per scrivere il testo
– cercate prima alcune informazioni, per esempio in Internet, e descrivete il posto dove avete passato le vostre vacanze,
– descrivete le persone e anche che tempo faceva,
– raccontate una giornata concreta: che cosa avete fatto? Che cosa è successo?

> si trovava al mare / in montagna, ▪▪▪
> faceva molto caldo / ▪▪▪
> stavo con i miei ▪▪▪
> un ragazzo / una ragazza che aveva i capelli neri / ▪▪▪
> tutti i giorni andavamo ▪▪▪
> un giorno sono andato / ho fatto ▪▪▪

b Scambiate i vostri testi e correggeteli. ▶ *Fehler selbst korrigieren, S. 163*

c Scegliete i testi più belli, divertenti o interessanti e fatene un album con delle foto e mandatelo p.e. alla vostra scuola di scambio.

1C UN PANORAMA DELLA PUGLIA

Spesso la chiamiamo la "Firenze del Sud" perché l'aspetto di Lecce con numerosi palazzi e chiese barocche fa pensare un po' al capoluogo della Toscana. Gli abitanti sono fortunati perché la loro città 5 – per loro completamente normale – è come un museo dove possono andare al lavoro o a scuola, fare shopping, prendere un gelato o incontrare gli amici. I visitatori di Lecce però capiscono subito 10 quanto è bella e speciale.

Vivere in un museo: Lecce

In Germania il 6 dicembre di ogni anno San Nicola porta regali ai bambini. Ma tutto l'anno è infatti possibile visitarlo nella sua chiesa a Bari, capoluogo della Puglia. Questo vescovo di Myra, una piccola cittadina che oggi si trova in Turchia, è morto il 6 dicembre intorno all'anno 5 340. Circa 750 anni dopo, i baresi hanno portato le sue spoglie nella loro città e per questo S. Nicola è diventato il patrono di Bari e la basilica del santo è un monumento molto importante della città. E ancora oggi ogni anno, il 6 dicembre, è in Germania e ha da fare. 10

La storia del 6 dicembre: S. Nicola

1

L'immagine che si vede dappertutto: Padre Pio

Perché in Italia, soprattutto al sud, si vede così spesso l'immagine di un certo semplice monaco? È Padre Pio (1887-1968), dal 2002 santo, e per molti italiani ancora oggi come una superstar della chiesa cattolica. La gente
5 vede in lui una versione moderna di Gesù Cristo perché si legano tanti miracoli alla sua persona.
Oggi, a San Giovanni Rotondo in provincia di Foggia, si trova una grandissima chiesa moderna in suo onore. È un
10 progetto del famoso architetto Renzo Piano e dentro si trovano le spoglie di Padre Pio. La costruzione del complesso è durata circa dieci anni ed è stata finita nel 2004.

Sulla moneta italiana da un centesimo di euro si trova un monumento pugliese molto misterioso, Castel del Monte dell' imperatore "tedesco" Federico II di Hohenstaufen. È vicino ad Andria ed esiste da più di 750 anni, ma nessuno sa dire con precisione a che cosa serviva in realtà.
5 Il numero otto è presente quasi dappertutto nel castello: Ha forma ottagonale, e intorno a un cortile ottagonale si trovano otto saloni e otto torri ottagonali. Questo numero ha un grande valore religioso e simbolico, tra altro sta per l'infinito ∞
10 e in questo caso sta forse per l'imperatore stesso. Troviamo la descrizione del castello anche come biblioteca nel famoso libro "Il Nome della Rosa" di Umberto Eco.

Il misterioso numero 8: Castel del Monte

1 Quale di questi posti o personaggi ti interessa e perché? Cerca altre informazioni su questo posto in Internet: informazioni storici e pratici e anche altre immagini ecc.

2 Conosci una città tedesca che ti sembra come un museo?
Che cosa si trova lì?

ETWAS BESONDERES HERVORHEBEN	DAS BENÖTIGST DU

1 In Puglia si trovano **molti** porti **importanti**.
La costa offre **tante belle** spiagge.

die Adjektive
⚠ die Adjektive **molto/-a, poco/-a, bello/-a, brutto/-a, grande, piccolo/-a, nuovo/-a, vecchio/-a, giovane, lungo/-a, breve** stehen meist vor ihrem Bezugswort.

das Adjektiv **bello/-a**

	♂	♀
sg.	**bel** tempo **bell'**anno **bello** stadio	**bella** casa **bell'**amica
pl.	**bei** tempi **begli** amici **begli** zaini	**belle** cose

Questa è una spiaggia **bella** (= non è brutta).

⚠ Sie werden nachgestellt, wenn man die Eigenschaft besonders betonen oder von etwas abgrenzen möchte.

Ci sono **grandi** monumenti. *(großartig)*
Ci sono monumenti **grandi**. *(groß)*

⚠ Einige Adjektive haben je nach Stellung eine andere Bedeutung.

"BESCHREIBEN, WIE FRÜHER ETWAS WAR" VS. „ÜBER ETWAS VERGANGENES ERZÄHLEN"	DAS BENÖTIGST DU

2 Quando **avevo** la tua età, non **avevamo** la macchina.
Andavamo quasi sempre a piedi.
Da bambini **potevamo** giocare per strada.
Allora tutto **era** tanto difficile.

das **imperfetto**

		giocare, avere, tenere, venire	essere
sg.	gioca- ave- tene- veni-	vo vi va	ero eri era
pl.		va̱mo va̱te vano	erava̱mo erava̱te erano

3 Un giorno **ero** in spiaggia: **mangiavo** un gelato con mia cugina e **ascoltavo** la mia canzone preferita quando ad un tratto un pallone mi **ha colpito** e il mio gelato **è volato** nella sabbia.

das **imperfetto** und **passato prossimo**
Imperfetto: Com'era? (Situation)
Passato prossimo: Che cos'è successo? (Aktion)

4 Quando **si andava** in città, **si prendeva** il treno e **si compravano** i biglietti allo sportello.

das **si impersonale**

das **si passivante**
si prendeva   + sg.
si prendevano   + pl.

5 Greta: "**Mi sono** davvero **arrabbiata** perché c'era sabbia dappertutto."

die **reflexiven Verben im passato prossimo**

		alzarsi, mettersi, divertirsi	
sg.	mi	sono	alzat**o/-a**
	ti	sei	mess**o/-a**
	si	è	divertit**o/-a**
pl.	ci	siamo	alzat**i/-e**
	vi	siete	mess**i/-e**
	si	sono	divertit**i/-e**

 facoltativo

TESTE DEINE GRAMMATIKKENNTNISSE ▶ LÖSUNGEN, S. 144

Giulietta, 16 anni, racconta ai suoi amici il suo viaggio in Sicilia. Che cosa dice?
Completa i seguenti testi.

1   Metti la forma corretta degli aggettivi. Attenzione a dove li metti.

Ho fatto un ▦ viaggio ▦ in Sicilia. È un'isola con delle ▦ spiagge ▦ e l'acqua del mare è davvero ▦. Ci sono ▦ monumenti ▦, ▦ città ▦ e ▦ palazzi ▦. Sono andata a Noto, un ▦ paese ▦ vicino a Siracusa. Ho mangiato molto bene: frutta e ▦ verdura ▦ tutti i giorni e per dessert un ▦ gelato ▦.

breve, lungo/-a
caldo/-a, antico/-a romano/-a
medievale, piccolo/-a
fresco/-a
fantastico/-a

2   Metti la forma corretta dell'aggettivo *bello*.

È stata una ▦ vacanza, ho visto ▦ spiagge, ▦ città, ▦ monumenti e ▦ edifici. Infatti, sono stata anche a Stromboli e a Panarea. A Stromboli c'erano dei ▦ posti da cui potevo vedere "Iddu", il ▦ vulcano dell'isola.

3   Metti la forma corretta del verbo all'imperfetto.

[1]la barca - das Boot

A Panarea ▦ sempre molta gente. Infatti la ▦ [*noi*] "l'isola dei vip". Stromboli invece ▦ più tranquilla. Dopo pranzo ▦ le barche[1] con i turisti, ma la mattina ▦ [*noi*] la spiaggia tutta per noi. E i turisti verso le cinque ▦ a casa, e quindi l'isola ▦ di nuovo nostra. La sera ▦ [*noi*] tutti insieme a casa di qualche amico e poi ▦ [*noi*] in spiaggia. Qualcuno ▦ la chitarra e ▦ [*noi*] tutti insieme le canzoni dell'estate.

esserci, chiamare
essere, arrivare
avere
tornare, diventare, mangiare
andare
suonare, cantare

4   Passato prossimo o imperfetto? Metti la forma corretta del verbo.

Una sera ▦ [*noi*] trekking e ▦ vicino al cratere del vulcano. ▦ tutti un po' paura, però le guide turistiche ci ▦ che "Iddu", cioè Stromboli, è un vulcano buono, è sempre in movimento e quindi non dà problemi. Verso le sei di sera ▦ dei turisti francesi. Ci ▦ la loro storia dell'isola: da bambini ▦ ogni anno per due settimane e adesso ▦ dopo molto tempo per rivedere il vulcano da vicino. E allora ▦ con loro. ▦ fantastico!

fare, salire
avere, dire

arrivare
raccontare, venire
tornare
andare, essere

DAS KANN ICH JETZT! ▶ per comunicare, S. 202

▶ Wie war dein Leben, als du fünf Jahre alt warst? Beschreibe einen typischen Tagesablauf.
▶ Erzähle, wie dein letztes Wochenende war und was du gemacht hast.

TI RICORDI?

1 Anna chiama Giorgia e le racconta l'avventura del giorno prima. Completa il testo con il passato prossimo.

> Ieri ▦ un sabato fantastico. ▦ a Khalid e gli ▦: "Andiamo al cinema stasera?" Lui mi ▦ : "Certo. Viene anche mio cugino Jamal." ▦ davanti al cinema Ideal e, quando ▦ Jamal, ▦: "Mhhh … lo conosco, lo conosco, ma chi è?" Poi Khalid ▦: "Ragazzi, è tardi, andiamo!" e allora ▦. Dopo il film ▦ a mangiare una pizza, e lì, in quella pizzeria, ▦ chi è Jamal: suona il flauto traverso per l'orchestra del Regio e ▦ tante volte mia madre. Piccolo il mondo, no?

> *essere, telefonare*
> *chiedere*
> *rispondere*
> *incontrarsi* [noi]
> *vedere* [io], *pensare*
>
> *dire*
> *entrare, andare*
> *capire*
>
> *accompagnare*

VOCABOLARIO

2 Leggi le frasi e completa la tabella con le seguenti parole.

avverbio	preposizione	congiunzione

> …Nicola mi piaceva **tanto**. **Quando** ci siamo visti, ero **veramente** contenta. **Poi** è partito **dopo** dieci giorni bellissimi. **Però, prima di** partire ci siamo scambiati i numeri e **alla fine** Nicola mi ha **perfino** dato un pacchetto.

ESERCITARSI

3 a Prendete un dado. Partner A legge ad alta voce un verbo della lista. Partner B tira il dado e coniuga il verbo all'imperfetto.

> avere, andare, essere, lavorare, potere, alzarsi, conoscere, incontrarsi, sentirsi / mettersi d'accordo, sapere, prendere, comprare, raccontare, scrivere, correre, colpire, alzare, sorridere, divertirsi

⚀ [io]   ⚃ [noi]
⚁ [tu]   ⚄ [voi]
⚂ [lui/lei]   ⚅ [loro]

b Le vacanze di Nicola e Daniele. Completa con l'imperfetto. Aggiungi dopo, quando, prima di.

Nicola e Daniele, ▦ (*essere*) piccoli, (*passare*) tutte le vacanze d'estate in Puglia. (*Partire*) dall'Austria a luglio, ▦ la scuola (*finire*), e (*ritornare*) a Vienna alla fine di agosto. ▦ sei settimane di vacanza (*parlare*) italiano molto bene e la loro mamma (*essere*) molto contenta di questo. La nonna li (*accompagnare*) in spiaggia e loro (*giocare*) tutto il giorno a calcio. La sera (*arrivare*) il nonno a prenderli e, ▦ andare a casa, (*comprare*) un bel gelato per tutti.

4 a Che cosa hanno fatto Greta, Adriana e Filippo il fine settimana in vacanza? Racconta al passato prossimo e usa:

poi dopo la sera la mattina il giorno dopo a mezzogiorno subito dopo	**Greta e Adriana**: *svegliarsi* tardi / *alzarsi* venti minuti dopo / *farsi* la doccia / *mettersi* un vestito / *divertirsi* in spiaggia / *arrabbiarsi* con la nonna / *scambiarsi* l'indirizzo con Nicola e Daniele	**Filippo**: non *andare* in spiaggia / *mangiare* un gelato / *ascoltare* la musica / *andare* al cinema / *vedere* un film / *fare* una passeggiata / *andare* in paese con il nonno / *ascoltare* la storia di San Donato / *parlare* della vita di Torino

b Imperfetto o passato prossimo?

Nicola e Daniele a luglio ▦ (*andare*) in Puglia. Da bambini ▦ (*andare*) a trovare i nonni e ancora oggi lo fanno volentieri. Ad agosto ▦ (*conoscere*) Greta e Adriana. ▦ (*giocare*) a calcio in spiaggia e ad un tratto ▦ (*colpire*) con il pallone il gelato di Greta. ▦ (*scusarsi*) e ▦ (*fare*) il bagno insieme. Quando ▦ (*fare*) il bagno ▦ (*decidere*) di andare al cinema a Santa Maria di Leuca.

5 Che cosa si fa in agosto in Italia? Usa il **si impersonale/passivante**.

> In Italia si …

prendere la macchina, *andare* al mare, *fare* il bagno, *fare* due chiacchiere in spiaggia, *giocare* a beachvolley, *incontrare* degli amici, *conoscere* altri ragazzi / altre ragazze

MEDIAZIONE

6 Il tuo amico italiano passa le vacanze con la sua famiglia in Germania. Per un giorno è venuto a trovarti. Però domani partono per lo Schleswig Holstein. Adesso ti mostra il seguente volantino e ti fa qualche domanda sulla regione. Aiutalo.

> Quanto è grande la regione?

> Che cosa offre?

> Che cosa c'è da vedere?

URLAUB IN SCHLESWIG-HOLSTEIN

5 Schleswig-Holstein liegt im Norden Deutschlands und hat eine Küstenlänge von 1.190 km. Das norddeutsche Bundesland nimmt mit einer Fläche von rund 15.800 km² den zwölften Platz unter den 16 deutschen Ländern ein und steht bei der Einwohnerzahl mit etwa 2,8 Millionen auf dem neunten Platz.

10 Schleswig-Holstein ist ein wunderbarer Urlaubsort, an dem Sie lange Spaziergänge am Strand oder erlebnisreiche Fahrradtouren durch die Natur genießen können.
Zudem bietet die Region eine Vielzahl an Sehens-
15 würdigkeiten, Festen, Konzerten und Museen.

Sieben Mal im Jahr findet ein großes Musik-Festival statt. Die Konzerte werden an den unterschied-lichsten Orten gegeben: Schlösser, Herrenhäuser und Kirchen halten dafür ebenso her wie Scheu-
20 nen, Werften, Flughafenterminals und Industrie-hallen.

Die Nicolaikirche in Grömitz
Die uralte Nicolaikirche ist dem heiligen Nicolaus von Myra gewidmet, dem Schutzpatron der Fischer, Freund der Kinder und Bedrängten, besser
25 bekannt als der Nikolaus. Die Nicolaikirche ist täglich von 8:00 bis 18:00 Uhr geöffnet, im Sommer sogar bis 22:00 Uhr.

Museumshof Lehnsahn
Auf Museumshof Lensahn können Sie historische
30 Landwirtschaft und altes Handwerk erleben, aus-probieren und anfassen. Hier wird die ursprüngliche Arbeitsweise auf bäuerlichen Höfen lebendig und durch zahlreiche Erlebnisaktionen verloren-gegangene Verbindungen zur Natur wiederbelebt.
35 Auf einem 2,4 km langen Naturpfad lernen Sie zum Beispiel 326 verschiedene Baumsorten und 232 alte Obstsorten kennen, während sich die Kinder beim Brotbacken austoben. Im Anschluss genießen Sie in der gemütlichen Gaststube die tra-
40 ditionellen Speisen – zubereitet aus den Früchten der Äcker und Gärten des Museumshofes.

APPROCCIO

HIER LERNST DU:
- ▶ über Medien und Mediengewohnheiten zu sprechen.
- ▶ zu sagen, wie häufig du etwas verwendest.

> Quali mezzi di comunicazione e quali media preferisci? Il giornale? La rivista? La radio? La tv? Il computer? Lo smartphone? …

> 1 Guardo volentieri la tv.
> Mi piacciono soprattutto trasmissioni come i talent show o le soap opera.
> 5 Qualche volta c'è anche un bel film, raramente un documentario, e durante la cena i miei guardano quasi sempre il telegiornale. Poi il 10 mio smartphone è molto importante per comunicare con gli amici. Non sono mai offline – neanche un minuto.

Giorgia

> 1 La mia mamma compra il giornale tutti i giorni, qualche volta ne compra anche due. Io leggo spesso 5 i titoli, ma non leggo quasi mai le notizie – è un po' troppo. Trovo interessanti le riviste di moda. La mamma le compra spesso. 10 Il pomeriggio uso anche il computer per fare i compiti e per poi confrontarli con quelli dei miei compagni di classe.

Anna

2

Filippo

A me servono smartphone e computer. Faccio tante foto e per ritoccarle uso lo schermo grande a casa. Sono quasi sempre online per essere collegato con tutti - oggi non c'è quasi nessuno senza Internet - per fare delle ricerche per la scuola o per guardare i risultati di calcio. Così posso sempre seguire tutte le novità.

Non posso più vivere senza il mio smartphone. La prima cosa che faccio la mattina è andare online. Lo smartphone serve a tutto: posso ascoltare la radio o leggere i giornali online, scaricare le canzoni e perfino riconoscere e registrare i brani e molto di più. Quando la Juve gioca qualche partita importante, la guardo in streaming e spesso mi compro il giornale sportivo.

Khalid

LEGGERE E CAPIRE

1 Che cosa fanno i ragazzi spesso, qualche volta o raramente? Completa la tabella nel tuo quaderno.

	spesso / volentieri	qualche volta	raramente / non … mai
Giorgia			
Filippo			
...			

SCOPRIRE E ESERCITARSI ▶ *Riassunto 1*

2 Guarda le seguenti frasi. Formula una regola riguardo alla negazione con mai, niente e nessuno.

Mia madre **non** dice **niente** contro lo smartphone.
Non c'è **nessuno** senza Internet.
Non ascolto **mai** la radio.

3 Quante volte usi quali mezzi di comunicazione? E per che cosa? Racconta. ▶ *per comunicare, S. 206*

> Guardo spesso la tv per riposarmi.
> Ma non leggo mai il giornale.

PARLARE

4 **a** Senza quali mezzi di comunicazione non puoi vivere più? E perché? Scrivi una lista con i tuoi argomenti. ▶ *Kooperatives Lernen, S. 163*

b Discutete: scambiate i vostri argomenti e confrontateli. Senza quale mezzo di comunicazione non potete vivere?

c Presentate il vostro risultato in classe.

RICERCA

5 **a** Sei in Italia e ti interessano le notizie di oggi. Cerca le pagine web dei giornali italiani più importanti. Quale preferisci? E perché?

▶ *per cercare informazioni, p. 159*

b Quali sono le notizie importanti nel tuo giornale online preferito?

> ### CULTURA E CIVILTÀ
> ▶ Quasi tutti gli italiani comprano i giornali ogni giorno all'edicola[1].
>
> 1 l'edicola f. – der Zeitungskiosk

c Gli italiani amano lo sport. Cerca alcuni giornali sportivi in Internet. Quale preferisci e perché?

PRESENTARE

6 Presenta un tema in un discorso di un minuto.

▶ *etwas präsentieren, S. 158, per comunicare, S. 206*

> io e il mio computer
>
> i miei programmi preferiti
>
> io e il mio smartphone
>
> passare il tempo in Internet
>
> i giornali e le riviste che leggo

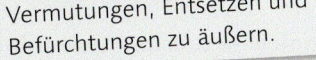

Cybermobbing a scuola

Caterina M. (16 anni) non riesce più a dormire e non vuole più avere contatti con nessuno. Vittima di un caso grave di cybermobbing, adesso ha paura di tornare a scuola.

5 Due compagni hanno filmato una sua interrogazione che adesso è visibile in Internet con alcuni commenti offensivi.

Solo dopo una sua assenza di due settimane, due compagne hanno informato il preside del

10 filmato.

In seguito i professori hanno trovato i due responsabili e hanno chiamato i loro genitori. Per evitare una sospensione, i due ragazzi hanno cambiato scuola.

15 Adesso bisogna chiedersi:
– Perché quel professore non si è accorto del filmato?
– Perché i compagni hanno raccontato quello che è successo solo dopo due settimane?
20 – Perché i genitori non hanno informato la scuola dei veri problemi della figlia?

4 Non è possibile che questi due ragazzi siano così stupidi! Si annoiano così tanto in classe? E i compagni, perché non hanno detto niente? Spero che da noi non succeda mai una cosa così. Infatti credo di avere compagni intelligenti.

1 Spero proprio di non trovarmi mai come responsabile in una situazione così. Secondo me è necessario che la scuola vieti gli smartphone in classe perché un insegnante non può mai controllare tutto. Anche se i due ragazzi cambiano scuola, è necessaria una sospensione, anche per scoraggiare gli altri.

2 Secondo me il prof ha visto tutto, ma non aveva voglia di intervenire. Comunque credo che sia molto difficile per la scuola evitare l'uso di cellulari in classe da parte dei ragazzi.

3 Secondo me Caterina non è da invidiare. Ho paura che non riesca a dimenticare in fretta quello che è successo. Sicuramente bisogna che noi genitori abbiamo il coraggio di fidarci della competenza della scuola.

5 Penso che quello che è successo non vada bene per niente. Quasi tutti hanno preso in giro Caterina. Mi sembra proprio che non sia ben vista in classe. Anch'io ho paura qualche volta di non essere abbastanza ben vista e mi trovo in situazioni imbarazzanti. Però provo a ridere con gli altri, anche se spesso è difficile.

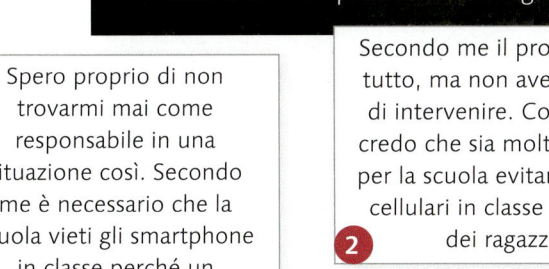

LEGGERE E CAPIRE

1 Completa la tabella con le informazioni del testo. ▶ *per parlare di un testo, p. 165*

il titolo	il genere	i protagonisti	l'argomento è …	il testo tratta di …
▦	▦	▦	▦	▦

2 Chi dice che cosa del caso di cybermobbing? Abbina correttamente.

1. È necessario vietare gli smartphone a scuola.
2. È difficile vietare i telefonini in classe.
3. Dobbiamo fidarci della scuola e dei professori.
4. Il prof non voleva intervenire.
5. Ho paura di non essere ben vista a scuola.
6. È difficile dimenticare quello che è successo.
7. Non lo capisco ma forse i ragazzi si annoiavano.
8. La scuola deve dare una sospensione ai due ragazzi.
9. Non è facile ridere con gli altri se ti prendono in giro.

3 Quale opinione è più vicina a te? E perché?

> Io capisco benissimo la madre perché ▦.

> Secondo me lo Scifo ha ragione perché ▦.

ASCOLTARE

 11

4 È necessario vietare gli smartphone in classe? Ascolta le persone. Prendi appunti e scrivi almeno una frase su quanto dice ogni persona.

nome	Secondo lui/lei …
▦	▦

SCOPRIRE

5 **a** Come sono le desinenze del congiuntivo? Completa la tabella nel tuo quaderno. ▶ *Riassunto 2*

	-are	-ire, -ere	essere	avere	andare
[io]	▦	▦	▦	▦	▦
[tu]					
▦					

sent-	pens-	a	i
prend-	abb(i)-	iamo	iate
and-	vad-	ino	ano
s(i)-			

b Sieh dir das Beispiel an und formuliere eine Regel: Von welcher Form des Indikativ Präsens werden die Konjunktivformen im Singular vieler (unregelmäßiger) Verben abgeleitet?

È necessario che Filippo **rimanga** a casa e **faccia** i suoi compiti.

c Trova nel testo i verbi e le espressioni che vogliono il congiuntivo. Scrivi le frasi nel tuo quaderno.

È necessario che	la scuola **vieti** gli smartphone in classe.
▦	▦

ESERCITARSI

6 Oggi è il compleanno di Filippo. Che cosa spera? Usa le forme del congiuntivo presente.

Filippo spera che …

> i miei compagni di scuola *avere* voglia di venire, *venire* anche Caterina, Caterina *potere* divertirsi, tutti *andare* d'accordo, *venire* tutti i miei amici, non *arrivare* in ritardo nessuno, non *parlare* [noi] della scuola, *venire* anche i miei parenti, *divertirsi* e *ridere* [noi] un sacco, mia madre ci *preparare* una torta, i professori non ci *dare* troppi compiti per domani, *fare* bel tempo

2

7 Alla festa di compleanno di Filippo sono invitati anche Anna, Giorgia e Leo. Si preparano per andarci. Completa il testo con le forme giuste dei verbi o con l'infinito.

Leo: Ragazze, non è possibile che non ▪▪▪ ancora pronte. Sapete che oggi c'è la festa di compleanno di Filippo. Bisogna che almeno oggi non ▪▪▪ in ritardo.
Giorgia: Leo, tranquillo! Mi sembra che ▪▪▪ molto nervoso.
Credo che ▪▪▪ divertirti alla festa. Comincia alle otto e non sono ancora le sette.
Credo di ▪▪▪ pronta fra qualche minuto.
Leo: Sono tranquillo, Giorgia, ma ho paura che ▪▪▪ gli ultimi ad arrivare.
Anna: Io invece credo che ▪▪▪ ancora molto tempo e spero di ▪▪▪ entro 10 minuti.
Leo: 10 minuti ancora? Non ci credo. Mi sembra che ▪▪▪ nel bagno già da mezz'ora.
Giorgia: Ragazzi, è proprio necessario che ▪▪▪ adesso? Se sì penso di ▪▪▪ a casa.

essere
arrivare
essere
volere
essere
essere
avere; *finire*, io
stare, voi
discutere, voi
rimanere, io

PARLARE

8 E voi, cosa pensate del cybermobbing? È un problema anche nella vostra scuola? Usate le espressioni dell'esercizio 5c.

SCRIVERE

9 Guarda la foto. Secondo te, che cosa pensa la ragazza? Che cosa pensano le altre due? Scrivi un testo dal punto di vista della ragazza o degli altri.

Puoi scrivere: a. una pagina di diario.
b. un messaggino dal suo smartphone a un amico / un'amica.
c. un dialogo con la migliore amica.

MEDIAZIONE

10 Giorgia racconta alla sua amica Alessia, che vive a Francoforte, il caso di Caterina. Alessia pensa all'articolo, che ha letto ieri, e racconta il caso di Lennart. Racconta al posto di Alessia.

> ### Vom Opfer zum Bestsellerautor
>
> Hagen | Lennart ist 15 Jahre alt und lebt mit seinen Eltern und seiner jüngeren Schwester in Hagen. Seine Geschichte begann mit einem Video und beleidigenden Kommentaren, was ihn zum Gespött der gesamten Schule machte. Anfangs zog er sich zurück und hatte Angst, das Haus zu verlassen. Doch Gespräche mit seinen Eltern und engsten Freunden gaben ihm neuen Lebensmut. Er wechselte die Schule und suchte im Netz Kontakt zu anderen Jugendlichen, die ebenfalls Opfer von Cybermobbing geworden sind. Nun entschied er sich aktiv zu werden. Lennart möchte nicht länger Opfer sein. Mit seinem Buch *Kampf gegen Mobbing* will er anderen Opfern Mut machen, sich mit Vertrauenspersonen und anderen Leidensgenossen über solche Vorfälle auszutauschen.

2B CHE NE PENSI?

HIER LERNST DU:
- deine Meinung zu äußern.
- auf Diskussionsbeiträge zu reagieren.

Moderatrice: Benvenuti al nostro programma "Che ne pensi?". Oggi siamo al liceo Gioberti di Torino e parliamo di giovani e del loro impegno sociale nel tempo libero. Abbiamo con noi
5 due studenti, Leonardo e Anna, e il professor Michele Scifo. Inoltre abbiamo invitato padre Bartolomeo che si occupa di progetti per ragazzi dai 13 ai 16 anni al Sermig ▶ e ce li vuole presentare in diretta. Allora, Don Bartolomeo,
10 secondo Lei, al giorno d'oggi, è difficile trovare ragazze e ragazzi disposti ad aiutare altre persone?

Don Bartolomeo: Per fortuna abbiamo parecchi giovani volontari che passano i loro pome-
15 riggi da noi e seguono diverse attività. Da noi i ragazzi si occupano di figli di immigrati stranieri, dai 13 ai 16 anni. Alcuni li aiutano nei com-

CULTURA E CIVILTÀ

▶ Il Sermig è un gruppo cattolico che lo scrittore e attivista Ernesto Olivero ha fondato nel 1964 insieme a sua moglie e un gruppo di giovani cattolici. Lo scopo del Sermig è l'impegno sociale attraverso diversi progetti.

piti, altri li seguono nelle attività sportive. Abbiamo per esempio la squadra di calcio, quella
20 di basket …

Prof: Ma scusi Padre, chi sono tutti questi giovani? Ce lo dica per favore. Io ho l'impressione che i miei studenti qui al Gioberti abbiano abbastanza da fare nel pomeriggio.
25 **Anna:** Sì, professore, è vero. Vorrei volentieri impegnarmi in un'attività sociale, però quando torno da scuola, devo fare i compiti e studiare e poi ho anche i miei hobby. Ma senta Padre, me lo spieghi, come faccio?
30 **Don Bartolomeo:** Te lo spiego volentieri, Anna. Sono in parte d'accordo con te. Sicuramente avete poco tempo. Però, ci sono anche attività che non richiedono un impegno regolare, come per esempio il pranzo di Natale o le feste
35 per i bambini.

Anna: La capisco, Padre, però il Natale è uno dei pochi momenti liberi e …

Leo: Scusa, Anna, se ti interrompo, ma è anche possibile impegnarsi durante l'anno. Io sono
40 un Boy Scout. A Natale sono a casa con i miei, altrimenti passo tanto tempo con il mio gruppo e insieme ci divertiamo, ma ci impegniamo anche nel sociale.

Prof: Leo, che cosa vuoi dire con "sociale"?
45 Sembra che non esistano tante attività sensate. Che cosa fate di concreto? Fammi un esempio, per favore.

Leo: Ecco prof, glielo faccio subito: andiamo a raccogliere i rifiuti nei boschi o sulle spiagge e
50 informiamo la gente dei problemi ambientali.

Don Bartolomeo: Bravo, Leo. Sono contento che i giovani di oggi si diano da fare.

Prof.: Sicuramente di impegnati ce ne sono, ma dubito un po' che questo valga per tutti. Come
55 passano molti giovani i loro pomeriggi? - Davanti al computer! Questo lo so perché me lo raccontano, quando glielo chiedo. E tu, Anna, dimmi che cosa ne pensi?

Anna: Credo che ci siano solo poche attività
60 davvero interessanti. E anche la gente; pare che parecchie di queste persone non sappiano divertirsi.

Don Bartolomeo: Ma Anna, che cosa intendi con questo? Leo, dalle un'idea di quanto ti di-
65 verti con gli altri.

Leo: Nel mio gruppo di Boy Scout c'è solo gente molto simpatica. E poi durante le nostre attività ci sono sempre anche le Girl Scout …

2

LEGGERE E CAPIRE

1 Che cosa pensano Anna, Leo, Don Bartolomeo e il professor Scifo? Cerca gli argomenti nel testo (p. 32).

▦ pensa che
▦ crede che
▦ dubita che

> ci siano molti giovani che si impegnano nel loro tempo libero.
> nel pomeriggio i giovani non abbiano molto tempo per impegnarsi.
> parecchi giovani passino il loro tempo libero davanti al computer.
> non ci siano molte attività veramente interessanti.
> sia possibile impegnarsi e divertirsi nel sociale.

ASCOLTARE

2 **a** Il programma "Che ne pensi?" continua con una discussione alla quale partecipano anche i ragazzi dal pubblico. Ascolta i due commenti e scegli la risposta giusta.

| Valentina | Domenico |

1. Valentina
   a. crede che Leo abbia ragione.
   b. non ha tempo libero per impegnarsi.

2. Molte amiche di Valentina
   a. si impegnano nel sociale.
   b. preferiscono fare shopping nel loro tempo libero.

3. Domenico
   a. si occupa di figli di immigrati.
   b. è figlio di un immigrato e si occupa di problemi ambientali.

4. Secondo Domenico
   a. impegnarsi significa anche aiutare a casa.
   b. la gente di oggi si impegna di meno.

b Ascolta la discussione un'altra volta e prendi appunti di almeno un argomento a persona perché si impegnano o no.

SCOPRIRE

3 **a** Cerca nel testo (p. 32): quali forme dei verbi si usano per pregare gli adulti di fare qualcosa?
▶ *Riassunto 5*

b Sei in Italia e chiedi al tuo prof / alla tua prof che cosa pensa dei giovani e il tempo libero. Create un dialogo. Usate anche l'imperativo di cortesia.

4 **a** A che cosa si riferiscono i pronomi combinati nelle frasi seguenti?   ▶ *Riassunto 3*

1. Padre Bartolomeo si occupa di progetti per ragazzi e **ce li** vuole presentare in diretta.
2. Padre, mi spieghi, come faccio ad impegnarmi nel sociale? – **Te lo** spiego volentieri, Anna.
3. Leo, fammi un esempio, per favore. – Ecco, prof, **Glielo** faccio subito.
4. Professore, come passano molti giovani i loro pomeriggi? – Davanti al computer! **Me lo** raccontano, quando **glielo** chiedo.

b Was fällt dir bei der Schreibweise der *pronomi combinati* im Vergleich zu den Pronomen auf, die du bereits kennst?

c Welcher Unterschied zum Deutschen fällt dir in der Stellung der *pronomi combinati* auf?

ESERCITARSI

5 **a** Con il tuo amico italiano / la tua amica italiana prepari una relazione di storia. Fate un dialogo. Dopo quattro domande cambiate i ruoli.

Quando
1. mi porti i libri?
2. diamo le informazioni ai compagni?
3. scrivi un messaggino a Roberto e gli dici che abbiamo bisogno di qualche informazione?
4. chiedi al professore quanto tempo abbiamo per la relazione?
5. mi dai la tua parte della relazione?
6. presentiamo il film alla classe?
7. Roberto può darci le informazioni?
8. scrivi la mail alla professoressa?

> Quando mi mandi le foto?

> Te le mando domani.

> domani, la prossima settimana, dopo, fra poco, lunedì, martedì (…), la prossima volta, alla seconda ora (…)

b Sei a scuola in Italia. Tutti ti chiedono qualcosa.
Ascolta e rispondi usando i pronomi combinati.

6 Prima della discussione la moderatrice, il professor Scifo e Don Bartolomeo stanno insieme e cominciano a parlare. Leggi il testo e completalo con le forme dell'imperativo di cortesia.

▶ *Riassunto 6*

Don Bartolomeo: ▦, ▦! Mi può ripetere il suo cognome?	*sentire, scusare*
Prof Scifo: Mi chiamo Scifo, sono il professore di matematica al liceo Gioberti.	
Don Bartolomeo: Piacere. Don Bartolomeo.	
Prof Scifo: Piacere. Mi ▦, quando finisce la discussione, per piacere.	*dire*
Don Bartolomeo: Non ne sono sicuro. Chiediamo alla nostra moderatrice. Signora?	
Moderatrice: Mi ▦, Don Bartolomeo!	*dire*
Don Bartolomeo: ▦, ci può dire quando finisce il programma?	*scusare*
Moderatrice: Certo. Finiamo alle sei.	
Don Bartolomeo: Grazie, signora.	
Prof Scifo: Signora, ▦ gentile, mi ▦ dove posso trovare qualcosa da bere!	*essere, dire*
Moderatrice: Se vuole bere dell'acqua, professor Scifo, ▦ pure quel bicchiere. La bottiglia d'acqua è sul tavolo. Allora, professore, tra poco cominciamo, ▦, per favore.	*prendere*
	sedersi

VOCABOLARIO

7 Formate dei gruppi a tre: A fa numero 1, B numero 2, C numero 3. Cercate nel testo (p. 32) le espressioni utili per partecipare a una discussione. Che cosa puoi usare:

1. per dire che cosa pensi?
2. per chiedere che cosa pensa un'altra persona?
3. per interrompere qualcuno?

IMPARARE MEGLIO

METHODEN ▶ S. 156 ✔

▶ Notiere zunächst dein Diskussionsziel, dann Schritt für Schritt die Argumente und Gegenargumente. Überlege auch, welche Redemittel passen könnten.

8   Preparare una discussione. ▶ *per comunicare, S. 206*

a   Dopo la fine del programma "Che ne pensi?" Leo e Anna vanno a casa insieme. Leo vuole che Anna l'accompagni agli incontri dei Boy Scout con le Girl Scout, però non sa come convincerla. Aiuta Leo a preparare la discussione con Anna.

1. Quali possono essere i suoi argomenti? Scrivili nel tuo quaderno.
2. Secondo te, che cosa pensa Anna? Scrivi anche i suoi argomenti nel tuo quaderno.
3. Per convincere Anna Leo deve avere dei buoni argomenti. Che cosa può dirle?

b   Preparate la discussione tra Leo e Anna e rappresentatela in classe.

ITALIA IN DIRETTA

9 **a**   Descrivi i poster. Quali progetti presentano le due organizzazioni? Chi aiutano?

b   La moderatrice di "Che ne pensi?" intervista due ragazzi che si impegnano entrambi in uno dei due progetti dell'esercizio 9a. Ascolta le interviste e prendi appunti: chi fa che cosa in questo progetto?

c   Conosci dei progetti come questi nella tua città o nel tuo paese? Racconta.

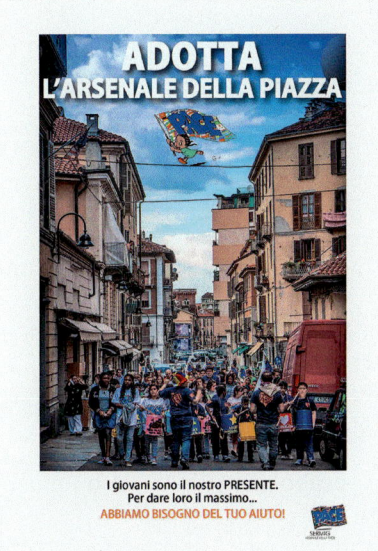

PARLARE

10   Preparate un dialogo usando le espressioni dell'esercizio 7 e le informazioni dei poster dell'esercizio 10.

a. È importante l'impegno sociale?
b. È difficile o facile impegnarsi nel tempo libero?
c. Che attività fai o che attività vuoi fare?

METHODEN ▶ S. 156 ✔

▶ Per convincere gli altri della tua opinione:
1. Di' la tua opinione.
2. Da' un esempio.
3. Fa' una conclusione.

1. Penso	Sembra	
Credo	Pare	che ▪▪▪
Ho l'impressione		
2. Io,	Il mio ragazzo,	
Il mio amico,	La mia ragazza,	per esempio, ▪▪▪
La mia amica, ▪▪▪	Mia sorella,	
3. Allora secondo me		(non) è possibile ▪▪▪
		è facile/difficile ▪▪▪

SCRIVERE

 11 Dopo il programma Anna, Leo, Don Bartolomeo e il professor Scifo restano ancora per un quarto d'ora insieme. Come potrebbe continuare la loro discussione? Scrivi dei dialoghi nel tuo quaderno. Ecco alcune idee:

- Il professor Scifo e Don Bartolomeo vogliono sapere qualcosa di più del progetto di Leo.

- Don Bartolomeo invita i ragazzi al Sermig.

- Khalid vuole sapere qualcosa sugli incontri tra i Boy Scout e le Girl Scout e sul programma degli incontri.

...

OFFICINA CREATIVA

2 Organizzate una discussione in classe.

a Dividetevi in due gruppi e scegliete un argomento tra i seguenti.

È possibile divertirsi in un progetto sociale?

Al giorno d'oggi, i giovani si interessano solo di computer?

I ragazzi di oggi hanno abbastanza tempo per impegnarsi nel sociale?

b Ogni gruppo prepara la discussione. ▶ *Diskutieren, S. 156*

- Cercate tutti insieme il vocabolario per il vostro tema e le espressioni utili per la discussione.
- Elencate i pro e i contro.
- Dividete il gruppo in studenti che sono a favore o contrari.
  Uno/-a tra di voi è il moderatore / la moderatrice.
- Ognuno prepara adesso i suoi appunti per la discussione:

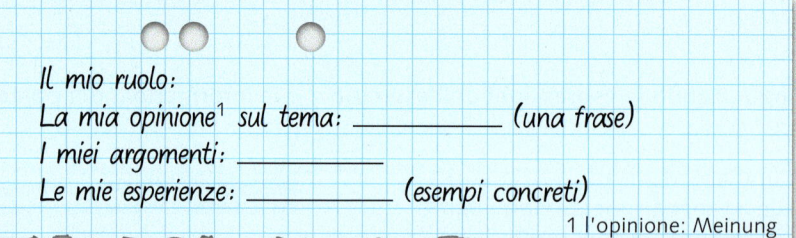

Il mio ruolo:
La mia opinione[1] sul tema: _____ (una frase)
I miei argomenti: _____
Le mie esperienze: _____ (esempi concreti)
1 l'opinione: Meinung

c Discutete il vostro tema in classe. Gli altri ascoltano, dicono la loro opinione e valutano la discussione. ▶ *Bewertung, S. 158*

Quest'estate vacanze green!

Senza mamma e papà, verso nuove avventure e nuovi amici.

Una settimana di giochi e di avventure in mezzo alla natura insieme a tanti nuovi amici! Legambiente organizza campeggi estivi per bambini e ragazzi dai sei ai sedici anni, in due gruppi di età
5 (6–11 e 12–16), da metà giugno a metà luglio.

I ragazzi possono così dimenticare per un po' la scuola e la città, possono conoscere la natura e imparare nuove regole per vivere insieme ad altri.

Gli animatori seguono i ragazzi dalla mattina alla sera,
10 li accompagnano durante le gite e le diverse attività e organizzano escursioni e giochi.

Liberiamo dai rifiuti
i centri storici
e le periferie delle nostre città

Puliamo il mondo è un'iniziativa mondiale per migliorare il nostro ambiente. Legambiente organizza ogni anno un appuntamento in alcune città di uno o più
5 giorni, in cui tutti gli abitanti insieme puliscono le strade, le piazze e i parchi.

La gente va per le strade con dei sacchetti e raccoglie tutti i rifiuti che trova per terra. Nelle città di mare le persone puliscono
10 anche le spiagge. Sono tutti volontari, perché il volontariato è lo strumento di Legambiente per costruire un modello di vita comune giusto e pulito.

GRAZIE

Per aver dato una mano a riscoprire la bellezza del nostro territorio.

Legambiente ti ringrazia per aver partecipato a Puliamo il Mondo, la più grande iniziativa di volontariato ambientale. Aiutaci a preservare la bellezza del nostro territorio.

1 Guarda i volantini sui progetti. A che cosa si riferiscono? Motiva la tua risposta.

ai ragazzi che vogliono divertirsi

… che vogliono fare del bene per il mondo

… che vogliono 🁢

2 E tu? Che cosa fai durante le vacanze? Ci sono dei progetti simili ai quali partecipi? Fai una lista delle tue attività durante le vacanze.

SAGEN, WIE HÄUFIG MAN ETWAS TUT

1 **Qualche volta** c'è anche un bel film, raramente un documentario. Leggo **spesso** i titoli, ma **non** leggo **mai** le notizie. **Non** posso **più** vivere senza il mio smartphone.

DAS BENÖTIGST DU

die Adverbien **raramente**, **spesso**, **qualche volta** und die **doppelte Verneinung**:

Non	guardo leggo scrive	**mai** **niente.** **nessuno.**	la tv.

EINE MEINUNG UND EINDRÜCKE ÄUSSERN

2 <u>Ho paura</u> che Caterina **non riesca** a dimenticare quello che è successo.
<u>Spero che</u> da noi non **succeda** mai una cosa così.

Ho <u>l'impressione che</u> i miei studenti qui al Gioberti **abbiano** abbastanza da fare.
<u>Sono contento che</u> i giovani di oggi si **diano** da fare.
Ma <u>dubito che</u> questo **valga** per tutti.
<u>Pare che</u> parecchie di queste persone non **sappiano** divertirsi.

<u>È necessario</u> che la scuola **vieti** gli smartphone.
<u>Credo</u> che **sia** molto difficile.
<u>Bisogna</u> che noi genitori **abbiamo** il coraggio.

<u>Secondo me</u> il prof **ha visto** tutto.

<u>Credo di</u> avere invece compagni intelligenti.

DAS BENÖTIGST DU

spero
ho paura

ho l'impressione
sono contento/-a
dubito
pare

è necessario
bisogna
non è possibile
mi sembra
penso
credo

che
+ congiuntivo
presente

	-are		-ere/-ire	
sg.		**i**		**a**
pl.	guard-	**iamo** **iate** **ino**	scriv- part-	**iamo** **iate** **ano**

⚠ avere: abbia
andare: vada | dovere: debba
essere: sia | fare: faccia
sapere: sappia
stare: stia

⚠ Nach **secondo me** steht der Indikativ.

⚠ Bei Subjektgleichheit innerhalb eines Satzes: di + infinito

WIEDERHOLUNGEN VERMEIDEN

3 Padre Bartolomeo presenta **il suo progetto ai ragazzi. Glielo** spiega volentieri.
Ho ancora **la tua giacca** a casa.
Te la porto domani.

DAS BENÖTIGST DU

die **pronomi combinati**

indirektes Objekt-pronomen	direktes Objekt-pronomen / ne
me, te, glie-	**lo/la/li/le/ne**

▶

	ce, ve, glie-	lo/la/li/le/ne
	⚠ An "glie-" wird das direkte Objekt bzw. "ne" direkt angehängt.	

JEMANDEN HÖFLICH UM ETWAS BITTEN	DAS BENÖTIGST DU
4 Ma **scusi**, Padre, ce lo **dica**, per favore. Ma **senta**, Padre, me lo **spieghi**, come faccio?	den **imperativo, forma di cortesia** ⚠ Seine Form entspricht dem Singular des **congiuntivo presente**.
5 Allora, Don Bartolomeo, secondo **Lei**, come sono i ragazzi di oggi? **La** capisco, Padre. Ecco prof, **Le** faccio subito un esempio.	die höfliche Anrede Lei ▶ wer? La ▶ wen? Le ▶ wem?

TESTE DEINE GRAMMATIKKENNTNISSE   ▶ LÖSUNGEN, S. 144

Anna chiacchiera con Beatrice, la sua vicina di casa.

1   Completa le frasi con *niente*, *più*, *mai* e *nessuno*.

Anna: Hai letto la storia del cybermobbing? È successa in una scuola a Torino.
Beatrice: No. ▦ ho ▦ comprato un giornale gli ultimi giorni, leggo le notizie in Internet.
E ▦ ho trovato ▦ sul mobbing.
Anna: Magari se cerchi "cybermobbing / Torino"…
Beatrice: ▦ ho ▦ avuto interesse a leggere queste storie in giornale. Le vedo spesso a scuola.
Anna: Sì, lo capisco. Per fortuna da noi ▦ è ▦ successo un caso di mobbing. ▦ c'è ▦ che crea problemi.

2   Completa il testo con le forme corrette del congiuntivo presente.

Beatrice: Da noi è diverso. È successo la settimana scorsa. Non voglio che ▦ di nuovo. Bisogna che tutti ▦ qualcosa: studenti, insegnanti e genitori. È necessario che gli studenti ▦ tra di loro, e che ▦ più aperti con gli adulti. Ed è importante che noi adulti ▦, e ▦ pronti ad aiutarci.

succedere, fare
parlare, essere
ascoltare, essere

3   Completa il testo con i pronomi combinati.

Beatrice: Come ▦ devo dire … Qualche volta non so che cosa fare. Abbiamo delle regole e i miei studenti le sanno, perché ▦ dico spesso. E dico sempre: "Lo smartphone a scuola non si usa, se no, ▦ prendo e ▦ restituisco alla fine della lezione!"

4   Completa il testo con l'imperativo (forma di cortesia):

Anna: Capisco. Anche da noi è così, però sai che cosa dicono i miei compagni: "▦, prof! Non avevo sentito. Mi ▦, non lo sapevo. ▦, può succedere, no? Mi ▦, prof! Volevo lasciare il telefono a casa, ma poi …"

scusare
credere, sentire
ascoltare

DAS KANN ICH JETZT!   ▶ per comunicare, S. 206

▶ Beschreibe deinen Schulalltag: Was macht ihr oft, manchmal, selten oder gar nicht?
▶ Was fehlt dir im Unterricht? Was wünschst du dir von dem Lehrer / deiner Lehrerin?
▶ Samstagsunterricht – Was denkst du darüber?

TI RICORDI?

1 I ragazzi organizzano la festa a casa di Anna. Metti la forma corretta dei pronomi diretti o indiretti.

Ciao, ▄▄▄ presento Leo, un amico.

Piacere.

Ragazze, ▄▄▄ va di venire a una festa con noi?

E chi chiama Filippo?

Ho anche invitato Leo e ▄▄▄ ho detto di comprare da bere.

Chi chiama Filippo? ▄▄▄ chiami tu?

Anna non ▄▄▄ sa Leo ha anche invitato quattro ragazze …

▄▄▄ telefoni domani prima di andare alla festa di Anna?

▄▄▄ chiamo io.

Sì, ▄▄▄ chiamo io.

Come ▄▄▄ dico delle ragazze?

Sì, certo. La sorella di Lisa? Allora vado a parlar▄▄▄.

Guarda quelle ragazze! ▄▄▄ hanno guardato per tanto tempo! Una è la sorella di Lisa. ▄▄▄ invitiamo?

ESERCITARSI

2 Guarda la statistica. Quale giornale gli italiani leggono – spesso, qualche volta o raramente? E quale non comprano quasi mai? Spiega la statistica.

LA REPUBBLICA
CORRIERE DELLA SERA
LA GAZZETTA DELLO SPORT (LUNEDÌ)
LA GAZZETTA DELLO SPORT
IL SOLE 24 ORE
CORRIERE DELLO SPORT – STADIO (LUNEDÌ)
CORRIERE DELLO SPORT – STADIO
LA STAMPA
IL MESSAGGERO
AVVENIRE

3 **a** Prendete un dado. Partner A legge ad alta voce un verbo della lista. Partner B tira il dado e coniuga il verbo al congiuntivo.

> vietare, cambiare, avere, essere, riuscire, uscire, invidiare, annoiare, succedere, andare, conoscere, prendere, volere, potere, sapere, vedere, bere, mangiare, credere, dare

2

b Che cosa pensano Giorgia e sua madre dell'uso degli smartphone a scuola?
Aggiungi le forme corrette dei verbi.

Madre: Secondo te è necessario che la scuola ▦ gli smartphone?
Giorgia: Non lo so. Credo che non ▦ possibile.
Madre: D'accordo, però bisogna che la scuola ▦ qualcosa.
Ma perché pensi che ▦ difficile vietare gli smartphone?
Giorgia: Perché tutti ne ▦ uno e anche i genitori vogliono che
i loro figli ▦ raggiungibili.
Madre: Non penso che i nostri insegnanti ▦ abbastanza attenzione.
È necessario che ▦!
Giorgia: E secondo te come ▦ intervenire?
Per me la scuola ▦ già abbastanza.
Spero che non mi ▦ mai una cosa come a Caterina.
Ho paura che i miei compagni mi ▦ in giro.

vietare
essere
fare
essere
avere
essere
fare
intervenire
potere
fare
succedere
prendere

4 Una discussione in classe. Scrivi le forme corrette dell'imperativo.
Attenzione alla forma di cortesia.

Khalid: Prof, non ho capito. ▦ un esempio, per favore.
Prof: Ecco, Khalid, ▦ attenzione e ▦!
Khalid: ▦ prof, è tutta l'ora che cerco di seguire.
Prof: Allora, ▦, che cosa non hai capito esattamente?
Khalid: ▦, per favore, l'esercizio 5 e mi ▦ la soluzione.
Prof: Va bene, però ▦ tutto!

fare
fare, seguire
sentire
dire
prendere, spiegare
scrivere

5 Che cosa dicono le persone nella gelateria? Aggiungi i pronomi combinati.

Guarda, mamma, hanno del gelato buonissimo. ▦ compri uno?

1

▦ compro, se stai brava.

Guarda, al bambino è caduta la torta. ▦ compro una nuova.

4

Vado a prendermi un caffè. Ah no! ▦ prendo più tardi.

2

Senti, non mangiare troppi dolci!

Cameriere, possiamo vedere un attimo la torta al cioccolato?

3

Aspettate, ▦ porto subito.

▦ dici sempre. Ma quando ho voglia di dolci, ▦ prendo.

5

PARLARE

6 Con la tua amica italiana (B, p. 142) parli dell'uso di media. Presentate il dialogo.

A
1. Du fragst **B**, ob er/sie ein Leben ohne Smartphone noch für möglich hält.
2. Du sagst, dass du das Smartphone sehr oft für viele verschiedene Dinge nutzt, z. B. um Freunden zu schreiben, um Fotos zu machen, um News zu verfolgen und so.
3. Du bist erstaunt und sagst, dass du nie Radio hörst oder Zeitungen liest. Nur manchmal kaufst du dir eine Modezeitschrift.
4. Du stimmst zu und sagst, dass du hoffst, dass du das Smartphone nicht zu oft nutzt.

3 ROMA, CAPITALE D'ITALIA

APPROCCIO

HIER LERNST DU:
▶ Wege mit den öffentlichen Verkehrsmitteln zu beschreiben.
▶ Erwachsenen höflich Auskunft zu geben.

PREPARARSI ALLA LETTERATURA

🎧 1 16 **1** **Dove vai in autobus, in aereo¹, in treno, in metropolitana, in tram, in bici, a piedi?**

> Come vai a casa dopo la scuola?

> Vado in autobus.

> a casa dei nonni, al cinema, in centro, al parco, in Italia, a Berlino, allo stadio ▪▪▪

¹l'aereo – das Flugzeug

Il Vaticano: sede del Papa

Via Condotti: ideale per fare shopping in negozi elegantissimi

> È facilissimo. Può prendere l'ascensore che si trova là in fondo, accanto alla scala mobile.

> Mi scusi. Come posso raggiungere i binari con la sedia a rotelle?

atac
ROMA

> Scusi. Quest'autobus va a Trastevere?

> No. Per Trastevere deve prendere la metro linea B fino a Porta San Paolo. Lì, bisogna cambiare. Scenda e prenda il tram 3 direzione Stazione Trastevere. Guardi, è comodissimo.

Trastevere:
quartiere con locali stupendi

la Fontana
di Trevi

BIT

atac   metrebus € 1,50

Vale 100 minuti
100-minute integrated ticket

3

La Scalinata di Trinità dei Monti:
luogo d'incontro di giovani e di musicisti

Il Colosseo:
traccia dell'antico Impero Romano

LEGGERE E CAPIRE

2   Dove vanno le persone del testo p. 42–43?
In quale mezzo di trasporto ci vanno? Completa la tabella.

Chi?	Dove?	Come?

PARLARE

🎧 11|17 **3 a**   Ascolta i due dialoghi. Dove sono le persone? Dove vogliono andare? Cerca le stazioni sulla piantina della metropolitana e segui l'itinerario con il dito. Poi, spiegalo al tuo compagno / alla tua compagna.

👥   **b**   Siete a Roma. Partner A sceglie un luogo che vuole visitare. Partner B gli/le spiega come andarci.

▶ *per comunicare, S. 211*

SCOPRIRE E ESERCITARSI

4   Sei a Roma. Quali frasi dici a che persona?

1. **Scusate**. Questo autobus va a Trastevere?
2. **Prendi** la linea A direzione Battistini.
3. **Prenda** il tram 3. Poi **deve** prendere la metro.

5 a   Cerca nel testo le forme del superlativo assoluto. | Wie wird er gebildet?

Scusi, vogliamo visitare la **bellissima** Fontana di Trevi. Come facciamo ad arrivarci?
È **facilissimo**. Prendete la linea A e scendete alla fermata Barberini.

b   Come vi sembrano i monumenti di Roma? Usate le forme del superlativo.

> Secondo me il Colosseo
> è grandissimo.

il Colosseo	bello	Ci voglio (assolutamente) andare.
il Vaticano	grande	Non voglio andarci.
la Fontana di Trevi	brutto	È ideale per …
Piazza del Popolo	famoso	Voglio andare a vederlo/-a.
Via Appia Antica	interessante	

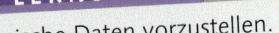

HIER LERNST DU:

▶ historische Daten vorzustellen.
▶ etwas zu vergleichen.
▶ Erstaunen auszudrücken.

ROMA

Roma, che si estende su sette colli, è la città più grande
d'Italia ed è anche la sua capitale.
Sapevi che si dice: "Tutte le strade portano a Roma"?
Infatti, nell'antico Impero Romano tutte le grandi strade
5 importanti portavano a Roma perché allora era la città più
importante del mondo.
Il nome della "città eterna", come tante persone la chiamano, viene da Romolo che – secondo la leggenda –
ha fondato la città nel 753 a. C.

10 La **Basilica di S. Pietro** in Vaticano è la chiesa più grande
d'Europa. La possiamo vedere da molti angoli della città,
ma uno dei punti più suggestivi è sicuramente il buco della
serratura sull'Aventino in piazza Cavalieri di Malta.

Città del Vaticano è, infatti, uno stato autonomo. È la sede
15 del papa e così il centro della religione cattolica nel mondo.
Lì non si trova solo la basilica, ma si possono anche visitare
i Musei Vaticani. E dentro – ancora più famosa dei musei –
c'è la **Cappella Sistina**, costruita tra il 1473 e il 1484 dove
hanno lavorato i più importanti artisti del '400. Solo nel
20 1534 Michelangelo ha dipinto la famosissima Creazione di
Adamo.

Roma è anche la capitale dell'antico Impero Romano,
che ci ha lasciato tanti monumenti come **il Colosseo**
o il **Pantheon**.
25 Una volta il Pantheon era il tempio per tutti gli dei
importanti, costruito tra il 118 e il 125 d.C. All'inizio del
settimo secolo d.C. papa Bonifacio IV ha trasformato il
tempio in una chiesa. Lì in piazza della Rotonda e
vicino si trovano anche tanti bei locali.

30 La **Fontana di Trevi**: se vuoi ritornare nella città eterna,
devi assolutamente gettare una moneta in questa fontana
che è la più grande di Roma – un bellissimo monumento
barocco del '700.

Il miglior posto per **fare shopping** a Roma è sicuramente
35 via del Corso. Inoltre lì vicino si trova Palazzo Chigi, sede
del Presidente del Consiglio.
Se cercate negozi più chic che in via del Corso, potete tro-
varli in via Condotti.

Incredibile! È
vecchissima la città. Ed
è sicuramente più
grande di Lecce.

Questo posto è
davvero meraviglioso.

3

Avete visto
il musicista
là accanto?
Con la chitarra.
È stupendo.

Sì, Khalid. La musica è
sempre la cosa più
importante per te.

Che forte questo
posto! Ma secondo me
il buco nella cupola è
un po' scomodo
quando piove.

Ho gettato
una moneta
l'anno scorso
ed eccomi!

Secondo me è stupido.
Serve solo alla città che
così guadagna più soldi.

Accidenti! I negozi in
via Condotti sono
perfino più eleganti
che a Torino.

LEGGERE E CAPIRE

1 Abbina le foto al testo (p. 45). Indica le righe in cui si parla dei monumenti. Che cosa si vede? Di che cosa si tratta?

2 Quando è successo? Cerca l'informazione nel testo (p. 45).

Nel ▦
Dal ▦ al ▦
Tra il ▦ e il ▦

753 a. C.
118–124
settimo secolo
1473–1484
1534

i Romani
Michelangelo
papa Bonifacio
Romolo

ha ▦.
hanno ▦.

VOCABOLARIO

3 Cerca in tutto il testo (p. 45) cinque espressioni per mostrare entusiasmo[1].

[1]entusiasmo – Begeisterung

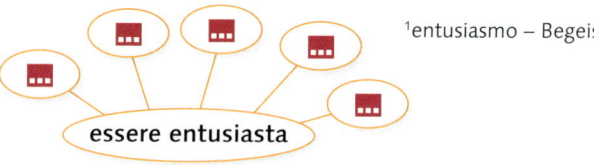

essere entusiasta

PARLARE

4 **a** Organizzate una gita scolastica a Roma. Guardate i posti e i monumenti di Roma nel dizionario di cultura e di civiltà (p. 174–175). Che cosa vorreste visitare? E perché? Usate le espressioni dell'esercizio 3.

Vorrei vedere / visitare ▦
Voglio visitare ▦
Penso che sia interessante visitare ▦
Il mio posto preferito è ▦
Secondo me ▦ è molto interessante

perché ▦.

b Scegliete uno dei vostri posti / monumenti romani preferiti e fatene una presentazione orale in classe. Le domande seguenti vi possono aiutare a strutturarla.

1. In quale zona di Roma si trova?
2. Che cosa sapete della sua storia?
   a. Chi l'ha fondato / costruito/-a?
   b. Quando o in quale epoca l'hanno costruito?
3. Perché è famoso/-a?
   a. Per la sua storia?
   b. Per la sua architettura?
   c. Per la sua arte?
4. Che cosa si può fare o vedere lì?

ASCOLTARE

5 a Prima di ascoltare cerca in Internet delle informazioni sui posti da visitare vicino a Roma:

Ostia   Tivoli   Tarquinia   Castel Gandolfo

1 19 **b** Greta è a Roma con la sua amica Giovanna. Dopo alcuni giorni in centro vogliono fare una gita fuori Roma. Vanno a chiedere delle informazioni all'ufficio turistico. Ascolta il dialogo e rispondi alle domande:

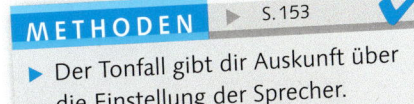

METHODEN   ▶ S. 153 ✔
▶ Der Tonfall gibt dir Auskunft über die Einstellung der Sprecher.

1. Perché Greta e Giovanna vogliono fare una gita fuori Roma?
2. Di quali posti parlano e che cosa offrono questi posti?
3. Che cosa pensi: per quale posto si decidono le ragazze?

1 20 **c** Ascolta la fine del dialogo: dove vogliono andare?

SCOPRIRE

6 Leggi le frasi. Quando si usano le preposizioni che o di per confrontare qualcosa? Formula una regola.

Ho incontrato un amico che non vedo da tanto tempo. Adesso è più alto **di** me, ma due anni fa era ancora più basso **di** Giovanna, la mia piccola sorella.

Per lui, che è così alto, giocare a basket è più interessante **che** giocare a calcio. E secondo lui a Roma è più facile trovare delle persone per una partita di basket **che** a Torino.

ESERCITARSI

7 **a** Metropoli a confronto. Vi trovate in uno scambio con una scuola di Roma. Insieme al vostro partner italiano fate un confronto fra la capitale italiana e quella tedesca.

> Roma è più grande di Berlino.

> A Berlino ci sono più alberi che a Roma.

	Roma	Berlino
abitanti	2,5 mio.	3,5 mio
chilometri quadrati	1 287,36	891,68
temperatura media[1]	15,5°C	9,5°C
ponti	31	2100
linee di metro	3	10
fondazione	753 a.C.	1237

[1]la temperatura media – die Durchschnittstemperatur

Berlino   Roma

più meno	antico/-a bello/-a chic difficile divertente facile famoso/-a giovane grande alto/-a interessante moderno/-a noioso/-a piccolo/-a tranquillo/-a vecchio/-a verde ...	di	sost. / articolo+sost. pron.
		che	agg. avv. prep.+sost. verbi
migliore maggiore peggiore minore			

b Organizzate una gita scolastica in Italia. Quale città italiana volete visitare? Cercate in Internet delle informazioni sulle vostre città preferite e fate un confronto. ▶ *Italienkarte*

IMPARARE MEGLIO

8 Usare un dizionario bilingue

a Quali parole si usano in italiano per il verbo "gehen"?

b Traduci le frasi con l'aiuto del dizionario.

1. Willst du den Bus nehmen oder lieber zu Fuß gehen?
2. Es ist schon spät. Larissa muss nachhause gehen.
3. Hier geht es um Italien und nicht um Deutschland.
4. Unser Zug geht um 8:13 Uhr.
5. Nein, das geht nicht!
6. Was geht hier vor sich?

> **gehen**
> **1** ≈ *zu Fuß gehen* andare (a piedi) ≈ *ausscheiden* andare via
> **2** *Geschäft(e)* andare bene, funzionare
> **3** *Zug usw* partire
> **4** einkaufen/schwimmen/… gehen andare a fare la spesa/nuotare/…
> **5** in die Schule/auf die Uni/… gehen andare a scuola/all'università/…
> **6** ≈ *dauern* volerci, durare
> **7** ≈ *reichen* arrivare: *Die Stiefel gehen bis über die Knie.* Gli stivali arrivano fin sopra le ginocchia.
> **8** jemandem geht es gut/schlecht/… *gesundheitlich, auch wirtschaftlich* qualcuno sta bene/male/…
> **9** Wie gehts? Come va? Come stai?
> **10** Worum geht es? Di che cosa si tratta?
> **11** Es geht nichts über … Non c'è niente di meglio che…
> **12** vor sich gehen succedere
> **13** ≈ *funktionieren* funzionare

MEDIAZIONE

9 **a** Sei a Roma e i tuoi genitori ti fanno tante domande perché non sanno l'italiano. Aiutali.

> Frag den Herrn mal, wie es zum Kolosseum geht. Müssen wir nach links oder rechts gehen?

> Frag die Dame bitte, wie das hier mit den sightseeing-Bussen geht. Wo können wir die Tickets kaufen? Und wo können wir einsteigen?

> Sag mal an der Rezeption Bescheid, dass die Zimmerkarte nicht geht.

> Könntest du den Jungen fragen, was da vor sich geht und warum alle Menschen in diese Richtung gehen.

> Frag mal an der Rezeption, ob wir zur Piazza Navona besser mit der Bahn fahren oder zu Fuß gehen sollen.

b Ascolta i dialoghi e confronta le domande con le tue. Poi rispondi in tedesco alle domande dei tuoi genitori.

1|21

10 Sei andato a Xanten con il tuo / la tua partner di scambio. State per entrare nel parco archeologico. Hai preso un foglio con delle informazioni su Xanten e sul parco che purtroppo sono in tedesco. Lui/Lei ha capito che Xanten è una città di origine romana. Allora ti fa alcune domande. Il foglio ti aiuta a rispondere.

> Quanto è vecchia la città?

> Che cosa c'è ancora da vedere dei romani oggi?

> Quanto era importante in epoca romana?

> C'è ancora qualcos'altro di interessante da vedere lì?

> **METHODEN** ▶ S. 164 ✔
> ▶ Gehe nur auf die gefragten Informationen ein.

Von der Ausdehnung des Römischen Reiches waren auch einige Gebiete im Süden und Westen der heutigen Bunderepublik Deutschland betroffen. Erst die Niederlage des römischen Generals Varus gegen die Germanen im Jahre 9 n. Chr. setzte dem ein Ende. Zur Sicherung ihres Gebietes, das sie fast 600 Jahre besaßen, errichteten die Römer Limes. Die Spuren dieser Zeit sind noch heute in den Städten wie z. B. Trier, Xanten und Köln deutlich erkennbar:

Die römische Geschichte Xantens begann im Jahre 13/12 v. Chr., als römische Soldaten sich dort niederließen und im Jahre 98 oder 99 n. Chr. dort die römische Siedlung unter dem Namen *Colonia Ulpia Traiana* gegründet wurde. Damals zählte sie zu den 150 höchstrangigen Städten des gesamten römischen Reiches.

Lebendig ist die römische Geschichte heute noch in dem Archäologischen Park Xanten, der sich auf dem Gelände der antiken Provinzstadt Colonia Ulpia Traiana befindet. Hier zeigen antike Fundstücke und moderne Medien sehr anschaulich und unterhaltsam, wie das Leben damals zur Zeit der Römer aussah: Teile wichtiger Bauten der Stadt, wie z. B. das Amphitheater, die Stadtmauer und der Tempel, wurden in Originalgröße rekonstruiert. In der vollständig aufgebauten Herberge werden Speisen wie im alten Rom angeboten und im Spielehaus stehen antike Spiele für Jung und Alt zum Ausprobieren bereit.

Außerdem beeindruckt die Römerstadt am Rhein seine Besucher mit einem wunderschönen historischen Stadtkern und faszinierenden Sehenswürdigkeiten, wie z. B. dem St.-Viktor-Dom, dem Klever Tor, dem Gotischen Haus und der Kriemhildmühle – die Wahrzeichen der Stadt.

PREPARARSI ALLA LETTURA

 22

1 Partecipi ad un blog in Internet? Di che tipo di blog si tratta?

prof.ssa Tancredi:

Ciò che intendiamo fare con questo progetto dei licei di Torino e di Bochum è confrontare le culture della Germania e dell'Italia. I ragazzi visitano alcune città in Italia e in Germania. Questa volta ci siamo incontrati a Roma con i nostri partner di Bochum per visitare insieme questo luogo importantissimo per la cultura europea. Però quello che è stata la cosa più interessante per i ragazzi è stato incontrarsi fuori dal mondo di Internet per conoscersi personalmente e capire anche il carattere nazionale dei loro compagni.

▼ **Anna:**

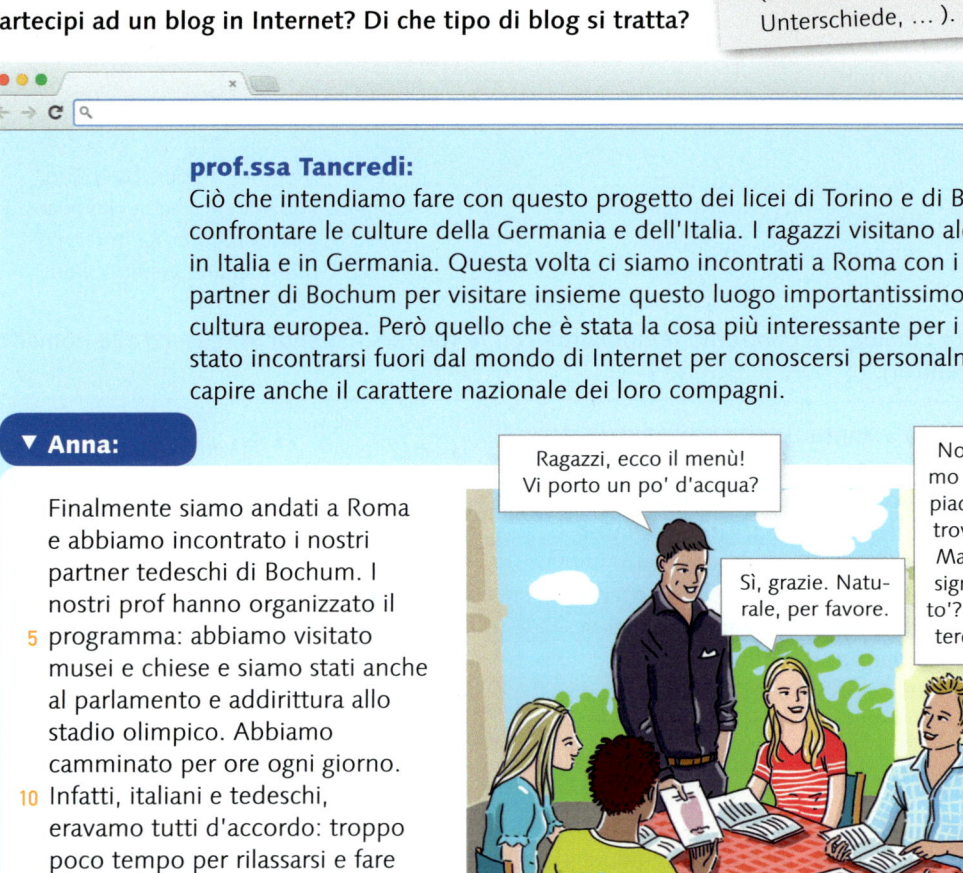

Ragazzi, ecco il menù! Vi porto un po' d'acqua?

Sì, grazie. Naturale, per favore.

Noi la preferiamo frizzante, per piacere. - Ah, ho trovato le pizze. Ma … che cosa significa 'coperto'? Lo puoi mettere sulla pizza?

CULTURA E CIVILTÀ
▶ Il coperto indica le cose che servono per mangiare, p.e. pane, coltello, forchetta, tovagliolo etc.

Finalmente siamo andati a Roma e abbiamo incontrato i nostri partner tedeschi di Bochum. I nostri prof hanno organizzato il
5 programma: abbiamo visitato musei e chiese e siamo stati anche al parlamento e addirittura allo stadio olimpico. Abbiamo camminato per ore ogni giorno.
10 Infatti, italiani e tedeschi, eravamo tutti d'accordo: troppo poco tempo per rilassarsi e fare shopping.
Stamattina siamo stati ai Musei
15 Vaticani, una visita al museo come tante con questionari da compilare. Ai tedeschi invece è piaciuta molto perché l'hanno ovviamente trovata una novità.

20 Alla Fontana di Trevi nel pomeriggio, abbiamo tutti gettato le nostre monete, italiani e tedeschi. Solo Leo e Jens, un tipo abbastanza carino del gruppo di Bochum, non volevano gettare la moneta. Poco dopo Jens ha comunque usato la sua moneta. L'ha spesa per offrirmi un gelato. Che gentile!

Per la sera abbiamo avuto l'idea di andare a mangiare fuori. Che discussione con i prof
25 solo per andare in trattoria! Finalmente ce l'hanno permesso, ma non ci hanno lasciati andare da soli. Ciò che ci ha colpito molto è che i tedeschi volevano prenotare un tavolo già alle sei e mezza – così presto. Alla fine ci siamo messi d'accordo per le sette e mezza, comunque sempre abbastanza presto per noi. E Jens ha scoperto che cosa è il coperto - gliel'ho dovuto spiegare io. Poi, al momento di pagare, loro hanno cominciato a chiedere i
30 conti separati e quindi gli abbiamo spiegato come funziona con il conto alla romana.

Scusi, il conto, per favore!

Ragazzi, facciamo alla romana, va bene?

Subito.

2

CULTURA E CIVILTÀ

▶ "Pagare alla romana" significa dividere il conto in parti uguali. Se, per esempio, cinque persone hanno un conto di 100 Euro, ognuno paga 20 Euro.

Jens:

Sì, il conto alla romana è un modo di pagare che non conoscevamo ancora.
E quando eravamo in pizzeria, prima vi abbiamo sentiti e tanto tempo dopo vi abbiamo visti. 😃 Siete davvero vivaci, soprattutto la voce di Giorgia – l'ho riconosciuta da lontano – è proprio forte in tutti i sensi. E poi mi sembra una cosa strana che voi italiani mangiate pane
5 con tutto, perfino con un piatto di pasta, e che beviate acqua naturale. Sì, il pane italiano ci piace, ma non lo vorrei mangiare con gli spaghetti, e l'acqua naturale non mi piace. Comunque, dopo la prima giornata insieme devo dire che ovviamente ci sono differenze tra tedeschi e italiani, ma abbiamo anche tante cose in comune come musica, film, vestiti, e tante altre cose. Non è sorprendente visto che siamo coetanei ed europei.

Menù

Antipasti

Prosciutto e melone	3 €
Mozzarella di bufala	3 €

Primi piatti

Minestrone di verdure	5 €
Spaghetti al pomodoro	6 €
Spaghetti alla carbonara	7 €
Penne all'arrabbiata	7 €
Risotto ai funghi porcini	7 €

Secondi piatti

Carne

Filetto di maiale	8 €
Filetto di pollo	8 €
Scaloppina di vitello	9,50 €

Pesce

Calamari alla griglia	8,50 €
Filetto di tonno	9 €

Contorni

Insalata mista	3,50 €
Verdure grigliate	3,50 €
Patate fritte	3,50 €

Pizze

Pizza margherita	6.50 €
Pizza al prosciutto	6,90 €
Pizza ai funghi	7 €
Pizza quattro formaggi	7,50 €

Dolce

Frutta di stagione	5 €
Sorbetto	5 €
Tiramisù	5 €
Coperto	1,50€

3

LEGGERE E CAPIRE

2   Di che cosa parlano Anna e Jens nel loro blog? Descrivi le immagini e cerca i paragrafi corrispondenti nel testo (p. 50–51).

3   Sui tedeschi e sugli italiani ci sono tanti stereotipi. Quali? Completa la tabella.

Che cos'è tipico degli italiani?	Che cos'è tipico dei tedeschi?
La cena è abbastanza tardi.	La cena è abbastanza presto.

ITALIA IN DIRETTA

4   Guarda il menù (p. 51) e leggi le informazioni.

a   Che cosa capisci già? Che cosa significano le seguenti parole?

> antipasti   primi piatti   secondi piatti   contorni   pesce

 1 | 23

b   Insieme ai tuoi genitori sei in una trattoria in Italia. I tuoi non sanno l'italiano. Ascolta che cosa dice il cameriere e spiega ai tuoi genitori ciò che vi propone.

PARLARE

5   Al ristorante

a   Che cosa dite in un ristorante? Che cosa vi chiede / vi risponde il cameriere / la cameriera? Cercate frasi tipiche nel testo (p. 50–51).

camerieri   clienti

b Chi usa queste espressioni – voi o il cameriere / la cameriera? Aggiungi le espressioni alla tua rete.

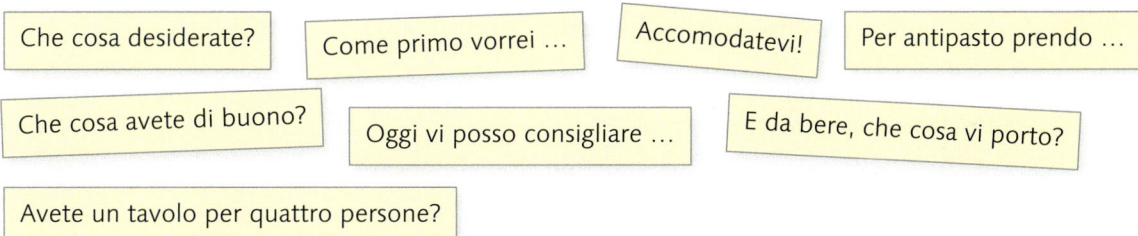

Che cosa desiderate?

Come primo vorrei …

Accomodatevi!

Per antipasto prendo …

Che cosa avete di buono?

Oggi vi posso consigliare …

E da bere, che cosa vi porto?

Avete un tavolo per quattro persone?

c Siete Anna, Giorgia, Jens e gli altri ragazzi. In gruppi di tre o quattro persone andate in un ristorante e ordinate. Un altro ragazzo / Un'altra ragazza fa il cameriere / la cameriera. Rappresentate la scena in classe. Usate il menù dell'esercizio 4.

6 L'ultimo giorno dell'incontro i ragazzi tedeschi e quegli italiani discutono insieme. Si parla delle cose in comune e anche delle differenze.

a Dividete la classe in quattro gruppi e preparate la discussione: due gruppi preparano la parte degli italiani, due gruppi preparano la parte dei tedeschi. Che cosa vi sembra tipico o strano dell'altra nazionalità?

b Rappresentate la discussione in classe: ogni gruppo manda uno studente / una studentessa. Quindi partecipano due "italiani" e due "tedeschi". Il vostro professore / La vostra professoressa è il moderatore / la moderatrice. ▶ *Diskutieren, S. 156*

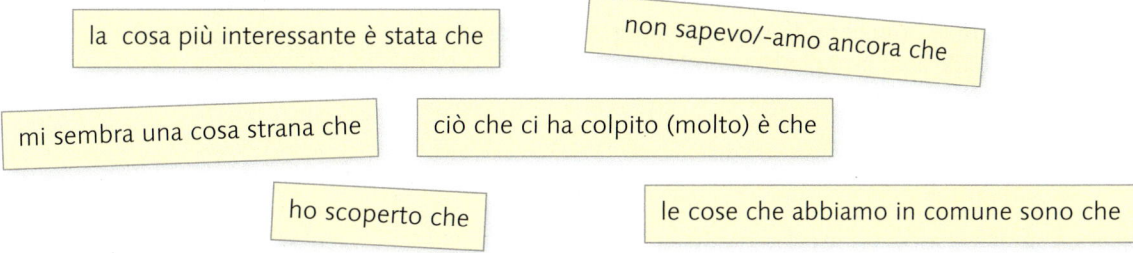

la cosa più interessante è stata che

non sapevo/-amo ancora che

mi sembra una cosa strana che

ciò che ci ha colpito (molto) è che

ho scoperto che

le cose che abbiamo in comune sono che

7 Giovanni / Giovanna (A) è appena tornato/-a da Roma e parla con il suo amico / la sua amica (B, p. 142). Preparate il dialogo e presentatelo.

> **A**
> Erzähle **B**, wie die Reise war:
> Du fandest Rom einfach wunderbar. Die Stadt ist viel älter und größer als Mailand. Überall gibt es Spuren aus der Zeit der Römer. Ihr habt fast alle Sehenswürdigkeiten besucht: Besonders stimmungsvoll fandest du den Park der Villa Borghese; von dort kann man die ganze Stadt sehen. Das ist wunderschön!
> 1. Du stimmst zu, aber stellst fest, dass du nach dem Shoppen an der Fontana di Trevi warst, um dich zu erfrischen. Dort war alles voller Menschen. Einige von ihnen haben Geld in den Brunnen geworfen. Auch du hast dich entschieden, Geld hineinzuwerfen, da du unbedingt nach Rom zurückkommen möchtest.
> 2. Du sagst, dass es eine Menge Geld sein muss.
> 3. Du sagst, dass er/sie ja zum Glück das Geld dann nicht in den Brunnen geworfen hat.

3

SCOPRIRE

8 **a** Come si forma il passato prossimo? Ripetilo.

b Nelle frasi seguenti cercate tutte le forme del passato prossimo. Dite che cosa c'è di nuovo e cercate di spiegare il motivo.

1. Poco dopo Jens ha comunque usato la sua moneta. **L'**ha spes**a** per offrirmi un gelato.
2. Il ristorante è buonissimo. **L'**ho già provat**o**.
3. Ragazzi, prima **vi** abbiamo senti**ti** e tanto tempo dopo **vi** abbiamo vis**ti**. 😃 Siete davvero vivaci, soprattutto la voce di Giorgia – **l'**ho riconosciut**a** da lontano.

ESERCITARSI

9 Sei a casa del tuo amico italiano/della tua amica italiana. Sua madre gli/le chiede tante cose. Che cosa dicono? Dopo cinque domande cambiate i ruoli.

> stamattina, ieri, ieri sera, ieri mattina, due minuti fa, un'ora fa , l'anno scorso 🟥🟥

Esempio: Hai già messo in ordine la tua camera? - Sì, l'ho messa in ordine ieri.

Hai già
1. 🟥🟥 comprato dei panini?
2. 🟥🟥 chiamato la nonna?
3. 🟥🟥 fatto i compiti?
4. 🟥🟥 sentito la novità?
5. 🟥🟥 visto il nuovo film con Robert de Niro?
6. 🟥🟥 letto il giornale?
7. 🟥🟥 scritto un'e-mail al tuo professore?
8. 🟥🟥 lavato la tua bicicletta?
9. 🟥🟥 riparato il mio cellulare?
10. 🟥🟥 comprato le scarpe per la festa?

🎧1 24 **10** Ascolta le domande di Anna, di Giorgia e di Jens. Rispondi tu al loro posto usando il passato prossimo e i pronomi diretti.

> Hai visto il mio libro?

> Sì, l'ho visto.

VOCABOLARIO

> il dipinto   speciale   il dubbio   la speranza
> insegnare   la popolazione   la necessità
> vietato/-a   la creatività   pulire

11 **a** Come si traducono le seguenti parole in tedesco?

b Spiega le strategie che ti aiutano a capire le parole di a.

IMPARARE MEGLIO

🎧1 25 **12** Erschließen unbekannter Wörter

Ascolta i consigli della professoressa Tancredi per i turisti a Roma e rispondi alle domande.

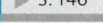 **METHODEN** ▶ S. 146 ✔
▶ Versuche beim Hören, unbekannte Wörter über Weltwissen, einfache Wortbildungsregeln und ähnliche Wörter aus anderen Sprachen zu erschließen.

1) Dov'è l'hotel?
   a. fuori della città
   b. in centro

2) Perché la professoressa Tancredi consiglia di visitare Roma a piedi?
   a. perché tutta la città è bella.
   b. perché la metro arriva sempre in ritardo.

3) Fare i biglietti è stato
   a. facile?
   b. difficile?

4) Nei Musei Vaticani hanno
   a. partecipato a una visita guidata in un gruppo.
   b. ascoltato delle informazioni auditive.

5) Il museo è
   a. piccolo.
   b. grande.

6) Nella Cappella Sistina si vede
   a. quello che ha dipinto Michelangelo.
   b. una foto di Michelangelo.

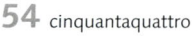

MEDIAZIONE

13 Stai leggendo il seguente articolo. Tuo fratello guarda la foto ma non capisce di che cosa tratta l'articolo e ti fa delle domande.

> Warum wird der Mann von der Polizei abgeführt?
> Und warum badet die Frau auf dem Bild in dem Brunnen?

È successo di nuovo!

ROMA (16 novembre) – Una piroetta e poi giù nell'acqua. Uno, due, tre tuffi acrobatici nell'acqua bassa della Fontana di Trevi. Protagonista di questo atto vandalico è
5 stato un cittadino, conosciuto con il soprannome di Attila (poiché aveva già fatto cose simili). Increduli i turisti che hanno visto la scena e hanno fotografato e filmato le sue acrobazie.
10 Sono arrivati gli agenti della Polizia municipale del Gruppo Centro Storico a fermarlo: e Attila ha dovuto pagare una multa di 160 euro.

La Fontana del settecento, progettata da
15 Nicola Salvi, è una delle più famose del mondo. E non solo per la sua bellezza o per il lancio della monetina, necessaria per poter ritornare nella Città Eterna, ma anche perché legata al film "La Dolce Vita"
20 di Federico Fellini. Ricordate la scena della bellissima Anita Ekberg sotto la cascata nella fontana, mentre un grande Marcello Mastroianni la guarda affascinato? Ecco: per sentirsi così, anche per un solo
25 momento, decine di turisti stranieri e italiani, nonostante le conseguenze, fanno un bagno nella celebre fontana.

OFFICINA CREATIVA

3 un giro turistico

a Tra poco la vostra scuola di scambio italiana viene a trovarvi in Germania. Preparate un giro turistico nella vostra città. In due scegliete un monumento o una storia interessante e preparate una presentazione.

> Prima di fare la presentazione ai vostri ospiti fate una prova in classe.

b Dopo la gita scolastica alcuni ragazzi della vostra scuola di scambio vi mandano una mail. Parlano di quello che hanno visitato con voi, di tutto ciò che gli è piaciuto e anche delle differenze culturali che hanno vissuto. Scrivete voi la mail al loro posto.

3C STEREOTIPI ITALIANI

🎧 11 26 **1** Prima dell'ascolto prova a pensare a come sono le tipiche ragazze italiane secondo te e scrivi una lista con degli aggettivi.

LA TIPICA RAGAZZA ITALIANA

Esce tutta truccata[1]
ride soltanto[2] forzata[3]
si crede al di sopra[4] del mondo
veste solo firmata[5]
5 mostra[6] la borsa griffata[7]
la aspetta una bella serata

Cresciuta[8] troppo in fretta
tra l'insalata una dieta e il fumo[9]
di una sigaretta
10 beve per invecchiare[10]
non per dimenticare
si sente più bella

È la tipica ragazza italiana
che a volte può sembrarti strana
15 ti fissa[11] attentamente tutta la settimana
con quel fare da persona
a cui non interessa niente
di tutta l'altra gente
la cosa più importante
20 è apparire[12] affascinante[13]

È la tipica ragazza italiana
che a volte può sembrarti strana
la guardi in un istante[14]
ti entra nella mente[15]
25 È la classica italiana
È la tipica ragazza italiana
ed anche se ti sembra strana
ti entra nella mente[15]
non esce facilmente
30 È la tipica italiana

Ma cosa vuoi
ma con chi stai
non penserai[16] che ce la farai[17]
ma chi si crede[18] non mi importa[19] niente
35 lei è quella sua sottana[20]
ma chi si crede[18] non mi importa[19] niente
lei è soltanto una bambina

io non sono un pupazzo[21]
presto se ne accorgerà[22]
40 non capisce proprio niente
lo fa solo per la notorietà[23]

(RIT.) È la tipica ragazza italiana …

Cammina sempre svelta[24]
lei non ti da mai retta[25]
45 ascolta solo se stessa
vive col cellulare
ha voglia di scoprire
emozioni e nuove realtà

(RIT.) È la tipica ragazza italiana …

DJ MATRIX

© MULTIFORCE ED MUS DI GIUPPONI

1 truccato/-a – geschminkt
2 soltanto – solo
3 forzato/-a – gezwungen
4 al di sopra di – oberhalb von, höher als
5 vestire firmato – portare vestiti cari, alla moda
6 mostrare – zeigen
7 griffato/-a – Marken-
8 crescere – diventare più grande
9 il fumo – Rauch
10 invecchiare – diventare più vecchio
11 fissare – guardare
12 apparire – sembrare
13 affascinante – molto interessante
14 l'istante (m) – momento
15 la mente – der Sinn, Geist
16 penserai – (qui:) pensi
17 ce la farai – du wirst es schaffen
18 chi si crede – chi crede di essere
19 importare ▶ importante
20 è quella sua sottana – sie identifiziert sich nur über ihr Aussehen
21 pupazzo – Marionette, Hampelmann
22 se ne accorgerà – se ne accorge
23 notorietà – Bekanntheit
24 svelto/-a – in fretta
25 dare retta – zuhören, aufpassen

2 Dopo l'ascolto confronta la tua lista con gli stereotipi nella canzone.

3 Confronta le ragazze italiane con quelle tedesche: ci sono differenze?

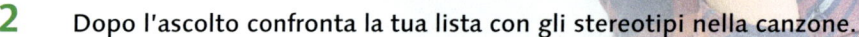

Pensate alle famiglie italiane che conoscete. Vi siete accorti di quanto parlano? Fin troppo, dirà qualcuno. D'accordo, ma almeno parlano. Nel mondo di lingua inglese molte famiglie comunicano attraverso post-it sul frigorifero: ognuno conduce una vita separata e mangia tra un allenamento, un corso e una riunione scolastica. In Italia, no: intorno a una tavola italiana si ragiona,
5 si discute, si impara a difendere il proprio punto di vista (o a cambiarlo).
Scrive il "Guardian" di Londra: "L'idea di consumare pasti regolari con i genitori è repellente per i giovani inglesi, che sognano l'indipendenza; così come la prospettiva di passare sotto il tetto domestico un minuto più del necessario. Le famiglie italiane invece siedono insieme una volta al giorno o almeno diverse volte la settimana. I giovani imparano a mangiare con forchetta e coltello, a com
10 portarsi educatamente e a parlare. Di conseguenza sono, in generale, piacevoli, ben educati e fluenti nel linguaggio."   *(Beppe Severgnini, La testa degli italiani, 2005)*

1 dirà qualcuno - *wird jemand sagen* 2/3 attraverso = (qui) con 3 il frigorifero - *der Kühlschrank*, conduce = (qui) vive 4 la riunione scolastica - *die schulische Versammlung*, ragionare - (qui) *argumentieren* 5 il punto di vista - *der Standpunkt* 6 repellente - *abstoßend* 7 la prospettiva - *die Perspektive* 8 il tetto domestico - *das heimische Dach* 9 la forchetta – *die Gabel*, il coltello – *das Messer* 10 educato - *(wohl)erzogen*, piacevole - *angenehm*

1 Leggete i brani estratti dal libro "La testa degli italiani" di Beppe Severgnini e rispondete alle domande.

a Che cosa venite a sapere degli italiani? Sapete quando mangiano? Ci sono delle regole?

b Qual è la differenza tra i giovani italiani e quelli inglesi?

2 **a** Guardate le vignette . Formate due gruppi. Il gruppo A descrive con esempi di Severgnini perché gli italiani sono simpatici, disordinati e inaffidabili. Il gruppo B descrive con esempi perché i tedeschi sono rigidi, precisi, ordinati e affidabili.

b Che pensi delle vignette? Di' la tua opinione.

3 E voi? Avete delle consuetudini alimentari? Siete più "inglesi", più "italiani" o più "tedeschi"?

3 RIASSUNTO

ETWAS IN SEINER EIGENSCHAFT HERAUSSTELLEN

1 Secondo me Roma è **bellissima**.
Andare in treno è **facilissimo**.
Ieri ho mangiato una pizza **ottima**.

DAS BENÖTIGST DU

den **superlativo assoluto**

bell-	
grand-	
facil-	**issimo/-a**
buon-	
cattiv-	

⚠ unregelmäßige Formen:
buono/-a – ottimo/-a; cattivo/-a – pessimo/-a

ETWAS VERGLEICHEN

2 Roma è **più grande di Lecce**.
Lecce è **meno** grande **di** Roma.
La Cappella Sistina **è più famosa dei musei**.
In via Condotti si trovano dei negozi **più chic
che in via del Corso**.
A Roma **andare a piedi è più bello
che prendere la metro**.

DAS BENÖTIGST DU

den **comparativo**

più		**di**	sost. pron.
meno	+ agg.	**che**	prep. + sost. verbi

ETWAS BESONDERES HERVORHEBEN

3 Roma è la città **più** grande **d'**Italia.
La fontana di Trevi è la fontana **più** grande **di**
Roma.

Roma è **la più** grande città **d'**Italia.

La fontana di Trevi è **la più** grande fontana **di**
Roma.

La basilica è **la** (basilica) **più** grande **d'**Europa.

DAS BENÖTIGST DU

den **superlativo relativo**

più		
meno	+ agg.	**di**

⚠ Stellung der Adjektive ▶ *Riassunto 1/1*

articolo determinativo	**più** **meno**	+ agg. + sost.	**di**

⚠ Eine Wiederholung des Substantivs ist nicht
notwendig.

WIEDERHOLUNGEN IN ERZÄHLUNGEN DER VERGANGENHEIT VERMEIDEN

4 Hai visto **i musei**? - No, non **li** ho vist**i**.
Dove **ci** hai vist**o/-i**? – **Vi** ho vist**o/-i** in centro.

DAS BENÖTIGST DU

Angleichung des Partizips an das Pronomen

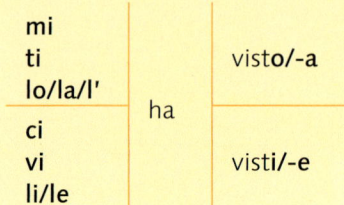

mi		
ti		**visto/-a**
lo/la/l'		
ci	ha	
vi		**visti/-e**
li/le		

> ⚠ Das Partizip **muss** in der 3. Person an das Pronomen angeglichen werden. In der 1. und 2. Person **kann** eine Angleichung erfolgen (muss aber nicht).

 TESTE DEINE GRAMMATIKKENNTNISSE ▶ LÖSUNGEN, S. 144

Anna racconta della sua gita a Roma.

1   Completa il testo con le forme del superlativo assoluto.

Roma è una città ▦. Ha monumenti ▦, come per esempio il Colosseo. Ha delle chiese ▦, come S. Giovanni in Laterano.
Nel centro della città c'è uno stato autonomo ▦, Città del Vaticano, sede del papa. E lì si trova una chiesa ▦, la basilica di S. Pietro. È stata una gita ▦ con gente ▦.

interessante, antico/-a
importante
piccolo/-a
grande
bello/-a, simpatico/-a

2   Completa il testo con le forme del superlativo relativo e del comparativo e la preposizione di.

Secondo me Roma è la ▦ città mai vista. La mia amica dice che è la città ▦ ▦ mondo per tutti i suoi monumenti. Roma è sicuramente ▦ ▦ Torino, anzi, come città è ▦ ▦ Italia. La basilica di S. Pietro è la chiesa ▦ ▦ Europa. Il Vaticano è lo stato ▦ ▦ mondo, è ▦ ▦ S. Marino e ▦ Monaco. Però, secondo me, il Museo Egizio di Torino è ▦ ▦ Italia, addirittura ▦ ▦ Musei Vaticani.

bello/-a
interessante, grande
grande
grande, piccolo
famoso/-a
famoso/-a

3   Completa il testo con le forme del comparativo e/o le preposizioni di e che.

Roma è una città molto popolare. Ci abita più gente ▦ a Torino. Roma è sicuramente ▦ ▦ Torino, però anche la nostra città è molto carina, e penso che sia anche ▦ ▦ quella. E poi Torino è ▦ alle montagne, e io amo andare a sciare, anche se ne è ▦ ▦ Roma dal mare. Ed è stata la prima capitale d'Italia, quindi per breve tempo anche ▦ ▦ Roma.

famoso/-a
familiare, vicino/-a
lontano/-a
importante

4   Metti le forme corrette dei verbi al passato prossimo (e il pronome). Attenzione alle desinenze dei participi.

Quello che mi ▦ di Roma è la sua grandezza. I monumenti antichi sono dappertutto - ▦ in tutta la città. E una pasta così buona sicuramente a Torino non ▦. Mi ▦ anche i negozi in via del Corso. Lì ho provato un bel maglione rosso. ▦ subito.

piacere
vedere
mangiare, piacere
comprare

DAS KANN ICH JETZT! ▶ per comunicare, S. 211

▶ Erkläre einem/einer Italiener/in, wie er/sie mit öffentlichen Verkehrsmitteln von dir zu Hause zur Schule kommt.
▶ Erzähle drei Dinge über deine Lieblingsstadt. Beschreibe ihre schönsten Sehenswürdigkeiten und vergleiche sie mit denen anderer Städte. Welche sind größer, bekannter oder schöner?

TI RICORDI?

1 Lisa parla con sua sorella della gita a Roma.
Completa il testo con le forme corrette del passato prossimo.

Lisa ▦ a Roma perché la sua scuola ▦ a un progetto europeo di scambio culturale.
Adesso racconta a sua sorella Laura quello che ▦ e i luoghi in cui lei e i
suoi compagni ▦.

andare
partecipare
vedere
essere

Laura: Dimmi, ▦ i Musei Vaticani?
Lisa: Sì. Però la cosa più interessante ▦ conoscere i ragazzi tedeschi.
Con loro ▦ moltissimo.
Laura: E ▦ shopping in Via Condotti?
Lisa: Sì, ▦ tre cartoline. I negozi lì sono carissimi.

visitare [tu]
essere
divertirsi
fare
comprare

2 Il turista ha delle domande sui mezzi di trasporto a Roma. Aiutalo e usa la forma di cortesia.

Come posso raggiungere i binari con la bicicletta?

1

▦ l'ascensore in fondo a destra e poi ▦ sempre dritto.

prendere, andare

Grazie mille. Avrei un'altra domanda: vorrei andare a Ostia, come posso fare?

2

▦ a Termini e ▦ il treno per Ostia Lido. Ne parte uno ogni ora.

scendere, cercare

E a Ostia ci sono piste ciclabili?

3

▦, non lo so. ▦ all'ufficio informazioni turistica della stazione.

guardare, chiedere

E Lei per caso sa dov'è?

4

A Termini ▦ le scale e ▦ su.

prendere, andare

C'è l'ascensore?

5

Non ne sono sicuro, se non c'è, ▦ la scala mobile.

usare

Con la bici?

6

▦, non ci ho pensato.

scusare

ESERCITARSI

3 La nonna di Lisa racconta della sua vita a Roma. Mettiti al posto della nonna
e racconta la sua storia al passato prossimo nominando le date.

Nel 1949 sono andata a Roma.

1959–1965: *abitare* a Roma

1960: l'anno più bello, *conoscere* il nonno

1965: *andare* a Torino, nonno *cominciare* a lavorare a scuola

10.11.1966: *avere* nostro primo figlio

1970–1972 *costruire* la casa

4 Descrivi le cose che ti piacciono di più o quelle che non ti piacciono affatto usando la forma del superlativo assoluto. Motiva / Spiega la tua risposta.

> Secondo me la filosofia è una materia **interessantissima**. Leggiamo il libro "Il costo della vita" di Angelo Ferracuti. Ci insegna le cose più importanti della vita. Mi piace tantissimo.

> la materia, lo sport,
> il professore / la professoressa, il libro,
> la lingua, il/la cantante,
> la trasmissione in tv, la città, la gelateria,
> il ristorante

> bravo/-a, divertente, interessante, importante, ben visto/-a, bello/-a, terribile, brutto, famoso, grande, facile, difficile, buono/-a

5 Discutete con i vostri compagni delle attività nel tempo libero.

Esempio:

> Per me guardare la tv è più interessante che leggere libri. Che ne pensi?

> Sì, è vero.

> No, per me … / secondo me …

guardare la tv	andare in montagna
leggere libri	andare in spiaggia
leggere il giornale	studiare (inglese)
ascoltare musica (hip hop)	parlare (italiano)
suonare (il pianoforte)	visitare un museo
telefonare	fare shopping
parlare in chat	prendere (la metro)
andare al cinema	andare a piedi

> interessante, divertente, facile, difficile, noioso/-a, buono/-a, creativo/-a, utile, bello/-a, comodo/-a

3

VOCABOLARIO

6 Stai raccontando alla tua amica italiana una storia interessante. Però ci sono delle parole che non sai dire in italiano. Fai delle domande alla tua amica. ▶ *Wörter umschreiben, S. 149*

Come si chiama una persona che canta?
Come si dice il contrario di ■■■?

> il/la cantante

> der/die Musiker/in, das Gleis, ungemütlich, die Kuppel, der Brunnen, die Rechnung, weit

MEDIAZIONE

7 Il tuo amico italiano è venuto a trovarti in Germania. Adesso ti chiama perché si è perso e non sa come tornare a casa. Spiegagli che cosa dice tuo padre che va con i mezzi pubblici ogni giorno.

amico: Adesso sono alla fermata "Bergstraße".
tu: ■■■
tuo padre: Er soll von dort den 545er nehmen und an der Station Rotplatz wieder aussteigen. Dann soll er die Straße überqueren und zu der Bushaltestelle dort gehen und den 119er in Richtung Karlsplatz nehmen. Er kommt alle 20 Minuten.
tu: ■■■
amico: Va bene … e il 545 … in che direzione lo prendo?
tu: ■■■
Tuo padre: In Richtung Schulzendorf. Wenn was ist, soll er noch mal anrufen. Dann holen wir ihn mit dem Auto ab.
tu: ■■■

BILANCIO 1

Hier kannst du überprüfen, was du in den Lektionen 1–3 gelernt hast.

COMPRENSIONE AUDITIVA

🎧 1 27

1 a Ascolta l'intervista con il papà di Leo sul tema delle vacanze italiane. Prendi appunti.

b Rispondi alle seguenti domande. ▶ *Detailgenaues Hörverstehen, S. 153*

1. Quando iniziavano le vacanze negli anni 60/70?
2. Che cosa facevano le donne?
3. Come giocavano i bambini?
4. Quando si mangiava il gelato?

COMPRENSIONE LETTURA

2 a Leggi il seguente testo. Di che cosa tratta?

La storia del gelato

Intorno al gelato artigianale sono nate moltissime storie, alcune vere e altre di fantasia, che raccontano la nascita di quest'alimento così particolare e amato da tutti. Il piacere di mangiare un buon gelato è antico di almeno tremila anni e la sua nascita è incerta.
Uno dei primi documenti storici in cui si parla di "gelato" è di un poeta greco vissuto nel 500 a.C.

5   ad Atene. I greci amavano preparare le loro bevande rinfrescanti con poco limone, miele[1] e molto succo di melagrana[2] con neve o ghiaccio[3].
Se andiamo in Arabia, troviamo che ogni bibita ghiacciata[4] veniva già chiamata "sherbet", da cui la parola italiana sorbetto.
Gli arabi in Sicilia erano soliti mescolare la neve dell'Etna ai succhi di frutta, e così creavano quello

10   che può essere considerato l'antenato del nostro gelato artigianale.
La nascita del gelato a base di latte o alla crema di latte è abbastanza recente. Nasce intorno all'anno 1565, alla corte di Caterina de' Medici, a Firenze, come idea dell'architetto Bernardo Buontalenti, detto Mastro Bernardo delle girandole, che
realizza un sorbetto quasi gelato per cui utilizzava neve, sale

15   (per una legge fisica quest'ultimo abbassa la temperatura),
limoni, zucchero, bianco d'uovo e latte. Successivamente, nel
1686, il siciliano Francesco Procopio, che si era trasferito a
Parigi, inaugura il "Café Procope", che esiste ancora oggi, dove
crea una nuova ricetta per fare il sorbetto-gelato per cui

20   utilizzava frutta, miele, zucchero e ghiaccio.

[1] il miele – der Honig
[2] la melagrana – der Granatapfel
[3] il ghiaccio – das Eis (gefrorenes Wasser)
[4] ghiacciato/-a – eisgekühlt

b Leggi il testo e abbina i paragrafi con i titoli. ▶ *Selektives Leseverstehen, S. 154*

> il gelato antico, l'origine del nome "sorbetto", il gelato a base di latte e crema,
> il sorbetto nuovo a base di frutta, l'origine incerta del gelato

ESPRESSIONE ORALE

3 In gruppi di tre persone leggete quello che ha scritto Giorgia e immaginate la discussione tra lei e i suoi genitori. Assegnate un ruolo ad ognuno e preparate una discussione a tre da presentare in classe.

L'oggetto più importante per me? Sicuramente lo smartphone! Senza il mio cellulare non sono niente, non posso fare niente! Con il mio smartphone parlo con i miei amici, posso scrivere a tutti, faccio delle foto, ascolto la mia musica preferita, cerco informazioni per la scuola, leggo le notizie più importanti… insomma, mi serve per tutto, non posso uscire di casa senza averlo con me! Ai miei genitori non piace il fatto che io sia sempre al telefono e che spenda tutti i miei soldi in chiamate, messaggi e accessori per lo smartphone. Ma a me non interessa, sono una fanatica della tecnologia!

ESPRESSIONE SCRITTA

4 Pensa a un paese, una regione o una città che conosci molto bene o che ti piacerebbe conoscere. Immagina di trovarti lì. Che cosa faresti? Racconta tutte le tue avventure in un blog o in una mail / lettera. ▶ *den Schreibprozess organisieren, S. 159*

> Dove ti trovi? Con chi sei? Com'è il tempo? Che cosa farai nei prossimi giorni?
> Com'è la gente? Come si mangia? Che cosa ti piace fare?

MEDIAZIONE

5 Sei a Berlino in un albergo. Lì ci sono molti turisti italiani che hanno tante domande sul hop-on-hop-off-tour, ma non capiscono tutte le informazioni. Leggi il volantino e rispondi alle loro domande in italiano.

> Dov'è la fermata più vicina?

> Dove possiamo comprare i biglietti

Haltestellen
Kurfürstendamm, KaDeWe, Lützowplatz, Kulturforum, Potsdamer Platz, Checkpoint Charlie, East Side Gallery, Alexanderplatz, Neptunbrunnen, DomAquarée, Lustgarten / Berliner Dom, Friedrichstr. / Unter den Linden, Brandenburger Tor, Hauptbahnhof, Siegessäule, 17. Juni / Flohmarkt, Schloss Charlottenburg

Tickets
Tickets können Sie online, im Bus oder an der Rezeption ihres Hotels erwerben. Sie sind 48 Stunden gültig. Die Tour endet mit der Rückkehr zum ursprünglichen Ausgangspunkt.

Abfahrt
Die vom Hotel aus nächst gelegene Haltestelle befindet sich am Kurfürstendamm/Ecke Rankestraße, gegenüber der Kaiser-Wilhelm-Gedächtniskirche. Sie erreichen diese bequem mit der U3 in Richtung Nollendorfplatz.

Abfahrtzeit
Sommer (15. März bis 27. Oktober):
Alle 10 Minuten von 10 Uhr bis 16.30 Uhr (letzte Abfahrt); freitags und samstags bis 17.30 Uhr
Winter (28. Oktober bis 14. März):
Alle 10 Minuten von 10 bis 15.30 Uhr (letzte Abfahrt)

> Quando parte l'autobus?

> Da dove parte l'autobus?

> Per quanto tempo possiamo usare un biglietto?

APPROCCIO

HIER LERNST DU:
▶ über (Berufs-)Wünsche zu sprechen.
▶ Aussagen anderer wiederzugeben.

scuola primaria (elementare)
5 anni (6–11)

scuola secondaria (media)
3 anni (11–14)

A 16 anni finisce l'obbligo
di frequenza scolastica.

Quasi la metà
dei ragazzi va al liceo.

Dopo la terza media il 93 % dei giovani
sceglie di continuare gli studi.
Ci sono diverse possibilità.

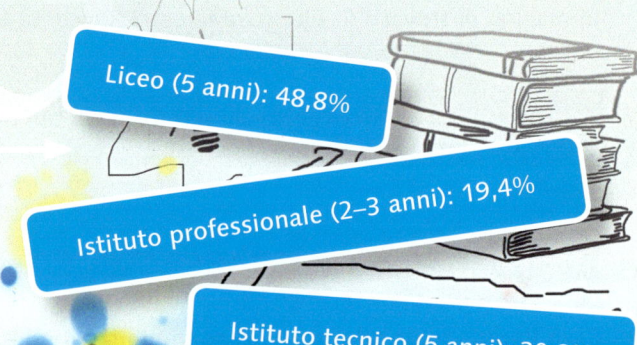

Liceo (5 anni): 48,8%

Istituto professionale (2–3 anni): 19,4%

Istituto tecnico (5 anni): 30,8%

Marcello è un giornalista che lavora per una rivista per giovani. Ha intervistato alcuni ragazzi a proposito dei loro progetti dopo la scuola.

Vorrei guadagnare molti soldi. Il mio sogno è studiare giurisprudenza e poi diventare notaio come ha fatto mio zio. È una professione molto rispettata.

1 **Antonio, 15 anni**

Mi piace essere creativa e lavorare con le mie mani. Per questo motivo vorrei diventare restauratrice di mobili antichi e in Italia è possibile trovarne tanti. Mi sembra una buona idea imparare questo mestiere.

2 **Francesca, 15 anni**

Per me è importante avere un posto di lavoro sicuro. Non mi dà fastidio lavorare in ufficio, ma vorrei tanto viaggiare per il mondo. E quindi devo cercare per esempio un'azienda di export.

3 **Guido, 15 anni**

4

Amo i bambini. Vorrei tanto avere una famiglia numerosa, ma allo stesso tempo mi piacerebbe anche lavorare, per esempio in un asilo o in una scuola elementare.

4 **Serena, 14 anni**

A dire la verità non so ancora cosa fare dopo la scuola. Prima faccio la maturità e poi ci penso. Ma sicuramente non voglio diventare insegnante come i miei genitori.

Non ho ancora un'idea precisa. Vorrei però avere abbastanza tempo libero per la mia famiglia e i miei hobby. Non mi piace lo stress perché fa male alla salute.

6 **Giuliano, 16 anni**

5 **Matteo, 15 anni**

Adesso Marcello usa alcune interviste per scrivere il seguente articolo:
I giovani di oggi hanno spesso idee abbastanza precise delle loro carriere dopo la scuola. Maria Chiara (16 anni) per esempio dice che non le piacerebbe affatto avere una persona che la comanda. Quindi vorrebbe essere il capo di se stessa. Aggiunge che ama stare tra la gente e perciò vorrebbe aprire un ristorante. Siccome la sua famiglia è di Bari e conosce molto bene la cucina pugliese, spera di poter aprire un ristorante con specialità della Puglia. Giuliano invece dice che ▪▪▪

LEGGERE E CAPIRE

1 Leggi i testi (p. 65). Che cosa vorrebbero fare i ragazzi nel futuro? E perché?

| Antonio
Francesca
Giuliano
Guido
Matteo
Serena | dice che | vorrebbe diventare restauratore/restauratrice
vorrebbe avere abbastanza tempo libero
il suo sogno è studiare e diventare notaio
gli/le piacerebbe lavorare in un asilo
non gli/le dà fastidio lavorare in un ufficio
ci pensa più tardi | perché |  |

SCOPRIRE

2 **a** Confronta le frasi. Descrivi la differenza. ▶ *Riassunto 2*

    a. Francesca: "**Mi piace** essere creativa e lavorare con le **mie** mani. Per questo motivo **vorrei** diventare restauratrice di mobili antichi."

    b. Francesca <u>dice che</u> **le piace** essere creativa e lavorare con le **sue** mani. Per questo motivo **vorrebbe** diventare restauratrice di mobili antichi.

  b Mettiti al posto del giornalista Marcello, scegli due dei personaggi (p. 65) e continua il suo articolo iniziato a p. 65 (Giuliano invece …).

VOCABOLARIO

3 **a** Ascolta l'intervista riguardo alla domanda: "Quale strada seguire dopo la scuola?" Che cosa rispondono i ragazzi? Prendi appunti e completa la rete di parole.

lavorare   andare all'estero

dopo la scuola

  b Mettetevi in gruppi e completate la rete di parole con le vostre idee e i vostri sogni. Il dizionario vi aiuta.

PARLARE

4 **a** Andate in giro per la classe e fate delle domande ai vostri compagni (almeno cinque) sui loro progetti dopo la scuola. Completate la tabella su un foglio. ▶ *Per parlare, S. 217*

S. 164/3

  b Presentate i vostri risultati.

> Peter dice che dopo la scuola vuole lavorare come direttore di banca. Per lui è importante guadagnare soldi.

> Che cosa vuoi fare dopo la scuola?

Nome	studiare? cosa / perché	lavorare? cosa / perché	altro? cosa / perché
IO	medicina, aiutare la gente		
Peter		direttore di banca, guadagnare soldi	
Maria			viaggiare, vedere il mondo

🎧 2 3

Al tuo posto lo farei riparare. Senti, chiedo a mio cugino. Lui è molto esperto con le cose tecniche. Sono sicuro che ti darebbe una mano.

Giorgia! Finalmente si è rotto quel ferro vecchio. Dovresti subito comprarne uno nuovo. In centro hanno aperto un negozio di cellulari fantastico. Hanno delle offerte incredibili e mio padre conosce anche il titolare. Lì, ti farebbero sicuramente un buon prezzo.

HIER LERNST DU:
▶ Ratschläge zu geben.
▶ um Hilfe zu bitten.
▶ über Nebenjobs zu sprechen.

Se non vuoi spendere molto, potresti cercare in Internet qualche modello usato. Oppure potrei chiedere anche a mio zio. Ha comprato un nuovo cellulare la settimana scorsa e sicuramente non usa più quello vecchio. Te lo venderebbe sicuramente e non pagheresti tanto.

Dovresti cercarti un lavoretto. Perché non fai la baby-sitter o la dog-sitter? Così non sarebbe difficile guadagnare qualche soldo. Due anni fa ho fatto spesso la baby-sitter e mi sono finalmente comprata un tablet nuovo.

Aiuto! Ragazzi! Ieri sera ho rotto il mio cellulare. È caduto a terra e adesso il display non funziona più. Che cosa posso fare? Mi aiutereste, ragazzi?

Giorgia: Mamma. Va bene se faccio qualche volta la baby-sitter per i Guglielmi del terzo piano? Hanno detto che hanno bisogno di qualcuno il mercoledì sera.
Mamma: Ma come mai vuoi farlo e perché proprio la sera?
Giorgia: Ah … Non te l'ho detto? Forse mi sono dimenticata di dirti che il mio cellulare è rotto.
5 **Mamma:** Come rotto?
Giorgia: È caduto a terra l'altro ieri e il display non funziona più.
Mamma: Dovremmo festeggiare. Finalmente è di nuovo possibile parlare faccia a faccia con te. Ma sul serio, dovresti stare un po' più attenta alle cose così costose. Sai bene che era un regalo della nonna.
10 **Giorgia:** Sì, lo so e mi dispiace moltissimo. È stato un incidente.
Mamma: Ok. Adesso capisco perché hai bisogno di soldi, però non voglio che tu lavori la sera. Devi studiare tanto e soprattutto andare a letto presto. La mattina sei sempre stanchissima.
Giorgia: Ma mamma. Adesso mi sento fuori dal mondo. Devo essere connessa con gli amici, anche per confrontare i compiti e chiedere quando non capisco qualcosa. È utile soprattutto quando sono
15 malata.
Mamma: In ogni caso non mi piace che tu vada a letto tardi. Forse è anche possibile farlo nel pomeriggio.
Giorgia: Devo chiedere ai Guglielmi se ne hanno bisogno. Lo spero tanto …

LEGGERE E CAPIRE

1   **Chi dà quale consiglio? Leggi il testo e abbina i consigli alle persone.**

Khalid

Filippo

Anna

Greta

1. cercare un cellulare nuovo in un negozio
2. guadagnare soldi per poter comprarsi un nuovo telefonino
3. far riparare il vecchio cellulare
4. comprare un cellulare usato

2   **Rispondi alle seguenti domande.**

1. Quale consiglio ha deciso di seguire Giorgia?
2. Che cosa vuole fare precisamente?
3. Quali problemi vede la madre di Giorgia?

VOCABOLARIO

//●   **3**   **Completa la tabella con le espressioni dal testo (p. 67).**

chiedere aiuto	dare un consiglio	parlare di lavoretti
▦	▦	▦

SCOPRIRE

4   **a**   **Quando si usa il condizionale? Le parole sottolineate ti aiutano.**   ▶ *Riassunto 1*

1. Giorgia: "Ragazzi, mi **aiutereste**, <u>per favore</u>?"
2. **Partirei** <u>volentieri</u> per la Sardegna.
3. <u>Forse</u> **prenderei** il cellulare dello zio di Anna.

b   **Cerca nel testo altre forme del condizionale. Quali sono le desinenze?**

c   **Guarda le frasi di a. Che differenza c'è tra i verbi in -are e quelli in -ire e -ere?**

d   **Indica gli infiniti dei verbi sottolineati.**

1. Giorgia, <u>dovremmo</u> festeggiare.
2. <u>Sarebbe</u> difficile ripararlo.
3. Al tuo posto lo <u>farei</u> riparare.
4. Mio cugino ▦ ti <u>darebbe</u> una mano.
5. Giorgia, <u>potresti</u> chiedere a mio zio.
6. Mio zio <u>verrebbe</u> da te per darti il suo vecchio cellulare.

5   **Il tuo amico / La tua amica ha dei problemi a scuola. Dagli/Dalle dei consigli.**

> Aiuto, prendo sempre brutti voti. Che cosa potrei fare?

> Al posto tuo studierei un po' di più.

Al posto tuo | *chiedere* al prof / alla prof / ▦. Ti *aiutare* [lui/lei] sicuramente.
studiare un po' di più.
venire a casa mia dopo la scuola. Così *potere* [noi] studiare insieme.
fare i compiti con un amico / un'amica. Ti *dare* [lui/lei] sicuramente una mano.
stare un po' più *attento/-a* durante le lezioni.
incontrare dei ragazzi inglesi/italiani/francesi per parlare nelle loro lingue.
non *fare* i compiti davanti alla tv. Così *capire* [tu] di più.
parlare con i miei genitori. Mi *aiutare* [loro] sicuramente.

PARLARE

6 E tu, al posto di Giorgia, quale lavoretto faresti? E perché?
Chiedetevi a vicenda. Le seguenti foto vi possono essere utili.

> Per parlare, S. 217

| Quale lavoretto faresti? | Perché? |

| Al posto di Giorgia | farei il/la ▪▪▪
darei ▪▪▪ | perché mi piace | aiutare le persone.
lavorare con gli animali/i bambini/ ▪▪▪. |

fare il/la dog-sitter

dare ripetizioni

consegnare giornali

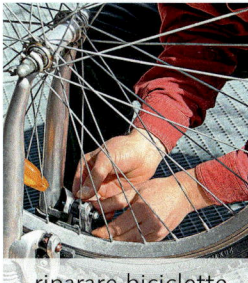
riparare biciclette

lavare macchine

occuparsi degli anziani

fare la spesa per qn

tagliare l'erba

7 Dopo la discussione con sua madre Giorgia torna a parlare ai Guglielmi. Fate una simulazione del dialogo. A è il signor Guglielmi, B è Giorgia (p. 142).

A
Du bist Herr Guglielmi, der Nachbar von Giorgia. Du klingelst bei Giorgia, weil du einen Babysitter brauchst.
1. Du schilderst dein Problem: Einladung heute Abend, Babysitter abgesagt, kein Ersatz.
2. Du fragst Giorgia höflich: 17–23 Uhr, Babysitterin für Elena.
3. Du versprichst Giorgia: Rückkehr um 22 Uhr.
4. Du beantwortest Giorgias Fragen: Schlafenszeit 19 Uhr, Abendessen: Brot mit Schinken und Salat um 18 Uhr, Buch lesen vor dem Schlafengehen.
5. Du gibst Giorgia eure Handynummer.

ASCOLTARE

12|4

8 **a** Ascolta le domande. A chi si rivolgono i ragazzi?

b Quali espressioni usano i ragazzi per chiedere un favore? Fai una lista.

a

b

c

MEDIAZIONE

9 Il tuo amico italiano ti chiama perché vuole venire a trovarti in Germania. Siccome non puoi decidere da solo/-a quando può venire, devi chiedere a tuo padre. Fai l'interprete.

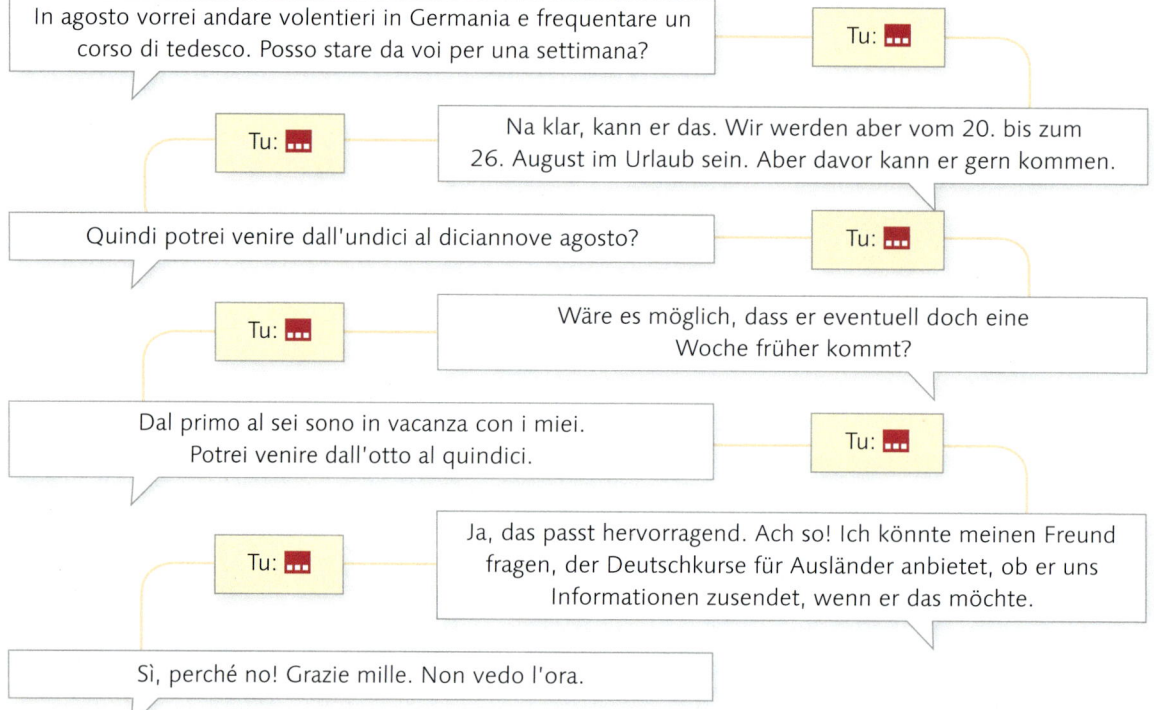

> In agosto vorrei andare volentieri in Germania e frequentare un corso di tedesco. Posso stare da voi per una settimana?

> Tu: 🔳

> Tu: 🔳

> Na klar, kann er das. Wir werden aber vom 20. bis zum 26. August im Urlaub sein. Aber davor kann er gern kommen.

> Quindi potrei venire dall'undici al diciannove agosto?

> Tu: 🔳

> Tu: 🔳

> Wäre es möglich, dass er eventuell doch eine Woche früher kommt?

> Dal primo al sei sono in vacanza con i miei. Potrei venire dall'otto al quindici.

> Tu: 🔳

> Tu: 🔳

> Ja, das passt hervorragend. Ach so! Ich könnte meinen Freund fragen, der Deutschkurse für Ausländer anbietet, ob er uns Informationen zusendet, wenn er das möchte.

> Sì, perché no! Grazie mille. Non vedo l'ora.

ITALIA IN DIRETTA

10 Sei in Italia per qualche tempo.
Lì hai scoperto la tua passione per la fotografia e dopo la scuola vorresti lavorare come fotografo. Adesso vorresti fare un corso e hai trovato il seguente volantino.

Prima di iscriverti al corso cerchi le seguenti informazioni. Indica le righe in cui trovi le risposte.

▶ *Das Wörterbuch benutzen, S. 150; Unbekannte Wörter erschließen, S. 146*

1. A chi si rivolge il testo?
2. Che cosa devi portare? A che cosa devi stare attento/-a?
3. Che cosa impari durante il corso?

distil·lab

CORSO DI FOTOGRAFIA
gennaio

Corso BASE teorico e pratico di fotografia, tecniche e fondamenti

Insegnante: Martino Trabacchini

A CHI È RIVOLTO
Il corso si rivolge a chi vuole iniziare ad utilizzare la propria fotocamera in modo creativo e controllato e a chiunque voglia consolidare le proprie conoscenze
5 in materia.

PROGRAMMA
Nella prima parte verranno affrontate le basi teoriche della fotografia in modo da fornire i mezzi necessari per affrontare i principali generi fotografici
10 (si partirà da alcuni esercizi pratici per poi spiegarne la base teorica che vi è alle spalle). La parte centrale sarà dedicata all'educazione visiva, per imparare a comporre e risaltare le fotografie. L'ultima parte sarà dedicata all'introduzione di alcuni accessori ed il
15 loro utilizzo, inoltre una introduzione all'nterfacciamento con il PC.

PREREQUISITI
Per partecipare al corso non è necessario possedere nessun prerequisito teorico e pratico. È preferibile
20 possedere una fotocamera che permetta l'uso manuale. È preferibile conoscere i comandi, i menu e le funzioni della propria fotocamera.

INFO
Il corso comprende 8 incontri serali, della durata di
25 2 ore e 3 uscite "en plein air" per sperimentare quanto appreso. Le lezioni si terranno il mercoledì sera dalle 20.45 alle 22.45 presso la Biblioteca Comunale di Belfiore (VR). Il corso inizierà mercoledì 30 Gennaio 2017. Costo: 90 euro. Costo
30 per studenti under 25: 60 euro.
Il corso è riservato ai soci distil-lab (tessera 10 euro).

HIER LERNST DU:
▸ über Ausbildung und Berufe zu sprechen.
▸ ein Gespräch zu führen.

Fabrizio Orlandi, 28 anni,
imprenditore di Padova

Ornella: Signor Orlandi, Lei oggi è proprietario di una piccola agenzia che organizza visite guidate a Padova. Come è arrivato a questa professione?

Fabrizio: Ti va bene se ci diamo del tu? Sono Fabrizio.   5

Ornella: Piacere, Ornella.

Fabrizio: Ho avuto la fortuna di poter studiare quello che amavo di più, e quindi mi sono laureato, proprio qui a Padova, in Storia dell'Arte.

Ornella: E i tuoi genitori erano d'accordo con questa tua   10
idea?

Fabrizio: All'inizio mio padre mi ripeteva continuamente: "come fai a trovare un buon posto di lavoro con una laurea come la tua?" Ma ho sempre detto, e lo dico ancora oggi, che è la mia vita e non la sua.

Ornella: Ah, lo posso capire bene. Ma non è la stessa cosa avere una passione per l'arte e fare la   15
guida turistica.

Fabrizio: Sì, è vero. Originalmente l'idea non è stata mia. Durante l'università una mia amica faceva la guida turistica e le piaceva tanto. Mi sembrava una buona idea. Ma chi vuole essere una guida turistica, deve fare prima un corso e un esame. Poi ho cominciato a lavorare per la stessa agenzia. Un paio di anni fa ho ricevuto dei soldi da mio nonno e così ho potuto fondare la mia piccola impresa.

Ornella: E che cosa fai esattamente?   21

Fabrizio: Organizzo visite guidate in bicicletta nel centro storico di Padova e passeggiate storiche a Venezia con temi diversi.

Ornella: Complimenti per questa idea di successo. Ma come è organizzata la tua impresa oggi?

Fabrizio: Ho tre impiegati e insieme pensiamo sempre a nuovi progetti, come gite in canoa sul Brenta   25
e, per chi ama il teatro, passeggiate veneziane sulle tracce di Carlo Goldoni. Non potrebbe andare meglio al momento.

Ornella: E tutte queste buone idee sono solo tue?

Fabrizio: No, infatti sono le nostre! I miei impiegati sono davvero fantastici.

Ornella: Ottimo! Grazie dell'intervista e buon lavoro, Fabrizio.   30

Il web design è una delle professioni del futuro perché oggi la presenza in Internet è fondamentale dovunque. Chi vuole essere un buon web designer deve combinare buone conoscenze tecniche con uno spirito creativo. Si può arrivare a questa professione in mille modi diversi, non necessariamente attraverso l'università.

5 Elisa, che è di Chieri, vicino a Torino, dopo la maturità ha fatto un anno a Lubecca[1] come ragazza alla pari da un'amica della sua mamma. In seguito si è iscritta alla facoltà di informatica di Torino e durante gli studi ha passato un anno all'università di San Pietroburgo[2] per poter conoscere il mercato dell'Europa dell'Est.

10 Così ha avuto l'occasione di imparare più facilmente il russo[3]. Quando è ritornata in Italia, si è laureata e poi ha partecipato a un concorso importante per il web design. Il suo progetto ha vinto un premio speciale. Così ha trovato subito un posto di lavoro e ha potuto fare carriera più velocemente rispetto ai suoi coetanei.

15 Oggi continua a lavorare per la stessa agenzia. Per lei è la professione ideale perché ama creare siti Internet e anche viaggiare. Al momento si dedica esclusivamente e con grande passione alla sua carriera, ma tra qualche anno vorrebbe anche avere una famiglia.

Elisa Chiatti,
web designer, 32 anni

[1] Lubecca – Lübeck
[2] San Pietroburgo – Sankt Petersburg
[3] il russo – Russisch (Sprache)

LEGGERE E CAPIRE

1 Leggi il testo (p. 71) e fa' un identikit di Fabrizio.

nome: ◼◼◼   studi universitari (Che cosa? Dove?): ◼◼◼

cognome: ◼◼◼   corsi: ◼◼◼

età: ◼◼◼   professione: ◼◼◼

città: ◼◼◼   lingue: ◼◼◼

2 Leggi l'articolo su Elisa (p. 71). Quali frasi rispondono alle domande seguenti? Indica le righe.

1. Come è arrivata a questa professione?
2. Quali conoscenze deve avere un buon web designer?
3. Perché il web design è la sua professione ideale?
4. Dove si vede Elisa nel futuro?

SCOPRIRE

3 **a** Traduci le frasi. Che differenza c'è tra l'italiano e il tedesco?

1. a) L'insegnante è **veloce**.   b) L'insegnante spiega **velocemente**.
2. a) Il suo inglese è **buono**.   b) Sa parlare **bene** inglese.

b Cerca nel testo altri esempi degli avverbi in –*mente*. Indica gli aggettivi.

c Come si formano gli avverbi in –*mente*? Che differenza c'è tra gli aggettivi in -*o*/-*a*, in -*e* e in -*le*? ▶ *Riassunto 3*

4 Quali sono le condizioni dei lavoretti? Completa le frasi con l'aggettivo o l'avverbio adatto.

1. *attento/-a*
Un/Una baby-sitter dev'essere sempre ◼◼◼. Deve occuparsi ◼◼◼ dei bambini.

2. *buono/-a*
Una guida turistica deve parlare ◼◼◼ altre lingue. Soprattutto il suo inglese dev'essere ◼◼◼.

3. *creativo/-a*
Un buon web-designer pensa sempre ◼◼◼. Le sue idee devono essere ◼◼◼.

4. *veloce*
Alcuni studenti non sono ◼◼◼. Un insegnante non deve spiegare ◼◼◼.

5. *gentile*
Un buon proprietario di un negozio è sempre ◼◼◼ e parla ◼◼◼ con la gente.

6. *aperto/-a*
Un direttore è ◼◼◼ e parla ◼◼◼ dei problemi.

ESERCITARSI

5 Guarda le seguenti professioni. Perché (non) pensi di essere il miglior candidato / la miglior candidata per questo tipo di lavoro? Spiegalo e usa gli avverbi seguenti.

> Vorrei fare il professore di matematica perché spiego molto **bene** le regole e le faccio capire **facilmente** ai miei compagni. Non mi piace fare la guida turistica perché il sightseeing non mi interessa **veramente**.

professore di , cantante, baby-sitter, dog-sitter, imprenditore/imprenditrice, proprietario/-a di , guida turistica, web-designer

	parlare	assoluto	inglese
perché	capire	buono	le regole
	spiegare	cattivo	i bambini
	cantare	veloce	i cani
	fare capire	facile	
	amare	vero	
	lavorare	diretto	
	organizzare	perfetto	

6 Che cosa sai fare meglio oggi? Racconta e usa i comparativi degli avverbi.   ▶ Riassunto 4

> Dopo le vacanze in Italia so parlare meglio italiano.

Dopo un anno / ___ di lezioni	parlo	veloce	italiano.
Dopo due anni di allenamento	capisco	facile	in inglese / ___.
Con il nuovo professore	comunico	buono	la matematica.
Con la nuova professoressa	discuto	difficile	il piano.
Dopo le vacanze in ___ /a ___	gioco	cattivo	a calcio / ___.
Dopo il corso di ___	suono		

7 Di che cosa si ha bisogno per fare carriera? Usa l'aggettivo *buono* e forma delle frasi con le seguenti parole.

> Si ha bisogno di buone idee.

idee, conoscenze di matematica ___, studio, spirito, progetto, computer, imprenditore, imprenditrice, occasioni per imparare l'inglese/___, agenzia, posto di lavoro, università, esame, contatti, amici

8 Di chi è? Chiedetevi a vicenda e rispondete come nell'esempio.   ▶ Riassunto 5

> Questa borsa è tua?

> No, la mia è blu. / Sì, è mia.

VOCABOLARIO

9 **a** Cerca delle espressioni nel testo (p. 71) e fai una lista.

Wie reagierst du oder äußerst du dich, wenn …:

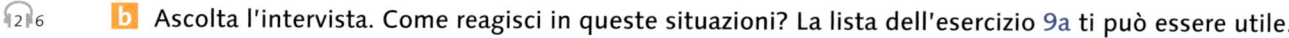

1. sich dir jemand vorstellt?
2. du etwas gut verstehen/nachvollziehen kannst?
3. du einer Aussage zustimmst?
4. du nachfragst, was jemand genau macht?
5. du dich (für das Interview) bedankst?

🎧 2|6 **b** Ascolta l'intervista. Come reagisci in queste situazioni? La lista dell'esercizio 9a ti può essere utile.

PARLARE

10 Prima di aver scritto l'articolo, (p. 71) la giornalista Ornella ha fatto un'intervista a Elisa Chiatti. Che cosa ha chiesto Ornella a Elisa?

a Preparatela con l'aiuto del testo e gli esercizi 2+9 e scrivete il vostro testo.

b Adesso presentate la vostra intervista alla classe.

METHODEN ▶ S. 155–156 ✔
▶ Versucht auf die Antworten und Fragen des anderen einzugehen.
▶ Seid charmant und freundlich, aber bewahrt eine gewisse Distanz.

11 **a** Che tipo di professione ti interessa? Motiva la tua scelta.

il cuoco / la cuoca

il medico

l'artista

il fotografo / la fotografa

lo scienziato / la scienziata

il segretario / la segretaria

il/la pilota

il poliziotto / la poliziotta

| Mi piacerebbe fare | l'imprenditore/ imprenditrice la web designer 🔲 | perché | vorrei mi piace / mi piacciono preferisco 🔲 | stare fuori. avere un lavoro creativo. lavorare con i nuovi media. viaggiare. guadagnare molti soldi. aiutare le persone. sperimentare[1]. |

[1]sperimentare – experimentieren

b Scegliete una persona delle foto e ricercate in Internet: come si arriva a questa professione? Che cosa bisogna fare? ▶ *Per comunicare, p. 216*

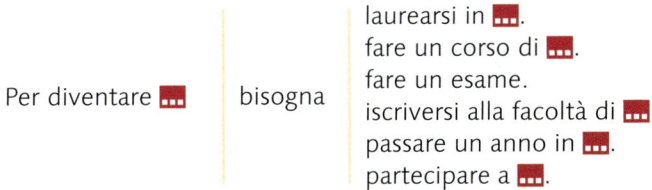

Per diventare ▦	bisogna	laurearsi in ▦.
		fare un corso di ▦.
		fare un esame.
		iscriversi alla facoltà di ▦.
		passare un anno in ▦.
		partecipare a ▦.

c Preparate un'intervista con la persona dell'esercizio 11b per una rivista. Partner A fa delle domande e Partner B risponde.

IMPARARE MEGLIO

12 Dopo aver fatto l'intervista Ornella, la giornalista, prepara un articolo su Fabrizio Orlandi. Che cosa scrive?

a Prima di scrivere un testo (un articolo, un riassunto, …) è utile prendere appunti sulle informazioni più importanti. Rispondi alle seguenti domande:

1. Di quale persona/argomento vuoi scrivere?
2. Perché è interessante?
3. Che cosa sai dell'argomento / della persona?

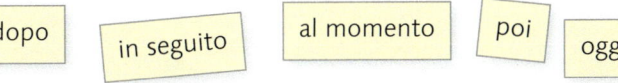

METHODEN ▶ S. 159 ✔

▶ Ordne die Ereignisse chronologisch, verwende in deinem Artikel die angegebenen Zeitadverbien und gliedere deinen Text in Sinn-abschnitte. Am Ende finde eine passende Überschrift.

b Adesso scrivi il tuo articolo con l'aiuto dei tuoi appunti e inventa un titolo adeguato.

OFFICINA CREATIVA

4 un articolo di rivista

a Devi fare un'intervista per una rivista italiana sul tema „italiani in Germania". Intervista una persona italiana che lavora vicino a casa tua. Prepara una lista con le tue domande:

– Di dove sei?
– Che lavoro fai?
– Come sei arrivato/-a alla tua professione?
– Quando sei venuto/-a in Germania?
– ▦

Bei fremden Erwachsenen verwende die Sie-Form.

b Durante l'intervista: ascolta bene e prendi appunti.

c Con i tuoi appunti scrivi un articolo di giornale.

d Formate dei gruppi a quattro, scambiate i vostri testi e scegliete le parti più belle ed interessanti dai vostri testi.

e Adesso create tutti insieme una pagina per una rivista con i testi che avete scelto.

4C IL SISTEMA SCOLASTICO IN ITALIA

1 Vuoi passare un anno in Italia e non sai che tipo di scuola frequentare. In Internet trovi il seguente test che ti aiuta a trovare la scuola giusta.

a Rileggete le informazioni sul sistema scolastico a p. 64. Poi formate due gruppi. Il gruppo A legge i punti 1-4 e il gruppo B i punti 5-8. Cercate di capire insieme le domande e le risposte.

b Cerca un compagno / una compagna dell'altro gruppo e fate il test in due.

c Confrontate i vostri risultati.

www.tipi-di-scuole-italiane.it

Le scuole secondarie di secondo grado durano 5 anni. Se si conclude con il diploma ci si può iscrivere a tutte le facoltà universitarie.

il liceo con i seguenti indirizzi: classico, linguistico, socio-psicopedagogico, scientifico, scientifico-tecnologico

l'istituto tecnico: Oltre all'istruzione generale in materie come italiano o matematica, dà una formazione[1] tecnica che può essere economica, amministrativa, tecnologica, aeronautica, navale, meccanica, informatica

l'istituto professionale: offre una formazione[1] pratica, come per esempio nel settore alberghiero, industriale o commerciale. Con l'istituto professionale, per esempio, si può raggiungere la qualifica di cuoco.

[1] la formazione
die Ausbildung

Per te è più adatto un liceo oppure un istituto tecnico o professionale?

1. In quali materie vai meglio?

a le materie letterarie 7
b le materie scientifiche 3
c le materie tecniche 1

2. Dopo la scuola cosa vorresti fare?

a andare a studiare all'estero 7
b cercare lavoro 1
c andare all'università 3

3. Che lavoro vorresti fare da grande?

a un lavoro che mi porti a contatto

con la gente   7

b lo scienziato   3

c un lavoro che non richieda

una preparazione specifica   1

4. Quanto tempo dedichi in media allo studio pomeridiano?

a tutto il tempo necessario per prepararmi al

meglio   7

b il minimo necessario   1

c 3 o 4 ore   3

5. Quali materie ti appassionano di più?

a italiano e storia   7

b matematica e scienze   3

c educazione tecnica   1

6. Ti lasci influenzare dalle scelte scolastiche dei tuoi amici?

a No, non posso scegliere la scuola secondo i

loro interessi.   7

b Un po', ma cerco di capire se quel tipo di

scuola piacerebbe anche a me.   3

c Sì, vorrei avere già qualche amico nella

nuova classe.   1

7. Ti iscriveresti ad una scuola solo perché lo vogliono i tuoi genitori?

a No, poi devo essere io a studiare.   7

b Sì, loro sanno cosa è meglio per me.   3

c Non lo so.   1

8. Che cosa deve offrire la scuola per te?

a le maggiori possibilità di studio e lavoro   7

b la preparazione a un lavoro.   1

c la preparazione all'università.   3

4

Risultato

39–56

Liceo - Profilo A
Dopo le scuole superiori vuoi continuare a studiare e iscriverti all'università. L'ideale per te è iscriverti ad un liceo, in modo da avere un'ottima preparazione culturale di base, sia per continuare gli studi sia per entrare nel mondo del lavoro.

20–38

Istituto tecnico - Profilo B
Tutto ciò che è tecnico e scientifico ti ha sempre interessato. La scuola giusta per te è l'istituto tecnico, che offre una solida base culturale in ambito scientifico e tecnologico e permette di avere le competenze necessarie per entrare subito nel mondo del lavoro o per l'accesso all'università.

8–19

Istituto professionale - Profilo C
Non sei molto portato per lo studio e vorresti entrare subito nel mondo del lavoro. L'ideale per te è scegliere un istituto professionale per specializzarti in un determinato settore e, subito dopo il diploma, puoi confrontarti con il mondo del lavoro. In ogni caso puoi anche iscriverti all'università se decidi di continuare gli studi.

EINEN WUNSCH, EINE BITTE ODER EINE MÖGLICHKEIT ÄUSSERN

1 Giorgia: "Ragazzi, mi **aiutereste**, <u>per favore</u>?"
Partirei <u>volentieri</u> per la Sardegna.
<u>Forse</u> **prenderei** il cellulare dello zio di Anna.

DAS BENÖTIGST DU

das **condizionale semplice**

sg.	aspetter- creder- finir-	ei esti ebbe
	dovr-	
pl.	potr- vorr- verr-	emmo este ebbero

⚠ **essere: sarei**
⚠ Bei den Verben **avere**, **vedere**, **dovere**, **cadere**, **potere**, **sapere**, **vivere** fällt das -**e**- vor der Endung weg.
⚠ volere: vo**rr**ei, venire: ve**rr**ei, rimanere: rima**rr**ei, bere: be**rr**ei; tenere: te**rr**ei

AUSSAGEN ANDERER WIEDERGEBEN

2 Maria Chiara **dice che** non le piacerebbe avere una persona che la comanda.
Aggiunge che ama stare tra la gente.

DAS BENÖTIGST DU

die **indirekte Rede**

racconta afferma spiega risponde grida	che ▦

HANDLUNGSWEISEN BESCHREIBEN

3 Mio padre mi ripeteva **continuamente** …
Ho imparato l'inglese **velocemente**.
Adesso parlo **facilmente** con i turisti.

DAS BENÖTIGST DU

das **Adverb**

Adjektiv	Adverb
continuo/-a	continua**mente**
facile	facil**mente**
veloce	veloce**mente**
regolare	regolar**mente**

Wie ist jemand? > **Adjektiv**
Wie tut jemand etwas? > **Adverb**

HANDLUNGSWEISEN VERGLEICHEN

4 A San Pietroburgo ho imparato **più facilmente** il russo **che** in Italia.
Ho potuto fare carriera **più velocemente dei** coetanei.
Parlo **meglio** inglese **che** francese.

DAS BENÖTIGST DU

die **Steigerung des Adverbs**   ▶ *Riassunto 3/2*

⚠ bene: meglio; male: peggio

ÜBER EIGENTUM SPRECHEN   **DAS BENÖTIGST DU**

5 Originalmente l'idea non è stata **mia**.   das **Possessivpronomen**
Queste buone idee sono solo **tue**? – No, sono   ⚠ Steht das Possessivpronomen als
le nostre.   Prädikatsnomen hinter *essere*, kann der Artikel
                                                    entfallen.

TESTE DEINE GRAMMATIKKENNTNISSE ▶ LÖSUNGEN, S. 145

I ragazzi discutono del loro modo di consumare.

1 Metti la forma corretta del condizionale semplice.

Giorgia: ▦ comprare un nuovo computer e ▦ bisogno di un consiglio,   *volere, avere*
chi mi ▦?   *aiutare*
Leo: Secondo me ▦ fare una ricerca in Internet e guardare i prezzi.   *dovere*
Khalid: Sì, e lui ▦ sicuramente quello più caro.   *comprare*
Anna: E poi i suoi genitori ▦ a morte.   *arrabbiarsi*
Leo: ▦ provare ad aiutare Giorgia, invece di dire cose stupide…   *potere*
Khalid: Ma non ▦ così tanto!   *divertirsi [noi]*

2 Avverbio o aggettivo? Metti la forma corretta.

Leo: Mia madre mi ripete ▦ di risparmiare.   *continuo/-a*
Khalid: Guarda, anche mio padre è ▦ la stessa cosa – ogni giorno una   *esatto/-a*
storia ▦: io spendo troppo ▦ i miei soldi.   *continuo/-a, facile*
Leo: Già, e soprattutto non è ▦ avere soldi, noi siamo ragazzi poco   *facile*
▦ a ciò che abbiamo.   *attento/-a*
Khalid: E invece non è vero, io penso ▦ a tutto quello che devo   *attento/-a*
comprare, davvero!

3 Metti la forma corretta del comparativo degli avverbi.

Leo: Sicuramente Giorgia può comprare un cellulare ▦ di me.   *+facile*
Khalid: E perché? Sua madre si accorge sempre di tutto, e ▦ della mia!   *+veloce*
Leo: Ma sicuramente ▦ della mia! Mia madre guarda ciò che faccio ▦   *- esatto/-a*
di tutti gli altri.   *+attento/-a*
Giorgia: Almeno tua madre sa parlare ▦ inglese della mia e ti può   *+ buono/-a*
aiutare con i compiti.

4 Metti la forma corretta del pronome possessivo con o senza l'articolo.

Filippo: Ragazzi, a casa mia non è possibile festeggiare. Mio padre non ci lascia da soli e dice che
questa casa è anche ▦.
Khalid: Almeno sta più spesso con te. ▦ lavora tutto il giorno. I miei genitori arrivano sempre tardi.
Leo: Allora facciamo la festa a casa tua, Khalid. Anche ▦ sono quasi sempre a casa. Perché non ci
incontriamo quando ▦ sono in negozio?
Khalid: A proposito, Anna ▦? L'idea della festa non è stata ▦?

DAS KANN ICH JETZT!   ▶ per comunicare, S. 216

▶ Gib deinem Freund / deiner Freundin Ratschläge, wenn er/sie eine schlechte Note bekommen hat.
▶ Erzähle deine Zukunftswünsche.

TI RICORDI?

1 Stai pensando a che cosa fare dopo la scuola. Confronta i seguenti lavoretti e forma almeno cinque frasi usando il comparativo degli aggettivi.

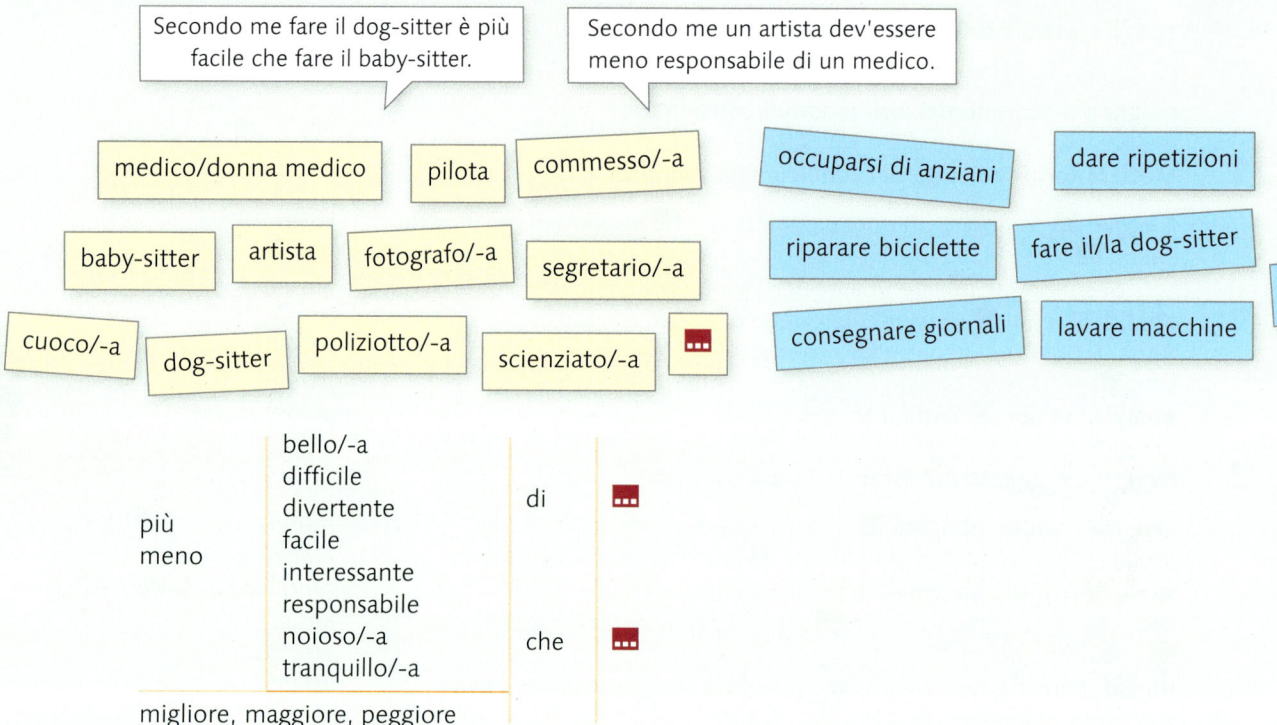

> Secondo me fare il dog-sitter è più facile che fare il baby-sitter.

> Secondo me un artista dev'essere meno responsabile di un medico.

medico/donna medico | pilota | commesso/-a

occuparsi di anziani | dare ripetizioni

baby-sitter | artista | fotografo/-a | segretario/-a

riparare biciclette | fare il/la dog-sitter

cuoco/-a | dog-sitter | poliziotto/-a | scienziato/-a | ▦

consegnare giornali | lavare macchine | ▦

	bello/-a		
più	difficile		
meno	divertente	di	▦
	facile		
	interessante		
	responsabile		
	noioso/-a	che	▦
	tranquillo/-a		

migliore, maggiore, peggiore

VOCABOLARIO

2 **a** Qual è il significato delle seguenti parole? Trovalo con l'aiuto di altre lingue. ▶ *Wörter erschließen, S. 146*

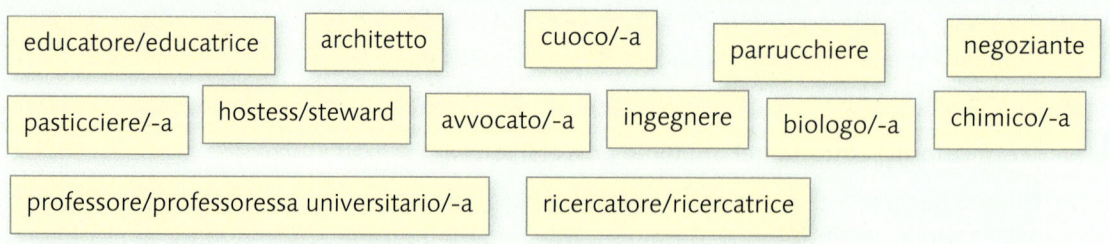

educatore/educatrice | architetto | cuoco/-a | parrucchiere | negoziante

pasticciere/-a | hostess/steward | avvocato/-a | ingegnere | biologo/-a | chimico/-a

professore/professoressa universitario/-a | ricercatore/ricercatrice

b Cerca nel dizionario i significati della parola hostess. Descrivi la differenza tra il tedesco e l'italiano.

3 Trova un sinonimo o una definizione per i seguenti vocaboli / per le seguenti espressioni:

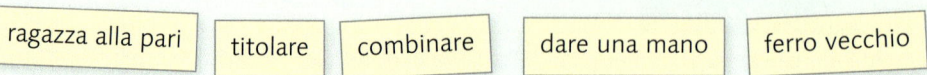

ragazza alla pari | titolare | combinare | dare una mano | ferro vecchio

ESERCITARSI

4 Formate dei gruppi a tre persone e usate il comparativo degli avverbi.

Esempio: *finire* l'università velocemente – studente di lettere – studente di medicina
A: Chi finisce l'università più velocemente? Lo studente di lettere o lo studente di medicina?
B: Io penso che finisca **più velocemente** lo studente di lettere dello studente di medicina.
C: Anch'io penso che lo studente di medicina finisca **meno velocemente**.

1. *viaggiare* frequentemente – l'insegnante - l'avvocato?
2. *trovare* lavoro facilmente - il giornalista – il commesso?
3. *vivere* tranquillamente - in campagna - in città?
4. *impegnarsi* socialmente - lo psicologo - l'ingegnere?
5. *lavorare* regolarmente – l'hostess – l'insegnante?

ASCOLTARE

5 Ascolta la conversazione tra Anna e Filippo. Abbina alle foto le persone di cui stanno parlando e prendi appunti su che cosa vorrebbero fare i ragazzi dopo la scuola.

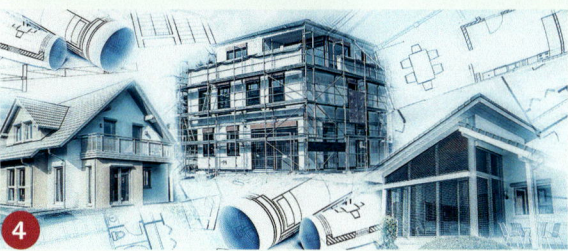

Khalid   Lisa   Leo   Filippo   Anna

PARLARE

6 Partner A ha un problema e ne parla con partner B (p. 143). Preparate il dialogo e presentatelo.

A
1. Du bist verzweifelt: Handy verloren, ratlos, kein Geld
2. Du bist verzweifelt: zu wenig Zeit für Job, keine Lust auf gebrauchtes Handy
3. Am Wochenende keine Zeit: Gitarrenunterricht, Familienbesuche, Sport, Hausaufgaben
4. Du bist einverstanden und schlägst einen Termin vor.

🎧 2 8

APPROCCIO

Camping Resort Sabbia D'Oro

PUNTA ALA

Le vostre vacanze a due passi dal mare. All'ombra di una bellissima pineta abbiamo 200 posti tenda. Inoltre potete affittare delle roulotte tra cui alcune accessibili ai portatori di handicap.

Strutture e servizi comuni

▷ piscina grande
▷ parco giochi per i più piccoli
▷ spiaggia attrezzata e libera
▷ mini market
▷ due campi da tennis
▷ campo da beach–volley
▷ tutti i negozi a Follonica a pochi km

Nei dintorni

▷ gite a Massa Marittima, Grosseto, Orbetello, Volterra
▷ A pochi km si trova anche il porto di Piombino da cui è possibile raggiungere l'Isola d'Elba.
▷ escursioni organizzate (in giornata): Firenze, Roma, Siena

AGRITURISMO
IL VECCHIO ULIVETO
A VALFABBRICA

Nella zona più bella dell'Umbria, a pochi chilometri da Assisi, Perugia e Gubbio, l'agriturismo "Il Vecchio Uliveto" vi aspetta in mezzo a un grande giardino, per una vacanza in Umbria tra natura, arte, religione e ottima cucina. Vi offriamo tanti prodotti tipici tra cui olio d'oliva e vino.

Escursioni

◎ Perugia
◎ Assisi (anche raggiungibile a piedi lungo il Sentiero Francescano)
◎ Gubbio (città della Corsa dei Ceri)
◎ Spoleto

Attività sportive

◎ escursioni a cavallo
◎ gite in mountain-bike
◎ passeggiate nel verde

LEGGERE E CAPIRE

1 Parli con un amico italiano / un'amica italiana delle vacanze estive. Partner **A** dice che cosa vorrebbe fare. Partner **B** raccomanda il posto ideale e lo descrive con l'aiuto del testo. Dopo ogni frase cambiate i ruoli.

A

1. Preferisco essere in mezzo alla natura e fare delle vacanze sportive. Ma non voglio dormire in una tenda.
2. Vorrei visitare dei musei e dei monumenti.
3. Ho voglia di andare in un campeggio vicino al mare.
4. Ho un fratello sulla sedia a rotelle; ci piace la natura.
5. Vorrei giocare a tennis e divertirmi in piscina.
6. Mi piacciono i cavalli e la natura.

B

Perché non vai Lì | c'è / ci sono / si trova / si trovano |

Bed and Breakfast
Al Cannocchiale di Galileo

L'antica casa medievale nel centro storico di Firenze si trova a pochi passi dal Museo Galilei, dove una volta c'era lo studio del grande scienziato.
La nostra casa è in una posizione da cui potete raggiungere facilmente a piedi tutte le attrazioni turistiche - monumenti e musei per cui vale la Firenze Card, che potete acquistare a prezzo ridotto da noi.

Distanze a piedi dal B&B
- *museo Galilei: 1 minuto*
- *Uffizi e Palazzo Vecchio: 3 minuti*
- *Ponte Vecchio: 5 minuti*
- *Duomo di S. Maria del Fiore: 8 minuti*
- *Palazzo Pitti: 10 minuti*
- *stazione: 20 minuti*

Possiamo offrire sconti per soggiorni lunghi o per gruppi. Controllate i periodi in cui ci sono offerte speciali.

Gentili signore e signori,

con la mia famiglia vado a Firenze dal 13 al 16 agosto.
Vi contatto per sapere se è disponibile una stanza per quattro persone.
Arriviamo in aereo e non abbiamo preso una macchina a noleggio. È possibile prendere una navetta per il vostro albergo? Altrimenti quanto tempo ci vuole per arrivare al vostro albergo in treno dall'aeroporto?

Vi ringrazio in anticipo.

Cordialmente,

Alessandro Raffaele

5

ESERCITARSI

2 **Descrivi il tuo posto preferito per le vacanze estive. Forma delle frasi in modo corretto.**

Vorrei visitare un posto | dove / che / da cui / in cui |
- si trova/trovano .
- è raggiungibile il mare a piedi.
- è possibile fare surf / .
- si mangia bene.
- è vicino alle montagne.
- è in mezzo alla natura.

ottantatré **83**

VOCABOLARIO

3 Leggi i testi (p. 82–83) e fai una rete di parole.

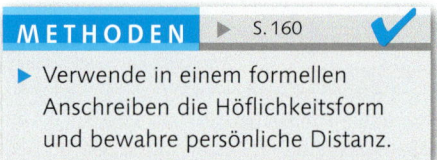

SCRIVERE

4 a Tu e la tua famiglia organizzate le vostre vacanze in Italia nell'agriturismo "il Vecchio Uliveto". I tuoi genitori hanno delle domande sull'albergo ma non parlano italiano. Scrivi una mail all'albergo per chiedere le informazioni.

▶ *Einen Brief schreiben, S. 160; Einen Text als Modelltext nutzen, S. 159–160*

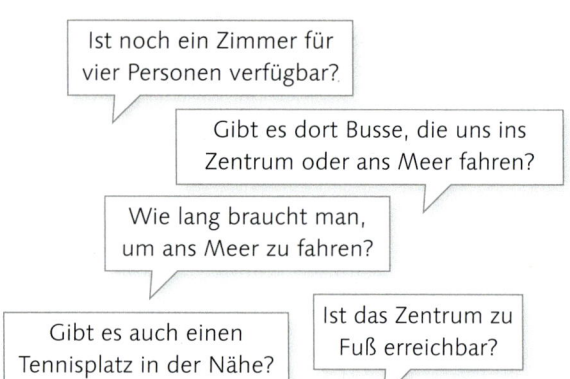

Ist noch ein Zimmer für vier Personen verfügbar?

Gibt es dort Busse, die uns ins Zentrum oder ans Meer fahren?

Wie lang braucht man, um ans Meer zu fahren?

Ist das Zentrum zu Fuß erreichbar?

Gibt es auch einen Tennisplatz in der Nähe?

b Scambiatevi le vostre mail. Mettiti al posto dell'azienda e scrivi la risposta.

> **METHODEN**   ▶ S. 160   ✔
>
> ▶ Verwende in einem formellen Anschreiben die Höflichkeitsform und bewahre persönliche Distanz.

MEDIAZIONE

5 Siete appena arrivati all'agriturismo "il Vecchio Uliveto". Siccome i tuoi genitori non capiscono l'italiano, devi parlare tu con il receptionist. Fai l'interprete.

padre: Wir haben ein Zimmer für drei Personen mit einem zusätzlichen Bett auf unseren Namen gebucht.
receptionist: Benvenuti al Vecchio Uliveto.
tu: ▦

receptionist: Mi daresti i vostri passaporti, per favore? E la carta di credito con la quale avete prenotato la stanza.
tu: ▦

receptionist: Grazie. Ci sono due stanze disponibili: una con un balcone che offre una bella vista sul paesaggio. L'altra sul piano terra con l'accesso al giardino – sono bellissime tutte e due.
tu: ▦

madre: Ich hätte gern das Zimmer mit dem direkten Zugang zum Garten.
tu: ▦

receptionist: Va benissimo. La mattina offriamo colazione a buffet dalle 7 alle 11. Tutti i nostri prodotti sono regionali o fatti in casa. Per domani è organizzata un'escursione a Gubbio dove c'è la Corsa dei Ceri - una grande festa religiosa che si svolge una volta all'anno. Volete partecipare?
tu: ▦

padre: Ja, das machen wir! Die Gelegenheit sollten wir uns nicht entgehen lassen. Wie kommen wir nach Gubbio? Und wie lange braucht man dorthin?
tu: ▦

receptionist: C'è una navetta che parte da qui. Ci vuole un'ora.
tu: ▦

5A EPPUR SI MUOVE

12 9

Galileo Galilei nasce nel 1564 a Pisa. Fino ai 16 anni vive a Firenze
dove frequenta una scuola cattolica. Comincia a studiare medicina a
Pisa, ma poi preferisce occuparsi di meccanica e di matematica.
Prima diventa professore a Pisa e dopo a Padova, che allora faceva
5 parte della Repubblica di Venezia. A Padova si confronta per la prima
volta con il cannocchiale, un apparecchio che poi diventerà importan-
tissimo per la sua vita. Nel 1610 Cosimo de' Medici chiama Galilei come matematico alla sua corte a Firenze. Lì, può
dedicarsi tranquillamente alle sue ricerche con il cannocchiale senza altri impegni. In quel periodo a Firenze scrive
anche il suo famoso *Dialogo di Galileo Galilei sopra i due Massimi Sistemi del Mondo Tolemaico e Copernicano*, un libro
10 in cui afferma che la terra non è al centro dell'universo. Poco dopo si trova in difficoltà con Papa Urbano VIII per
questo libro e infine, nel 1633, c'è addirittura un processo contro di lui. Per sua fortuna Galileo non deve andare in
prigione. Però non può più pubblicare le sue teorie e deve rimanere nella sua villa ad Arcetri, vicino a Firenze, fino alla
morte nel 1642.

HIER LERNST DU:
- ▶ Vorhersagen zu treffen.
- ▶ Vermutungen zu äußern.
- ▶ reale Bedingungen zu formulieren.

Nel 1580 il padre di Galileo parla con il figlio della sua futura carriera.

> Se studi medicina, potrai trovare un buon posto di lavoro dopo la laurea.

> Ma papà, quel tipo di studio non mi interessa per niente. Sarò contento solo con la matematica.

Un giorno viene lo studente Castelli nello studio di Galilei.

> Ecco i disegni del cannocchiale, un apparecchio con cui potrai guardare il cielo più facilmente e riuscirai sicuramente a scoprire cose nuove.

> Ma quell'apparecchio funzionerà davvero?

1

2

5

Galilei decide di offrire il cannocchiale al Doge Leonardo Donato.

> Se in guerra userete questa invenzione, potrete vincere facil- mente ogni battaglia.

> Lo proveremo e se hai ragione, ti pagheremo con ducati d'oro.

3

Nel laboratorio a Firenze.

A circa 60 anni Galilei prende una decisione che cambierà la sua vita.

4 Incredibile! Adesso sono convinto: tutti quei piccoli punti sulla Via Lattea sono singole stelle. Chi non lo troverà interessante? Con questa scoperta diventerò ancora più famoso. Sono sicuro che sarà perfino possibile vedere le mie teorie in sintonia con la Bibbia.

5 So che hai ragione, Galileo, e un giorno quegli ignoranti lo capiranno, ma non adesso. Quindi, se continuerai a ripetere le tue teorie come verità, finirai male.

Sciocchezze Castelli! Tra poco tutti sapranno che ho ragione. Scriverò un libro per spiegare le mie teorie. Lo leggeranno tutti.

Nel 1633 a Roma comincia il processo perché secondo il Papa quel libro di Galilei non è in sintonia con la Bibbia.

Nessuno crederà mai a quello che affermi. Sarà per sempre ovvio che la terra è al centro dell'universo.

Anche se lui ha rinnegato quelle teorie, sarà davvero convinto di aver sbagliato?

Avrà ragione Galilei che la terra non è al centro dell'universo. Ma le teorie di Keplero, quel tedesco, mi convincono di più.

6 Rinnego ufficialmente tutte le mie teorie. Sono assolutamente convinto che la terra non giri intorno al sole. Non affermerò mai più cose contro la verità della Bibbia.

Eppur si muove!

LEGGERE E CAPIRE

1 Leggi il testo (p. 85–86). Abbina le vignette del fumetto ai paragrafi dell'introduzione (p. 86, r. 1-14). Indica le righe e inventa titoli adeguati.

2 **a** Leggi i riassunti – qual è quello corretto? Motiva la tua scelta.

a. Galileo Galilei è un famoso scienziato che ha sempre avuto una passione per la matematica. Un giorno ha scoperto con l'aiuto del cannocchiale che la terra gira intorno al sole, e ha scritto un libro sulla sua teoria. Siccome la sua teoria non era in sintonia con la Bibbia, la chiesa ha fatto un processo a Galileo. Durante il processo Galileo ha rinnegato ufficialmente le sue teorie.

b. Galileo Galilei aveva una grande passione per la medicina, ma suo padre voleva per il figlio gli studi in matematica. E così è successo che Galileo è diventato un famoso scienziato, che ha scoperto con l'aiuto della bibbia che il sole gira intorno alla terra, e ha scritto un libro sulla sua teoria. Poi la chiesa ha fatto un processo a Galileo perché la sua teoria non era in sintonia con la Bibbia. Durante il processo Galileo ha rinnegato ufficialmente le sue teorie ma è comunque dovuto andare in prigione.

c. Galileo Galilei è un famoso scienziato, che ha scoperto che la terra gira intorno al sole, e ha scritto un libro sulla sua teoria. Il suo studente Castelli ha convinto Galileo a continuare a ripetere le sue teorie. Così la chiesa ha fatto il processo a Galileo perché la sua teoria non era in sintonia con la Bibbia. Siccome Galileo non ha rinnegato le sue teorie, è dovuto andare in prigione.

b Correggi gli errori dei riassunti sbagliati.

RICERCA

3 **a** Cerca in Internet o in un'enciclopedia altre informazioni su Papa Urbano VIII, su Leonardo Donato e su Benedetto Castelli. ▶ *per cercare informazioni, p. 159*

b Presenta i tuoi risultati in classe.

SCOPRIRE

4 Cerca nel testo (p. 85–86) i verbi che si usano per parlare del futuro o per fare ipotesi. Come si formano i verbi della coniugazione in -are e -ere e come quelli in -ire? E i verbi irregolari?

[io]	essere, diventare, scrivere, affermare
[tu]	potere, riuscire, continuare, finire
[lui/ lei]	funzionare, trovare, essere, cambiare, avere, credere
[noi]	affermare, funzionare, pagare, provare, trovare, usare
[voi]	usare, potere
[loro]	capire, sapere, leggere

ESERCITARSI

5 Giorgia pensa al suo futuro. Che cosa si chiederà? Fa' tu le sue domande.

[io]
Io e i miei amici
Mio fratello
Filippo

avere figli
vivere lontano da qui
trovare un buon lavoro
andare all'università
studiare altre lingue

fondare una famiglia
comprare una casa
fare carriera
essere proprietaria di uno studio di danza
guadagnare tanti soldi

6 Leo ha un appuntamento con Anna per andare al cinema. La aspetta davanti all'ingresso ma Anna non arriva. Che cosa penserà Leo? Fa' delle ipotesi e usa il futuro.

7 Durante tutta la vita Galileo pensa al suo futuro. Immagina di essere Galileo e fa' delle ipotesi: Che cosa succederà se … ?

Se

> *studiare* medicina, *usare* il cannocchiale, *dire* la verità, *fare* vedere il cannocchiale al Doge, *pubblicare* la mia teoria, *scrivere* un libro, *rinnegare* le mie teorie ...

> *essere* contento, *trovare* un buon posto di lavoro, mi *pagare* con ducati d'oro, tutti lo *leggere*, *scoprire* cose nuove, *diventare* famoso, gli ignoranti *sapere* un giorno la verità ...

> Se studio matematica, mio padre non sarà contento.

8 Completa il seguente dialogo tra Papa Urbano VIII e Galileo con le forme adatte di quello.

Urbano VIII: Ma dimmi la verità, Galileo: ... cannocchiale funziona davvero?
Galileo: Sì, certo, con ... apparecchio si possono vedere addirittura ... punti sulla Via Lattea.
Urbano VIII: E la tua teoria, l'hai scoperta solo grazie a ... strumento?
Galileo: Tutte ... cose non si riconoscono a occhio nudo.
Urbano VIII: E ... apparecchio, chi te l'ha dato?
Galileo: Un mio studente, si chiama Castelli.
Urbano VIII: Quindi, alla fine anche lui crede a ... teoria?
Galileo: Sì, ci crede. Ma secondo lui, per tutte ... persone ignoranti, è meglio non pubblicarla ancora.

ASCOLTARE

9 **a** Sei con la tua classe a Firenze per vedere i monumenti della città. Ascolta l'audioguida. Di quali posti si parla? Metti in ordine le foto.

1

2

3

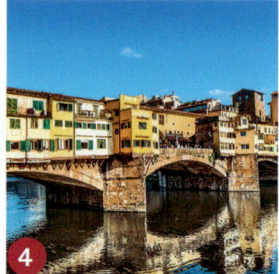

4

b Ascolta un'altra volta e prendi appunti sulle informazioni riguardanti i vari luoghi.

Luogo	Perché è famoso?	Che cosa c'è da vedere?

c Siccome vuoi vedere in diretta il calcio storico, hai convinto i tuoi genitori a fare un viaggio a Firenze. Però i tuoi genitori non sanno niente della festa e ti fanno delle domande. Ascolta ancora la fine dell'audioguida.

> Das hat ja nicht wirklich viel mit Fußball zu tun. Welche Regeln gibt es denn bei dem Spiel? Und wie läuft es überhaupt ab?

> Wie viele Mannschaften gibt es und wie werden sie gebildet?

MEDIAZIONE

10 In una lezione di biologia parlate dell'argomento "neurologia". Devi preparare una relazione sulla scienziata Rita Levi-Montalcini in tedesco. Il testo più interessante lo trovi sul sito web di un giornale online. Riferisciti nella tua relazione ai seguenti appunti:

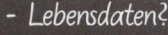

- Lebensdaten?
- Herkunft?
- Studium?
- Forschung?
- Auszeichnungen?

La signora della scienza Rita Levi-Montalcini

Il 22 aprile 1909 è nata a Torino la neurologa Rita Levi-Montalcini, vincitrice del premio Nobel per la medicina del 1986.
La piccola signora è nota come una donna di
5 fortissima volontà.
Rita Levi-Montalcini, di famiglia ebrea, ha iniziato a studiare medicina nel 1930, laureandosi nel 1936 presso l'Università di Torino.
10 Suo padre non desiderava per lei una carriera professionale, perché era una donna, quindi una moglie e una madre.
Le ricerche della Montalcini sono iniziate negli anni Cinquanta, tra Italia e Stati Uniti. Rita è
15 riuscita a identificare il fattore di accrescimento della fibra nervosa Ngf, una proteina importante per lo sviluppo del sistema nervoso. La scoperta la porta a vincere il premio Nobel per la medicina nel 1986.
20 Nel 2001 l'allora Presidente della Repubblica Carlo Azeglio Ciampi nomina Rita Levi-Montalcini senatrice a vita: la scienziata è stata così la seconda donna a ricoprire questo ruolo nella storia della Repubblica dopo la storica
25 esponente del Partito Comunista Italiano Camilla Ravera.
Il 30 dicembre 2012 è morta a 103 anni.

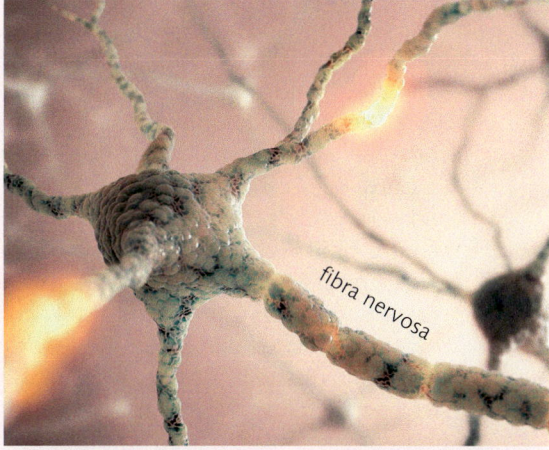

fibra nervosa

HIER LERNST DU:
► etwas zu bewerten.

http://www.corsadeiceri.it/

La Corsa dei Ceri è una festa di origini religiose. Da più di 800 anni la festeggiamo il 15 maggio, sebbene la festa di oggi certamente non sia la stessa di quella di secoli fa. Al giorno d'oggi gli abitanti maschi di Gubbio portano tre ceri di legno molto pesanti, attraverso la città. Ogni cero ha in cima la statua di un santo. Secondo il santo di riferimento i ceraioli si dividono in tre fazioni, e ne indossano il costume tradizionale con una maglietta gialla, azzurra o nera.

Fabrizio, 16 anni, di Gubbio:

Ragazzi, vi voglio presentare la grande festa tradizionale della mia città: la Corsa dei Ceri. Ne voglio parlare, affinché tutti la conoscano perché è il nostro grande orgoglio. Si dice che ogni maschio di Gubbio ci debba partecipare almeno una volta nella vita, cioè fare il ceraiolo. Benché tanti dicano che una tale cosa è un po' antiquata, secondo me le tradizioni hanno il

5 loro valore anche nel 21° secolo. Ok, ci sono anche delle tradizioni un po' stupide, ma quelle sono piuttosto delle superstizioni. Per esempio per me non è un problema mangiare in 13 a un tavolo, per mia nonna invece sì. E non porterei mai un corno rosso contro il malocchio, come fanno tante persone soprattutto anziane, anche da noi a Gubbio.

La Corsa dei Ceri però è una tradizione che considero bellissima. È molto impegnativa perché i

10 ceri pesano circa 300 chili ciascuno: bisogna correre il più veloce possibile e tenere il cero sempre il più verticale possibile. Inoltre il percorso totale è lungo più di quattro chilometri, prima che si arrivi alla chiesa di Sant'Ubaldo. Infatti, non è una vera gara perché l'ordine dei ceri rimane lo stesso durante tutta la corsa. La cosa più importante per i ceraioli è seguire le regole e così fare bella figura con le loro fazioni.

15 Benché sia una festa per gli eugubini, ogni anno ci vengono tantissimi turisti, che ovviamente sono benvenuti, perché rendono la corsa ancora più interessante e dimostrano che una tale tradizione ha, infatti, il suo valore al giorno d'oggi.

Prima che i giovani partecipino alla vera corsa, si può provare la Corsa dei Ceri Mezzani per i ragazzi tra i 15 e 20 anni che si svolge tutti gli anni la domenica successiva al 15 maggio. Visto

20 che tutti nella mia famiglia sono nella fazione di S. Giorgio, ne faccio parte anch'io nella Corsa dei Mezzani – già dall'anno scorso. Per me è un grande onore e fra cinque anni potrò far parte della fazione autentica. Non ne vedo l'ora. Ovviamente con la mia squadra ci incontriamo regolarmente per esercitarci prima della corsa. Siamo amici e così ci divertiamo e lavoriamo insieme, affinché la festa diventi un successo.

25 Purtroppo ci sono anche giovani, che non vogliono venirci, né per partecipare né per guardare. Per loro è una tradizione per gente vecchia e andarci significa essere out dal mondo moderno. È un atteggiamento che non riesco a capire, perché secondo me è senza dubbio possibile vivere nel terzo millennio e mantenere allo stesso tempo le vecchie tradizioni, affinché non si dimentichino.

LEGGERE E CAPIRE

1 **a** Dividi il testo in paragrafi e indica le righe. Inventa titoli adeguati.

b Cerca nel testo le parole chiave riguardo alle informazioni più importanti dei paragrafi.

c Scegli un paragrafo e presenta le informazioni contenute senza dire il titolo di 1a. Il tuo partner / La tua partner dice di quale paragrafo si tratta.

2 Che cosa dice Fabrizio della Corsa dei Ceri?
Quali sono le informazioni e quali le opinioni sulla Corsa?
Usa la seguente tabella.

ASCOLTARE

3 Ascolta l'intervista. Che cosa dicono le persone della Corsa dei Ceri? Prendi appunti.

Chi?	Gli/Le piace?	Perché?
🔲	🔲	🔲

METHODEN ▶ S. 153 ✔

▶ Der Tonfall, die Stimmlage und Verzögerungen geben dir Auskunft über die Meinungen und die Einstellung der Sprecher/innen.

PARLARE

4 Massimo deve partecipare a una festa tradizionale organizzata ogni anno da sua madre e discute con lei perché non ci vuole partecipare e neanche mettere il costume. A è Massimo, B (p. 143) è sua madre.

> **A**
> Deine Mutter kommt in dein Zimmer.
> 1. Du antwortest genervt: nichts vorbereitet, keine Lust auf das Fest
> 2. Du äußerst deine Meinung: traditionelles Fest für Erwachsene, nichts für Jugendliche, keine Lust
> 3. Du gibst nach und versprichst, dich noch in dieser Woche vorzubereiten, aber nur, wenn du die Tracht nicht anziehen musst.

5 Quali tradizioni ci sono nella zona in cui vivi? Ci partecipi? Che ne pensi? Usa anche le espressioni dell'esercizio 2.

METHODEN ▶ S. 155 ✔

▶ Du verstehst einen Text besser, wenn du dir klarmachst, aus welchen Sinnabschnitten er besteht.

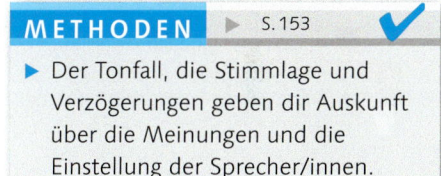

SCOPRIRE

6 Quale forma verbale segue le congiunzioni come affinché, sebbene, benché, prima che?
Che cosa puoi notare? Che forma verbale si usa nella frase principale?

1. Voglio parlare della festa, **affinché** tutti la conoscano.
2. **Benché** sia una festa per gli eugubini, ogni anno ci vengono tantissimi turisti.
3. **Prima che** la corsa inizi, c'è gente dappertutto.

ESERCITARSI

7 Un'intervista degli italiani riguardo alle proprie abitudini e alle loro tradizioni. Che cosa dicono?
Aggiungi le congiunzioni benché, affinché, sebbene e metti le forme corrette dei verbi.

1 Mi metto sempre qualcosa di rosso a Capodanno, ▦▦▦ l'anno nuovo ▦▦▦ *portare* fortuna.

2 Mangio tanti dolci ▦▦▦ non ▦▦▦ *fare* bene alla salute.

3 Vado sempre a letto tardi ▦▦▦ ▦▦▦ *dovere* alzarmi presto.

4 ▦▦▦ la mia famiglia ▦▦▦ *vincere* tanti soldi, gioco al Lotto.

5 Una volta all'anno parto con la mia famiglia per la Sicilia ▦▦▦ tutti ▦▦▦ *riposarsi* e ▦▦▦ *divertirsi*.

6 Corro ogni mattina nel parco ▦▦▦ ▦▦▦ *essere* molto stanco.

8 E tu? Che cosa fai di solito? Quali sono le conseguenze? Racconta.

(non)
mangiare dei dolci
fare tanto sport
andare a letto presto
giocare al Lotto
mangiare verdura e frutta
▦▦▦

affinché

per

benché

sebbene

ricevere/vincere tanti soldi
fare bene/male alla salute
portare/avere fortuna
fare attenzione a scuola
▦▦▦

MEDIAZIONE

9 **Le nozze di Landshut**
Il tuo amico Fabrizio di Gubbio è venuto a trovarti a Landshut. Vede il cartello sulla Landshuter Hochzeit e vuole sapere di che cosa si tratta. I seguenti punti sono interessanti per lui:
– Origine storica
– Come si può partecipare?
– Che cosa succede durante la festa?

Che cosa gli dici?

Himmel Landshut, Tausend Landshut. Halloooo!
27.06. – 19.07.

Himmel Landshut, Tausend Landshut. Halloooo!
Wenn in der Hauptstadt Niederbayerns die Haare der Leute allmählich wieder zu wachsen beginnen, weiß man: In Landshut wird bald wieder die Landshuter Hochzeit inszeniert, die sich im Jahre 1475 zwischen der polnischen Königstochter Hedwig und Georg, dem Herzog von Bayern-Landshut, ereignete. Ein Fest, das alle vier Jahre drei Wochen lang die ganze Stadt in Atem hält, und an dem teilzunehmen von Kindheit an der Traum eines jeden Landshuter Mädchen und Jungen ist.
Um an der Inszenierung der Landshuter Hochzeit teilzunehmen zu können, müssen jedoch einige Voraussetzungen erfüllt werden: Man muss u.a. in Landshut oder Umkreis geboren sein und ein Mindestalter von 6 Jahren erreicht haben. Ein weiteres

Entscheidungskriterium ist die Länge der Haare. Da Echtheit im Vordergrund steht, sind moderne Frisuren, Schmuck und Brillen strengstens verboten. Wer es dann geschafft hat, verpflichtet sich, an zeitintensiven Vorbereitungskursen und Proben teilzunehmen.
Neben den vielen Ereignissen, wie dem Hochzeitszug, der an vier Sonntagen in originalgetreuen Kostümen zu sehen ist, können die Gäste noch viele andere Veranstaltungen besuchen. Auf den für den Hochzeitsumzug errichteten Tribünen treffen sich die Landshuter unter der Woche, um dort gemeinsam zu essen und zu trinken und den spätmittelalterlichen Flair, der überall in der Stadt zu spüren ist, zu genießen. In dieser Zeit ertönt es immer wieder laut durch die Straßen: „Himmel Landshut, Tausend Landshut. Halloooo!"

ITALIA IN DIRETTA

10 Sei con i tuoi genitori in Alto Adige. Un ragazzo italiano viene al vostro albergo per fare pubblicità per la Festa della Castagna.

a Prima dell'ascolto: guarda il volantino e leggi le frasi seguenti. Quale frase riassume il contenuto del volantino?

1. Alla festa della castagna si raccolgono le castagne.
2. Alla festa della castagna si gioca con le castagne.
3. Alla festa della castagna si mangiano i piatti tipici con castagne.

b Durante l'ascolto: completa la tabella con le informazioni seguenti.

Che cosa?	Quando?	Dove?

c Riassumi per i tuoi genitori le informazioni più importanti sulla festa.

OFFICINA CREATIVA

5 Preparate una pagina pubblicitaria per i turisti italiani su una festa tradizionale nella vostra città / nel vostro paese. Poi andate in un albergo, che ospita dei turisti italiani, e presentatela.

a Dividete la classe in gruppi di quattro persone, scegliete una festa tradizionale del vostro paese / della vostra città / della zona in cui vivete. Cercate circa sei immagini per dare un'impressione della festa.

b Scrivete un testo con le seguenti informazioni sulla festa:

- la data
- il luogo
- Quali sono i personaggi?
- Come si svolge la festa?
- Quanto costa un biglietto d'ingresso?

c Presentate la vostra festa tradizionale. Poi presentatela davanti a un gruppo di turisti italiani.

🎧 15

1   Leggi il testo p. 85–86. Perché Galileo Galilei si trovava in difficoltà dopo aver pubblicato "la verità"?

2 **a**   Quali strumenti riconosci?

Edoardo Bennato - Galileo

Dichiaro[1] la terra immota[2]
proprio lì al centro dell'Universo
e il sole rotarle[3] intorno
inseguendola[4] per il suo verso[5]
5   se vi va bene, va bene così …

Abiuro[6] la mia teoria
maledico[7] il mio grande errore[8]
mi hanno salvato[9] in tempo[10]
quelli della Santa Inquisizione[11]
10   se vi va bene, va bene così …

A dire la verità ci sono due verità
quella che ci fa stare bene
oppure quella che nessuno dirà
la verità che non conviene[12]…

15   Se è una bugia[13]
che non riesce a renderci felici
se sai la verità
forse è meglio che tu non la dici
se vi va bene, va bene così …

20   E dopo aver sognato[14] ed afferrato[15] le stelle
e quella legge[16] che le fa viaggiare
io Galileo davanti al mondo intero[17]
sono costretto[18] ad abiurare[6]…

Due verità, ci sono due verità
25   quella che ci fa stare bene
oppure quella che nessuno dirà
la verità che non conviene[12]…

… Io Galileo, per potermi salvare[9]
sono costretto[18] ad abiurare[6]
30   ma quanto è vero che son professore
io non mi pento[19] di quel mio errore[8]
ma quanto è vero che son Galileo
voi non mi avrete nel vostro corte …

[1] dichiarare: spiegare pubblicamente
[2] immoto: qn/qs che non si muove
[3] rotare/ruotare: muoversi intorno a qs
[4] inseguendola: e la segue
[5] per il suo verso *ihrerseits*
[6] abiurare: rinnegare
[7] maledire *verdammen, verfluchen*
[8] errore: sbaglio
[9] salvare *retten, erlösen*
[10] in tempo: non troppo tardi
[11] la Santa Inquisizione (f) *Bezeichnung für spätmittelalterl. Gerichtsverfahren*
[12] convenire *angebracht sein*
[13] la bugia ≠ verità
[14] sognare > sogno
[15] afferrare: capire bene
[16] la legge: una norma, una regola
[17] intero/-a: tutto/-a
[18] costretto *gezwungen*
[19] pentirsi di qs *etw. bereuen*

© Cheyenne Records GmbH

b **La melodia, il ritmo e lo stile musicale corrispondono al testo e al tema della canzone? Motiva la tua risposta.**

▶ *per parlare di un testo, S. 165–168*

> Sì/No, secondo me lo stile musicale / ▦
> (non) corrisponde al tema, perché ▦.

la canzone
la musica
il ritmo
la melodia
il tema

piano/-a
forte
divertente
noioso/-a
tranquillo/-a
regolare
lento/-a
veloce
grave

3   Di quali due verità parla la canzone?

La Signoria

Siamo nel nord d'Italia nel '400. Era il periodo delle
Signorie, una forma di governo[1] nelle grandi città ricche il
cui capo era un Signore.
Firenze in quel periodo era una città ricca con grande   5
potere[2]. In un'epoca in cui la società in Germania si trovava
ancora in mezzo al Medioevo, quella città è diventata
famosa come luogo di origine del Rinascimento in Italia e
così anche in Europa. Responsabile di questo splendore[3] di
Firenze era la famiglia Medici, da cui provenivano i più   10
importanti Signori di tutta l'Italia.

[1] il governo *die Regierung*, [2] il potere *die Macht*, [3] lo splendore *der Glanz*

Cosimo de' Medici (1389–1464)

Cosimo il vecchio è stato il primo importante
Signore di Firenze dalla famiglia dei Medici. Oggi è
considerato un politico intelligentissimo che
sapeva usare benissimo il suo potere come capo di   5
Firenze. È stato il primo Signore a promuovere la
cultura e le arti e lo si ricorda a Firenze soprattutto
perché ha fatto costruire parecchi monumenti
importanti della città. Durante la sua Signoria
Filippo Brunelleschi ha costruito per esempio la   10
famosa cupola del duomo di Santa Maria del Fiore.

COSMVS MEDICES P P P

Lorenzo de' Medici (1449–1494)

Lorenzo, nipote di Cosimo è anche chiamato
il Magnifico perché ha portato Firenze al suo maggiore
splendore. Siccome era molto ricco, poteva controllare
l'intera politica di Firenze, ma usava i suoi soldi anche   5
per promuovere la letteratura, la pittura e altre arti.
Intorno a lui si trovavano artisti e intellettuali famosi
come Niccolò Macchiavelli, Sandro Botticelli
o Michelangelo Buonarroti. Così Firenze, verso
la fine del '400 era non solo una potenza politica,   10
ma anche il più importante centro culturale d'Europa.

David,
Michelangelo Buonarroti

5

4 Leggete il testo sulla Signoria. Poi formate
due gruppi. Il gruppo A legge il testo su
Cosimo de' Medici. Il gruppo B quello su
Lorenzo de' Medici. Cercate le parole chiave.

5 Cerca un compagno / una compagna
dell'altro gruppo e spiegagli/-le di che cosa
trattano i vostri paragrafi.

6 Ricercate altre informazioni sul
Rinascimento a Firenze (p. e. artisti,
intellettuali, monumenti etc.), collegate
delle foto e preparate un cartello. Non dimenticate le leggende sotto le foto.

La nascita di Venere, Sandro Botticelli

ÜBER ZUKÜNFTIGES REDEN

1 Tra poco tutti **sapranno** che ho ragione.
Scriverò un libro per spiegare le mie teorie.
Nessuno **crederà** mai a quello che affermi.

2 Vermutungen anstellen
Adesso Galileo **sarà** a Roma dal papa.

3 Versprechen geben
Non **affermerò** mai più cose contro la verità
della Bibbia.

4 eine reale Bedingung äußern
Se in guerra **userete** questa invenzione, **potrete**
vincere facilmente ogni battaglia.
Se studi medicina, **potrai** trovare un buon
posto di lavoro.

DAS BENÖTIGST DU

das futuro semplice

affermer- creder- finir- dovr- potr- vedr- sapr-	ò ai à emo ete anno

⚠ **essere: sarò**
⚠ **dare: darò, stare: starò**
⚠ Bei den Verben **avere, vedere, dovere, cadere, potere, sapere, vivere, andare** fällt der letzte Vokal des Futurstamms weg.
⚠ **volere: vorrò, venire: verrò, rimanere: rimarrò, bere: berrò, tenere: terrò**

▶ *Riassunto 4/1*

HANDLUNGEN IN EINEN SINNVOLLEN ZUSAMMENHANG BRINGEN

5 Voglio parlare della festa, **affinché** tutti la
conoscano.
Prima che si partecipi alla vera corsa, si può
provare la Corsa dei Ceri Mezzani.
Benché sia una festa per gli eugubini, ogni anno
ci vengono tantissimi turisti.

DAS BENÖTIGST DU

einen Nebensatz mit

affinché prima che benché sebbene	+ *congiuntivo*

JEMANDEN/ETWAS NÄHER BESCHREIBEN

6 L'azienda offre tanti prodotti tipici **tra cui** olio
d'oliva e vino.
Sono benvenuti i portatori di handicap **a cui**
offriamo due camere accessibili.
Controllate i periodi **in cui** ci sono offerte
speciali.

DAS BENÖTIGST DU

das **Relativpronomen cui**

⚠ Nach einer Präposition steht das
Relativpronomen **cui**, nicht **che**.

TESTE DEINE GRAMMATIKKENNTNISSE   ▶ LÖSUNGEN, S. 145

1   Ma chi è Rita Montalcini? Metti la forma corretta di quello.

▦ proteina è stata il suo successo! E grazie a ▦ scoperta, Rita Levi-Montalcini ha vinto ▦ premio che tutti vogliono, il premio Nobel. E grazie a ▦ studio, che il padre inizialmente non voleva, è diventata una scienziata famosissima.

2   Guglielmo Marconi sta pensando al futuro. Inserisci le forme verbali corrette.

Quando ▦ Nikola Tesla, ▦ insieme tante cose,
▦ la telegrafia e magari ▦ il Nobel.
▦ tanti esperimenti e ▦ famoso.
Tutti ▦ il mio nome.

incontrare, progettare
inventare, vincere
fare [io], diventare
conoscere

3   Congiuntivo presente o futuro? Scegli la forma corretta.

Sebbene il padre gli ▦ di studiare medicina, Galileo sceglie matematica. Successivamente Galileo ▦ dei problemi con le sue scoperte. Benché le ▦, ▦ famoso in tutto il mondo. E sebbene la chiesa ▦ contraria ai suoi studi, Galileo ▦ a dimostrare che la terra non è al centro dell'universo. E tu, affinché tu ▦ essere libero e adulto, che cosa ▦ ? ▦ i consigli dei tuoi genitori o ▦ completamente da solo /sola?

dire
avere
rinnegare, diventare
essere, riuscire
potere
fare, seguire, decidere

4   Completa il testo con i pronomi relativi cui e che.

La nonna di Leo parla di superstizione e dice: "Il gatto nero" 🐈, ▦ amo molto, normalmente non porta fortuna. La mia amica Paola, ▦ parlo sempre, mi regala ogni anno per il 31 dicembre, ultimo giorno dell'anno, qualcosa di rosso."
Gli italiani sono superstiziosi anche a tavola: far cadere l'olio e sale , ▦ una volta erano molto cari, non porta fortuna.
Non si usa la mano sinistra, ▦ è la mano di Satana 😈. Per mangiare si usa la destra, ▦ si dice che è la mano di Dio.
Se si mangia per la prima volta nell'anno un tipo di frutta, si deve pensare a un desiderio[1], ▦ (grazie alla frutta!) diventerà verità.

[1] il desiderio – der Wunsch

DAS KANN ICH JETZT!   ▶ per comunicare, S. 222

▶ Nenne fünf Aktivitäten, die du in zehn Jahren tun wirst.
▶ Was meinst du, wie das Leben der Menschen in 10 Jahren sein wird? Stelle Hypothesen auf.

5 RIPASSO

TI RICORDI?

1 Sei a casa della tua amica italiana e senti il dialogo tra lei e suo padre che ha tante domande. Completa le risposte della tua amica usando i pronomi ne e ci.

> **Esempio:** Vuoi prendere un po' di pane? – No grazie, non ne voglio.

1. Sei già stata dalla nonna? – no, domani
2. Volete delle bruschette? – sì, una
3. Vogliamo andare al parco oggi? – no, venerdì
4. Andiamo a vedere la mostra di Monet? – no, ieri
5. Abbiamo del pane in casa? – no, non più
6. Venite con me a fare shopping? – sì, volentieri
7. Volete andare al cinema? – sì, stasera
8. Andiamo a visitare la cattedrale? – no, sabato scorso

2 Partner A dà dei consigli ai suoi amici (B) su che cosa fare durante le vacanze. Che cosa dicono? Formate delle frasi corrette usando il condizionale.

Esempio: *Mi piacerebbe visitare una città grande. - Al posto tuo/vostro* + **condizionale presente**.

A
[noi] *piacere* visitare una città grande e fare shopping. Ma non abbiamo tanti soldi.
[io] *avere* voglia di visitare le spiagge più belle del mondo.
[noi] *visitare* volentieri i monumenti di una grande città.
[io] *piacere* fare sci.
[io] *dovere* studiare tanto per l'esame di riparazione.

B
fare un lavoretto durante la prima parte delle vacanze e poi ▪▪▪
andare a/in ▪▪▪ / *partire* per ▪▪▪
portare i libri, *studiare* in spiaggia
rimanere l'ultima settimana a casa per studiare

VOCABOLARIO

3 a Cerca tutti i verbi con il significato "besuchen". Puoi usare la lista alfabetica o il dizionario. A che cosa devi fare attenzione?

b Che cosa fai durante le prossime vacanze? Scrivi una breve mail al tuo amico / alla tua amica usando tutti i verbi dell'esercizio 3a che hai trovato.

ESERCITARSI

4 Leo e Filippo si incontrano prima dell'inizio della lezione. Completa il dialogo con le forme verbali corrette.

Filippo: Ciao, Leo! Raccontami tutto prima che ▪▪▪ la lezione. | *iniziare*
Leo: Certo. Allora, ho conosciuto una ragazza umbra, molto carina, sebbene non ▪▪▪ veramente simpatica all'inizio. Un giorno mi ha detto: – se non hai niente da fare, potresti venire a Gubbio, sempre che ti ▪▪▪ piacere. | *essere* *fare*
Filippo: E tu?? Anzi, no, senza che tu me lo ▪▪▪, ci sei andato di corsa. | *dire*
Leo: Già! Benché il biglietto del treno ▪▪▪ parecchio, l'ho comprato e sono partito subito. E mi sono divertito un mondo. | *costare*

5 Completa il dialogo con le forme del futuro.
Venerdì mattina Giorgia prende il giornale e inizia a leggere. Dopo un po' grida:

Giorgia: Non ci posso credere! I Modà a Milano! L'anno scorso ho perso il concerto che hanno fatto qui a Torino. Ma questa volta devo andarci! Mamma, papà, avete visto? A giugno i Modà ⬚ un concerto a Milano.	*fare*
Mamma: A Milano?	
Giorgia: Sì mamma, purtroppo non ⬚ a Torino.	*suonare*
Mamma: E come pensi di andarci?	
Giorgia: Con l'autobus o con il treno.	
Mamma: E con chi? Non ⬚ andare da sola? Qualcuno ti ⬚, spero.	*volere, accompagnare*
Giorgia: Sono sicura che Leo ⬚ con me.	*venire*
Mamma: E dopo il concerto come ⬚.	*ritornare*
Giorgia: ⬚ in un albergo.	*dormire*
Mamma: Ma Giorgia, è pericoloso! Avete solo 15 anni!	
Giorgia: Mamma, dai! Sai quanto mi piacciono i Modà! Per favore, per favore, posso??	
Mamma: Ma sai quanto ⬚ il tutto? I biglietti, il viaggio, l'albergo …	*costare*
Giorgia: Certo che lo so, mamma! Però, se viene Leo, ⬚ dormire dai suoi cugini, così non ⬚ pagare l'albergo.	*potere* *dovere*
Mamma: E i biglietti? E il viaggio?	
Giorgia: ⬚ i soldi che mi hanno regalato i nonni per il compleanno.	*usare*
Papà: Ti hanno dato di nuovo dei soldi? Non va bene, non sono d'accordo! ⬚ con loro!	*parlare*

ASCOLTARE

5

6 **a** Ecco i protagonisti della telenovela *L'amore è più forte*. Leggi le loro descrizioni. Che cosa succederà nella prossima puntata? Che pensi?

| Maria, la ragazza di Giuseppe, lo ama molto, però, è anche molto gelosa … | Giuseppe è il ragazzo di Maria, ma ama Rosalba | Rosalba, una ragazza molto bella però molto timida … | Davide, un ragazzo della città che ama Rosalba … | Marilena, amica di Rosalba, molto moderna, non vuole un ragazzo … |

Esempio: Che cosa farà Maria?

b Ascolta adesso alcune parti della telenovela. Chi parla? Che relazione hanno? Di che cosa parlano?

🎧 2 17

APPROCCIO

HIER LERNST DU:
▶ über wirtschaftliche und geografische Aspekte zu sprechen.

la moda

Triangolo industriale

Se si parla del triangolo industriale, si pensa da più di 60 anni alle città di Torino, Milano e Genova, che si trovano tutte a nord e nord-ovest, e
5 hanno la maggior concentrazione di industria e servizi in Italia. Tradizionalmente Torino è la città dell'auto, Milano la città della moda e della borsa e Genova è il grande
10 porto del nord. Oggi però le industrie e servizi importanti si trovano quasi dappertutto nel settentrione e così il "vecchio" triangolo è diventato meno importante.

l'industria

Il porto

il turismo balneare

Nord

Spesso gli italiani chiamano il nord d'Italia il "settentrione". Lì troviamo le Alpi con decine di luoghi turistici importanti. C'è anche la Pianura Padana, la più grande pianura d'Italia, fondamentale
5 per l'agricoltura e per l'allevamento a cui il Po fornisce l'acqua necessaria. Il Po, il fiume più lungo d'Italia, scorre per centinaia di chilometri lungo i campi del settentrione. Tra montagna e pianura si trovano alcuni dei più grandi e importanti laghi
10 d'Italia (per esempio il Lago di Garda e il Lago Maggiore). Alcune regioni settentrionali hanno accesso al mare e traggono profitto dal turismo.

le Alpi

l'agricoltura

Lago Maggiore

l'allevamento

Centro

Il centro d'Italia offre almeno una decina di città d'arte importantissime, che attraggono molti turisti, come Firenze, Siena, Pisa, Perugia, Assisi e ovviamente anche Roma, l'antica capitale del mondo. Inoltre si trovano
5 paesaggi fantastici con tratti di costa molto suggestivi, colline e laghi. Da non dimenticare l'Appennino, la grande catena montuosa che attraversa quasi tutta l'Italia da nord a sud.

il turismo culturale

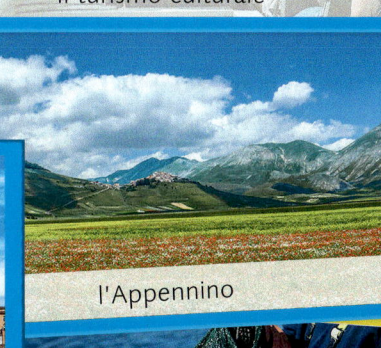
l'Appennino

6

Pisa

Siena

la pesca

Sud e isole

Si parla del "meridione", o del "mezzogiorno" se si includono esplicitamente anche le due grandi isole italiane, la Sicilia e la Sardegna. Visto che le coste delle regioni meridionali sono particolarmente lunghe, non è una sorpresa che il mare abbia un'importanza fondamentale per queste zone. Le
5 bellissime spiagge sono una grande attrazione per migliaia di turisti, ma non dobbiamo dimenticare la pesca che offre una possibilità di lavoro e di guadagno per molte persone. Nel Sud Italia troviamo anche alcuni vulcani famosi tra cui l'Etna e il Vesuvio. Purtroppo nel Sud ci sono anche alcuni problemi sociali perché la disoccupazione è generalmente più alta che al
10 Nord e la criminalità organizzata è ancora molto presente perché è originaria di quella zona.

il vulcano

LEGGERE E CAPIRE

1 Leggi le informazioni sull'Italia. Quali sono i dati più interessanti per te? Quali sono quelli più importanti? Che cosa è bene sapere? E perché?

Per me è interessante sapere che Milano è la città della moda perché ho una passione per la moda.

Secondo me
- è bene sapere che
- è interessante sapere che ▦
- è importante sapere che ▦

perché
- ho una passione per ▦
- non lo sapevo prima.
- vorrei ▦

PARLARE

2 A sceglie un monumento, una città, una regione, un fenomeno geografico dal testo p. 100–101 e lo descrive senza nominarlo/-la. B dice di che cosa si tratta.

È una catena montuosa che attraversa quasi tutta l'Italia.

È l'Appennino.

VOCABOLARIO

3 a Formate quattro gruppi. A si occupa del testo sul triangolo industriale, B di quello sul nord, C di quello sul centro e D con quello sul sud. Ogni gruppo cerca nel suo testo le espressioni utili per descrivere l'economia e la geografia di un paese / di una zona.

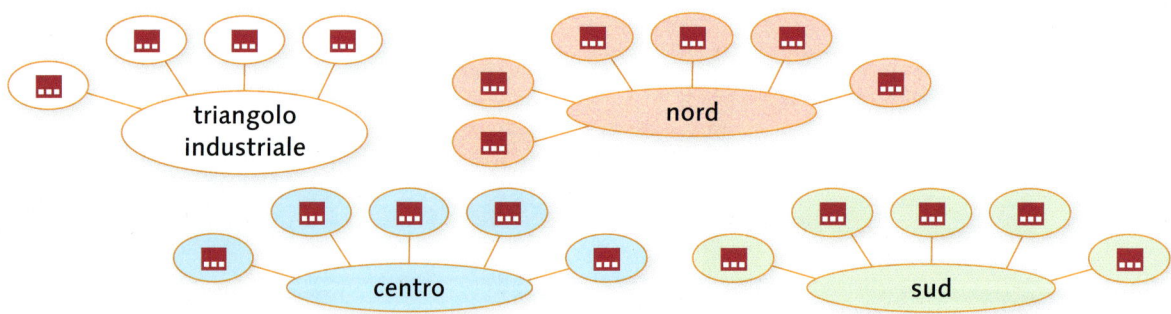

b Adesso formate dei gruppi di quattro persone provenienti dai gruppi A, B, C e D. Insieme completate la rete di parole riguardo alla geografia e all'economia di tutta l'Italia.

PRESENTARE

4 Quali sono le più importanti informazioni sul sud, sul nord e sul centro d'Italia? Racconta con l'aiuto della tua rete di parole dell'esercizio 3.

MEDIAZIONE

5 Sei in una scuola in Italia. In una lezione di geografia devi presentare la Baviera riguardo agli aspetti economici e geografici. Il seguente articolo preso da un'enciclopedia online ti aiuta a cercare le informazioni per la tua relazione.

Bayern
liegt im Südosten Deutschlands und hat rund 12, 7 Millionen Einwohner. Mit seiner Fläche von 70.500 km² ist Bayern das Größte der 16 deutschen Bundesländer.

5 Die Landeshauptstadt des bayrischen Bundeslandes ist München. Diese Stadt zählt zu den wirtschaftlich bedeutendsten Großstädten Deutschlands und ist Sitz zahlreicher Konzerne. Besonders bekannt ist sie für ihre Automobilindustrie. Außerdem lockt die Landeshauptstadt mit ihrer Vielzahl an Museen und
10 Messen und dem jährlich stattfindenden Oktoberfest unzählige Touristen an.
Ebenfalls bedeutsam für die Wirtschaft und den Tourismus sind die bayrischen Städte Nürnberg und Augsburg. In Augsburg kann man die *Fuggerei*, die älteste noch existierende Sozialsiedlung der Welt, bewundern, die im Jahre 15 v. Chr. unter dem römischen Kaiser
15 Augustus als Militärlager gegründet wurde. Nürnberg fasziniert seine Besucher mit seiner schönen Altstadt und in der Vorweihnachtszeit mit seinem berühmten Christkindlmarkt.
Bei Touristen sehr beliebt sind die südlich gelegenen Regionen um die bayerischen Seen, zu denen u. a. der Tegernsee, der Starnberger See und der Chiemsee gehören. Im Südwesten grenzt Bayern außerdem an einen der größten Seen Mitteleuropas – den Bodensee.
20 Die Alpen im Süden des Bundeslandes sind ein wahres Paradies für Bergwanderer und Skifahrer. Durch die Südhälfte des Landes fließt die Donau, einer der längsten Flüsse Europas. Während das Gebiet zwischen den Alpen und der Donau von Ebenen und Hügeln geprägt ist, befinden sich in dem Gebiet nördlich der Donau Gebirge bis zu einer Höhe von über 1000 Metern.

ASCOLTARE

6 **a** Ascolta cinque italiani che parlano della loro regione / città d'origine. Da dove vengono?

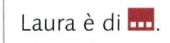
Laura è di ▦.

Laura

Simona

Giovanni

Paolo

Alessandro

b Cerca le città / le regioni sulla mappa del tuo libro. Indica dove si trovano.

Venezia si trova nel nord-est, sul Mare Adriatico.

c Che cosa dicono della loro città / regione? Prendi appunti.

HIER LERNST DU:
▶ über aktuelle Geschehnisse zu sprechen.
▶ über Statistiken zu sprechen.

PREPARARSI ALLA LETTERATURA

1 **Che cosa sai già di Milano? Rispondi alle domande.** ▶ Umschlagseite, cultura e civiltà (S. 171)

a. Dove si trova Milano? In quale regione?
b. Perché è conosciuta? Perché è importante?
c. Qual è il simbolo di Milano?

Sto ancora vivendo dai miei genitori e così non ho il problema degli affitti altissimi della grande città. Faccio la pendolare quasi ogni giorno, una cosa che mi sta facendo perdere un sacco di tempo.
5 Comunque secondo me ne vale la pena perché Milano è per me il centro d'Europa. Chi è appassionato di moda come me trova qui tutte le migliori marche. C'è tanta creatività e sto seguendo gli ultimi trend. Alle sfilate ci vado regolarmente e ci sono pure altri
10 eventi interessanti per me. Purtroppo costano sempre un sacco di soldi.
Come tanti altri, che stanno cercando lavoro, sto facendo mille lavoretti diversi come fare la barista tre volte alla settimana per guadagnarmi qualche soldo. L'attività, che mi piace di

Grazia, stilista disoccupata (22) di Crema

più al momento, è disegnare i ritratti dei 15
turisti in piazza S. Babila. La gente che viene a visitare la nostra città è spesso molto simpatica e così si fanno volentieri 20
due chiacchiere.

Dopo la maturità sono riuscito a entrare alla Bocconi e così mi sono innamorato di Milano come centro economico, ma anche come città da vivere che offre tanto. Adesso lavoro in una banca d'investimenti, la quale offre servizi finanziari per aziende. Attualmente stiamo seguendo gli investimenti all'estero per una grande ditta di Brescia. 5
Ho trovato un appartamento molto bello in zona San Siro. In questo periodo sto andando al lavoro in metropolitana perché fa ancora freddo. In estate proverò ad andare in bici il più spesso possibile.
La cosa, che forse mi piace di più a Milano, è la grandissima offerta di attività per il tempo libero. Almeno una volta al mese vado alla Scala con un gruppo di colleghi che, 10
come me, sono appassionati di musica classica. A volte c'è anche qualche mostra interessante in uno dei musei. Ogni tanto, la domenica vado allo stadio, che è solo a due passi da casa mia, e i tifosi si sentono comunque. Il calcio mi piace tanto, però, come marchigiano, non so davvero per chi tifare: l'Inter o il Milan?

Alfonso, bancario (30) di Macerata

Massimiliano, studente di ingegneria (19) di Lecce

Abito in una residenza per studenti a Milano est - Città Studi, dove si trova il Politecnico. Per me è un ambiente ideale perché è vicinissimo all'università e ci sono molti altri studenti con i quali posso sia studiare che divertirmi. Ho conosciuto subito tanta gente pugliese e di diverse regioni d'Italia. Ci sono anche molti studenti stranieri, che 5 provengono da tutto il mondo. La stanza, in cui abito, non la potrei pagare da solo, anche se durante l'estate ho la possibilità di guadagnare qualche soldo. Ma fortunatamente i miei genitori mi pagano l'affitto e gli studi.

La cosa che è un problema per tanti di Milano è il traffico, ma io mi muovo abbastanza facilmente con uno scooter, come fanno molti studenti. Dato che sto preparando un esame 10 molto importante, purtroppo non posso uscire la sera come vorrei. Ma i locali sui Navigli sono sempre una grande attrazione per me e per tanti 15 altri giovani.

6

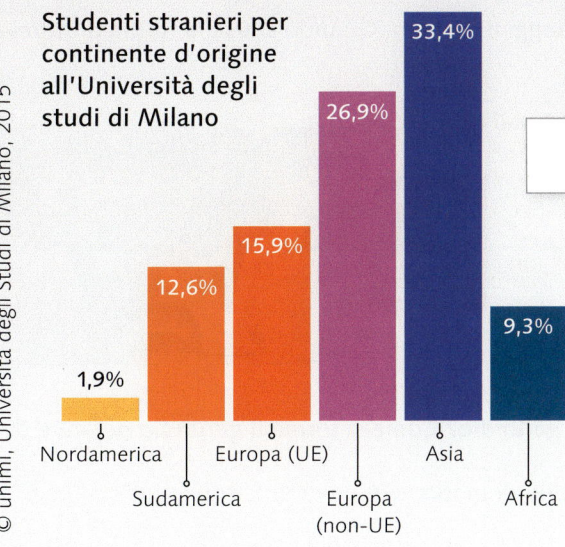

Più di un quarto degli iscritti viene dall'Europa extracomunitaria.

Il 9,3% sono africani.

© unimi, Università degli Studi di Milano, 2015

Studenti stranieri per continente d'origine all'Università degli studi di Milano

Circa un terzo degli studenti stranieri proviene dall'Asia.

- Nordamerica: 1,9%
- Sudamerica: 12,6%
- Europa (UE): 15,9%
- Europa (non-UE): 26,9%
- Asia: 33,4%
- Africa: 9,3%

LEGGERE E CAPIRE

2 **a** Formate tre gruppi. A legge il testo di Grazia, B quello di Alfonso e C quello di Massimiliano. Cercate le informazioni più importanti che danno i ragazzi su Milano.

b Ogni gruppo presenta i suoi risultati.

Grazia dice che Milano è una città ▦

VOCABOLARIO

3 **a** Guarda la statistica a p. 105 e completa la rete di parole.

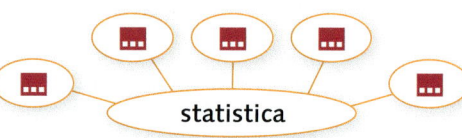

statistica

b Di quanto tempo hanno bisogno i milanesi per arrivare al luogo di studio o di lavoro? Guarda la statistica e spiegala.

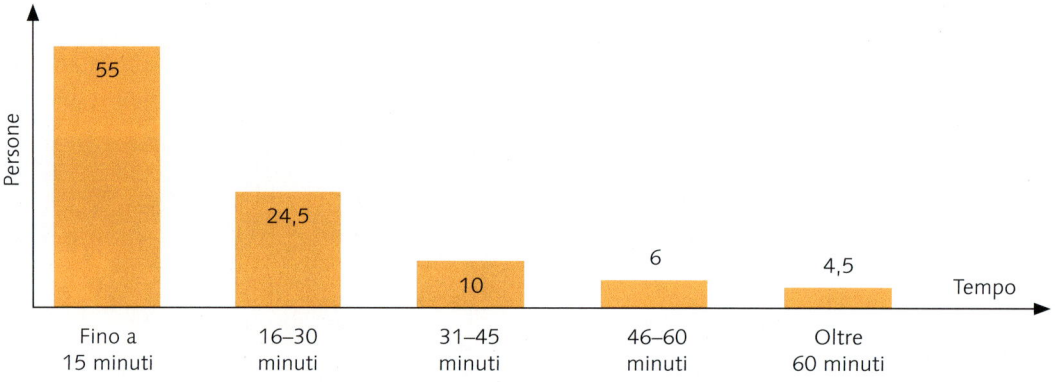

Persone

55	24,5	10	6	4,5
Fino a 15 minuti	16–30 minuti	31–45 minuti	46–60 minuti	Oltre 60 minuti

Tempo

b Quanto tempo ci vuole per andare a scuola? Elaborate una statistica nell'ambito della vostra classe.

SCOPRIRE

4 **a** Guarda le foto e leggi il dialogo. Quando si usa la forma di *stare+gerundio*?

▶ *Riassunto 1*

Ciao Stefania, che **stai facendo** al momento?

Sto **correndo** nel parco. E tu? **Stai dormendo**?

Sto facendo i compiti. Ho dei problemi …

b Come si forma il gerundio? Come si forma il gerundio di *fare* e dei verbi in *–ire*?

c Conosci questo tipo di modo verbale in un'altra lingua?

ESERCITARSI

5   Sei a Milano in piazza Duomo. Guarda la vignetta e descrivila. Che cosa stanno facendo le persone? ▶ *Ein Bild beschreiben, S. 157*

6   Marco e Isabel sono studenti che condividono una camera a Milano. Di che cosa parlano? Completa le frasi con la forma corretta del pronome relativo il/la quale. Non dimenticare le preposizioni dove necessarie.   ▶ *Riassunto 2*

Marco: Oggi ho frequentato un corso ⬛ ho imparato un po' di informatica. E tu? Che hai fatto oggi?
Isabel: Sono stata all'università perché dovevo parlare con un prof. L'insegnante ⬛ ho parlato, è il prof di italiano per stranieri.
Marco: Ah! E ti ha spiegato qualcosa di importante?
Isabel: Sì. L'esame ⬛ mi parlava è un esercizio di grammatica per stranieri, senza ⬛ gli studenti non possono iscriversi all'università.
Marco: Sì, me l'ha detto anche un'amica ⬛ studia inglese. Ed eri sola?
Isabel: No. Nell'ufficio del prof c'erano sei studenti, ⬛ tre inglesi.

7   Parla un po' della tua vita. Forma delle frasi in modo corretto.

La città   in   cui   abito ⬛
La cosa   di   è un problema per tutti ⬛
L'attività   a   mi piace di più ⬛
⬛   ⬛
   che

> Il parco **in cui** gioco spesso a calcio, è vicino a casa mia.

8   Una guida turistica ti fa vedere il Duomo di Milano. Metti le parole sottolineate in rilievo.   ▶ *Riassunto 3*

Esempio: Tutti conoscono il Duomo di Milano. > Il Duomo di Milano lo conoscono tutti.

1. Adesso visitiamo Piazza Duomo.
2. Qui sulla sinistra vedete il Duomo di Milano.
3. Adesso visitiamo Piazza del Duomo dove prima si trovava la cattedrale di Santa Maria Maggiore.
4. Sulla cima del Duomo si può vedere la statua che si chiama Madonnina.

PARLARE

9 Marco (A) parla con Isabel (B), ma lei non sente bene e capisce qualcos'altro. Fate un dialogo. Dopo tre domande cambiate i ruoli.

Esempio: – *Isabel, che dici, usciamo sabato sera?*
– *Vuoi uscire giovedì?*
– *No, è sabato che voglio uscire.*

A
1. Adesso vorrei andare a trovare Laura.
2. Viene anche Carlo.
3. Domani andiamo allo stadio.
4. Gioca l'Inter contro la Juve.
5. Lunedì c'è l'esame.
6. Lunedì sera esco con Marco.

ITALIA IN DIRETTA

10 Sei con la tua famiglia a Milano e volete fare una gita guidata per la città. Cerca le informazioni nel volantino e trova le risposte. ▶ *Arbeit mit dem Wörterbuch, S. 150*

Milano ha conosciuto una fase di rinnovamento urbano, che ha cambiato il volto della città durante l'EXPO 2015. Negli ultimi dieci anni, i più grandi quartieri industriali si sono trasformati. Da ex edifici industriali sono diventati edifici residenziali, uffici, università e parchi pubblici. I principali
5 architetti italiani e internazionali hanno disegnato negli ultimi anni progetti innovativi che hanno cambiato e cambieranno l'intera immagine della città. Il motivo comune è quello di far crescere la qualità dell'architettura e quindi di poter offrire una nuova qualità di vita.
L'agenzia Dream for Fun offre tour attraverso Milano a piedi o con i mezzi pubblici.
10 Si possono fare passeggiate in centro di tipo classico, e cioè visitando il Duomo, la Galleria Vittorio Emanuele, il Teatro alla Scala e San Babila, oppure tour alternativi che, partendo dal grattacielo, toccano tutte le costruzioni più moderne della città.

- Il tour a piedi dura 5 ore e costa 4 euro.

- Il tour con i mezzi pubblici costa 10 euro e, a seconda delle mete visitate, può
15 durare dalle 4 alle 6 ore. I bambini fino ai 6 anni non pagano.

1. Che cosa è successo durante l'Expo 2015 a Milano?
2. Quando è successo il cambiamento?
3. Che cosa c'è nella nuova Milano?
4. Che cosa offre l'agenzia Dream for Fun?

IMPARARE MEGLIO

11 Formate dei gruppi di quattro persone e presentate Milano.

a Collegate tutte le informazioni creando una rete di parole. Potete ricercare altre informazioni anche in Internet. Le seguenti domande vi possono aiutare:

– Dove si trova la città / la regione?
– Perché è conosciuta, importante o interessante?
– Quali sono le problematiche della regione / della città?
– Che cosa sapete della popolazione?
– Che cosa succede attualmente? (eventi? sfilate? feste?)

METHODEN ▶ S. 158 ✔
▶ Metti in rilievo i punti interessanti. Così riceverai più attenzione da parte dei tuoi ascoltatori.

b Adesso aggiungete alla presentazione delle foto o delle statistiche – ma non dimenticate di menzionare le fonti.

c Mettete in ordine le informazioni su una scheda e dividete la vostra presentazione in quattro parti. Ognuno di voi prepara adesso la sua parte.

🎧 2 20

HIER LERNST DU:
▶ über das Leben und den Erfolg berühmter Persönlichkeiten zu sprechen.

Cecilia Bartoli
il volto moderno del teatro lirico

Cecilia Bartoli, nata a Roma nel 1966, è una classica figlia d'arte. Infatti i suoi genitori erano cantanti lirici. Ha fatto la sua prima entrata in scena all'età di nove anni come comparsa nella Tosca di Puccini a Roma.

5 Durante l'adolescenza aveva anche altri interessi artistici, ma a 16 anni ha deciso di dedicarsi esclusivamente al canto e ha preso le prime lezioni. La sua carriera ha avuto inizio con la partecipazione a un talent show in televisione. Perfino senza aver vinto – infatti è arrivata seconda – si è fatta notare da alcuni nomi importanti della musica classica

10 internazionale dell'epoca come von Karajan o Barenboim. Poco dopo – a soli 19 anni – ha debuttato sempre a Roma nel Barbiere di Siviglia di Rossini.

Da lì è iniziata una serie di successi attraverso l'Opera di Parigi e la Scala di Milano, fino ad arrivare alla Metropolitan Opera di New York a soli 30 anni.

Cecilia ha inciso diversi CD e ha anche vinto numerosi premi. Inoltre si occupa di ricerca storico-
15 musicale: dopo aver scoperto partiture originali di opere dimenticate, ne ha fatto delle registrazioni su CD.

Oggi vive vicino a Zurigo ed è sposata con il cantante svizzero Oliver Widmer. Oltre alla sua carriera si occupa anche di una fondazione per promuovere giovani artisti.

Renzo Piano
l'eccellenza dell'architettura contemporanea

Renzo Piano è nato nel 1937 a Genova. Dato che i Piano erano una famiglia di costruttori, la sua strada verso l'architettura era già segnata dall'infanzia. Dopo essersi laureato a Milano ha cominciato a insegnare e allo stesso tempo a viaggiare per avere la possibilità di conoscere alcuni architetti importanti tra cui l'inglese

Centre Georges-Pompidou, Parigi

10 Richard Rogers, con il quale ha aperto uno studio a Parigi. La sua notorietà internazionale ha inizio proprio lì, dopo aver progettato il Centre Pompidou insieme a Rogers, un avanguardistico centro d'arte e di cultura. Da allora ha disegnato numerosi progetti di fama mondiale: per esempio uno dei palazzi sulla Potsdamer Platz di
15 Berlino oppure – nel 2012 – The Shard a Londra, il più alto grattacielo d'Europa. In Italia, tra le sue opere più importanti, abbiamo lo stadio di San Nicola a Bari e il Porto Antico a Genova. Nel 2013, il Presidente della Repubblica Giorgio Napolitano lo ha nominato senatore a vita.

The Shard, Londra

20 Piano ha deciso di usare lo stipendio da senatore per finanziare ogni anno sei giovani architetti che si occupano del progetto G124 sulle periferie di Roma, Catania e Torino, oltre a mettere naturalmente a disposizione la sua esperienza professionale.

Il Porto Antico, Genova

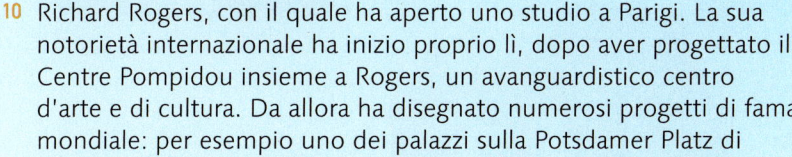

6

LEGGERE E CAPIRE

1 a Leggi i testi e completa la tabella con le informazioni riguardanti la vita di Cecilia Bartoli e Renzo Piano.

professione	origine	i primi successi	opere	progetti

b Quali sono le più importanti informazioni su queste due persone? Racconta con l'aiuto della tabella di 1a. ▶ *einen Text mit eigenen Worten wiedergeben, S. 155*

VOCABOLARIO

2 Cerca nei testi le seguenti espressioni e indica le righe in cui si trovano. ▶ *Wörter umschreiben, S. 149*

a. per aiutare giovani artisti
b. dopo aver finito l'università
c. la prima partecipazione a un'opera

d. dare un titolo a qualcuno
e. spendere soldi per giovani architetti
f. occuparsi del canto

MEDIAZIONE

3 Stai studiando italiano. Tua madre vede le foto di Renzo Piano e Cecilia Bartoli (p. 109) ed è molto curiosa. Rispondi alle sue domande.

> Wie hat die Karriere von Cecilia Bartoli noch mal angefangen?

> Und Renzo Piano ist doch auch an einigen Projekten beteiligt. Was macht er da genau?

> Ich glaube, in Deutschland gibt es auch etwas von ihm. Weißt du, was es war?

ITALIA IN DIRETTA

4 Con la tua famiglia sei a Genova. Volete visitare il Museo Diocesano e trovi il seguente volantino. Usa un dizionario.

Il Museo Diocesano di Genova propone un incontro alla scoperta del "Blu di Genova".

Il fascino del blu in Europa nasce intorno al XII secolo, quando diventa il colore preferito dall'imperatore di Francia e
5 dall'aristocrazia. Per la Chiesa è il simbolo della Vergine Maria. Genova è sempre stata famosa per l'industria tessile. Le sue stoffe di cotone misto lino o
10 lana e solitamente di colore blu erano perfette per i marinai che lavoravano nei porti e sulle barche. Ed è qui che nascono i blue jeans: Blue dal colore blu, appunto, e jeans dal nome della città, che produceva il BLU DE GENES.

15 Alla fine dell'ottocento i blue jeans diventano sinonimo di pantalone, il modello si chiama Denim perché probabilmente proveniva da Nimes. E da lì la produzione dei jeans diventa industriale, grazie a grandi nomi come Levi Strauss e Wrangler.

1. Dove sono nati i jeans?
2. Chi erano i primi che portavano pantaloni fatti come i jeans?
3. Perché il colore blu era famoso nel XII secolo?
▶ *Das Wörterbuch benutzen, S. 150*

Il Museo Diocesano è aperto dal martedì alla domenica, dalle 10 alle 17.

Prezzi:
biglietto normale: 7 euro
biglietto ridotto: 4 euro
bambini fino a 8 anni: gratis

SCOPRIRE

5 Quando si usano le preposizioni senza, dopo, per + infinito? Confronta le frasi a+b. ▶ *Riassunto 4*

a. Cecilia Bartoli si è fatta notare da alcuni nomi importanti, **ma non ha vinto**.
b. **Senza aver vinto** Cecilia Bartoli si è fatta notare da alcuni nomi importanti.

a. Renzo Piano si è laureato a Milano **e poi ha insegnato**.
b. **Dopo essersi laureato** Renzo Piano ha cominciato a insegnare.

6 Metti le congiunzioni senza, dopo e per.

a. Renzo Piano è andato prima a Firenze e poi a Milano ▦ studiare alla facoltà di Architettura.
b. ▦ essere stato alcuni anni presso lo studio va negli Stati Uniti ▦ fare un viaggio di studio.
c. ▦ aver finito l'università a Milano, Renzo Piano ha deciso di girare il mondo.
d. ▦ pensare a lungo è andato in paesi europei.
e. ▦ essere diventato senatore a vita ha finanziato ogni anno sei giovani architetti.
f. I giovani architetti possono partecipare al lavoro del progetto ▦ avere ancora esperienze professionali.

ESERCITARSI

7 Abbrevia le frasi sottolineate usando dopo, senza e per + infinito.

A 16 anni Giugiaro va a vivere a Torino <u>dove studia</u> arte e disegno tecnico. <u>Quando finisce</u> la scuola va a lavorare alla Fiat. Poi comincia a lavorare all'impresa di Nuccio Bertone <u>dove non ha perso tempo e</u> progetta l'Alfa Romeo 2000. Lavora cinque anni per le Carrozzerie Bertone. Poi Giugiaro fonda la Italdesign <u>dove progetta</u> nuove automobili con suo figlio Fabrizio. Attualmente c'è la Giugiaro Design, <u>che si occupa</u> dell'industria e del transport design.

Alfa Romeo Giulietta Sprint

6

ASCOLTARE

8 Siete in Italia nella vostra scuola di scambio e ascoltate i vostri partner che presentano alcune persone famose italiane. Completa la tabella.

Chi?	Età? / Data di nascita	Perché è famoso/-a?	i primi successi e quelli più importanti	progetti più interessanti	Che cosa sta facendo attualmente?

PRESENTARE

9 Preparate un gioco per conoscere meglio alcuni imprenditori importanti italiani.

a Che cosa potresti già sapere delle persone? Guarda soprattutto i loro cognomi e fa' ipotesi.

fondatore/fondatrice dell'azienda di
proviene dalla famiglia che ha fondato l'azienda di

moda
pasta
dolci

A Giovanni Ferrero

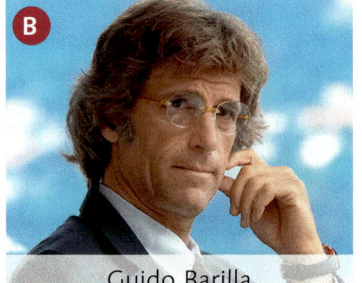
B Guido Barilla

Le seguenti informazioni non dovrebbero mancare:
– Chi è? Perché è famoso/-a?
– data e luogo di nascita / (di morte)
– alcune informazioni sulla famiglia
– i primi successi e quelli più importanti
– i progetti più interessanti

C Miuccia Prada

D Alessandro Benetton

b Formate quattro gruppi. Ogni gruppo ricerca delle informazioni e delle foto su una delle persone e scrive una breve biografia.

Perché famoso/-a?	professione	progetti	premi

c Ogni gruppo presenta la sua persona famosa e gli altri prendono appunti.

d Adesso giocate nel vostro gruppo. Uno di voi si mette al posto di una delle persone famose. Gli altri indovinano chi è.

Sono nata nel 1966.

Sei 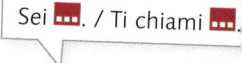. / Ti chiami ...

OFFICINA CREATIVA

6 scrivere un articolo

Devi scrivere un articolo per una rivista italiana sul tema „Il mio modello" e presentare una persona famosa.

a Scrivi una biografia su questa persona e descrivi che cosa ha fatto nella sua vita. Non dimenticare alcune foto.

b Dopo spiega in un commento perché l'ammiri.

6C PAOLO E FRANCESCA IN BICI

www.Paolo-Francesca-inbici.it

30 AGOSTO

Finalmente si parte in bici! Quest'anno è tutto diverso: solo due settimane di mare, anche se Francesca all'inizio non era tanto d'accordo perché non le bastavano.
Invece io ho organizzato un tour in bicicletta, solo per alcuni giorni. E allora domani andiamo a pedalare sulla pista ciclabile lungo il Po. Nel triangolo tra Piacenza, Mantova e Reggio Emilia. Sono riuscito a convincere Francesca, che suona il violino, perché le ho promesso di andare a vedere sia Antonio Stradivari, sia Giuseppe Verdi. ;-) .

5

31 AGOSTO

Che inizio! Primo giorno e comincia a piovere, solo pochi chilometri fuori Piacenza. Per fortuna siamo riusciti a raggiungere una fattoria[1] e il proprietario è stato molto gentile e ci ha fatto aspettare dentro. Abbiamo anche provato il suo formaggio e il suo salame! Che buono! (…) ▼

5

2 SETTEMBRE

Oggi siamo andati a Sant'Agata di Villanova sull'Arda, dove si trova Villa Verdi, casa del maestro per circa 50 anni. Francesca ci teneva ad andare. All'inizio non abbiamo trovato l'ingresso perché il grande cancello[2] era chiuso. Finalmente, dopo circa dieci minuti di ricerca, una signora ci ha aperto una piccola porta nel muro e ci ha lasciati entrare. E poi ci ha fatto da guida – solo per noi due! Che bel posto, villa e parco, e non è cambiato quasi niente dalla morte di Verdi! Ho scoperto che ha guadagnato un sacco di soldi con la sua musica che ha poi investito per la villa e per il terreno[3] intorno. Un uomo stupendo – e ricchissimo! (…) ▼

5

10

4 SETTEMBRE

Da piccolo bambino guardavo spesso i vecchi film di Don Camillo e Peppone insieme alla nonna. Oggi è stato un po' come girare per il set di questi cinque film, a Brescello dove li hanno girati. Si riconosce tutto: la chiesa, la piazza, la casa di Peppone. C'è anche un piccolo museo. Però quello era chiuso – purtroppo. Ma in piazza abbiamo addirittura salutato Don Camillo e Peppone: da alcuni anni ci sono le loro statue (cioè ovviamente quelle degli attori) e abbiamo fatto un sacco di foto. (…) ▼

5

[1] la fattoria *der Bauernhof*, die Farm
[2] il cancello *das Gartentor*
[3] il terreno *das Grundstück*

1 Ascolta la guida a Villa Verdi, prendi appunti e aggiungi due o tre frasi al post di Paolo per il 2 settembre.

2 Il 1° settembre Paolo e Francesca sono stati a Cremona per visitare la torre e il museo Stradivari. Il 3 settembre sono passati per Sabbioneta. Fai delle ricerche in Internet per trovare delle informazioni e poi scrivi i testi del blog di Paolo per queste date.

6 RIASSUNTO

BESCHREIBEN, WAS GERADE GESCHIEHT

DAS BENÖTIGST DU

1 Al momento **stiamo studiando** tedesco.
Sto ancora **vivendo** con i miei genitori.
Come tanti altri, che **stanno cercando** lavoro,
sto facendo mille lavoretti diversi.

das **Verb stare+gerundio**

sto	
stai	**facendo**
sta	**dormendo**
stiamo	**cercando**
state	**scrivendo**
stanno	

⚠ dire: dicendo, bere: bevendo; dare: dando

JEMANDEN/ETWAS NÄHER BESCHREIBEN

DAS BENÖTIGST DU

2 La stanza, **nella quale** abito, non la potrei pagare
da solo.
Ho un'amica tedesca **alla quale** devo dire grazie.
Ci sono molti altri studenti **con i quali** posso sia
studiare sia divertirmi.

das **Relativpronomen il/la quale** richtet sich in
seiner Form nach dem Bezugswort und kann
cui und teilweise auch **che** ersetzen.

JEMANDEN/ETWAS BETONEN/HERVORHEBEN

DAS BENÖTIGST DU

3 Vado regolarmente <u>alle sfilate</u>. >
<u>Alle sfilate</u> **ci** vado regolarmente.
Non conosco <u>il centro di Milano</u>. >
<u>Il centro di Milano</u> non **lo** conosco.
Non potrei pagare <u>la stanza, in cui abito</u>. >
<u>La stanza, in cui abito</u>, non **la** potrei pagare.

die **messa in rilievo (Hervorhebung)**
Das Wort, das betont werden soll, wird an den
Satzanfang gestellt und durch das passende
Objektpronomen oder eine **particella** wieder
aufgenommen.

NEBENHANDLUNGEN VERKÜRZT ANSCHLIESSEN

DAS BENÖTIGST DU

4 Perfino **senza aver vinto** la Bartoli si è fatta
notare da alcuni nomi importanti.
Dopo aver scoperto partiture originali di opere
dimenticate, ne ha fatto delle registrazioni su
CD.
Dopo essersi laureato a Milano ha cominciato
a insegnare.
Usa lo stipendio da senatore **per finanziare**
ogni anno sei giovani architetti.

die **Verkürzung der Nebensätze**

per	
senza	+ infinito
dopo	

TESTE DEINE GRAMMATIKKENNTNISSE ▶ LÖSUNGEN, S. 145

Altre informazioni interessanti su Renzo Piano:

1   Completa il testo con la forma corretta di stare+gerundio.

Ho letto che Renzo Piano ▦ i giovani architetti tramite un particolare progetto, che si chiama G124.

Sei giovani architetti ▦ di rendere migliori le periferie di alcune città italiane. Se ▦ architettura e avete interesse a questo progetto, potete cercare in Internet sotto la voce „renzopianog124.com". Anche per altre materie, soprattutto in campo scientifico, ▦ nuovi progetti di ricerca. Noi biologi per esempio ▦ se è meglio andare in Svezia o a Strasburgo. Le due università ▦ programmi davvero interessanti.

Al momento ▦ di scrivere la tesi[1] e sono molto impegnato. Ma dopo sicuramente cercherò di approfondire i miei studi con un'esperienza di questo genere.

aiutare

cercare
studiare, [voi]

uscire
vedere
offrire
finire, [io]

[1] la tesi - *die Abschlussarbeit*

2   Completa il testo con il pronome relativo il/la quale e con le preposizioni dove sono necessarie.

Dice il Senatore Piano ai suoi giovani architetti: Dobbiamo occuparci della città, ▦ per troppi anni non ci siamo interessati, dei posti ▦ abitiamo, delle strade ▦ vediamo tutti i giorni, delle case grazie ▦ la nostra città può diventare più bella e più pulita. La bellezza naturale del nostro paese non esiste grazie a noi. Quello che può esistere grazie al nostro lavoro è una periferia migliore, ▦ è la parte peggiore delle città e può diventare davvero bella.

Di giovani ce ne sono tanti, ▦ anche ragazzi stranieri.

3   Abbrevia le frasi sottolineate usando dopo, senza e prima di + infinito.

<u>Quando ha finito l'università</u>, Renzo Piano ha deciso di girare il mondo. <u>Non ha pensato a lungo</u> ed è andato in paesi europei. <u>Quando non era famoso</u> ha conosciuto diverse culture.

4   Metti le parole sottolineate in rilievo.

Renzo Piano racconta:
Non ho voglia di <u>non fare niente</u> – come fanno tanti alla mia età – e non mi piace <u>vedere tanti giovani senza lavoro</u>. Vedo ogni giorno <u>tanti giovani con una bella fantasia</u>. Ho davvero bisogno di <u>gente nuova con idee fresche</u>.

DAS KANN ICH JETZT!   ▶ per comunicare, S. 227

▶ Rufe eine/n Freund/in an und sprecht darüber, was ihr gerade macht.

▶ Erzähle einem Italiener / einer Italienerin etwas über deutsche Berühmtheiten und wofür sie berühmt sind.

TI RICORDI?

1 Jens, nel liceo di Bochum, presenta la sua visita all'Expo di Milano. Completa il testo con i pronomi relativi cui e che e le preposizioni dove sono necessarie.

L'evento 2015 di Milano ▦ vi voglio parlare è l'Expo.
Ci sono stati 21 milioni di visitatori, ▦ tantissimi stranieri. I padiglioni[1] più frequentati e ▦ avevano le code più lunghe, erano Italia, Giappone, Germania e Azerbaigian.
Il tema di questa mostra internazionale, ▦ è sempre più importante per il nostro futuro, era "Nutrire[2] il mondo".
Molti padiglioni[1] – per esempio Israele - hanno fatto vedere film ▦ si vedevano le loro tecniche di coltivazione. Altri invece, come la Germania, hanno presentato l'agricoltura biologica, ▦ si possono ricevere prodotti migliori e per aiutare il mondo.

[1] il padiglione *der Ausstellungspavillon*
[2] nutrire *ernähren*

ESERCITARSI

2 Completa il testo con la forma corretta del pronome relativo il/la quale e le preposizioni dove sono necessarie.

Se si vuole visitare Milano, ecco i luoghi più importanti:

Il Teatro alla Scala, ▦ si può ascoltare l'opera, è famoso in tutto il mondo.
Il simbolo di Milano, che tutti conoscono, è il Duomo, ▦ si trova la statua della Madonnina.
Non bisogna perdere l'Ultima Cena di Leonardo da Vinci, ▦ è assolutamente necessario prenotare biglietto e orario.
Milano è la città perfetta per i giovani, perché ci sono delle università molto importanti, ▦ la Bocconi – una delle più famose al mondo – e dei locali sui Navigli, ▦ si incontrano i giovani.

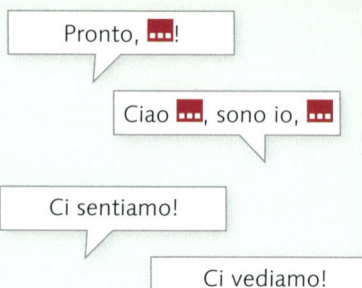

la Madonnina

l'Ultima Cena

3 Immagina il dialogo tra le seguenti persone.
Presentate il loro dialogo usando stare+gerundio.

Pronto, ▦!

Ciao ▦, sono io, ▦

Ci sentiamo!

Ci vediamo!

VOCABOLARIO

4 **a** Cerca i verbi che corrispondono
ai seguenti sostantivi:

> la presentazione, lo studio, l'insegnante, la visita, la cena,
> l'entrata, la passeggiata, il gioco, la guida, l'uscita

b Leggi le parole e cerca quelle corrispondenti nella lista alfabetica.

> regalare, separare, la prenotazione,
> l'intenzione, chiuso/-a, il cambiamento,
> la camminata, settimanale, ricordare

METHODEN ▶ S. 146 ✔

▶ Se non conosci una parola, però ne conosci una
della stessa famiglia, puoi capire il suo significato
più facilmente.

SCRIVERE

5 **a** Immagina di essere il giornalista che ha intervistato Gianluigi Donnarumma, il portiere del Milan,
e adesso vuoi scrivere la sua biografia per una rivista italiana. Leggi l'intervista. Quali sono le
informazioni più importanti? Completa la tabella.

professione	origine	i primi successi	progetti

giornalista: Allora Gianluigi, posso chiamarti così?
Gianluigi: Gli amici mi chiamano Gigio…
giornalista: Benissimo, allora Gigio, innanzitutto
quanti anni hai e di dove sei?
Gianluigi: Sono nato nel 1999 e vengo dal Sud, da
Castellammare di Stabia.
giornalista: E perché hai iniziato a giocare?
Gianluigi: Beh, anche mio fratello è un portiere, e
quindi a casa mia abbiamo sempre pensato al calcio
anche a livello di professione.
giornalista: E dove hai iniziato?
Gianluigi: Nel mio paese di origine, nel Club
Napoli Castellammare. Successivamente sono
andato al Milan ed è stata la mia fortuna.
giornalista: C'è qualcuno che ti paragona al grande
Gianluigi Buffon. Tu che mi dici?
Gianluigi: Sicuramente spero di giocare in
nazionale, credo che sia il sogno di tutti!
giornalista: Grazie Gigio, e buona fortuna.
Gianluigi: Grazie a te e alla prossima!

b Scrivi la sua biografia.

SUPPLEMENTO 1

> Se non ci fosse questo maledetto esame, sarei molto più tranquillo.

> Se non dovessimo andare a scuola, non dovrei alzarmi così presto. Quanto sono stanca!

GENTE SULL'AUTOBUS

La mattina sull'autobus la gente non parla molto. Se sapessimo leggere nei pensieri delle persone, potremmo conoscere realmente i loro desideri e i loro problemi.

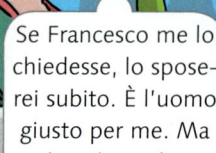

> Se Francesco me lo chiedesse, lo sposerei subito. È l'uomo giusto per me. Ma è così timido.

LEGGERE E CAPIRE

1 **Chi è?**

1. Si è arrabbiato/-a per le sue amiche.
2. Si preoccupa per un test a scuola.
3. È molto innamorato/-a.
4. Preferirebbe un altro mezzo di trasporto.
5. Pensa a sua madre che è malata.
6. Il rumore gli/le dà fastidio.

ASCOLTARE

🎧 12 24

2 Leggi quello che pensano le persone sull'autobus e ascolta.
Completa la tabella.

Di chi parlano le persone?	Chi parla?	Riassunto in una frase

SCOPRIRE

3 **a** Cerca nei testi tutte le frasi che esprimono condizioni.
Quale forma dei verbi è nuova?
Completa la lista.

1.		
2.	sg.	-ssi
3.		
1.		
2.	pl.	-ste
3.		

> Se sapessimo leggere nei pensieri delle persone, potremmo conoscere realmente i loro desideri e i loro problemi.

b Abbina le frasi alle vignette.
Motiva la tua scelta.

> Se posso, passerò da te.

> Se potessi, passerei da te.

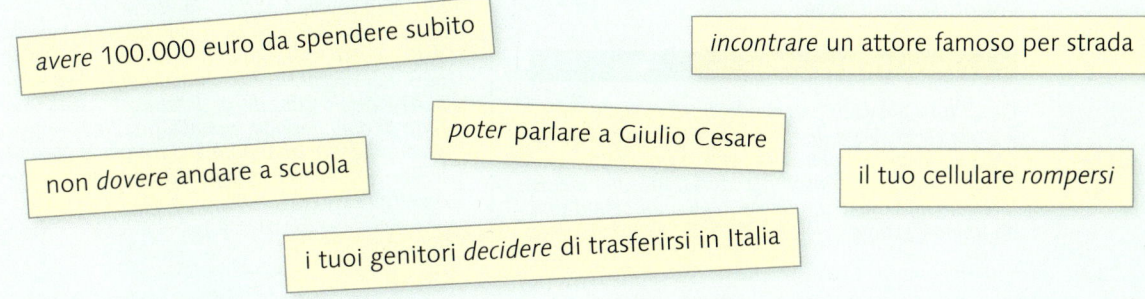

c Condizionale presente o congiuntivo imperfetto? Welche Verbform steht im Hauptsatz, welche im se-Satz? Stelle eine Regel auf.

Se **parlassi** bene il tedesco, **potrei** parlare più facilmente con i turisti della Germania.
Se i Rossi non **guadagnassero** così tanti soldi, non **avrebbero** una macchina così grande.

d Übersetzt die Sätze von b ins Deutsche und ins Englische und vergleicht den Gebrauch der Verbformen in den drei Sprachen.

ESERCITARSI

4 **a** Completate con il congiuntivo imperfetto e il condizionale.

1. Se (*essere* [io]) scrittore, (*scrivere*) libri per tutti i miei amici.
2. Marina (*essere*) molto contenta, se (*diventare*) una giornalista.
3. Se voi non (*studiare*) l'italiano, non (*passare*) delle vacanze così interessanti in Italia.

b Che cosa faresti se …? Completa liberamente. Scrivi le frasi nel quaderno.

avere 100.000 euro da spendere subito

incontrare un attore famoso per strada

poter parlare a Giulio Cesare

non *dovere* andare a scuola

il tuo cellulare *rompersi*

i tuoi genitori *decidere* di trasferirsi in Italia

SUPPLEMENTO 2

HIER LERNST DU:

► über ein Buch / einen Film zu sprechen.
► Inhalte zusammenzufassen.

DA NON PERDERE

Ogni sabato *La Stampa* di Torino propone nell'inserto *Tuttolibri* libri e film da non perdere.
Questa settimana tratta la generazione degli anni '80.

Il libro
Tre metri sopra il cielo di Federico Moccia

La trama
Il libro racconta la storia di due giovani di diversa classe sociale che s'innamorano agli inizi degli anni ottanta a Roma. La protagonista Babi
5 proviene da una famiglia ricca, frequenta una famosa scuola di Roma ed è vista da tutti come una ragazza perfetta. Step invece viene considerato un ragazzo molto difficile, addirittura ribelle.
10 Il loro amore è tenero e forte allo stesso tempo. I ragazzi devono vivere anche delle brutte esperienze, come per esempio la morte di un amico. Inoltre, il loro amore non è ben visto né dalla famiglia di Babi, né dagli amici di Step. Ciò
15 nonostante, i due ragazzi riusciranno a portare avanti la loro incredibile storia.

Serena, 17 anni di Roma	★★★★★

Quasi tutte le mie amiche erano rimaste entusiaste di questo libro. Solo una mia amica lo aveva letto
20 *senza esserne troppo impressionata. Allora avevo deciso di leggerlo anch'io. Devo dire che è davvero bellissimo. I personaggi sono tanto simpatici e realistici, esattamente come me li avevano descritti le mie amiche.*

25 Francesco, 16 anni di Caserta	★★★★☆

Quasi tutti avevano parlato del libro e allora l'ho letto anch'io. Ma a dire la verità non capisco bene perché sia così popolare. Va bene, è una bella storia d'amore, ma insomma abbastanza banale. E
30 *onestamente, quell'ambiente degli anni ottanta mi dà un po' fastidio.*

Il film
Notte prima degli esami Regia: Fausto Brizzi, 2006

La trama
Un'estate negli anni '80. Luca e i suoi amici si preparano per gli esami di maturità. I loro studi per l'esame però sono continuamente interrotti
5 da avvenimenti incredibili, uno dopo l'altro. Luca che crede di vedere l'odiato prof d'italiano l'ultima volta nella sua vita, lo insulta fortemente per poi essere informato dal professore stesso che si rivedranno il giorno dell'esame perché
10 farà parte della commissione di maturità. La stessa sera s'innamora di Claudia, una bellissima ragazza che incontra a una festa. Purtroppo ha già un fidanzato, ma Luca continua a cercarla senza sapere esattamente chi è davvero. Anche i
15 suoi amici vengono trascinati in storie d'amore piuttosto complicate, addirittura una ragazza del gruppo rimane incinta. Alla fine tutti i problemi verranno risolti in modo abbastanza simpatico.

Giulio, 47 anni di Pescara	★★★★☆

20 *Mia moglie era andata a vedere il film prima di me. Ne avevamo parlato molto perché è ambientato nel periodo in cui anche noi avevamo dato i nostri esami di maturità e così ci eravamo persi nei vecchi ricordi. Prima non volevo andare*
25 *perché avevo pensato di distruggere così il mio mito di quel periodo, ma alla fine l'ho accompagnata quando è andata per la seconda volta. Non me ne sono pentito perché è davvero divertente!*

LEGGERE E CAPIRE

1 a Completa la tabella con le informazioni del testo. ▶ *per parlare di un testo, S. 165–168*

il titolo	il genere	i protagonisti	il testo tratta di ...

b Cerca le espressioni nel testo per parlare di un libro o di un film.

c Scrivi un'introduzione di quattro frasi per le due opere.

PARLARE

2 Quali sono i tuoi libri o film preferiti? Indicane due e prendi appunti sulla trama, sul genere, sui personaggi e perché ti piacciono.

SCRIVERE

3 Prepara un breve riassunto della trama di un libro o di un film che ti è particolarmente piaciuto.

▶ *Eine Zusammenfassung schreiben, S. 162*

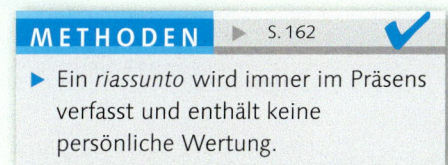

METHODEN   ▶ S. 162   ✔

▶ Ein *riassunto* wird immer im Präsens verfasst und enthält keine persönliche Wertung.

4 Per un sito Internet scrivi un commento del tuo film/libro preferito. Che cosa (non) ti piace?

SCOPRIRE

5 a Come si traducono le seguenti frasi in tedesco?

1. Babi è vista da tutti come una ragazza perfetta.
2. Step invece viene considerato un ragazzo molto difficile, addirittura ribelle.

b Trasformate queste frasi passive in attive senza cambiare il tempo.

1. Step è molto rispettato da tutti i suoi amici.
2. È visto come un idolo da alcuni tra di loro.
3. Per questo Babi veniva vista come una nemica, soprattutto dalle ragazze della compagnia di Step.
4. I ragazzi verranno messi in difficoltà anche dai genitori di Babi.

6 a In ogni frase ci sono due azioni. Quale azione succede prima?

1. Ho visto il film che mi aveva consigliato un amico.
2. Ho visto il film di cui avevo letto il libro.
3. Prima la mia amica era andata a vedere il film da sola. La seconda volta l'ho accompagnata.

b Quale tempo usi in tedesco?

SUPPLEMENTO 3

UNO STAGE

Noi siamo i protagonisti del marketing!

Insieme ad alcune delle aziende più note al mondo stiamo lavorando per sviluppare nuove idee e per rendere i prodotti che amiamo ancora più conosciuti. Partecipa e promuovi le tue marche preferite!

Filippo Agostini
Via Principe Amedeo, 29
10023 Torino
+39 338 932323
agostini@yahoo.it

> Fai attenzione che il tuo indirizzo email sia serio. Non scrivere supercool@tin.it o qualcosa del genere in una domanda di stage.

communityonline.it
Alla cortese attenzione
Dott. Paola Barberis
Via Rovigo, 25
10144 Torino

Torino, 12 maggio 20__

Oggetto: La Vs. offerta di stage sul sito Internet "communityonline"

Gentilissima Sig.ra Barberis,
sono uno studente del liceo classico statale "Vincenzo Gioberti" (sezione classico linguistico).

5   Sul Vostro sito Internet ho letto l'annuncio per un'offerta di stage per studenti che parlano correntemente due o tre lingue straniere oltre ad avere conoscenze informatiche di base.
Ho frequentato diversi corsi di informatica e utilizzo abitualmente tutti i programmi office.

> Spiega le tue capacità. Puoi descriverle in modo positivo, ma non esagerare!

10   Parlo italiano (madre lingua) e tedesco correntemente, grazie ai corsi intensivi a Monaco di Baviera. Inoltre parlo inglese a livello scolastico.
Sono una persona con un grande senso di organizzazione e mi piace combinare il lavoro di squadra con quello individuale. Posso anche

15   realizzare presentazioni con Power Point e ho abilità ed esperienza per il contatto telefonico con i clienti.

Sono sicuro di essere in grado di fare un lavoro molto soddisfacente durante il mio periodo di stage presso di voi. Imparerò in modo veloce e con entusiasmo e svilupperò le mie abilità e le mie

> Mostra al datore di lavoro che sei davvero adatto e motivato per il lavoro offerto.

20   conoscenze.

In attesa di una Vostra cortese risposta, Le porgo i miei più cordiali saluti.

Filippo Agostini   ◀ Devi firmare.

Allegato: CV   ◀ Alla fine fai una lista degli allegati.

Curriculum Vitae

Filippo Agostini
Via Principe Amedeo, 29
10023 Torino
Tel. 0039 338932323
email: agostini@yahoo.it

Scegli una bella fototessera in cui sorridi. Così sembri più simpatico/-a.

Data di nascita: 06/05/2000

Istruzione
– Diploma di terza media conseguito alla scuola statale "N. Tommaseo" di Lecce.
– Studente presso il Liceo Classico "V. Gioberti", Torino.

Conoscenza Lingue
Italiano   madre lingua
Tedesco   fluente scritto e orale (A2); due corsi intensivi a Monaco di Baviera
Inglese   buono (B1)

Conoscenza Supporti Informatici
Tutte le applicazioni office (Word, Excel, PowerPoint, Outlook, Access)
Conoscenze di base HTML e Java

Esperienze professionali
Giu/Lug 2015   Stage: Vivisicuri SpA, Torino, supporto tecnico al website aziendale

Interessi
film, musica, fotografia, alpinismo, calcio

Se non ti rispondono entro tre settimane, telefona per chiedere se hanno ricevuto la tua lettera.

LEGGERE E CAPIRE

1 **a** Leggi il testo. Che cosa bisogna fare per scrivere correttamente una domanda di lavoro?

b Leggi i documenti e trova le capacità di Filippo.

c Secondo te, Filippo è adatto a fare questo lavoro? Motiva la tua risposta.

ASCOLTARE

2|27

2 **a** Tre settimane dopo Filippo non ha ancora ricevuto una risposta. Allora decide di chiamare la Sig.ra Barberis. Ascolta e rispondi.

– Come ha reagito la Signora Barberis?   – Qual era il problema? Formula delle ipotesi.

🎧 28 **b** Ascolta il seguito. Come si conclude la conversazione? Confronta la telefonata con le tue ipotesi.

👥 **c** Fate due gruppi. Ascoltate una seconda volta la telefonata e prendete appunti. Il primo gruppo si concentra su quello che dice Filippo, il secondo gruppo su quanto dice la Sig.ra Barberis. Quali sono gli argomenti di Filippo? Quali quelli della Sig.ra Barberis?

VOCABOLARIO

3 Cerca nel testo le espressioni utili per mettere in rilievo le proprie capacità.

spiegare le proprie capacità

PARLARE

4 Leggi i seguenti annunci. A quale risponderai? Spiega il perché.

> Cerco studente/studentessa per ripetizioni di matematica per mio figlio (11 anni, scuola elementare) due volte la settimana in zona centro.
>
> 330-2112334 330-2112334 330-2112334 330-2112334 330-2112334 330-2112334

> Cerco dog-sitter per Picco tre volte la settimana nel pomeriggio.
>
>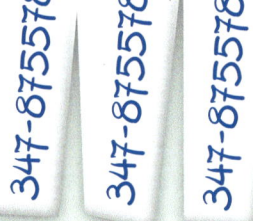
>
> 347-875578 347-875578 347-875578 347-875578 347-875578 347-875578

> Famiglia cerca baby-sitter per Paolo (4 anni) e Francesca (2 anni) dal 22 luglio al 3 agosto nella nostra casa ad Alassio (Liguria), sei giorni la settimana, 5 ore al giorno.
>
> 335-87687\ 335-87687\ 335-87687\ 335-87687\ 335-87687\ 335-87687\

> Negozio di articoli sportivi cerca ragazzi e ragazze per la distribuzione di volantini pubblicitari, da ottobre a dicembre, tutti i giorni dalle 16 alle 20, presso il centro commerciale "Le Gru".
>
> 345-998792 345-998792 345-998792 345-998792 345-998792 345-998792

SCRIVERE

✏ **5** Vuoi fare uno stage a Firenze presso una piccola agenzia di pubblicità oppure in un hotel a Rimini / in un ristorante a Bologna / in una scuola di sci a Cortina …
Scrivi la tua lettera di presentazione e il tuo curriculum vitae prendendo esempio da Filippo.

▶ *Einen Text als Modelltext nutzen, S. 159–161.*

RIASSUNTO

BEDINGUNGEN FORMULIEREN	DAS BENÖTIGST DU

1 Se non **dovessimo** andare a scuola, non **dovrei** alzarmi così presto.
Se loro non **facessero** tanto rumore, **riuscirei** a leggere la mia rivista.
Se mi **scrivessero** dei messaggi adesso, non gli **risponderei** per niente.

den **periodo ipotetico II** mit einem Prädikat im **condizionale semplice** im Hauptsatz und einem Nebensatz mit **se** + einem Verb im **congiuntivo imperfetto**:

Singular	parla- prende- senti-	ssi ssi sse
Plural		ssimo ste ssero

TEILSÄTZE IN EINEN ZEITLICHEN ZUSAMMENHANG BRINGEN	DAS BENÖTIGST DU

2 Quasi tutti **avevano parlato** del libro e allora l'ho letto anch'io.
Prima non volevo vedere il film perché **avevo pensato** di essere troppo stanco.

das **trapassato prossimo**
Es bezeichnet Handlungen, die bezogen auf die Vergangenheit zeitlich noch früher passiert sind.

ERKENNEN, OB EINE HANDLUNG AKTIV ODER PASSIV IST.	DAS BENÖTIGST DU

3 Aktiv: Tutti **considerano** Step un ragazzo ribelle.
Passiv: Step **è considerato** un ragazzo ribelle (da tutti).

das **passivo**

venire + participio passato
essere

TESTE DEINE GRAMMATIKKENNTNISSE ▶ LÖSUNGEN, S. 145

1 **Completa il testo con la forma corretta dei verbi.**

Se i genitori di Babi ▦ più tolleranti, lei si ▦ con loro e tanti problemi si ▦ risolvere. Se gli amici di Step non ▦ così gelosi di Babi, le cose ▦ molto meglio. Forse, se Babi e Step ▦ di meno, la situazione ▦ più facile.

essere, aprire
potere, essere, andare
amarsi, essere

2 **Trasformate queste frasi passive in attive senza cambiare il tempo.**

Step non è visto bene dai genitori di Babi proprio perché ha amici come Pollo. Pollo veniva considerato da tutti un "grande" perché correva in motocicletta. In realtà la vita di molti giovani è messa in pericolo da quella gara illegale. Per questo motivo le corse verranno sempre vietate dalla polizia.

3 **Che cosa succede prima? Completa le frasi con la forma corretta dei verbi.**

Dopo che la mia amica mi ▦ il film, l'▦ al cinema.
Ma ▦ il libro prima e poi ▦ il film.

ha/aveva consigliato, ho/avevo visto
ho/avevo letto, ho/avevo visto

BILANCIO 2

Hier kannst du überprüfen, was du in den Lektionen 4–supplemento gelernt hast.

COMPRENSIONE AUDITIVA

♫ 2 29 **1 a** Un critico cinematografico parla di tre film. Ascolta i suoi commenti e completa la tabella.

il titolo	il genere	i protagonisti	il film tratta di ...

b Quale film raccomanda il critico e perché? Nomina due ragioni.

COMPRENSIONE LETTURA

2 Leggi il seguente articolo. Dopo scegli l'opzione corretta. ▶ *Das Wörterbuch benutzen, S. 150*

CITTADINI E NUOVE TECNOLOGIE

Sono ancora forti le differenze di genere e di generazione. Utilizza il personal computer il 59,3 % degli uomini, a fronte del 50,2 % delle donne, naviga su Internet il 62,3 %
5 degli uomini e il 52,7 % delle donne. I maggiori utilizzatori del personal computer e di Internet restano i giovani 15–24enni (rispettivamente, oltre l'83 % e oltre l'89 %).

Quasi 22 milioni di persone non hanno mai utilizzato Internet
10 Sono 21 milioni 994 mila le persone di 6 anni e più che nel 2014 non utilizzano Internet (il 38,3 % della popolazione residente in Italia). Le quote maggiori di non utenti si concentrano nelle fasce di età più anziane e di uscita dal mondo del lavoro: la percentuale di non utenti tra i 65–74
15 anni è del 74,8 % e sale al 93,4 % tra gli over settantacinquenni. Alte anche le quote di non utenti tra i giovanissimi (1 milione 518 mila tra i 6-10 anni) che, seppure definiti "nativi digitali", per più del 50 % non utilizzano la rete. © *Istat, statistiche report*

1. Navigano su Internet:
   a. più le donne degli uomini.
   b. più gli uomini delle donne.
   c. più gli anziani dei giovani.

2. Usa / usano il personal computer:
   a. soprattutto i giovani.
   b. un terzo delle donne.
   c. la metà degli anziani.

3. Senza Internet rimane ancora:
   a. un quarto degli Italiani, tra i quali soprattutto donne.
   b. più di un terzo degli italiani, tra i quali soprattutto giovani.
   c. un quarto degli Italiani, tra i quali soprattutto anziani.

MEDIAZIONE

3 Siete in un ostello della gioventù a Monaco. C'è un gruppo di italiani con alcune domande. Spiega al receptionist quello che dicono i ragazzi.

Federico: Mi scusi, ma il fon in camera non funziona. Vorremmo farci la doccia e asciugare i capelli.

Tu: Er sagt, dass ███

Receptionist: Ich komme sofort und sehe mir den Fön an. Gestern hat er noch funktioniert.

Tu: Dice che ███

5 **Anna:** Signore, potrebbe dirmi la password per il Wi-Fi, per favore. Devo trovare quale metropolitana mi porta all' "Allianz Arena".

Tu: ███

Receptionist: Das Passwort ist „Jugendherberge an der Theresienwiese". Ich kann euch aber auch einen U-Bahn Plan geben. Man braucht von hier ca. 40 Minuten zur Allianz Arena.

Tu: ███

10 **Gioacchino:** Signore, c'è una sala comune, dove si può giocare a carte e suonare la chitarra?

Tu: ███

Receptionist: Im Erdgeschoss haben wir einen Aufenthaltsraum für die Jugendlichen mit Getränkeautomaten und Fernseher. Aber bitte haltet euch an die Zeiten der Nachtruhe um 23 Uhr.

Tu: ███

15 **Emma:** Mi scusi, Signore, dove si trova il Giardino Inglese con i suoi famosi surfisti? Devo assolutamente vederli.

Tu: ███

Receptionist: Der Englischen Garten befindet sich in Schwabing. Ihr könnt euch im Fahrradgeschäft gegenüber Fahrräder ausleihen und dorthin fahren. Dann seht ihr auch den Eisbach mit den Surfern, die aus 20 aller Welt kommen. Von hier aus ist auch der Olympiapark mit seinen vielen Sehenswürdigkeiten nicht weit.

Tu: ███

Emma: Grazie, siamo contentissimi di essere a Monaco.

Tu: ███

ESPRESSIONE SCRITTA

4 Leggi questo breve articolo di una rivista italiana per giovani. Rispondi alla richiesta di Gianluca. Digli la tua opinione o raccontagli se tu sei stato/-a in una situazione simile. Scrivi almeno 10 frasi.

Ciao ragazzi! Mi piacerebbe andare l'anno prossimo per sei mesi in America, non so, Canada o Stati Uniti. Il mio vicino di casa è a Salt Lake City quest'anno, però non mi sembra molto contento.

Mi scrive sempre di shock e confusione, soprattutto nelle prime settimane, per la differenza di cultura e background che separa un italiano da un americano. E la lingua comunque non è sempre facile. Inoltre entrare 5 nei giri di compagni di classe che si conoscono tutti da anni non è affatto facile, soprattutto se sei l'unico europeo in un grande college con il 30 % di studenti asiatici. E quando gli ho chiesto: "Che cosa hai trovato che proprio non ti aspettavi?", mi ha risposto: "la sensazione di ordine, sembra che tutto sia calcolato e progettato per ottenere il massimo."

Inoltre sente terribilmente la mancanza di famiglia e amici. Però dice che gli insegnanti sono giovani e 10 disponibili, e fanno di tutto per aiutarlo.

Devo dire che, dopo aver letto i racconti del mio vicino, non so bene cosa fare, partire o non partire? Voi che cosa mi consigliate? Grazie!

Gianluca, 16 anni

NICCOLÒ AMMANITI: IO NON HO PAURA

1 "È arrivato papà!" ha gridato mia sorella. Ha buttato la bicicletta ed è corsa su per le scale.
Davanti a casa nostra c'era il suo camion, un Lupetto Fiat con il telone verde.

5 A quel tempo papà faceva il camionista e stava fuori per molte settimane. Prendeva la merce e la portava al Nord.
Aveva promesso che una volta mi ci avrebbe portato pure a me al Nord. Non riuscivo tanto bene a

10 immaginarmi questo Nord. Sapevo che il Nord era ricco e che il Sud era povero. E noi eravamo poveri.
Mamma diceva che se papà continuava a lavorare così tanto, presto non saremmo stati più poveri, saremmo stati benestanti. E quindi non dovevamo lamentarci se papà non c'era. Lo faceva per noi.
Sono entrato in casa con il fiatone.

15 Papà era seduto al tavolo in mutande e canottiera.
Aveva davanti una bottiglia di vino rosso […]
"Michele, dove siete stati tutto il giorno? Vostra madre stava impazzendo. Non pensate a questa povera donna che deve già aspettare il marito e non può aspettare

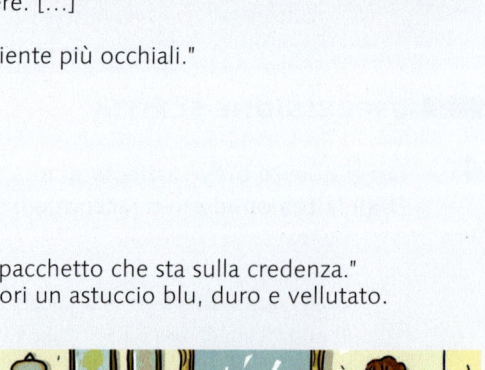

20 pure voi? Che è successo agli occhiali di tua sorella?"
Non era arrabbiato veramente. Quando si arrabbiava veramente gli occhi gli uscivano fuori come ai rospi. Era felice di essere a casa. Mia sorella mi ha guardato.
"Abbiamo costruito una capanna al torrente," ho tirato

25 fuori dalla tasca gli occhiali. "E si sono rotti."
Ha sputato una nuvola di fumo. "Vieni qua. Fammeli vedere. […]"
Glieli ho dati.
"Sono da buttare." Li ha poggiati sul tavolo e ha detto: "Niente più occhiali."
Io e mia sorella ci siamo guardati.

30 "E come faccio?" ha chiesto Maria preoccupata.
"Stai senza. Così impari."
Mia sorella è rimasta senza parole.
"Non può. Non ci vede," sono intervenuto io.
"E chi se ne importa."

35 "Ma …"
"Macché ma." E ha detto a mamma: "Teresa, dammi quel pacchetto che sta sulla credenza."
Mamma gliel'ha portato. Papà lo ha scartato e ha tirato fuori un astuccio blu, duro e vellutato.
"Tieni."
Maria lo ha aperto e dentro c'era un paio di occhiali

40 con la montatura di plastica marrone.
"Provali."
Maria se li è infilati, ma continuava a carezzare l'astuccio.
Mamma le ha domandato: "Ti piacciono?"

45 "Sì. Molto. La scatola è bellissima," ed è andata a guardarsi allo specchio.
Papà si è versato un altro bicchiere di vino.
"Se rompi pure questi, la prossima volta ti lascio senza, capito?" […]

---

1 buttare = gettare 6 la merce = cose da vendere 13 benestante = ricco, con abbastanza soldi
14 con il fiatone *außer Atem* 18 impazzire *verrückt werden* 19 il marito *Ehemann* 22 il rospo *die Kröte* 23 felice = molto contento 24 la capanna al torrente *die Hütte am Bach* 24 tirare *ziehen* 28 poggiare = (qui) mettere 30 preoccupato/-a *besorgt, voller Sorge* 34 chi se ne importa *wen kümmert das, wen interessiert das* 36 la credenza *die Anrichte, das Buffet* 37 scartare *auspacken, auswickeln* 37 duro/-a *hart* 37 vellutato/-a *hier: mit Samt überzogen* 40 la montatura di plastica *das Brillengestell aus Plastik* 42 infilarsi *sich aufsetzen* 42 carezzare *streicheln* 45 la scatola *die Schachtel* 47 versare un bicchiere di vino *ein Glas Wein eingießen*

2 "Mettiti qua." Mi sono seduto anch'io sulle sue ginocchia e ho provato a baciarlo. "Non mi baciare, che sei tutto sporco. Se vuoi baciare tuo padre, prima devi lavarti. Teresa, che facciamo, li mandiamo a letto senza cena?"
Papà aveva un bel sorriso, i denti bianchi, perfetti. Né io né mia sorella li abbiamo ereditati.
5 Mamma ha risposto senza neanche voltarsi.
"Sarebbe giusto! Io con questi due non ce la faccio più." Lei sì che era arrabbiata.
"Facciamo così. Se vogliono cenare e avere il regalo che ho portato, Michele mi deve battere a braccio di ferro. Sennò a letto senza cena."
Ci aveva portato un regalo!
10 "Tu scherza, scherza... " Mamma era troppo contenta che papà era di nuovo a casa. Quando papà partiva, le faceva male lo stomaco e più passava il tempo e meno parlava. Dopo un mese si ammutoliva del tutto.
"Michele non ti può battere. Non vale." ha detto Maria.
"Michele, mostra a tua sorella che sai fare. E tieni larghe quelle gambe. Se stai tutto storto perdi subito
15 e niente regalo."
Mi sono messo in posizione. Ho stretto i denti e la mano di papà e ho cominciato a spingere. Niente. Non si muoveva.
"Dai! Che c'hai la ricotta al posto dei muscoli? Sei più
20 debole di un moscerino! Tirala fuori questa forza, Cristo di Dio!"
Ho mormorato: "Non ce la faccio."
Era come piegare una sbarra di ferro.
"Sei una femmina, Michele. Maria, aiutalo, dai!"
25 Mia sorella è montata sul tavolo e in due, stringendo i denti e respirando dal naso, siamo riusciti a fargli abbassare il braccio.
"Il regalo! Dacci il regalo!" Maria è saltata giù dal tavolo.
Papà ha preso una scatola di cartone, piena di fogli di giornale appallottolati. Dentro c'era il regalo.
30 "Una barca!" ho detto.
"Non è una barca, è una gondola," mi ha spiegato papà.
"Che è una gondola?"
"Le gondole sono le barche veneziane."
Era molto bella.

Ammaniti, Niccolò: Io non ho paura, Einaudi 2001, S. 36-38

---

1 sulle ginocchia *auf den/dem Schoß* 1 baciare *küssen* 2 sporco/-a <> pulito/-a 4 il sorriso *das Lächeln* 4 ereditare *erben*
5 voltarsi *sich umdrehen* 6 farcela *es aushalten, es schaffen* 8 sennò = se no 12 ammutolirsi = non parlare più 14 storto/-a
schief 16 stringere (p.p. stretto) *hier: zusammenbeißen* 19 la ricotta *eine Art weißer Frischkäse, etwas Ähnliches wie Quark*
20 debole <> forte 20 il moscerino *die Mücke* 23 piegare *biegen* 23 la sbarra *die Stange* 25 montare = salire 26 respirare
atmen 27 far abbassare *herunterdrücken* 29 fogli di gionale appallottolati *zerknülltes Zeitungspapier* 31 la barca *das Boot*

PARLARE DI UN TESTO

1 **a** Leggi uno dei due brani, il/la tuo/-a compagno/-a legge l'altro.
Riassumi in due o tre frasi il contenuto del tuo brano al/la tuo/-a compagno/-a.
▶ *Textinhalte in eigenen Worten wiedergeben, S. 155, per parlare di un testo, S. 165–168*

b Inventate un titolo per l'intero brano e scrivete un riassunto. ▶ *eine Zusammenfassung schreiben, S. 162*

2 Chi sono i personaggi nel testo? Che cosa veniamo a sapere di loro?

3 In gruppi di quattro persone preparate il dialogo (r. 7–27) e rappresentate la scena con il braccio di ferro in classe.

MOCCIA: HO VOGLIA DI TE

1   Guarda la foto di Ponte Milvio a Roma,
l'ambiente di questa storia, e descrivila.
A che cosa servono questi lucchetti
secondo te?

> *Step, il narratore, è un giovane ragazzo che
> una notte è in giro a Roma con Gin, una
> bella ragazza. Per il giro ha preso in prestito
> la macchina di suo fratello da cui sono
> appena scesi tutti e due.*

"Vieni."
"Ma dove?"
"E seguimi, quante domande che fai."
Siamo di fronte a Ponte Milvio, in una piccola piazza sul Lungotevere da dove parte via Flaminia che
5   arriva fino a piazza del Popolo. Gin corre sul ponte e si ferma a metà, davanti al terzo lampione.
"Ecco, è questo qui."
"Ma che cosa?"
"Il terzo lampione. C'è una leggenda su questo ponte, Ponte Milvio o Mollo come lo chiamava il Belli
…"
10   "Ma che, ora mi fai la colta?"
"Sono colta! Su pochissime cose, ma lo sono. Come questa per esempio, la vuoi ascoltare o no?"
"Prima voglio un bacio."
"E dai ascolta … È una storia bellissima."
Gin si gira e sbuffa. L'abbraccio da dietro. Ci appoggiamo al parapetto. Guardiamo lontano. Poco più in
15   là un altro ponte. Quello di corso Francia. Mi perdo con lo sguardo. E nessun ricordo disturba questo
momento. Perfino i fantasmi del passato sanno avere rispetto di alcuni momenti? Sembra di sì. Gin si
lascia baciare. […]
"Allora, mi racconti?"
"Questo è il terzo lampione di fronte all'altro ponte … La vedi questa qui intorno? Si chiama 'la catena
20   degli innamorati'. Si mette un lucchetto intorno a questa catena, lo si chiude e si butta la chiave nel
Tevere."
"E poi?"
"Non ci si lascia più."
"Ma come nascono queste storie?"
25   "Non lo so, questa esiste da sempre, la racconta perfino Trilussa."
"Te ne approfitti perché non lo so."
"È vera … È che tu hai paura di mettere un lucchetto."
"Io non ho paura."
"Quello è il libro di Ammaniti."
30   "O il film di Salvatores, dipende dai punti di vista."

10 ora mi fai la colta *jetzt spielst du die Gebildete, jetzt machst du einen auf gebildet*, 12 il bacio *der Kuss* 14 sbuffare
(laut) schnaufen 14 da dietro *von hinten* 14 appoggiarsi *sich anlehnen* 14 il parapetto *das Geländer* 15 disturbare *stören*
16 il fantasma, i fantasmi *der Geist, das Gespenst* 19 la catena *die Kette (nicht Schmuck!)* 20 buttare = gettare
20 la chiave *der Schlüssel* 30 dipendere da *abhängen von*

"Comunque tu hai paura."

"Ti ho detto di no."

"E certo, te ne approfitti perché non abbiamo un lucchetto."

"Stai qua e non ti muovere."

5 Torno dopo un minuto. Con un lucchetto in mano.

"E questo dove lo hai trovato?"

"Mio fratello. Si porta il lucchetto con tanto di catena per bloccare il volante."

"Già, non può mica immaginare che è suo fratello poi che gliela frega."

"Guarda che sei responsabile quanto me. E fra l'altro mi devi ancora 20 euro."

10 "Che rabbino."

"Che ladra!"

"Ma di che? Oh, ma che vuoi, pure i soldi del lucchetto? Facciamo tutto un conto finale …"

"Troppi me ne dovrai allora."

"Va be', stop, finiamola qui. Allora te la senti o no?"

15 "Certo che sì."

Metto il lucchetto alla catena, lo chiudo e sfilo la chiave. La tengo un po' tra le dita mentre fisso Gin.

Lei mi guarda. Mi sfida, mi sorride, alza un sopracciglio. "Allora?"

Prendo la chiave tra l'indice e il pollice. La faccio penzolare ancora un po', sospesa nel vuoto, indecisa.

Poi all'improvviso la lascio. E lei vola giù, a capofitto, rotea nell'aria e si perde tra le acque del Tevere.

20 "L'hai fatto veramente …"

Moccia, Federico: Ho voglia di te, Feltrinelli 2006, S. 274-276

7 il volante *das Steuer, das Lenkrad* 8 non … mica *gar nicht* 8 fregare *klauen* 9 dovere *(hier:) schulden* 10 il rabbino *(hier:)*
Formaljurist, Formalist 11 la ladra *die Diebin* 16 sfilare *abziehen (Schlüssel)* 16 il dito, pl. le dita *der Finger* 16 fissare =
guardare 17 sfidare *herausfordern* 17 il sopracciglio *die Augenbraue* 18 tra l'indice e il pollice *zwischen Daumen und*
Zeigefinger 18 penzolare *baumeln* 18 sospeso/-a *aufgehängt, schwebend* 18 il vuoto *die Leere* 19 a capofitto *Hals über*
Kopf 19 roteare *kreisen*

PARLARE DEL TESTO

1 **Quanti personaggi ci sono? Che cosa veniamo a sapere di loro? Come si sentono?**

▶ *per parlare di un testo, S. 165–168*

2 **Identifica i paragrafi che corrispondono a questi titoli.**

mettere il lucchetto   l'arrivo a ponte Milvio   la catena degli innamorati

mettere un lucchetto o no?   trovare un lucchetto

3 **Hai mai visto un tale lucchetto d'amore tu stesso/-a? Che cosa pensi di questa usanza? Di' la tua**
opinione. ▶ *per parlare del testo, S. 165–168*

Lo metteresti anche tu se ne avessi la possibilità? Perché o perché no?

Che problemi potrebbero sorgere se lo facessero troppe persone?

4 **Step, il narratore, ha preso in prestito la macchina di suo fratello e ha anche usato il suo lucchetto.**
Il giorno dopo gliela restituisce la macchina e deve confessargli la faccenda del lucchetto.

a **Scrivete il dialogo tra il narratore e suo fratello.**

b **Rappresentate il dialogo in classe.**

SONNY E SAMBO

Lapovitera, Andrea; Milli, Vanni: SONNY & SAMBO Una coscienza per amico, VOL 1, Uchronia Ed. 2013, p. 3

1 la rapina *der Raub(überfall)* 2 eccitante *spannend* 3 fregarsene *di pfeifen auf* 4 il figo *der coole Typ* 5 dettare *vorschreiben* 6 guai a trasgredire! *wehe man hält sich nicht daran!* 7 il brivido *der Nervenkitzel* 8 la trasgressione *das Nicht-Einhalten der Regeln* 9 il vendicatore *der Rächer*

PARLARE DEL TESTO

1 Leggi le prime tre vignette e descrivi l'ambiente e la situazione. ▶ *per parlare del testo, S. 165–168*

2 Spiega perché il protagonista del film piace a Sonny.

3 Descrivi Sonny e il ragazzo con gli occhiali. ▶ *per parlare del testo, S. 165–168*

4 Descrivi la situazione nell'ultima vignetta. Perché Sonny non vuole mai più guardare un film?

5 Trova un titolo per la serie di vignette.

6 È importante seguire delle regole, o no? Di' la tua opinione.

STEFANO BENNI: AFFINITÀ

Lei danzava sul tetto
lui a letto dormiva
lui andava a pescare
lei restava a stirare
5 lei aveva un amante fisso
lui un pappagallino rosso
lei sognava spesso
lui no

Lei partì per l'Oriente
10 lui restò a pescare
lei tornò a stirare
lui fece finta di niente
lui si prese un'amante
lei un tranquillante
15 lui andava allo stadio
lei seguiva alla radio
lui fumava a catena
lei solo dopo cena
lui un giorno morì
20 lei no

Benni, Stefano: Affinità,
in: Ballate, Feltrinelli 2005, S. 97

partì = è partita
restò = è restato
tornò = è tornata
fece finta = ha fatto finta
prese = ha preso
morì = è morto

3 pescare *fischen* 4 restare *bleiben* 4 stirare *bügeln* 5 un amante fisso
ein fester Liebhaber 6 il pappagallino *der Papagei* 12 fare finta di niente
so tun, als ob nichts wäre 14 il tranquillante das *Beruhigungsmittel*
17 fumare a catena *ununterbrochen rauchen*

PARLARE DEL TESTO

1 Uno/-a di voi legge il testo ad alta voce.

2 Che tipo di testo è? Motiva la tua risposta e descrivi la struttura. ▶ *per parlare del testo, S. 165–168*

3 Di che cosa parla il testo? Secondo te chi parla?

4 Nella seconda strofa che cosa c'è di diverso dalla prima?

Ricordati: quando si usa l'imperfetto? Quando il passato prossimo?

5 Uno/-a di voi sceglie una scena della poesia e la rappresenta senza usare parole. Gli altri dicono chi sei e che cosa fai.

È "lui" che andava a pescare!

APPENDICE

DIFFERENZIERUNGSAUFGABEN

UNITÀ 1

4
S.10

Lucia racconta perché dovete visitare assolutamente anche la Sicilia. Come descrive le cose che si trovano in Sicilia? Completa le frasi con le forme giuste di bello. ▶ *Riassunto 1*

Conoscete la Sicilia? È una delle venti regioni d'Italia e si trova, come la Puglia, nel sud d'Italia. È molto ▪▪▪. La sua costa ha anche ▪▪▪ spiagge. Poi ci sono anche dei ▪▪▪ centri storici: per esempio quello di Catania è molto ▪▪▪. La Sicilia offre anche parchi naturali molto ▪▪▪. Se non la conoscete ancora dovete assolutamente fare un ▪▪▪ viaggio in Sicilia.

> bello, bel, bella, bei, belli, belle

1
S.11

Racconta al tuo compagno / alla tua compagna una tipica giornata al presente. Usa anche:

> la mattina, a mezzogiorno, nel pomeriggio, la sera, dopo scuola, poi, dopo

> alzarsi, farsi la doccia, mangiare qualcosa, andare a scuola, incontrare gli amici, riposarsi, ascoltare musica, essere online, giocare a ▪▪▪, guardare la televisione

6
S.13

Che cosa (non) ti piaceva quando eri piccolo/-a? Che cosa facevi? Prendi appunti e racconta al tuo compagno / alla tua compagna del tuo passato.

> sempre, da bambino/-a, quando ero piccolo/-a, allora, di solito

> andare a trovare la nonna / ▪▪▪, giocare con ▪▪▪, suonare ▪▪▪, giocare a ▪▪▪, fare una passeggiata con i miei genitori, mangiare/bere ▪▪▪, fare un viaggio a ▪▪▪, stare dai nonni / da ▪▪▪, ▪▪▪

Esempio: Quando ero piccolo/-a, non mi piaceva stare a casa.
Di solito giocavo con i miei amici nel parco. Nel mio quartiere …

7
S.13

Completa con le forme del si *impersonale/passivante*.

Oggi la vita è molto diversa. Quasi sempre ▪▪▪ la macchina e non ▪▪▪ a piedi. Poi, ▪▪▪ solo dal lunedì al venerdì. Ma tutti hanno più fretta e non ▪▪▪ tempo per due chiacchiere. Molte cose ▪▪▪ in Internet. Per incontrarsi ▪▪▪ o ▪▪▪ dei messaggi.

//O   **9** a La mamma di Anna racconta della sua vita trascorsa prima in campagna e del perché ama vivere a Torino adesso. Ascolta i suoi argomenti e scrivili nel tuo quaderno.

🎧 1│4

S.14

b Poi completa le tabelle con gli argomenti dell'esercizio a.

c E voi? Dove preferite vivere? Fate una lista e discutete.

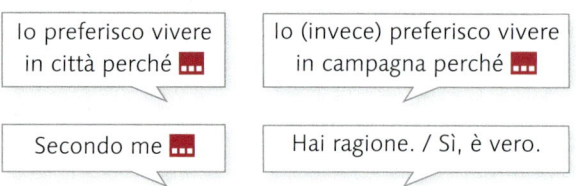

in campagna:

Pro	Contro

in città:

Pro	Contro

UNITÀ 2

//O   **3**   Quante volte usi i mezzi di comunicazione? E per che cosa? Racconta.

S.28

▶ *per comunicare, S. 206*

😀	Guardo Ascolto	spesso volentieri tutti i giorni	la tv musica 🔲	per	divertirmi. studiare. 🔲.
🙁 Non	ascolto 🔲	(quasi) mai volentieri	la radio. 🔲.		

//O   **4** a È necessario vietare gli smartphone in classe? Ascolta le persone. Sono pro o contro l'uso dello smartphone in classe? Prendi appunti.

🎧 1│11

S.30

b Ascolta una seconda volta e aggiungi i loro argomenti.

//O   **8**   E voi, cosa pensate del cybermobbing? È un problema anche nella vostra scuola? Usate le seguenti espressioni:

S.31

Credo Ho paura Spero Penso È necessario È possibile	che	il cybermobbing (non) *succedere* (mai) nella nostra classe. i miei compagni di scuola *essere* troppo intelligenti. *essere* un problema molto grave. tutti *sentirsi* responsabili. si *parlare* di cybermobbing in classe. i nostri professori *intervenire* più presto. (non) *essere* un problema in classe. non *essere* facile vietare i cellulari a scuola.

//O   **10** a Scegli una parola e il tuo compagno / la tua campagna dice la definizione corretta:

👥

S.35

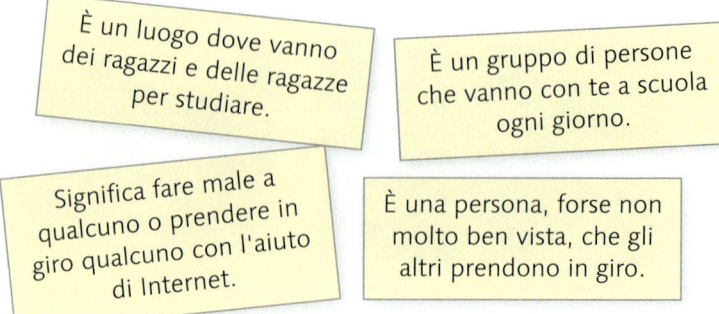

b Preparate un dialogo usando le espressioni dell'esercizio 7 e le informazioni dei poster dell'esercizio 9.

a. È importante l'impegno sociale?
b. È difficile o facile impegnarsi nel tempo libero?
c. Che attività fai o che attività vuoi fare?

> **METHODEN** ▶ S. 156
>
> ▶ Per convincere gli altri della tua opinione:
> 1. Di' la tua opinione.
> 2. Da' un esempio.
> 3. Fa' una conclusione.

1. Penso Credo Ho l'impressione Sembra Pare	che oggi	i ragazzi *avere* tanto da fare con la scuola / **...**. *esistere* tante attività sensate. i ragazzi *preferire* fare sport / divertirsi / **...** nel tempo libero. **...**
2. Io, Il mio amico, La mia amica, Mia sorella, **...**	per esempio	*occuparsi* dei bambini che hanno problemi a casa / con la scuola / **...** *essere* un Boy / Girl Scout. **...**
3. Allora secondo me	(non) è possibile è facile è difficile **...**	impegnarsi e anche divertirsi. impegnarsi nel tempo libero.

UNITÀ 3

S. 46

4 **a** Organizzate una gita scolastica a Roma. Guardate i posti e i monumenti di Roma nel dizionario di cultura e di civiltà (S. 169–182). Che cosa vorreste visitare? E perché? Usate le espressioni dell'esercizio 3

Vorrei vedere / visitare **...**
Voglio visitare **...**
Penso che sia interessante visitare **...** | perché **...**.
Il mio posto preferito è **...**
Secondo me **...** è molto interessante

> **perché**
> l'ho già visto/-a su una foto / in tv.
> mi piace / mi piacciono la storia / il calcio / l'arte/ **...**
> preferisco la natura / **...**.
> trovo interessante **...**

8 **a** Il passato prossimo si forma qualche volta con avere e qualche volta con essere. Vi ricordate, quando si usa avere e quando si usa essere?
S. 54

UNITÀ 4

S. 66

3 **a** Ascolta l'intervista riguardo alla domanda: "Quale strada seguire dopo la scuola?" Metti le foto nell'ordine giusto.

b Ascolta un'altra volta e cercate le espressioni utili per parlare di che cosa fare dopo la scuola e abbinatele alle foto.

//O
S.68

3 Completa la tabella con le seguenti espressioni dal testo.

> Al tuo posto farei ▦, Che cosa posso fare?, Dovresti ▦, Mi aiutereste, ragazzi? Potresti ▦, Perché non ▦?, fare il/la ▦

chiedere aiuto	dare un consiglio	parlare di lavoretti
▦	▦	▦

UNITÀ 5

//O
S.84

3 Leggi i testi (p. 82–83) e completa la tabella con le seguenti parole / espressioni.

strutture e servizi	monumenti	gite

> passeggiate nel verde • escursioni organizzate (in giornata): Firenze, Roma, Siena • grande piscina • parco giochi • Uffizi e Palazzo Vecchio • Ponte Vecchio • spiaggia attrezzata e libera • mini market • campi da tennis • campo da beach-volley • negozi a Follonica • Duomo di S. Maria del Fiore • Palazzo Pitti • escursioni a cavallo • gite in mountain-bike • gite a (Massa, …) • Museo Galilei

//O
S.91

1 a Leggi attentamente il testo. Abbina i titoli ai paragrafi del testo. Indica le righe.

le regole della Corsa

la Corsa e i turisti

l'atteggiamento degli altri

le tradizioni e le superstizioni e il loro valore

la Corsa dei Ceri Mezzani

> **METHODEN** ▶ S. 155 ✔
> ▶ Du verstehst einen Text besser, wenn du dir klar machst, aus welchen Sinnabschnitten er besteht.

//O
🎧 2 3
S.91

3 a Ascolta l'intervista. A chi piace la Corsa dei Ceri? A chi no? Completa la tabella nel tuo quaderno.

Chi?	sì	no
Giovanna	▦	▦
signore Raffaele	▦	▦
turista	▦	▦
signorina Corallini	▦	▦

> **METHODEN** ▶ S. 153 ✔
> ▶ Der Tonfall, die Stimmlage und Verzögerungen geben dir Auskunft über die Meinungen und Einstellung der Sprecher/innen.

b Quali sono i loro motivi? Prendi appunti.

UNITÀ 6

10

108

Sei con la tua famiglia a Milano e volete fare una gita guidata per la città. Leggi il testo e rispondi alle domande.

//○

Milano ha conosciuto una fase di rinnovamento urbano, che ha cambiato il volto della città durante l'EXPO 2015. Negli ultimi dieci anni, i più grandi quartieri industriali si sono trasformati. Da ex edifici industriali sono diventati edifici residenziali, uffici, università e parchi pubblici. I principali

5 architetti italiani e internazionali hanno disegnato negli ultimi anni progetti innovativi che hanno cambiato e cambieranno l'intera immagine della città. Il motivo comune è quello di far crescere la qualità dell'architettura e quindi di poter offrire una nuova qualità di vita.

L'agenzia Dream for Fun offre tour attraverso Milano a piedi o con i mezzi pubblici.

10 Si possono fare passeggiate in centro di tipo classico, e cioè visitando il Duomo, la Galleria Vittorio Emanuele, il Teatro alla Scala e San Babila, oppure tour alternativi che, partendo dal grattacielo, toccano tutte le costruzioni più moderne della città.

- Il tour a piedi dura 5 ore e costa 4 euro.

- Il tour con i mezzi pubblici costa 10 euro e, a seconda delle mete visitate, può
15   durare dalle 4 alle 6 ore. I bambini fino ai 6 anni non pagano.

1. Che cosa è successo durante l'Expo 2015 a Milano?
   a. Sono nati nuovi quartieri.
   b. Sono nati nuovi quartieri industriali.
   c. I visitatori dell'Expo hanno cambiato l'immagine della città.

2. Quando è successo il cambiamento?
   a. negli anni '30
   b. subito dopo la guerra
   c. negli ultimi 10 anni

3. Che cosa c'è nella nuova Milano?
   a. edifici industriali
   b. bar e ristoranti
   c. edifici residenziali, uffici, università e parchi.

4. Che cosa offre l'agenzia Dream for Fun?
   a. Offre delle gite classiche e moderne per Milano in bicicletta.
   b. Offre delle tour guidate dagli architetti famosi.
   c. Offre delle gite soltanto per la parte moderna della città.

7

.111

Scrivi un testo su Giorgio Giugiaro usando dopo, senza e per + infinito.

//○

a. a 16 anni Giugiaro *andare* a vivere a Torino – *studiare* arte e disegno tecnico
b. *finire* la scuola – *andare* a lavorare alla Fiat
c. *cominciare* a lavorare all'impresa di Nuccio Bertone – non *perdere* tempo – *progettare* l'Alfa Romeo 2000
d. *lavorare* cinque anni per le Carrozzerie Bertone – *fondare* la Italdesign Giugiaro – *progettare* nuove automobili con suo figlio Fabrizio
e. non *essere* da dimenticare la Giugiaro Design – *occuparsi* del design industriale e dei trasporti

PARTNERAUFGABEN

CIAO

👥
S.6

Formate dei gruppi di quattro persone. Tre di voi giocano e provano ad arrivare a Lecce. Uno di voi dev'essere l'arbitro[1] che fa le domande e controlla le soluzioni.

[1] l'arbitro – *der Schiedsrichter*

Domande e soluzioni

Torino: Sono a Torino nella regione Piemonte.

Aosta: Sono ad Aosta nella regione Valle d'Aosta.
(?) Quali sono le lingue della Valle d'Aosta?
   a. italiano e inglese
   b. italiano e francese ✓
   c. italiano e arabo

Milano: Sono a Milano nella regione Lombardia.
(?) Che cosa mangiano gli italiani la mattina?
   a. succo di mela, panino, uovo
   b. caffè, biscotti, cornetto ✓
   c. succo di frutta, uovo, fontina

Trento: Sono a Trento nella regione Trentino-Alto Adige.
(🖥) A Trento possiamo andare in montagna e fare sci o snowboard.

Trieste: Sono a Trieste nella regione Friuli-Venezia Giulia.
(🖥) A Trieste possiamo passeggiare nel parco.

Venezia: Sono a Venezia nella regione Veneto.
(🖥) A Venezia possiamo fare delle foto dei monumenti.

Verona: Sono a Verona nella regione Veneto.
(🖥) A Verona possiamo andare in piazza, vedere palazzi e edifici e mangiare e bere qualcosa nei ristoranti.

Bologna: Sono a Bologna nella regione Emilia-Romagna
(?) Un amico ti dice "In bocca al lupo!" Cosa rispondi?
   a. Grazie!
   b. Crepi! ✓
   c. Prego!

Camogli: Sono a Camogli nella regione Liguria.
(🖥) A Camogli possiamo andare in spiaggia, camminare sul lungomare e prendere il sole.

Genova: Sono a Genova nella regione Liguria.
(?) Cos'è la focaccia?
   a. il nome italiano per la "pizza Hawaii" con prosciutto e ananas
   b. un piatto italiano fatto di carne di vitello con prosciutto crudo
   c. è un tipo di pane con olio d'oliva e sale. Ci si può mettere pomodoro, cipolla e altre cose ✓

Sanremo: Sono a Sanremo nella regione Liguria.
(?) Quali monumenti ci sono a Sanremo?
   a. la Fontana di Trevi e la Bocca della Verità
   b. la Chiesa Russa e il Casinò ✓
   c. la Mole Antonelliana e Palazzo Madama

Firenze: Sono a Firenze nella regione Toscana.
(🖥) A Firenze possiamo vedere i monumenti e visitare la città.

Ancona: Sono ad Ancona nella regione Marche.
(?) Quando è Ferragosto?
   a. il 20 Settembre
   b. il 12 marzo
   c. il 15 agosto ✓

Siena: Sono a Siena nella regione Toscana.
(?) Che cosa significa "la prox" nel linguaggio degli sms?
   a. la prossima volta ✓
   b. la professoressa
   c. la prossima vita

Perugia: Sono a Perugia nella regione Umbria.
(?) Che cosa fanno gli italiani per dire: "Non mi interessa per niente."

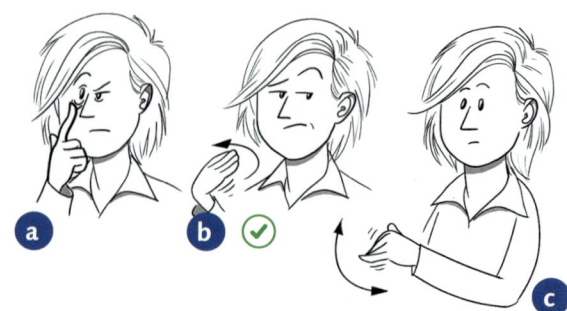

a   b ✓   c

L'Aquila: Sono all'Aquila nella regione Abruzzo.

All'Aquila possiamo andare in montagna e fare delle passeggiate.

Roma: Sono a Roma nella regione Lazio.

Qual è il simbolo della città?
- a. il Vaticano
- b. la Mole Antonelliana
- c. il Colosseo ✓

Cagliari: Sono a Cagliari nella regione Sardegna.

A Cagliari possiamo andare in spiaggia e fare surf.

Capri: Sono a Capri nella regione Campania.

A Capri possiamo passeggiare per i vicoli, visitare il centro storico e fare la spesa.

Napoli: Sono a Napoli nella regione Campania.

Quali voti hai nella scuola italiana?
- a. da 1 a 6
- b. da 0 a 10 ✓
- c. da A a F

Campobasso: Sono a Campobasso nella regione Molise.

Che cos'è la fontina?
- a. un tipo di formaggio ✓
- b. un dolce
- c. una fontana a Roma

Bari: Sono a Bari nella regione Puglia.

Dove si comprano i francobolli?
- a. in gelateria
- b. al supermercato
- c. dal tabaccaio ✓

Potenza: Sono a Potenza nella regione Basilicata.

A Potenza possiamo andare in montagna e visitare la chiesa.

Palermo: Sono a Palermo nella regione Sicilia.

A Palermo possiamo andare in spiaggia, prendere un pedalò, fare il bagno e prendere il sole.

Catanzaro: Sono a Catanzaro nella regione Calabria.

Cos'è la bruschetta?
- a. un pane tostato con aglio e pomodori ✓
- b. un panino con prosciutto
- c. un dolce tipico del sud

Ostuni: Sono ad Ostuni nella regione Puglia.

Ad Ostuni possiamo visitare la città bianca e passeggiare per i vicoli.

Lecce: Sono a Lecce nella regione Puglia.

Quale ragazzo viene da Lecce?
- a. Filippo ✓
- b. Khalid
- c. Leo

UNITÀ 1

8

S. 18

Come sono state le tue vacanze? Tu (A) incontri un amico / un'amica (B) per strada e parli con lui/ lei delle vacanze.

B

1. Du begrüßt **A** und fragst, wo er/sie in den Ferien war.
2. Du bist begeistert und fragst, wie es dort so war.
3. Du bist erstaunt und fragst, wie das Surfen geklappt hat.
4. Du sagst, dass du mit der Familie deines Freundes / deiner Freundin in Calabrien warst. Es war ein bisschen langweilig. Dein Freund / Deine Freundin hat den ganzen Tag Bücher gelesen und du wusstest nicht, was du machen solltest. Außerdem hast du versucht, dich mit den Italienern dort zu unterhalten, aber du hast nicht verstanden, was sie gesagt haben, da sie Dialekt sprechen. Dein Handy klingelt und du sagst, dass du nach Hause musst. Du sagst, du rufst **A** heute Nachmittag mal an.
5. Du verabschiedest dich.

RIPASSO 2

6

S.41

Con la tua amica italiana parli dell'uso di media. Presentate il dialogo.

> **B**
>
> 1. Du sagst, dass du es zuhause und in der Schule nicht benutzen darfst, und du glaubst, dass du gut ohne Smartphone leben kannst.
> 2. Du sagst, dass du zuhause die Nachrichten über das Radio oder den Fernseher verfolgst oder über die Zeitungen, die deine Eltern kaufen. Mit deinen Freunden schreibst oder telefonierst du nur, wenn es wichtig ist, z.B. um sich zu verabreden.
> 3. Du sagst, dass du den Eindruck hast, dass die Leute heutzutage das Smartphone zu oft nutzen und dass es notwendig ist, nicht ständig online zu sein und sich zuhause auch mit der Familie zu unterhalten.

UNITÀ 3

7

S.53

Giovanni / Giovanna (A) è appena tornato/-a da Roma e parla con il suo amico / la sua amica (B). Preparate il dialogo e

> **B**
>
> 1. Frage A, wie seine/ihre Reise war.
> 2. Du bist beeindruckt, weil du das ja nur aus dem Fernsehen kennst, und fragst, ob es bei den vielen Menschen überhaupt möglich war, den Papst zu sehen.
> 3. Du bist erstaunt und fragst dich, wieviel die Stadt wohl im Jahr daran verdient.
> 4. Du erzählst, dass du damals kein Geld in den Brunnen geworfen hast. Du findest das dumm: wenn du einmal nach Rom zurück möchtest, fährst du einfach hin. Du möchtest aber lieber andere Städte, die du noch nicht kennst, besuchen, wie z.B. London. Die Stadt ist noch größer als Rom, aber leider ist dort auch alles noch teurer als in Rom.

UNITÀ 4

7

S.69

Dopo la discussione con sua madre Giorgia torna a parlare ai Guglielmi. Fate una simulazione del dialogo. Partner A è il signor Guglielmi, Partner B è Giorgia.

> **B**
>
> Du bist Giorgia. Du bist zuhause, als es plötzlich an der Tür klingelt.
> 1. Dir tut es Leid.
> 2. Du musst leider ablehnen: Mutter erlaubt nur bis 22 Uhr.
> 3. Du bist einverstanden und fragst nach deinen Aufgaben: Elenas Abendessen? Lieblingsbeschäftigung am Abend? Schlafenszeit?
> 4. Du bist einverstanden und bittest um die Handynummer der Guglielmi.

RIPASSO 4

7 **Partner A ha un problema e ne parla con Partner B. Preparate il dialogo e presentatelo.**

S.81

> **B**
> 1. Du gibst Ratschläge: Babysitting? Nachhilfe? Altes Handy von Freunden/Familie?
> 2. Du empfiehlst: Arbeit am Wochenende, auch genug Zeit zum Lernen
> 3. Du hast eine andere Idee: Geschäft, günstige Handy-Angebote; du bietest Begleitung an
> 4. Du stimmst zu und schlägst für den Abend Kinobesuch vor.

UNITÀ 5

4 **Massimo deve partecipare a una festa tradizionale organizzata ogni anno da sua madre e discute con lei perché non ci vuole partecipare e neanche mettere il costume. Partner A è Massimo, Partner B è sua madre.**

S.91

> **B**
> Du betrittst das Zimmer deines Sohnes, um dich nach seinen Vorbereitungen auf das traditionelle Fest zu erkundigen.
> 1. Du weißt deinen Sohn darauf hin, dass bald wieder euer Fest stattfindet und informierst dich, wie die Vorbereitungen laufen: Lied gelernt? Einladungen verschickt? Neue Tracht gekauft?
> 2. Du bist erstaunt und versuchst deinen Sohn zu überzeugen: Tradition wichtig, Stolz des Landes
> 3. Du versuchst ihm Freude auf das Fest zu machen: Cousins kommen, lustige Spiele, Musik, gutes Essen.
> 4. Du bist einverstanden.

UNITÀ 6

9 **Marco (A) parla con Isabel (B), ma lei non sente bene e capisce qualcos'altro. Fate un dialogo. Dopo tre domande cambiate i ruoli.**

108

Esempio:
– Isabel, che dici, usciamo sabato sera?
– Vuoi uscire giovedì?
– No, è sabato che voglio uscire.

> **B**
> 1. andare a trovare Lisa?
> 2. Carla?
> 3. martedì?
> 4. la Lazio contro la Iuve?
> 5. venerdì?
> 6. lunedì pomeriggio?

LÖSUNGEN

UNITÀ 1

1 **Metti la forma corretta degli aggettivi. Attenzione a dove metti gli aggettivi.**

breve viaggio, lunghe spiagge, calda, monumenti antichi, città romane, palazzi medievali, piccolo paese, verdura fresca, gelato fantastico

2 **Metti la forma corretta dell'aggettivo bello.**

bella, belle, belle, bei, begli, bei, bel

3 **Metti la forma corretta del verbo all'imperfetto.**

c'era, chiamavamo, era, arrivavano, avevamo, tornavano, diventava, mangiavamo, andavamo, suonava, cantavamo

4 **Passato prossimo o imperfetto? Metti la forma corretta del verbo.**

abbiamo fatto, siamo saliti, Avevamo, hanno detto, sono arrivati, hanno raccontato, venivano, siamo andati, È stato

UNITÀ 2

1 **Completa le frasi con niente, più, mai e nessuno.**

Non ho più comprato, non ho trovato niente, Non ho mai avuto, non è mai successo, non c'è nessuno

2 **Completa il testo con le forme corrette del congiuntivo presente.**

succeda, facciano, parlino, siano, ascoltiamo, siamo

3 **Completa il testo con i pronomi combinati.**

te lo, gliele, ve lo, ve lo

4 **Completa il testo con l'imperativo (forma di cortesia):**

Scusi, creda, Senta, ascolti

UNITÀ 3

1 **Completa il testo con le forme del superlativo assoluto.**

interessantissima, antichissimi, importantissime, piccolissimo, grandissima, bellissima, simpaticissima

2 **Completa il testo con le forme del superlativo relativo, del comparativo e la preposizione di.**

la più bella città, la città più interessante del mondo, più grande di Torino, la più grande d'Italia, più grande d'Europa, più piccolo del mondo, più piccolo di S. Marino e di Monaco, il più famoso d'Italia, più famoso dei Musei Vaticani

3 **Completa il testo con le forme del comparativo e/o le preposizioni di e che.**

che a Torino, più famosa di Torino, più familiare di quella, più vicina, più lontana che, più importante di Roma

4 **Metti le forme corrette dei verbi al passato prossimo (e il pronome).**

mi è piaciuto, li ho visti, l'ho mai mangiata, sono piaciuti, l'ho comprato

UNITÀ 4

1 **Metti la forma corretta del condizionale semplice.**

Vorrei, avrei, aiuterebbe, dovresti, comprerebbe, si arrabbierebbero, Potreste, ci divertiremmo

2 **Avverbio o aggettivo? Metti la forma corretta.**

continuamente, esattamente, continua, facilmente, facile, attenti, attentamente

3 **Metti la forma corretta del comparativo degli avverbi.**

più facilmente, più velocemente, meno esattamente, più attentamente, meglio

4 Metti la forma corretta del pronome possessivo con o senza l'articolo.

sua, Il mio, i miei, i tuoi/suoi, sua

UNITÀ 5

1 Ma chi è Rita Montalcini? Metti la forma corretta di quello.

Quella, quella, quel, quello

2 Guglielmo Marconi sta pensando al futuro. Inserisci le forme verbali corrette.

incontrerò, progetteremo, inventeremo, vinceremo, Farò, diventerò, conosceranno

3 Congiuntivo presente o futuro? Scegli la forma corretta.

dica, avrà, rinneghi, diventerà, sia, riuscirà, possa, farai, Seguirai, deciderai

4 Completa il testo con i pronomi relativi cui e che.

che, di cui, che, che, di cui, che

UNITÀ 6

1 Completa il testo con la forma corretta di stare+gerundio.

sta aiutando, stanno cercando, state studiando, stanno uscendo, stiamo vedendo, stanno offrendo, sto finendo

2 Completa il testo con il pronome relativo il/la quale.

della quale, nei quali, le quali, alle quali, la quale, tra i quali

3 Abbrevia le frasi sottolineate usando dopo, senza e prima di + infinito.

(Dopo aver finito l'università) Renzo Piano ha deciso di girare il mondo. (Senza aver pensato a lungo) è andato in paesi europei. (Prima di essere famoso) ha conosciuto diverse culture.

4 Metti le parole sottolineate in rilievo.

Di fare niente, non ne ho voglia. Vedere i giovani senza lavoro non mi piace. Tanti giovani con una bella fantasia li vedo ogni giorno. Di gente nuova con idee fresche ne ho davvero bisogno.

SUPPLEMENTO

1 Completa il testo con la forma corretta dei verbi.

fossero, aprirebbe, potrebbero, fossero, andrebbero, si amassero, sarebbe

2 Trasformate queste frasi passive in attive senza cambiare il tempo.

I genitori di Babi non vedono bene Step …; Tutti consideravano Pollo un grande … In realtà quella gara illegale mette in pericolo la vita … Per questo motivo la polizia vieterà le corse …

3 Che cosa succede prima? Completa le frasi con la forma corretta dei verbi.

… mi aveva consigliato il film, l'ho visto …; … *avevo letto* il libro prima e poi ho visto ….

METHODEN

Auf den folgenden Seiten findest du eine Zusammenstellung der wichtigsten Lern- und Arbeitstechniken. Viele sind dir schon aus anderen Fremdsprachen sowie aus dem Deutschunterricht vertraut.

WORTSCHATZ

1   **Wörter erschließen**

Wenn du ein neues Wort entdeckst, musst du nicht gleich im Wörterbuch nachschlagen.
Mit ein paar einfachen Tricks kannst du die Bedeutung vieler italienischer Wörter herausfinden.
Du kannst unbekannte Wörter erschließen …

… mit Hilfe anderer Sprachen   ▶ *S. 54/11, 54/12, 55/13, 80/2*

Viele italienische Wörter sind verwandt mit Wörtern aus Sprachen, die du schon kennst. Oft haben sie dieselbe oder eine ähnliche Bedeutung.

Italienisch	*Englisch*	*Latein*	*Französisch*	*Deutsch*
teatro	theatre	theatrum	théâtre	Theater

▶ *Was bedeuten die folgenden Wörter? Welche Wörter aus anderen Sprachen haben dir geholfen?*
la pianta, osservare, malinconico/-a, il duomo, risultare, l'ospedale, proteggere

Merke: Trotz dieser Verwandtschaften kann es Unterschiede in Aussprache, Schreibung, im Genus und manchmal auch in der Bedeutung geben!

⚠ Achte auf so genannte „falsche Freunde" (*"falsi amici"*).

la carta (= *das Papier*)   die (Post-)Karte (= *la cartolina*)

… über Wortfamilien   ▶ *S. 54/11, 54/12, 55/13, 117/4*

Manchmal kennst du ein anderes Wort derselben Familie. An typischen Endungen kannst du außerdem die Wortart des unbekannten Wortes erkennen. Beides hilft dir, seine Bedeutung zu erschließen.

> guardare → lo sguardo (= *der Blick*)
> famoso/-a → la fama (= *der Ruhm, der Ruf, das Gerücht*)
> libero/-a → la libertà (= *die Freiheit*)
> conoscere → la conoscenza (= *die Kenntnis*)

Manchmal ändert sich der Stamm entsprechend der Verbkonjugation im Präsens bzw. im Partizip Perfekt, z. B.

> vedere → la vista
> offrire → l'offerta
> discutere → la discussione
> leggere → la lettura
> promettere → la promessa
> proporre → la proposta
>
> aber: perdere → la perdita

– Was bedeuten die folgenden Substantive? Von welchen Verben kannst du sie ableiten?
   la caduta, il fatto, l'uscita, il corso, il dipinto

– Finde die Bedeutung der folgenden Wörter und erkläre, wie du darauf gekommen bist:
   l'apertura, la certezza, abbracciare, regalare, l'invito, la spiegazione

… mit Hilfe des Kontextes   ▶ S. 93/10

Die Bedeutung vieler Wörter kannst du aus dem Kontext erschließen. Auch Abbildungen oder die Gestaltung des Textes können dir dabei helfen.

2   Die Bildung von Wörtern erkennen

Präfixe und Suffixe

Oft geben dir die Präfixe und Suffixe Auskunft über die Bedeutung des Wortes sowie über die Wortart und das Genus.

Präfix	Bedeutung	
ante- anti- pre-	*vor*	**ante**nato (*Vorfahre*) **anti**pasto le **pre**visioni del tempo (*Wettervorhersage*)
dis- s-	*Entfernung und Verneinung*	**dis**occupato la **s**fortuna (*Unglück*) **s**mascherare (*enthüllen*) **s**comodo **s**conosciuto
s-	*Verstärkung*	**s**gridare (*ausschimpfen*)
co(n)- col-	*zusammen*	**co**etaneo/-a **con**nesso **con**temporaneo **col**laborare
contra- anti-	*gegen*	**contra**ddire (*widersprechen*) **anti**mafia (*gegen die Mafia*) **anti**tesi (*Gegensatz*)
sopra- sovra-	*über Überlegenheit*	**sopra**vvivere **sopra**ttutto **sovra**ppeso (*übergewichtig*)
inter-	*(da)zwischen untereinander*	**inter**venire
ri-	*wieder nochmals*	**ri**conoscere **ri**vedere **ri**chiamare

Suffix	Bedeutung	
-ino / -ina -etto / -etta -ello	*Verkleinerung*	il ragazz**ino** (*kleiner Junge*) la ragazz**ina** (*kleines Mädchen*) il libr**etto** (*Büchlein*) la magli**etta** il lavor**etto** (*Mini-Job*)
-one	*Vergrößerung*	il magli**one**
-tore / -trice	*maskuline/ feminine Substantive (Personen)*	l'imprendi**tore** l'imprendi**trice**
-ente / -essa	*maskuline/ feminine Substantive (Personen)*	lo stud**ente** la stud**entessa**
-ione	*meist feminine, abstrakte Substantive*	la pass**ione** la relig**ione**
-ista	*maskuline/ feminine Substantive (Personen)*	il/la giornal**ista** il/la music**ista** il/la tur**ista**
-mento	*maskuline Substantive*	il monu**mento** il parla**mento**
-bile	*Adjektive*	visi**bile**
-ile		fac**ile**
- tà	*feminine Substantive*	la novi**tà** l'attivi**tà**

▶ *Leite die Bedeutung der folgenden Wörter ab:* rifare, la preparazione, organizzazione, l'antichità, rientrare, la comodità, la moderatrice, amabile, memorabile, la dottoressa, affittabile, disperare, disordinato

Zusammengesetzte Substantive

Es gibt Substantive, die aus mehreren Wörtern zusammengesetzt sind.

> **Tipp:** Lerne die genauen Wortverbindungen immer auswendig.

⚠ Zusammengesetzte Substantive werden im Italienischen häufig nach dem Muster Substantiv + *di/a/da* + Substantiv gebildet. Im Deutschen entspricht dem meist ein Wort (z. B. *il professore di storia* – der Geschichtslehrer).

la sala da pranzo	(= *das Esszimmer*)
la partita di calcio	(= *das Fußballspiel*)
il libro di inglese	(= *das Englischbuch*)
il fine settimana	(= *das Wochenende*)

▶ *Finde die italienische Entsprechung für „das Fußballspiel" und „die Nachprüfung".*

3 Wörter umschreiben ▶ S. 61/6, 102/2, 110/2

Wenn dir ein Wort nicht einfällt, versuche, das fehlende Wort zu umschreiben oder zu erklären, was es bedeutet. Hier findest du einige Möglichkeiten zur Umschreibung:

È una persona / qualcuno che …	*Es ist eine Person / jemand, die/der …*
È una cosa / qualcosa che …	*Es ist eine Sache / etwas, das …*
Lo/La usi per …	*Das brauchst du, um …*
La parola significa …	*Das Wort bedeutet …*
È un sinonimo / un'altra parola per …	*Es ist ein Synonym von / ein anderes Wort für …*
È un antonimo per / il contrario di …	*Es ist ein Antonym von / der Gegensatz zu …*

4 Wortschatz lernen

Um dir Wörter besser zu merken, solltest du sie in Gruppen anordnen und dann lernen bzw. wiederholen. Diese Strukturierung des Wortschatzes kannst du nach verschiedenen Kriterien vornehmen:

Nach Sachgruppen/Themen ordnen ▶ S. 24/2, 84/3, 102/3

Lege zu einem Oberbegriff, z. B. *la scuola*, eine Vokabelkarte (*scheda di vocabolario*) an, auf der du alle Wörter und Ausdrücke zu einem Thema zusammenträgst.

Es ist sinnvoll, eine *scheda* nicht nur als Liste zu führen, sondern sie zu **strukturieren**, z. B. nach Unterthemen, nach Wortarten, (Gegensatz-)Paaren, Wörtern derselben Wortfamilie etc. Es kann auch nützlich sein, Kollokationen (= ganze Wendungen) zu notieren, in denen ein Wort häufig verwendet wird.

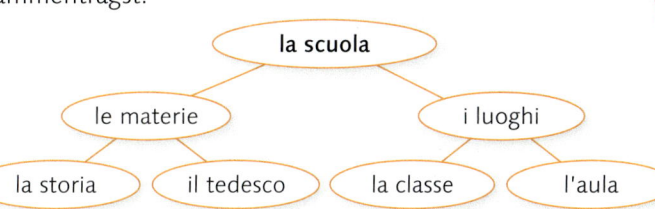

▶ *Sammle alle Wörter und Ausdrücke, die zu den folgenden Oberbegriffen gehören:* la famiglia, gli hobby, i vestiti, il tempo.

Nach Wortarten ordnen ▶ lista cronologica, S. 24/2

Du kannst alle Verben, Substantive oder Adjektive als Untergruppen auf einer *scheda* zusammenfassen.

Zu Wortfamilien ordnen ▶ S. 54/11, 54/12, 55/13, 117/4, lista cronologica, S. 198

Fasse die Wörter, die zur selben Familie gehören, zusammen.

la cena – cenare	interessante – interessarsi
entrare – l'entrata	il lavoro – lavorare

▶ *Finde Wörter derselben Wortfamilie:* la partenza, aiutare, preferire, gioco, attenzione

Wortpaare bilden ▶ lista cronologica, S. 198

Bei manchen Wörtern bietet es sich an, sie paarweise zu ordnen. Diese Wortpaare können auch Gegensatzpaare sein.

cominciare – iniziare	lo studente ≠ il professore
arrivare ≠ partire	vincere ≠ perdere

▶ *Bilde Gegensatzpaare mit den folgenden Wörtern:* salire, poco, ultimo, il padre, breve, la vita

Kollokationen / Ganze Wendungen lernen ▶ *lista cronologica, S. 198*

Damit du Wörter im Kontext richtig verwendest, lerne den ganzen Ausdruck (= Kollokation), in dem ein Wort verwendet wird. Achte bei den Verben auf den Anschluss der richtigen Präposition.

> andare a casa   giocare a calcio   passare una settimana al mare   andare a fare la spesa

Mit mehreren Sinnen lernen ▶ *S. 17/3, riassunto, S. 22, S. 38, S. 58, S. 96, S. 114*

Es kann hilfreich sein, wenn du dir zu einem Wort ein bestimmtes Bild oder Symbol einprägst und dieses auch auf der entsprechenden Karteikarte notierst.
Manche Wörter kannst du dir besonders gut merken, wenn du sie dir immer wieder laut vorsprichst und evtl. die dazu passende Geste ausführst.

5 Grammatik lernen

Beim **Einprägen** des neuen Grammatikstoffs können dir folgende Tipps helfen:
– Arbeite mit **Merkhilfen** (z. B. Symbolen wie Foto vs. Filmstreifen für *passato prossimo* vs. *imperfetto*, Bildern, Eselsbrücken, Reimen, Merksprüchen u. ä.).
– Präge dir Beispielsätze ein, in der die neuen Grammatikphänomene vorkommen.
– Hänge diese **Beispielsätze** an eine **Pinnwand** und hebe dabei das Wichtige **farbig** hervor. Im Klassenzimmer könnt ihr **Lernplakate** gestalten.
– Fertige selbst Übungen zum neuen Grammatikstoff an und notiere die Lösungen auf der Rückseite oder auf einem anderen Blatt. Bearbeite die Übungen nach einer Pause und vergleiche sie mit deinen Lösungen.
– Schreibe Grammatikregeln „neu", d. h. formuliere sie mit deinen eigenen Worten und ergänze sie mit einem Beispiel, das du dir gut merken kannst.
– Schreibe einen kurzen Text, in dem möglichst viele Beispiele für ein Grammatikkapitel vorkommen.

Beim **Wiederholen** eines Grammatikstoffs kannst du folgendermaßen vorgehen:
– Lies dir den entsprechenden Abschnitt im Grammatikteil des Buchs und im grammatischen Begleitheft durch.
– Mache die Übungen im Schülerbuch und vergleiche deine Lösungen mit denen im Grammatikheft.
– Mache außerdem die Übungen im *Autocontrollo*-Teil des *Quaderno degli esercizi.*
– Bilde weitere Beispielsätze, die das entsprechende Phänomen enthalten.
– Suche in dem Lektionstext, in dem das Phänomen neu eingeführt wurde, Sätze, in denen es vorkommt. Übersetze sie ins Deutsche und schreibe die deutschen Sätze auf. Zwei Tage später übersetzt du diese Sätze wieder ins Italienische und vergleichst sie mit dem Lektionstext.

DAS WÖRTERBUCH BENUTZEN

1 Italienisch – Deutsch ▶ *S. 14/10, 70/10, 110/4*

Ein Wörterbucheintrag enthält verschiedene Informationen, die man entschlüsseln muss, um das Wörterbuch sinnvoll zu nutzen. Dazu muss man auch einige Abkürzungen kennen. Ihre Bedeutung findest du im Abkürzungsverzeichnis am Anfang/Ende deines Wörterbuchs.

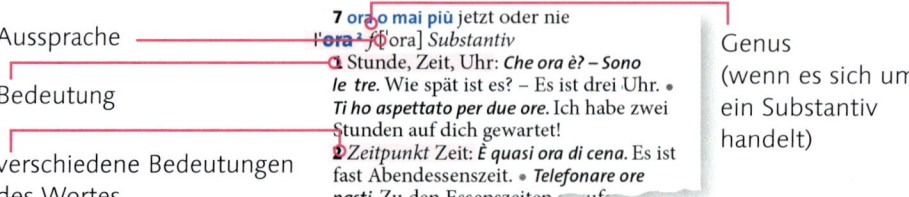

Aussprache

Bedeutung

verschiedene Bedeutungen des Wortes

7 ora o mai più jetzt oder nie
l'ora² [ˈora] *Substantiv*
❶ Stunde, Zeit, Uhr: *Che ora è? – Sono le tre.* Wie spät ist es? – Es ist drei Uhr. ● *Ti ho aspettato per due ore.* Ich habe zwei Stunden auf dich gewartet!
❷*Zeitpunkt Zeit: È quasi ora di cena.* Es ist fast Abendessenszeit. ● *Telefonare ore pasti.* Zu den Essenszeiten ...

Genus
(wenn es sich um ein Substantiv handelt)

Weitere Hinweise für das Nachschlagen in einem italienisch-deutschen Wörterbuch:

– Finde zunächst die Wortart des unbekannten Wortes heraus (Substantiv? Verb? Adjektiv?). Konjugierte Verbformen (z. B. *finiscono, faccio*) musst du auf den Infinitiv (*finire, fare*) zurückführen, damit du sie im Wörterbuch findest.

– Wenn du Zweifel bei der Aussprache hast, achte auf die Lautschrift in eckigen Klammern.

Tipps:

– Ein Wort kann mehrere Bedeutungen haben. Deshalb solltest du immer den ganzen Eintrag lesen, um die Bedeutung zu finden, die in „deinen" Kontext passt.

– Mehrteilige Ausdrücke sind manchmal nur unter einem der Teile eingetragen. Wenn du z. B. *la camera da letto* nicht unter „*camera*" findest, dann schaue unter „*letto*" nach.

▶ *Finde mit Hilfe des Wörterbuchs heraus, welche Bedeutung* **passare** *jeweils hat:*
1. Mi <u>passi</u> il pane, per favore?
2. Non ho <u>passato</u> l'esame.
3. I ragazzi <u>passano</u> per il parco.
4. Posso <u>passare</u> da te alle cinque?

▶ *Finde mit Hilfe des Wörterbuchs heraus, welche Bedeutung* **perdere** *jeweils hat.*
1. Lascia <u>perdere</u>!
2. Ho <u>perso</u> il mio cellulare!
3. Oggi non devi <u>perdere</u> l'autobus!
4. Con questo gioco allo smartphone <u>perdi</u> un sacco di tempo.

2   Deutsch – Italienisch   ▶ *S. 48/8, 66/3b, 98/3*

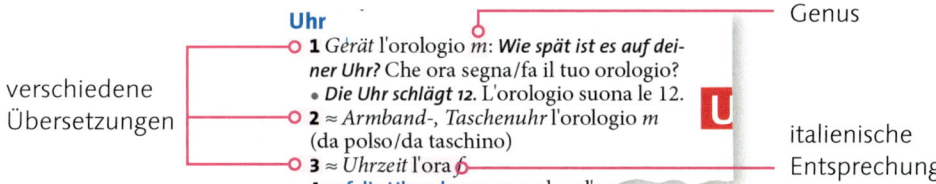

verschiedene Übersetzungen   Genus   italienische Entsprechung

Wenn du für ein deutsches Wort die italienische Entsprechung nachschlägst, gelten folgende Regeln:

– Lies dir den Wörterbucheintrag so weit durch, bis du das passende italienische Wort gefunden hast. Beachte dabei Angaben wie *fam.* (= *familiare*); das bedeutet „umgangssprachlich".

– Ist in deinem Wörterbuch die Aussprache des italienischen Wortes nicht angegeben, nimm die Lautschrift im italienisch-deutschen Teil des Wörterbuchs zu Hilfe.

– Passe das ausgewählte italienische Wort an den Satz, den du formulieren möchtest, an, d. h.:

– bei Substantiven: Bilde, wenn nötig, den Plural.

   – bei Verben: Bilde die passende Verbform.

   – bei Adjektiven: Gleiche sie an das Substantiv an.

Tipps:

– So kannst du überprüfen, ob du die passende italienische Entsprechung für ein deutsches Wort ausgewählt hast: Schlage einfach das italienische Wort im italienisch-deutschen Teil deines Wörterbuchs nach. Findest du dort das deutsche Wort, von dem du ausgegangen bist, wieder?

– Findest du ein zusammengesetztes Wort (z. B. Apfelsaft) nicht im Wörterbuch, suche unter den beiden Bestandteilen und bilde dann ein zusammengesetztes italienisches Substantiv (s. S. 148).

◗ *Welche italienischen Wörter entsprechen den unterstrichenen deutschen Wörtern?*
Suche im Wörterbuch.

Heute <u>besucht</u> unsere Klasse ein Museum.   Hast du die Kino-<u>Karten</u> schon gekauft?
Francesco <u>besucht</u> einen Golf-Kurs.   Schreibst Du mir eine <u>Karte</u> aus Italien?.

3 Das einsprachige Wörterbuch

Ein einsprachiges Wörterbuch
– zeigt dir die korrekte Schreibung und Aussprache eines Wortes.
– gibt Beispiele für den Gebrauch eines Wortes (Kontext; Kollokationen).
– enthält Synonyme und Antonyme eines Wortes.

In manchen Wörterbüchern sind die Einträge nach Wortfamilien geordnet. Wenn du ein Wort nicht findest, schaue unter einem anderen Wort derselben Wortfamilie nach.

◆**giòia** (1) s. f. *1* Stato d'animo di intensa ●——— Begriffserklärung
allegria e contentezza | *Pazzo di g.*, oltre- ●——— Kontext/Anwendungsbeispiel
modo felice | *Darsi alla pazza g.*, a gran-
di divertimenti; SIN. Allegrezza, allegria,
delizia, gaiezza, letizia. *2* Persona o cosa che procura piacere e felicità; SIN. Fe- ●——— Synonym
licità. ♣ dal franc. *joie*, da *gaudia*, pl. di
gaudium 'gaudio'.
◆**giòia** (2) s. f. Pietra preziosa, gioiello ♣

◗ *Bestimme mit Hilfe eines einsprachigen Wörterbuchs für das Wort* passaggio*: 1. seine Wortart, 2. ggf. das Genus, 3. die Kontexte, in denen es verwendet wird, 4. mit welchen Verben es stehen kann, 5. Synonyme, 6. andere Wörter derselben Familie.*

◗ *Suche im einsprachigen Wörterbuch: 1. Synonyme von* la paura *und* tornare*, 2. Antonyme von* il futuro *und* sicuro/-a*, 3. Wörter, die zur Wortfamilie von* lavorare *und* lo studente *gehören, 4. das Genus von* mano, cinema, ponte *und* vita*, 5. die Kontexte, in denen* (la) carne *und* (il/i) cane/-i *verwendet werden.*

HÖREN

1 Globales Hörverstehen ▶ *S. 47/5b*

Beim Hören eines italienischen Textes brauchst du nicht immer jedes Wort zu verstehen. Wichtig ist, den Text in seiner Gesamtheit zu erfassen.

– **Vor dem Hören:**
Beachte die Aufgabenstellung. Manchmal wird die Gesprächssituation bereits angegeben.
Mache dir klar,
– worum es in dem Gespräch gehen könnte,
– wer spricht,
– was die Personen in dieser Situation sagen könnten.
– Falls es eine bildgestützte Hörverstehensübung ist, nutze auch die Bildinformationen.

– **Achte beim Hören:**
  – auf Hintergrundgeräusche (z. B. Verkehrslärm …),
  – auf den Tonfall der Sprecher (z. B. aufgeregt, erfreut, verärgert),
  – nur auf die Abschnitte, die wichtig sind, um die Aufgabenstellung zu bearbeiten. Die W-Fragen (Was?, Wer?, Wo[hin]?, Wann?, Wie?) helfen dir, die wichtigsten Informationen aus dem Hörtext zu entnehmen.
– Notiere die wichtigen Informationen in Stichpunkten. Am besten trägst du sie in eine Tabelle ein.
– Wenn du den Text mehrmals anhören kannst, konzentriere dich beim ersten Hören auf die Wörter, die du verstehst. Versuche beim nächsten Hören, auf diesen „Verstehensinseln" aufzubauen und weitere Informationen zu entschlüsseln.

Notizen machen
– Notiere nur Stichwörter, schreibe keine ganzen Sätze.
– Notiere jede neue Information in eine neue Zeile. Benutze dabei Spiegelstriche.
– Kürze lange Wörter ab, lasse Artikel und Konjunktionen weg.
– Benutze Abkürzungen und Symbole: p. es. (per esempio), ecc. (eccetera), + (und), = (ist gleich), → (für eine Folgerung). Du kannst dir auch eigene Abkürzungen ausdenken.

2   Selektives Hörverstehen   ▶ S. 17/4, 19/10b, 30/4, 33/2a, 66/3a, 91/3

Oft geht es darum, einem Hörtext nur ganz bestimmte Informationen zu entnehmen.

Vor dem Hören:
– Lies dir die Fragestellung genau durch. Welche Informationen sollst du heraushören? Wenn die Fragestellung es nahelegt, bereite eine Tabelle vor, in die du die gesuchten Informationen später eintragen kannst.

	Dov'è?	Che cosa fa?	Che tempo fa?
1. Alessia	▦	▦	▦
2. Giorgia	▦	▦	▦

Beim Hören:
– Konzentriere dich vor allem auf die für dich wichtigen Passagen.
– Mache dir, wenn nötig, Notizen oder trage die gesuchten Informationen in die Tabelle ein.

3   Detailgenaues Hörverstehen   ▶ S. 14/11b, 33/2b, 44/3a, 49/9b, 52/4c, 54/10, 54/12, 74/8b

Manchmal ist es wichtig, alle Einzelheiten zu verstehen (z. B. bei einer Bahnhofsdurchsage oder bei der Angabe einer Adresse).
– Versuche beim ersten Hören, den Text global zu verstehen.
– Konzentriere dich bei jedem weiteren Anhören auf weitere Details.
– Notiere dir alle wichtigen Informationen, die du verstanden hast.

4   Hör-Seh-Verstehen

Wenn dir beim Hören zusätzlich Bilder zur Verfügung stehen oder wenn du einen Filmausschnitt siehst, erhältst du gleichzeitig mehrere Informationen: das Bild, die Sprache und die Geräusche bzw. Musik. Bilder ersetzen hier oft Worte; sie können die sprachlich dargebotenen Informationen stützen, ergänzen oder ihnen auch widersprechen.
Folgende Fragestellungen helfen beim Verstehen:
– Welche Figuren oder Gegenstände sind im Vordergrund, welche im Hintergrund? Was sagt dies über ihre Bedeutung aus?

– Welche Mimik, Gestik, Bewegungen weisen die Figuren auf? Was sagen sie über deren Gefühle oder Charakter aus?
– Welchen Ort/Hintergrund, welche Lichteffekte gibt es?
– Welche Funktion hat ggf. der Ton?

LESEN

1 Texte über ihre Gestaltung erschließen ▶ S. 14/10, 89/10, 55/13

Bevor du einen Text liest, stelle erste Vermutungen über seinen Inhalt an.
– Verrät dir das Druckbild etwas über die Textsorte und ggf. auch die Zielgruppe des Textes (E-Mail, Blog, Beitrag aus einer Jugendzeitschrift, Zeitungsartikel, Rezept, Gebrauchsanweisung, Gedicht, Theaterstück usw.)?
– Welche Informationen geben dir Fotos oder Illustrationen (evtl. mit Bildunterschriften)?
– Was sagen Überschrift(en) und Zwischenüberschriften aus?
– Liefert die visuelle Gestaltung des Textes Hinweise auf die Textgliederung (Sinnabschnitte, Zwischenüberschriften, erzählende bzw. dialogische Passagen, stichpunktartige Informationen bzw. ausführliche Beschreibungen, Vorspann bzw. Zusammenfassung …)?

2 Globales Leseverstehen (Skimming) ▶ S. 104/1, 106/2a

Beim ersten Lesen genügt es, den Text im Großen und Ganzen zu verstehen, ohne sich auf Einzelheiten zu konzentrieren.
– Überlege schon vor dem Lesen, was du bereits zum Thema des Textes weißt.
– Um nach der Lektüre zu überprüfen, ob du den Textinhalt global verstanden hast, können dir die „W-Fragen" helfen.
– Stelle dir nach der Lektüre auch eine zusammenfassende Frage, z. B.: Worum geht es in dem Text? Was ist die Kernaussage / das Hauptproblem / der zentrale Konflikt?

Die W-Fragen

Wer?	Chi?
Was?	Che cosa?
Wo(hin/her)?	Dove? Di/da dove?
Wann?	Quando?
Wie?	Come?
Warum?	Perché?

3 Selektives Leseverstehen (Scanning) ▶ S. 10/2, 44/2, 72/1+2, , 95/4, 91/1b

Manchmal genügt es, einem Text nur bestimmte Informationen zu entnehmen.
Das erreichst du durch zielgerichtetes Lesen:
– Lies dir vor der Textlektüre die Fragestellung genau durch.
– Überlege dir, nach welchen Schlüsselbegriffen du im Text suchen kannst.
– Konzentriere dich beim Lesen nur auf die für dich wichtigen Passagen.

4 Detailgenaues Leseverstehen ▶ S. 14/10c, 87/2

Manche Texte musst du in jedem Detail verstehen (z. B. eine Gebrauchsanweisung).
– Gehe dabei von den Abschnitten aus, die du gut verstehst („Verstehensinseln").
– Kläre dann Schritt für Schritt die Bedeutung der noch fehlenden Teile. Versuche dabei, die Bedeutung jedes Satzes genau zu erschließen. Nutze dabei den Kontext oder eventuelle zusätzliche Informationsquellen (z. B. Illustrationen, Zwischenüberschriften o. Ä.). Zur Überprüfung kannst du versuchen, den Satz mit eigenen Worten auf Italienisch auszudrücken. Bei besonders komplizierten Sätzen hilft es dir, den Satz ins Deutsche zu übersetzen.
– Eventuell musst du ein Wörterbuch benutzen (s. S. 150).

5 **Texte über Schlüsselbegriffe erschließen** ▶ *S. 91/1b, 95/4*

Finde im Text Schlüsselbegriffe oder -sätze für die wesentliche(n) Aussage(n) des Textes. Überprüfe:
– Gibt es Begriffe, die besonders wichtig sind (Schlüsselbegriffe)?
– Gibt es Sätze, die Textabschnitte zusammenfassen (oft am Anfang und am Ende eines Absatzes)?
– Notiere sie in dein Heft. Wenn du Kopien benutzt, kannst du sie auch farbig markieren.

6 **Texte gliedern** ▶ *S. 91/1a*

Für das Verständnis ist es hilfreich, wenn du dir klar machst, in welche inhaltlichen Abschnitte (Sinnabschnitte) sich der Text gliedern lässt. Gib dazu den einzelnen Abschnitten Überschriften. Du verdeutlichst dir damit zugleich, welche Themen oder Einzelaspekte jeweils angesprochen werden.

Questo testo è Si tratta di	una chat. una canzone. [...].	Il testo Il dialogo La e-mail Il blog La chat La canzone	tratta di [...].	
			consiste di ha	tre parti. tre capitoli. un titolo. 50 righe.
La parola si trova nella riga [...]. La parola chiave del testo è [...]. L'argomento del testo è [...]. L'autore/autrice descrive [...]. Il/La protagonista è [...].				

7 **Textinhalte in eigenen Worten wiedergeben** ▶ *S. 110/1b*

Du kannst dein Textverständnis überprüfen, indem du z. B.
– Inhalte mit eigenen Worten wiedergibst,
– Fragen dazu formulierst und sie deinem Partner stellst
– oder den Textinhalten vorgegebene Sätze oder Bilder zuordnest.

8 **Textinhalte visuell darstellen** ▶ *S. 17/3*

Zum genaueren Verständnis eines Textes kann es nützlich sein, die einzelnen Informationen nach bestimmten Oberbegriffen oder Kategorien zu ordnen, z. B. nach Informationen zu Personen, Aktivitäten, Argumenten. Die Textinformationen kannst du z. B.
– als Tabelle (*tabella*),
– als Mind-map (*rete di parole*),
– als Diagramm oder Graphik (*il diagramma/grafico*) darstellen.

DIALOGISCHES SPRECHEN

1 **Gespräche** ▶ *S. 28/4b, 31/8, 35/10, 52/5, 53/6+7, S. 74/9*

Um in Gesprächssituationen gut klarzukommen, helfen dir die *Per-comunicare*-Kästen in der chronologischen Liste (ab S. 198).

Hier findest du eine Zusammenstellung wichtiger Ausdrücke für häufige Gesprächssituationen:

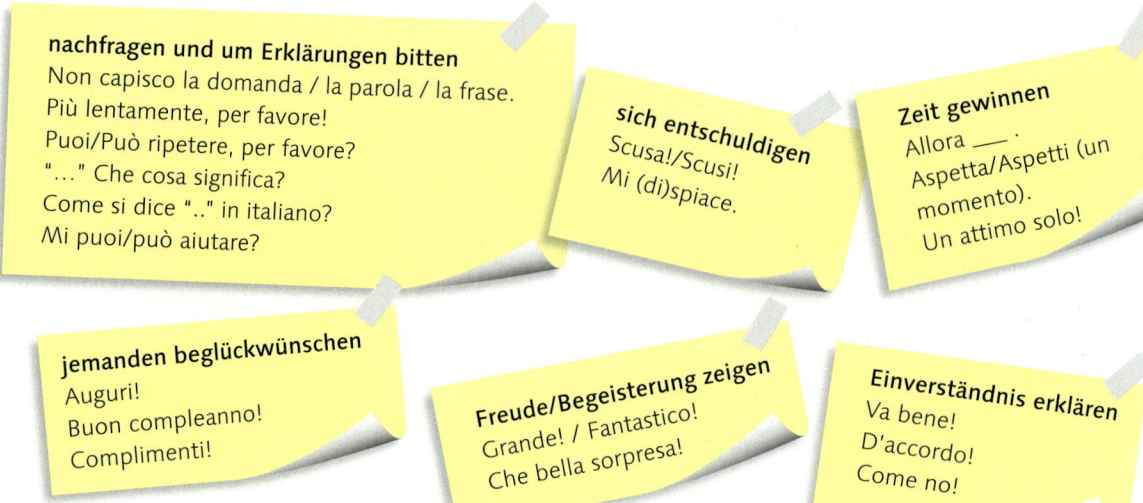

nachfragen und um Erklärungen bitten
Non capisco la domanda / la parola / la frase.
Più lentamente, per favore!
Puoi/Può ripetere, per favore?
"…" Che cosa significa?
Come si dice ".." in italiano?
Mi puoi/può aiutare?

sich entschuldigen
Scusa!/Scusi!
Mi (di)spiace.

Zeit gewinnen
Allora —— .
Aspetta/Aspetti (un momento).
Un attimo solo!

jemanden beglückwünschen
Auguri!
Buon compleanno!
Complimenti!

Freude/Begeisterung zeigen
Grande! / Fantastico!
Che bella sorpresa!

Einverständnis erklären
Va bene!
D'accordo!
Come no!

2 Diskutieren ▶ S. 35/10

- Notiere auf einem Zettel: Was fällt dir spontan zum Thema ein (Denke dabei an die W-Fragen, s. S. 143)? Was ist deine eigene Meinung dazu?
- Bereite Argumente für deine Position vor. Kannst du konkrete Beispiele nennen?
- Während der Diskussion: Sprich klar und deutlich. Formuliere gut verständliche Sätze. Lass die anderen ausreden; bleibe höflich und sachlich.

Hier findest du wichtige Redemittel, die du in einer Diskussion verwenden kannst:

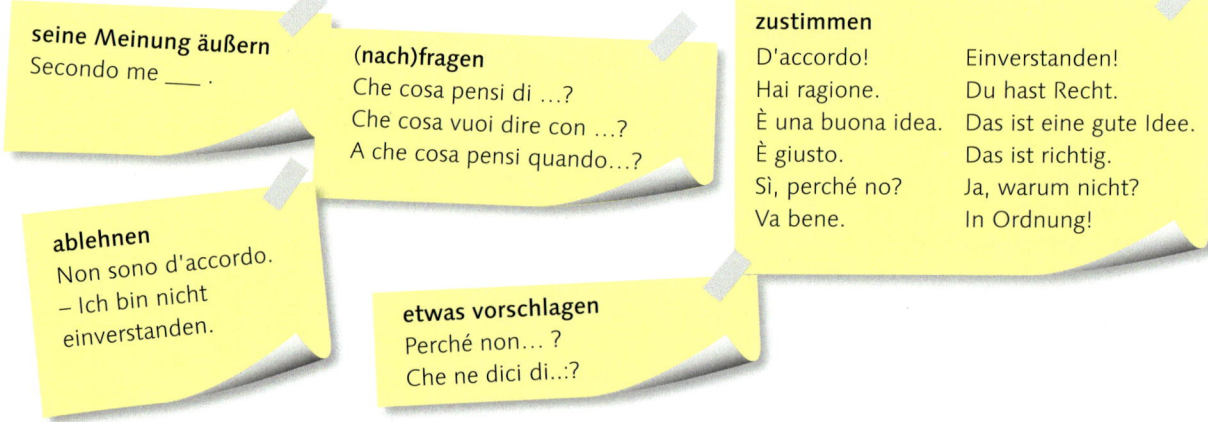

seine Meinung äußern
Secondo me —— .

(nach)fragen
Che cosa pensi di …?
Che cosa vuoi dire con …?
A che cosa pensi quando…?

zustimmen

D'accordo!	Einverstanden!
Hai ragione.	Du hast Recht.
È una buona idea.	Das ist eine gute Idee.
È giusto.	Das ist richtig.
Sì, perché no?	Ja, warum nicht?
Va bene.	In Ordnung!

ablehnen
Non sono d'accordo.
– Ich bin nicht einverstanden.

etwas vorschlagen
Perché non… ?
Che ne dici di..:?

3 Rollenspiele ▶ S. 35/10, 91/4, 108/9

- Überlege: Wen stellst du dar und was verlangt deine Rolle von dir? In welcher Stimmung bist du?
- Mache dir einen Stichwortzettel bzw. notiere in kurzen Sätzen, was du sagen möchtest.
- Überlege dir, was dein/e Dialogpartner/in antworten könnte/n und bereite mögliche Antworten darauf vor.
- Übe das Rollenspiel mehrmals mit deiner Gruppe. Versuche dabei, deinen Stichpunktzettel so wenig wie möglich zu benutzen.

Tipp: Stehe nie mit dem Rücken zum Publikum.

MONOLOGISCHES SPRECHEN

1 Erzählen ▶ S. 13/8, 18/7

Erzähle die Vorgänge möglichst chronologisch. Verwende dabei die entsprechenden Adverbien zur Textgliederung.
– Achte auf die richtige Verwendung der Zeiten.

Tempus	passato prossimo	imperfetto
Funktion	erzählen, was in der Vergangenheit (einmalig) nacheinander geschah und abgeschlossen ist	– beschreiben, wie etwas war (Hintergrund, Zustand, Situation) – sich regelmäßig wiederholende Handlungen, Gewohnheiten beschreiben
Signalwörter	– prima … poi …, dopo …, finalmente – ieri, tre giorni fa, nel 2006 – ad un tratto, improvvisamente	tutti i giorni, sempre, spesso, il (lunedì), di solito, normalmente, a quel tempo, da bambino/-a, da piccolo/-a

– Je nach Situation wird deine Erzählung eher lebendig, spannend oder nüchtern sein sollen. Dies kannst du mit verschiedenen Mitteln erreichen:

Adjektive oder Vergleiche zur Veranschaulichung	enorme *statt* grandissimo minusculo *statt* piccolissimo sono stanco morto *statt* sono molto stanco
Konnektoren	(quando) ad un tratto, improvvisamente, a quel punto, in quel momento, per un attimo, inoltre, per questo motivo
Ausrufe	Peccato! Evviva! Mamma mia! Che bello! Maledizione! Oddio! Avanti!

2 Ein Bild beschreiben ▶ S. 9/1b, 35/9, 107/5

Definiere zuerst, um **welche Art von bildlicher Darstellung** es geht (*foto, disegno, vignetta, dipinto, affresco …*).
– Nenne das **Thema**, worum es auf dem Bild geht.
– Beginne deine Beschreibung mit den **auffälligsten Elementen** des Bildes. Diese befinden sich meist im Vordergrund und in der Mitte des Bildes.
– Beschreibe anschließend die weniger auffälligen Elemente und den Hintergrund.
– Versuche bei deiner Beschreibung sinnvolle Zusammenhänge zu schaffen und springe dabei nicht hin und her.
– Wenn auf dem Bild Personen sind, beschreibe ihr Aussehen. Willst du deren Handlungen beschreiben, verwende *stare + gerundio*.
– Nach der Beschreibung folgt die Interpretation des Bildes: Was soll ausgedrückt werden? Wie wirkt das Bild? Was für ein Effekt soll erzielt werden?
– Du kannst am Ende auch deine eigene Meinung äußern.

Nella foto/vignetta numero uno

| A sinistra
A destra
In primo piano
Sullo sfondo

Davanti a …
Dietro
Accanto a …
In alto / basso | c'è
ci sono
possiamo vedere
si trova(no) | qualcuno/qualcosa che ___. |

3   Einen Kurzvortrag halten (*discorso di un minuto / due minuti*)   ▶ S. 10/6, 28/6, 55/officina creativa

Vorbereitung

– Sammle die für das Thema nötigen Ausdrücke und Redewendungen (evtl. mit Hilfe eines Mind-Maps oder einer Tabelle).
– Formuliere deinen Text zunächst aus. Denke dabei an deine Zuhörer/innen:
  – Was ist für sie interessant?
  – Welche Reihenfolge bietet sich für die Darstellung der Informationen an?
  – Falls du unbekanntes Vokabular verwenden möchtest, bereite Erklärungen für deine Mitschüler/innen vor.
– Fertige anschließend einen Stichwortzettel an, um deinen Vortrag möglichst frei zu halten.
– Bietet sich als visuelle Unterstützung z. B. ein Plakat, eine Collage, ein kleines Handout oder eine Mini-Präsentation mit dem Computer an? So können dir deine Mitschüler/innen besser folgen.

Durchführung

– Sprich laut, langsam, deutlich und so frei wie möglich.
– Halte Blickkontakt mit deinen Zuhörern/-innen.

Folgende Formulierungen können Dir helfen:

Einführung des Themas
Oggi vorrei parlare di / presentare (___)
L'argomento della mia relazione è ___
Sapete già qualcosa di___?

Strukturierung des Kurzvortrags
Prima vi parlo di
Dopo vi do (più) informazioni su ___
Alla fine ___
Se volete fare delle domande, alzate la mano, per favore!

Bewertung

Bei der Beurteilung einer *relazione* eines/-r Mitschülers/-in kann ein **Evaluationsbogen** helfen.

Dieses Muster eines Evaluationsbogens kann um beliebige Kriterien, die ihr gemeinsam festlegt, ergänzt werden. So sollte bei einer Ausstellung z.B. auch die Bildauswahl bewertet werden.

	sì	no	più o meno
La relazione è interessante.	☐	☐	☐
La relazione ha una struttura chiara.	☐	☐	☐
Il compagno/la compagna di classe ci dà informazioni importanti.	☐	☐	☐
Usa frasi brevi e chiare.	☐	☐	☐
Spiega le nuove parole.	☐	☐	☐
Parla lentamente.	☐	☐	☐
Guarda la classe.	☐	☐	☐
Risponde alle domande.	☐	☐	☐

4 Informationen sammeln und auswerten

Informationen sammeln ▶ *S. 28/5, 87/3, 108/11*

Grenze das Thema genau ein. Welche Informationen brauchst du unbedingt?

Benutze mehrere Quellen für deine Informationssuche:
- das Lehrbuch (z. B. Lektionstexte oder Anhang),
- Nachschlagewerke (z. B. Enzyklopädien, Geschichtsbücher, Atlanten …) oder das Internet.

Recherche im Internet
- Welche Suchbegriffe führen dich zu den für dich wichtigen Informationen?
- Sind die Seiten, die du gefunden hast, verlässliche Quellen? (Überprüfe Informationen, die du z. B. in Wikipedia gefunden hast, mit Hilfe einer weiteren Quelle.)

Informationen auswerten

- Überlege dir vor dem Lesen, welche Informationen du benötigst (denke an die W-Fragen, S. 154).
- Mache dir Notizen zu deinem Thema.
- Notiere dir immer, wo du die Informationen gefunden hast.
- Ordne deine Notizen so, dass du sie weiterverwenden kannst – z. B. als Basis für einen *discorso* S. 158.

SCHREIBEN

1 Den Schreibprozess organisieren

Für jegliche Arten von Schreibaufgaben ist es hilfreich, nach bestimmten Schritten vorzugehen:
- Mache dir die **Situation** klar: Was sollst du schreiben (Textsorte) und wie lang soll der Text sein? Für wen schreibst du (Adressat)? Warum schreibst du (Grund)? Was willst du erreichen (Ziel)?

Konnektoren
prima - poi, dopo -
inoltre - alla fine
da una parte …
dall'altra

per esempio
siccome, perché
però, ma
quando

- Analysiere die **Themenformulierung** genau: Sollst du beschreiben/erzählen/berichten/zusammenfassen? Geht es um Gründe/Ursachen/Folgen …?
- Sammle Ideen für deinen Text (W-Fragen, s. S. 154) und ordne sie (Mind-map, Tabelle, Schlüsselbegriffe).
- Schreibe einen ersten Entwurf:
  - Verwende Redewendungen aus den Lehrbuchtexten und den *Per-comunicare*-Kästen der chronologischen Liste (ab S. 198).
  - Variiere den Satzbau, um den Text interessanter zu gestalten. Verwende dafür Konnektoren, um Satzteile miteinander zu verbinden.
- Überarbeite deinen Entwurf: Wo ist er zu kurz / zu ausführlich? Korrigiere dich auch sprachlich, z. B. mit der Fehlerchecklist auf S. 163.
- Wo müsstest du kürzen / ausführlicher werden / mit mehr Beispielen arbeiten?

2 Einen Text als Modelltext nutzen ▶ *S. 124/5*

Nutze andere Texte als Modelltexte, um eigene Texte zu schreiben. Du sollst eine bestimmte Textsorte schreiben, z. B. einen Brief, eine Bewerbung oder die Analyse einer Werbung? Suche in deinem Lehrwerk nach diesen Textsorten und nutze die folgenden Fragen, um deinen Modelltext zu analysieren und deinen eigenen Text vorzubereiten:
- An wen richtet sich der Text? Welches Sprachregister (Standard-Italienisch oder Umgangssprache) wird verwendet?

– Wie ist der Text aufgebaut? Was ist die Funktion der einzelnen Teile?
– Kommen im Text Wendungen vor, die du wiederverwenden kannst (Anreden, Grußformeln, Fachwörter, gute Formulierungen usw.)?

3   **Eine Postkarte / Einen Brief / Eine E-Mail schreiben** ▶ *S. 19/9, 84/4*

> **Abkürzungen bei der Adresse**
> v. = via
> v.le = viale
> vic. = vicolo
> p.zza = piazza

	Informell (persönlich, an eine/-n Freund/-in / Bekannte/n)	Formell (unpersönlich)
Anrede	Ciao Marco Cara Francesca / Caro Giovanni	Gentili signori, Egregio signore ▦ / Gentile/Gentilissima signora ▦
Du formulierst dein Anliegen	Come va? Passiamo le vacanze a casa di mia zia in Liguria. Sono molto contento/-a perché mi piace tanto stare con i miei cugini. E tu? Che cosa fai nelle vacanze?	(Vi) contatto per sapere se ▦
Schlussformel	Un bacio / Un abbraccio	(Vi) ringrazio già anticipatamente. (Vi) ringrazio di ▦
Du beendest dein Schreiben	(Tanti) saluti	Distinti/Cordiali saluti Cordialmente
Du lässt Grüße an jemanden ausrichten	Salutami i tuoi genitori e tua sorella.	

4   **Eine Bewerbung schreiben** ▶ *S. 124/5*

Zu einem Bewerbungsschreiben gehören ein Lebenslauf (*curriculum vitae / CV*) mit Foto und ein begleitender Brief (*domanda di lavoro*).

– Ein tabellarischer Lebenslauf gibt Auskunft über Person (Name, Geburtsdatum, Adresse …), schulische Bildung, Ausbildung, Berufserfahrung bzw. berufsvorbereitende Erfahrung (z. B. Praktika), weitere Kenntnisse (z. B. Sprachen, Computerkenntnisse) und Freizeitaktivitäten (auch ehrenamtliche Tätigkeiten).
– Das Begleitschreiben beginnt mit dem Bezug auf eine Stellenanzeige, auf ein vorangegangenes Gespräch oder auf eine andere Form der Kontaktaufnahme. Anschließend erläuterst du knapp, warum du dich für die Tätigkeit interessierst und dich dafür besonders eignest.

CURRICULUM VITAE

Filippo Agostini

Via Principe Amedeo 29
10023 Torino
Tel. 0039 338932323
email: agostini@yahoo.it

Data di nascita: 06/05/2000

Istruzione
–   Diploma di terza media conseguito alla scuola statale "N. Tommaseo" di Lecce.
–   Studente presso il Liceo Classico "V. Gioberti", Torino.

Conoscenza Lingue
Italiano   madre lingua
Tedesco   fluente scritto
                  e orale (B1); due corsi
                  intensivi a Monaco
                  di Baviera
Inglese   buono (A2)

Conoscenza Supporti Informatici
Tutte le applicazioni office (Word, Excel, PowerPoint, Outlook, Access)
Conoscenze di base HTML e Java

Esperienze professionali
Giu/Lug 2015   Stage: Vivisicuri SpA, Torino, supporto tecnico al website aziendale

Interessi
film, musica, fotografia, alpinismo, calcio

Torino, 12 maggio 20_

Filippo Agostini

Filippo Agostini
 Via Principe Amedeo 29
10023 Torino
+39 338 932323
fili2000@yahoo.it

communityonline.it
Alla cortese attenzione
Dott. Paola Barberis
Via Rovigo 25
10144 Torino

Torino, 12 maggio 20__

La Vs. offerta di stage sul sito …

Gentilissima Sig.ra Barberis,
sono uno studente del liceo classico statale "Vincenzo Gioberti" (sezione di classico linguistico).
Sul Vostro sito Internet ho letto l'annuncio per un'offerta di stage per studenti che parlino correntemente due o tre lingue straniere oltre ad avere conoscenze informatiche di base.
Ho frequentato diversi corsi di informatica e utilizzo abitualmente tutti i programmi office.
Parlo italiano (mia lingua materna) e tedesco correntemente, grazie ai corsi intensivi a Monaco. Inoltre parlo inglese a livello scolastico.
Sono una persona con grande senso di organizzazione e mi piace combinare il lavoro di squadra con quello individuale. Posso anche realizzare presentazioni con Power Point e ho abilità ed esperienza per il contatto telefonico con i clienti.
Sono sicuro di essere in grado di fare un lavoro molto soddisfacente durante il mio periodo di stage presso di Voi. Imparerò in modo veloce e con entusiasmo e svilupperò le mie abilità e le mie conoscenze.

In attesa di una Vostra cortese risposta, Le porgo i miei più cordiali saluti.

Filippo Agostini

M

5   Eine Zusammenfassung schreiben   ▶ S. 121/3, 129/1b

Eine Zusammenfassung enthält in knapper und sachlicher Form die wichtigsten Informationen des Ausgangstextes. Diese findest du, indem du
- bei einem erzählenden Text die W-Fragen stellst (Wer? Was? Wann? Wo? Wie? Warum?)
- bei einem informativen Text nach dem Textthema, den Hauptinformationen bzw. -argumenten und einer möglichen Schlussfolgerung fragst.

Folgende Regeln helfen dir beim Verfassen einer Zusammenfassung: Ein *riassunto*
- ist immer deutlich kürzer als der Ausgangstext.
- beginnt mit einem einleitenden Satz zum Thema des Ausgangstextes.
- ist in der 3. Person Präsens verfasst.
- ist mit eigenen Worten geschrieben.
- enthält nur Fakten aus dem Text, keine direkte Rede, keine Zitate und keine eigene Wertung.

> chi?, dove?, quando?, che cosa?, perché?, come?

> *Riassunto: Ho voglia di te, p. 130*
>
> *Step e Gin attraversano la città nel buio della notte. Gin porta Step sul ponte Milvio, uno dei più antichi ponti di Roma. Step vorrebbe baciarla, ma lei preferisce raccontargli una storia, anzi, una leggenda: se due innamorati chiudono un lucchetto attorno alla catena del ponte e buttano la chiave nelle acque del Tevere, non si lasceranno mai più. Step a questo punto va a prendere il lucchetto di suo fratello in macchina e lo mette attorno alla catena, lo chiude e lascia cadere la chiave nel Tevere.*

6   Kreatives Schreiben   ▶ S. 19/9, 19/10c, 31/9, 36/11, 75/11

Beim kreativen Schreiben kannst du häufig vorgegebene Texte umschreiben. Du kannst z. B. einen Dialog zu einer Geschichte erfinden, den Text aus der Perspektive einer bestimmten Person erzählen oder einen Schluss für eine Geschichte schreiben.
- Nutze die Informationen des Ausgangstextes.
- Wenn du die Perspektive einer bestimmten Person schilderst, überlege, wie diese sich fühlt, was sie denkt, wie sie reagieren könnte.
- Mache dir Notizen (s. S. 153). Ordne sie dann und überlege dir, wie du deinen Text aufbaust.
- Beachte auch die Schreibregeln von S. 159.

7   Einen Text bewerten   ▶ S. 19/officina creativa, 75/officina creativa

Bei der Beurteilung eines Texts eines/-r Mitschülers/-in hilft dir ein **Evaluationsbogen**. Beispiel:

	sì	no	più o meno
Il contenuto[1]:			
Il testo / La storia / Il volantino[2] / ___ è interessante.	☐	☐	☐
Ci sono tutte le informazioni importanti.	☐	☐	☐
La presentazione è adeguata[3] e originale.	☐	☐	☐
La forma è creativa.	☐	☐	☐
La lingua:			
Ha una struttura chiara[4].	☐	☐	☐
Ci sono congiunzioni adeguate[3].	☐	☐	☐
Non ci sono errori[5] (quasi).	☐	☐	☐

[1]il contenuto – der Inhalt, [2]il volantino – der Flyer, [3]adeguato/-a – angemessen, [4]chiaro/-a – klar, [5]l'errore – der Fehler

8 Fehler selbst korrigieren

▶ *S. 19/officina creativa*

Um die Anzahl deiner Fehler zu verringern, stelle dir eine eigene Fehlersuchliste aus den folgenden Vorschlägen zusammen.

Tipp: Achte bei jedem Lesen jeweils nur auf eine bestimmte Fehlerquelle. So findest du mehr Fehler.

1. *Hast du auf die Rechtschreibung geachtet?*

la pa**ss**e**gg**iata,
il ca**pp**u**cc**ino,
la fami**gli**a etc.

2. *Sind Singular und Plural korrekt gebildet und die Artikel, Begleiter und Adjektive dem Genus und dem Numerus des Nomens angepasst?*

la fot**o**
le person**e**
il ragazz**o** brav**o**

3. *Hast du an die Verschmelzung von Präposition und Artikel gedacht?*

il libro **del** professore
le penne **agli** scampi

4. *Stimmen die Verbformen mit ihren Subjekten überein?*

La **gente** lavor**a**.
I **fratelli** cant**ano** una canzone.

5. *Hast du dich vergewissert, dass du essere und c'è / ci sono richtig verwendet hast?*

Gli amici **sono** in piazza.
In piazza **ci sono** tre bar.

6. *Hast du auf die Unregelmäßigkeiten bestimmter Verben/Verbformen geachtet?*

Gli amici **salgono** sul treno.
Vengo anch'io.

7. *Hast du an die richtige Stellung der Adjektive gedacht?*

un ragazzo **italiano**
una **buona** idea

8. *Stimmen die Pronomen in Genus und Numerus mit den Wörtern überein, die sie ersetzen?*

Compro **la borsa**? Sì, compra**la** per favore!
Vedo **Sandra e Alessia**. **Le** vedi anche tu?
Conosco Anna. **Le** piace molto suonare il piano.

9. *Hast du die richtige Vergangenheitsform verwendet?*

Ieri **ho conosciuto** una ragazza.
Era davvero bella.

10. *Hast du den richtigen Modus verwendet?*

Non **credo** che **sia** vero.
Ho paura che **succeda** qualcosa di terribile.
Bisogna che **parliate** del problema.

KOOPERATIVES LERNEN

1 Pensa, discuti e condividi! ("Think – pair – share")

Pensa, discuti e condividi! ist eine Arbeitsform in drei Schritten:
1. *Pensa!:* Bearbeite die Aufgabe zunächst alleine und mache dir, wenn nötig, Notizen (s. S. 153).
2. *Discuti!:* Besprecht zu zweit, was ihr euch überlegt habt bzw. was ihr vorbereitet habt. Korrigiert euch dabei gegenseitig.
3. *Condividi!:* Tragt anschließend eure Ergebnisse eurer Gruppe bzw. der Klasse vor.

2 Arbeiten in der Gruppe ▶ S. 6, 53/6, 70/9

Gutes Arbeiten in der Gruppe bedeutet, dass jede/r so viel wie möglich zu einem gemeinsamen Ergebnis beiträgt. Achtet darauf, dass alle aus der Gruppe in die Arbeit eingebunden sind. Mögliche Aufgaben sind z. B.:
- Notizen mit den Ergebnissen der Gruppenarbeit anfertigen,
- auf das Zeitlimit achten,
- die sprachliche Korrektheit der Notizen (Vokabular, Grammatik) überprüfen,
- sicherstellen, dass alle in der Gruppe ihre Aufgabe so gut wie möglich ausführen. Am Ende soll jedes Gruppenmitglied die Ergebnisse vor der Klasse vortragen können.

3 Kugellager ▶ S. 66/4

Ein Kugellager ist sinnvoll, um gemeinsam Dialoge zu üben oder um sich mündlich über ein bestimmtes Thema auszutauschen:
1. Euer Lehrer / Eure Lehrerin bespricht als erstes mit euch die Aufgabenstellung.
2. Stellt euch dann in einem Kreis auf: Jede/r Zweite tritt nach innen, so dass sich ein äußerer und ein innerer Kreis bildet.
3. Die sich jeweils gegenüber stehenden Schüler/innen beginnen nun ihren Dialog.
4. Auf ein Signal eures Lehrers / eurer Lehrerin hin bewegt sich der äußere Kreis um eine Person weiter, so dass sich neue Gesprächspaare finden.
5. Das könnt ihr so oft wiederholen, bis ihr wieder eurem/eurer Ausgangspartner/in gegenüber steht.

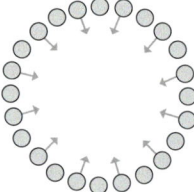 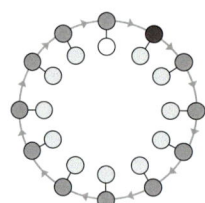

SPRACHMITTLUNG

In den Übungen zur Sprachmittlung *(Mediazione)* übst du Situationen, die dir im Alltag häufig begegnen, z. B. wenn du mit deiner Klasse oder deinen Eltern ins italienischsprachige Ausland fährst.

1 Wiedergeben von Inhalten in der jeweils anderen Sprache ▶ S. 14/11, 25/6, 31/10, 49/9, 55/13, 103/5

- Überlege dir, welche Informationen für deine/n Gesprächspartner/in von Bedeutung sind.
- Schaue dir das Ausgangsmaterial an, lies den Text durch bzw. höre ihn an. Es können auch unbekannte Wörter vorkommen. Mache dir mit Hilfe der W-Fragen (s. S. 154) klar, worauf es ankommt.
- Du kannst dir die wichtigsten Aussagen stichpunktartig notieren.
- Gib diese Informationen sinngemäß wieder.
- Überlege dir, ob deine Äußerungen für deine/n Gesprächspartner/in verständlich sind bzw. ob eventuell eine kurze Erklärung hilfreich sein könnte.
- Achte darauf, was der jeweils anderen Kultur fremd sein könnte, und versuche, diese Dinge – wenn nötig – zu erklären.

2 Dolmetschen ▶ S. 52/4c, 61/7, 70/9

- Mache dir klar, was die Person, für die du dolmetschst, sagen möchte.
- Übertrage dies sinngemäß ins Italienische bzw. ins Deutsche. Lasse dabei alles Überflüssige weg.
- Umschreibe Wörter, die du nicht kennst, mit einfachen Wörtern (s. S. 149).
- Wenn dir Wörter nicht einfallen, nenne Beispiele.

PER PARLARE DI UN TESTO

DI CHE TIPO DI TESTO SI TRATTA?

un **articolo** di un quotidiano / di una rivista	*Artikel*
un'**intervista** / un **dialogo**	*Interview/Dialog*
un **reportage** / un'**inchiesta**	*Reportage/Umfrage*
una lettera **privata / formale**	*privat / formell*
un **diario**	*Tagebuch*
un'/una **(auto)biografia**	*(Auto)biografie*
un **commento**	*Kommentar*
un **fumetto**	*Comic*
il **testo di una canzone**	*Liedtext*
una **poesia**	*Gedicht*
un **romanzo** **storico**	*historischer Roman*
politico	*politischer Roman*
di fantascienza	*Science-Fiction -Roman*
d'avventura	*Abenteuerroman*
un'**opera teatrale**	*Theaterstück*
una **leggenda**	*Sage*
un **racconto**	*Erzählung*

L'AUTORE / AUTRICE

il/la **giornalista**	*Journalist/in*
lo **scrittore** / la **scrittrice**	*Schriftsteller/in*
il **poeta** / la **poetessa**	*Dichter/in*
il/la **cantante**	*Sänger/in*
il **disegnatore** /	*Zeichner/in*
la **disegnatrice**	

	… dà la sua **opinione** riguardo …	*Autor/in* *Meinung*
	… **esprime** le sue idee riguardo / su …	*drückt aus*
	… descrive …	
	… parla del problema di…	
l'autore / l'autrice	… narra la storia di…	
	… racconta della / la vita di…	
	… inizia / **conclude** con…	*schließt*
	… **giunge alla conclusione che**…	*kommt zu dem Schluss, dass*
	… muove / **fa una critica** a…	*kritisiert*
L'autore vuole	… divertire / **sorprendere** / **stupire**	*überraschen / erstaunen*
	… **richiamare la nostra attenzione su**…	*uns aufmerksam machen auf …*

I PERSONAGGI

il / la protagonista / **il personaggio principale**			*Hauptfigur*
Nel testo **vengono menzionati** (tre) personaggi / protagonisti.			*werden erwähnt*

	è	**grasso/-a**, **magro/-a**, alto/-a, basso/-a, bello/-a, brutto/-a, biondo/-a, **bruno/-a**, sportivo/-a, **moro/-a**, giovane, vecchio/-a	*dick, schlank* *braunhaarig* *dunkelhäutig/-haarig*
	porta	gli occhiali	
	ha	i capelli lunghi/corti, ha gli occhi azzurri/verdi/**scuri**	*dunkel*

Il personaggio principale / il / la protagonista	è			
		simpatico/-a	antipatico/-a	
		noioso/-a	interessante	
		moderno/-a	**tradizionalista**	*traditionell*
		intelligente	stupido/-a,	
		amabile	pesante,	
		paziente	**impaziente**	*(un)geduldig*
		triste	**allegro/-a**	*traurig* *fröhlich*
		diligente	pigro/-a	*fleißig*
		serio/-a	divertente	
		obbediente	**corraggioso/-a**	*gehorsam* *mutig*
		tranquillo	attivo/-a	
		rigido/-a	tollerante	*streng*
		fido/-a	**perfido/-a**	*treu(los)*
		naturale		
		curioso/-a		*neugierig*
		povero/-a	ricco/-a	
		studente di …		
	vive	da solo/-a	a casa di …	

LA STRUTTURA DEL TESTO

Il testo Il primo/secondo capitolo	**è diviso** in… **contiene** … (non) ha…. **comprende**	tre	scene parti paragrafi	*ist unterteilt in* *enthält* *umfasst*
			un'introduzione. una conclusione. un titolo.	*Einleitung* *Schlussfolgerung* *Titel*
Una poesia Una canzone	**consiste di**		versi (liberi). tre **strofe**. rime. un ritornello.	*besteht aus / (freie) Verse* *Strophen* *Reime* *Refrain*

IL CONTENUTO

L'azione si svolge a / in …	*Die Handlung spielt in*
La storia **è ambientata** a / in ….	*spielt*
Questo testo tratta di…	
Il testo parla di	

La **parola chiave**		*Schlüsselbegriff*
L'idea principale	del testo è …	
Il tema centrale		

LA LINGUA

Il linguaggio è caratterizzato da uno stile	**chiaro**	*klar*
	romantico	
	ironico	*ironisch*
	complicato	*kompliziert*
	drammatico	*dramatisch*
	realista	*realistisch*

Il testo contiene	**elementi** drammatici/comici	*Elemente*
	espressioni come …	*Ausdrücke*
L'autore / l'autrice utilizza	**descrizioni** di…	*Beschreibungen*
	dettagli/immagini/ripetizioni/	*Details/Bilder/Wiederholungen/*
	paragoni/ enumerazioni	*Vergleiche/Aufzählungen*

ESPRIMERE LA PROPRIA OPINIONE SUL TESTO

Mi	piace/piacciono **affascina/no** **impressiona/no** sorprende sorprendono	la linea le idee l'atmosfera le frasi	del testo perché…		*faszinieren* *beeindrucken* *überraschen*
	Il testo Tutto il testo **L'introduzione** **La conclusione**	mi sembra	un po' abbastanza piuttosto	allegro/-a triste noioso/-a ben scritto/-a buono/-a carino/-a **esagerato/-a** interessante strano/-a realistico/-a romantico/-a **sentimentale** vivo/-a	*übertrieben* *Einführung* *Schluss* *gefühlsbetont*

IL CINEMA

il copione		*das Drehbuch*
lo sceneggiatore / la sceneggiatrice		*der/die Drehbuchautor/in*
il/la regista		*der/die Regisseur/in*
l'attore / l'attrice		*der/die Schauspieler/in*
un **film**	d'amore / un film horror	*Liebesfilm/Horrorfilm*
	di azione	*Actionfilm*
	d'avventura	*Abenteuerfilm*
	di fantascienza	*Science Fiction-Film*
	giallo/poliziesco	*Kriminalfilm*
	di critica sociale	*Sozialkritischer Film*
un **cartone animato**		*Zeichentrickfilm*
un **western**		*Western*
una **commedia**		*Komödie*
un **video**		*Video*
un **cortometraggio**		*Kurzfilm*
un **documentario**		*Dokumentarfilm*

PICCOLO DIZIONARIO DI CULTURA E CIVILTÀ

GEOGRAPHISCHES / ORTE

Appennini

Der Apennin ist eine Mittelgebirgskette, die sich wie eine Art Rückgrat durch den italienischen Stiefel zieht. Ihm verdankt die italienische Halbinsel auch den Namen Apenninenhalbinsel. Insgesamt erstreckt sich das Gebirge über 1500 km.

Vom Apennin aus fließen die Flüsse auf der westlichen Seite ins Tyrrhenische und Ligurische Meer, die auf der östlichen in die Adria.

Die höchste Erhebung des Gebirges bildet mit 2912 Metern der *Corno Grande*, der Gipfel des Bergmassivs *Gran Sasso* in den Abruzzen. ▶ *6 Approccio*

Assisi (ca. 28.100 Einwohner)

Assisi ist eine mittelalterliche Stadt in der Region →Umbrien.

Sie ist der Geburtsort des Heiligen Franz von Assisi, Gründer des Franziskaner Ordens, und somit eine wichtige Pilgerstätte des Christentums.

Basilica di San Francesco

1997 wurde die Stadt von einem schweren Erdbeben heimgesucht, bei dem auch vier Menschen ums Leben kamen. Ebenfalls schwer beschädigt wurde die Basilika *San Francesco* mit ihren wertvollen Fresken bedeutender Künstler wie Giotto oder Cimabue.

Inzwischen wurden die Fresken restauriert und die Kirche gehört, ebenso wie die mittelalterliche Stadtmauer und die Festungsruine *Rocca Maggiore*, zum Weltkulturerbe. ▶ *5 Approccio*

Bari (ca. 322.700 Einwohner)

Bari ist die Hauptstadt der Region →Apulien. Sie liegt im Nordosten der Region an der Adriaküste und ist eine der großen Hafenstädte Italiens an der Adria.

Bari ist außerdem eine bedeutende Universitätsstadt. Die Universität *Aldo Moro* verfügt über zwölf Fakultäten. Unweit des Hafens befindet sich die Basilika *San Nicola*, die zu Ehren des Schutzheiligen der Stadt, Sankt Nikolaus, errichtet wurde. ▶ *1 Approccio*

Brenta

Der Brenta ist ein 174 km langer Fluss, der bei Trient entspringt, die Kalkalpen und später das venezianische Tiefland durchfließt und schließlich bei Chioggia in die Adria mündet.

Der letzte Teil des Flusses, der sogenannte Brenta-Kanal, wurde im 16. Jahrhundert künstlich als neues Flussbett des Brenta geschaffen, um Schwemmmaterial aus der venezianischen Lagune abzuleiten.

Entlang dieses Kanals entstanden mit der Zeit die prachtvollsten und zahlreichsten venezianischen Villen, ehemals Sommersitze des venezianischen Adels, die von illustren Architekten und Künstlern erbaut wurden. Heute gelten die Villen als touristische Attraktion und können u.a. bei einer Brenta-Schifffahrt besichtigt werden. ▶ *4B*

Etna (dt. Ätna)

Der Ätna ist mit 3323 Metern der höchste noch aktive Vulkan Europas und liegt auf der Insel Sizilien unweit der Stadt Catania.

Er liegt mitten in einer dicht besiedelten Gegend und zählt zu den am besten erforschten Vulkanen der Welt. Immer wieder bricht der Vulkan aus, wobei es sich meistens um kleinere Flankeneruptionen handelt, die, aus der Ferne bewundert, ein unvergessliches Schauspiel bieten.

Die bisher größte Eruption des 20. Jahrhunderts fand im Jahr 1991 statt: sie dauerte 473 Tage an und die Lavaströme stoppten erst kurz vor der Ortschaft Zafferana.

Wenn der Vulkan sicher ist, werden Trekkingtouren und Besichtigungen angeboten, bei denen man die einzigartige Vulkanlandschaft bewundern kann. Aufgrund seiner Höhe liegt auf den Gipfeln des Vulkans fast das ganze Jahr über Schnee, so dass man dort sogar Skifahren kann. ▶ *6 Approccio*

C

Firenze (dt. Florenz, ca. 377.200 Einwohner)
Florenz ist die Hauptstadt der Region Toskana und gehört zu den kunsthistorisch bedeutendsten Städten Italiens. Durch die Altstadt fließt der Fluss Arno, über den viele Brücken, u.a. der berühmte → *Ponte Vecchio* führen.

Ponte Vecchio

Im 15. und 16. Jahrhundert beherrschte die Familie → *de' Medici* die Stadt Florenz. Sie gilt u.a. als Begründer des Bankenwesens und machte Florenz zu einer der reichsten Städte dieser Zeit. Florenz war außerdem die Wirkungsstätte zahlreicher Künstler und Wissenschaftler wie z.B. Donatello, Botticelli, oder später Leonardo Da Vinci, →Michelangelo, Machiavelli oder Galileo Galilei. Die Förderung und Finanzierung dieser Künstler und Denker durch die →Medici läutete eine neue Epoche in Europa ein: die Renaissance (*il Rinascimento*). Florenz wird daher oft als die Wiege der Renaissance bezeichnet.
Florenz beherbergt unzählige Kunstwerke, Paläste, Museen und Monumente. Die gesamte Altstadt wurde in den achtziger Jahren zum Weltkulturerbe erklärt.
Florenz wird jährlich von ca. 16 Millionen Touristen besucht. Das führt leider auch dazu, dass die Stadt in der Hochsaison hoffnungslos überfüllt ist und sich vor den berühmten Museen endlose Schlangen bilden. ▶ *5 Approccio*

Genova (dt. Genua, ca. 570.000 Einwohner)
Genua ist die Hauptstadt der Region Ligurien und die wichtigste Hafenstadt Italiens. Schon im Mittelalter zählte die damalige Seerepublik Genua zu den wichtigsten Hafenstädten. Von Genua aus bestehen Verbindungen zu fast allen Häfen der Welt. Kein Wunder also, dass Christoph Columbus, ein Kind dieser Stadt, das Fernweh packte und er sich von Genua aus auf Reisen begab.
Auch die Altstadt zeugt mit ihren mittelalterlichen Festungsanlagen noch von der einstigen Stellung als Seemacht. Einen Kontrast dazu bilden die prunkvollen Paläste aus dem 16. Jahrhundert, als Genua durch den Gold- und Silberhandel sowie den Schiffsbau zu den reichsten Handelsstädten Europas gehörte. Das Wahrzeichen der Stadt ist der große Leuchtturm, die *Lanterna*.
Im Jahr 1992 gestaltete Stararchitekt Renzo Piano, der selbst aus Genua stammt, anlässlich der Kolumbusfeiern zum 500. Jahrestag der Entdeckung Amerikas, den alten Teil des Hafens, den *Porto Antico,* grundlegend um.
Im Jahr 2004 war Genua Weltkulturhauptstadt.
▶ *6 Approccio*

Isola d'Elba (ca. 32.000 Einwohner)
Die Insel Elba liegt ca. 10 km vom italienischen Festland entfernt und gehört zur Region Toskana (Provinz *Livorno*). Sie ist die größte Insel des toskanischen Archipels und nach Sardinien und Sizilien die drittgrößte Italiens.
Den höchsten Punkt der Insel bildet der *Monte Capanne* mit 1019 Metern.
Die Insel Elba ist ein äußerst beliebtes Reiseziel. Vor allem an der Südwestküste der Insel, an der *Costa del Sole* befinden sich zahlreiche Hotels und Ferienanlagen. Gegenüber, an der Ostküste, befindet sich die sogenannte *Costa che brilla* (etwa: die glitzernde Küste), die weniger überfüllt ist als der Westen. Den Namen verdankt dieser Küstenabschnitt dem Reichtum an Mineralien, die das Gestein im Wasser glitzern lassen.
Im Jahr 1814 kam der französische Herrscher Napoleon ins Exil auf die Insel Elba, die er aber nach 10 Monaten bereits wieder verließ. Sein ehemaliges Wohnhaus kann heute besichtigt werden.
▶ *5 Approccio*

Villa San Martino

Lago di Garda (dt. Gardasee)
Der Gardasee ist der größte See Italiens und liegt in drei Regionen: Der nördliche Teil gehört zu Trentino-

Südtirol, der Osten zu Venetien und der Westen zur Lombardei.

Der See erstreckt sich über fast 370 km² und ist stellenweise bis zu 346 m tief. Der Gardasee entstand aus einem Gletscher der letzten Eiszeit, dessen Spuren man noch heute z.B. an den Aufschüttungen von Gesteinsmaterial am Südufer nachvollziehen kann.

Aufgrund der reizvollen Lage zwischen den Alpen und der Po-Ebene ist die Gegend um den Gardasee schon seit den sechziger Jahren ein beliebtes Reiseziel, was der Region einen gewissen Wohlstand bescherte. Während sich der Süden mit seinen vielen Freizeitparks und Hotels eher auf älteres Publikum und Familien eingestellt hat, ist der rauere Norden bei Kletterern, Mountainbikern und Surfern sehr beliebt.

Neben dem Tourismus sind auch der Anbau von Wein und Zitrusfrüchten wichtige Wirtschaftsfaktoren. ▶ 6 Approccio

Lago Maggiore

Der *Lago Maggiore* ist neben dem →Gardasee der zweitgrößte See Italiens. Er umfasst eine Fläche von 212 km² und ist bis zu 370 m tief. Ca. 80% des Sees liegen in den italienischen Regionen Lombardei und Piemont, 20% gehören zum Schweizer Kanton Tessin (*Ticino*).

Die größte Stadt am *Lago Maggiore* ist *Verbania*, die auf der italienischen Seite liegt.

Auf der schweizerischen Seite befinden sich exklusive Ferienorte, wie *Ascona* oder *Locarno*. Letzterer ist auch aufgrund seines internationalen Filmfestivals bekannt.

Der *Lago Maggiore* ist auch für Wassersportler und Mountainbiker ein beliebtes Reiseziel. ▶ 6 Approccio

Milano (dt. Mailand, ca. 1,3 Mio. Einwohner)

Mailand ist die Hauptstadt der norditalienischen Region Lombardei und nach Rom die zweitgrößte Stadt Italiens.

Mailand ist die führende Wirtschaftsstadt Italiens: Die Stadt ist Sitz zahlreicher großer internationaler Wirtschaftsunternehmen, Modelabel, Werbeagenturen und der italienischen Börse. Außerdem ist sie die wichtigste Messestadt Italiens. Für die Modebranche ist Mailand neben Paris und London eine der führenden Metropolen.

Wahrzeichen der Stadt ist der Mailänder Dom, eine gotische Kathedrale aus dem späten Mittelalter und die flächenmäßig drittgrößte Kirche der Welt.

Die künstlich angelegten *navigli*-Kanäle dienten bereits im Mittelalter als Handelswege und sorgten für eine gute Versorgung der Stadt. Heute sind sie ein beliebter Treffpunkt junger Menschen, weil es dort viele Lokale gibt.

Mailand war ein wichtiges Zentrum der gotischen Kunst und Architektur.

Neben zahlreichen weiteren Sehenswürdigkeiten beherbergt Mailand eines der berühmtesten Kunstwerke der Welt: das letzte Abendmahl (*il Cenacolo*) von Leonardo da Vinci, das heute im Dominikanerkloster *Santa Maria delle Grazie* nur mit Voranmeldung bewundert werden kann.

In Mailand gibt es sieben Universitäten und einige bekannte Kunst- und Musikakademien, wie z.B. die Akademie für bildende Künste (*Accademia di Belle Arti di Brera*) und das Mailänder Konservatorium (*Conservatorio Giuseppe Verdi*), die größte Musikhochschule Italiens.

Zudem befindet sich in Mailand eines der berühmtesten Opernhäuser der Welt: die Mailänder →Scala. ▶ 6 Approccio

Otranto (dt. Otrant, ca. 5700 Einwohner)

Otranto ist eine kleine Hafenstadt in der Provinz Lecce im Südosten →Apuliens.

Vom kleinen Hafen und der Seepromenade aus hat man einen beeindruckenden Blick auf die vorgelagerte Felsküste und die Adria.

Die hübsche Altstadt, der *Borgo Antico*, ist durch eine gewaltige Stadtmauer befestigt, um die Stadt, einst ein wichtiges Handelszentrum, vor Angreifern zu schützen.

Südlich von Otranto befindet sich der östlichste Punkt Italiens: die *Punta Palascia*. ▶ 1 Approccio

Padova (dt. Padua, ca. 206.400 Einwohner)

Padua ist eine Stadt westlich von →Venedig in der Provinz Venetien und gehört zu den ältesten Städten Italiens.

Die Stadt beheimatet eine der renommiertesten Universitäten Italiens und eine der ältesten Europas, an der im 16. Jahrhundert auch Galileo Galilei einen Lehrstuhl für Mathematik innehatte.

Eine der berühmtesten Sehenswürdigkeiten der Stadt ist die *Basilica di Sant'Antonio*. ▶ 4B

Perugia (166.000 Einwohner)

Perugia ist die Hauptstadt der Region →Umbrien. Während der modernere Teil der Stadt auf einer Ebene gelegen ist, befindet sich die hübsche Altstadt etruskischen Ursprungs etwas höher, auf einem Berg.

Eine Besonderheit der Stadt ist die unterirdische Rolltreppe, die durch eine Art Katakomben führt und beide Stadtteile miteinander verbindet.
Dank der engen Gassen und vielen Stufen ist die Altstadt weitgehend für den Autoverkehr gesperrt. Sehenswürdigkeiten der Stadt sind u.a. der *Arco Etrusco*, ein etruskischer Bogen aus dem 3. Jh. v. Chr., und die *Fontana Maggiore,* der Brunnen im Zentrum der Altstadt.
Perugia ist auch eine Studentenstadt. Neben der italienischen Universität befindet sich dort die *Università per Stranieri*, speziell für Ausländer, die italienische Sprache und Landeskunde studieren möchten.
Jedes Jahr findet in Perugia das berühmte Jazzfestival *Umbria Jazz* statt, bei dem auch internationale Jazzgrößen meist *Open Air* und gratis vor der wunderschönen Kulisse Perugias und umliegender Ortschaften auftreten.
Außerdem ist Perugia die Heimat der *Baci Perugini*, einer Schokopraline, die auch in Deutschland in keinem italienischen Spezialitätenladen fehlen darf. Der Hersteller, die Firma *Perugina*, gehört allerdings inzwischen zum Nestlé Konzern. Trotzdem findet in Perugia jedes Jahr im Oktober die *Eurochocolate* statt, eine internationale Schokoladenmesse.   ▶ *5 Approccio*

la Puglia (dt. Apulien, ca. 4.076.546 Einwohner.)
Apulien ist eine Region im Südosten Italiens mit der Hauptstadt →Bari.
Die Küste der Region erstreckt sich entlang des ionischen und des adriatischen Meeres.
Die Region ist in sechs Provinzen unterteilt. Im Süden Apuliens bildet die Halbinsel *Salento* den „Absatz" des italienischen „Stiefels".
Apulien wird als touristisches Reiseziel immer beliebter und ist u.a. berühmt für seine charakteristischen Rundhäuser, die sogenannten →*trulli*.   ▶ *1 Approccio*

Sentiero di Francesco
Der Franziskusweg ist ein Pilgerweg zwischen →Florenz und Rom zu Ehren des heiligen Franziskus. Die Strecke ist in Teilstrecken unterteilt und führt in weiten Teilen durch →Umbrien und die Toskana, wo die wichtigsten Wirkungsstätten des Heiligen liegen. Eine der Etappen verläuft z.B. von Gubbio nach →Assisi, dem Geburts- und Sterbeort Franziskus'.   ▶ *5 Approccio*

Siena (ca. 53.000 Einwohner)
Siena ist eine Stadt im Herzen der Toskana.
Seit jeher steht die Stadt in Sachen Kunstschätze und Kultur in einer Art Konkurrenz zu →Florenz. Sienas Stadtbild ist aber, im Gegensatz zu den Renaissance-Bauten von →Florenz, eher durch mittelalterliche Gotik geprägt. Zu den zahlreichen Sehenswürdigkeiten gehört auch der berühmte Dom aus schwarzem und weißem Marmor. Eine weitere ist der halbrunde, fast muschelförmige Hauptplatz der Stadt, die *Piazza del Campo*, die leicht abschüssig ist. Diese Tatsache macht das alljährlich stattfindende weltberühmte Pferderennen, den *Palio di Siena*, wohl zum gefährlichsten Pferderennen der Welt. Gleichzeitig aber ist es auch das kürzeste.
In Siena befindet sich eine der ältesten Universitäten Italiens und auch dort gibt es eine *Università per Stranieri*, für ausländische Studenten der italienischen Sprache und Kultur.
Ebenfalls eine lange Tradition in Siena hat die Familienbäckerei *Nannini*, die dort ein Kaffeehaus und eine Kaffeerösterei betreiben. Die Eigentümer sind die Eltern der italienischen Rocksängerin Gianna Nannini und des Rennfahrers Alessandro Nannini, der seit einem Unfall gelähmt ist, aber danach noch Rennen fuhr.   ▶ *5 Approccio*

Taranto (dt. Tarent, ca. 203.000 Einwohner)
Tarent ist die Hauptstadt der gleichnamigen Provinz im Süden der Region und eine wichtige Hafenstadt. Berühmt ist die Stadt außerdem für die drehbare Brücke (*Ponte Girevole*), die die Altstadt mit der Neustadt verbindet.   ▶ *1 Approccio*

Umbria (dt. Umbrien)
Umbrien ist eine kleine Region in Mittelitalien. Ihre Hauptstadt ist →Perugia und sie besteht aus lediglich zwei Provinzen: Perugia und Terni.
Umbrien liegt mitten im Landesinneren und hat als einzige Region Italiens weder eine Küste noch eine Anbindung an die Alpen.
Zwar ist die Region etwas weniger berühmt als die benachbarte Toskana, jedoch nicht weniger reizvoll: Neben der unberührten Natur und dem Trasimenischen See (*Lago Trasimeno*) gehören viele malerische mittelalterliche Städte wie →Assisi, Gubbio, Spoleto und Perugia zu der Region.
▶ *5 Approccio*

Venezia (dt. Venedig, ca. 264.000 Einwohner)
Venedig ist die Hauptstadt der Region Venetien (*Veneto*) im Nordosten Italiens.
Venedigs Altstadt liegt auf mehrere Inseln verteilt inmitten der Lagune von Venedig und ist somit komplett von Wasser umgeben. Diese einzigartige Lage macht die Stadt u.a. zu einer der berühmtesten der Welt. Sie gehört zum UNSECO Weltkulturerbe. Anstelle des Autos oder des Busses bewegt man sich auf Venedigs Wasserstraßen mit dem Boot fort. Das berühmteste Fortbewegungsmittel in den Kanälen ist die *gondola*, die heute allerdings überwiegend touristischen Zwecken dient.

Venezia, le Gondole

Bis ins späte 18. Jahrhundert hinein war Venedig eine der bedeutendsten Handelsstädte des damaligen Europas, was der Stadt den Beinamen *La Serenissima* (etwa: Die Allerdurchlauchteste) einbrachte.

Aufgrund seiner Lage kommt es in Venedig jeden Winter zu Hochwasser (*acqua alta*), bei dem in schlimmen Fällen bis zu 80% der Stadt überschwemmt werden. Die jährliche Klimaerwärmung und die künstliche Verbreiterung der Meerzugänge für Öltanker und Kreuzfahrtschiffe verschlimmern diese Gefahr noch und stellen eine ernstzunehmende Bedrohung für die weltberühmte Stadt dar. ▶ *4B*

Vesuvio (dt. Vesuv)
Auch der Vesuv ist neben dem Ätna (→*Etna*) ein aktiver Vulkan und gilt als einer der gefährlichsten Europas. Er liegt auf dem italienischen Festland am Golf von Neapel und ist 1281 m hoch.
Typisch für diese Art Vulkan sind lange Pausen, aber dafür umso heftigere Ausbrüche. Der letzte, eher sanfte Ausbruch, geht auf das Jahr 1944 zurück. Trotz Evakuierungsmaßnahmen wurden Ortschaften verschüttet und 26 Menschen kamen ums Leben. Sein bisher heftigster Ausbruch fand im Jahre 79 n. Chr. statt und verschüttete die römischen Städte Pompei, Herculaneum und Stabiae vollständig, deren freigelegte Überreste man heute besichtigen kann.
Heute ist die Gegend um den Vesuv dicht besiedelt und die Metropole Neapel liegt nur neun Kilometer entfernt. Zwar wird die Aktivität des Vulkans permanent überwacht, dennoch würde ein erneuter Ausbruch eine ernsthafte Gefahr für die Bewohner der Umgebung darstellen. ▶ *6 Approccio*

SEHENSWÜRDIGKEITEN IN APULIEN

Castel del Monte

Das *Castel del Monte* gilt als eine der berühmtesten mittelalterlichen Burgen der Welt. Das ist u.a. seinem einzigartigen achteckigen Grundriss zu verdanken. Auch der offene Innenhof ist achteckig und im Inneren befinden sich auf jedem der beiden Stockwerke genau acht prächtige Säle.
Der Stauferkönig Friedrich II. ließ das Gebäude 1240 errichten. Die Fertigstellung zog sich aber bis 1250 hin.
Berühmt wurde das eindrucksvollen Bauwerk durch das ungelöste Rätsel um seine wahre Bestimmung: Dem burgartigen Bau fehlen entscheidende Details, wie z.B. ein Burggraben oder Verteidigungsanlagen. Auch als Schloss konnte es nicht wirklich gedient haben, denn dafür fehlte es an Unterkünften für

Angestellte, Vorratskammern oder Stallungen. Bis heute gibt es Wissenschaftlern und Historikern Rätsel auf, zu welchem Zweck Friedrich II. das *Castel* wirklich errichten ließ.
Sicher ist, dass der König sein Schloss niemals oder nur sehr kurz nutzen konnte, da er 1250 starb – in dem Jahr der Fertigstellung.
Nach seinem Tod wurde das Bauwerk u.a. als Gefängnis, Veranstaltungsort für Hochzeiten, Zufluchtsort adeliger Familien vor der Pest und Unterschlupf für Schafe genutzt. Erst 1876 erwarb der italienische Staat das *Castel del Monte,* um es vor dem endgültigen Zerfall zu bewahren.
Die geheimnisumwobene Burg ziert die italienische Ein-Cent-Münze. ▶ *1 Approccio*

i trulli

Die für Apulien (→ *la Puglia*) typischen Rundhäuser mit den spitz zulaufenden Bruchsteindächern wurden ohne Zement oder Mörtel aus Natursteinschichten erbaut. Diese Trockenbauweise diente im 17. Jh. dazu, Steuern zu sparen, die für gemauerte Häuser entrichtet werden mussten. Kündigte sich eine königliche Kontrolle an, konnten die *trulli* einfach abgebaut werden.
Zu dieser Zeit dienten die *trulli* als Unterkunft für die Landbevölkerung. Heute beherbergen viele der *trulli* kleine Souvenirläden oder sie können als Ferienunterkunft gemietet werden.
Die massiven Wände mit den kleinen Fenstern sorgen dafür, dass es im Inneren der *trulli* in den heißen Sommermonaten angenehm kühl bleibt. Im Winter dagegen speichern die dicken Wände die Wärme, die durch einen offenen Kamin erzeugt wird.
Die bekannteste *trulli*-Siedlung Apuliens ist Alberobello. Der Ort ist heute Teil des UNESCO Weltkulturerbes. ▶ *1 Approccio*

i trulli

SEHENSWÜRDIGKEITEN IN ROM

Piazza del Popolo

Die *Piazza del Popolo* (Platz des Volkes) gehört zu den berühmtesten Plätzen Roms und ist sozusagen das „Vorzimmer" zum Herzen der Stadt.

Piazza del Popolo

Er ist von drei Kirchen gesäumt und in seiner Mitte steht als Blickfang ein ägyptischer Obelisk, den die Römer einst aus Ägypten nach Rom brachten und zur Erinnerung an die Eroberung Ägyptens ursprünglich im *Circo Massimo* aufstellten.
Von der *Piazza del Popolo* gehen drei der wichtigsten Hauptstraßen der Stadt ab, so dass das Gesamtbild eines Dreizacks (*tridente*) entsteht. Eine dieser Straßen, die *Via del Corso*, folgt einer antiken Straße, der ehemaligen *Via Flaminia*, die bereits 220 v. Chr. erbaut wurde und eine der wichtigsten Zufahrtstraßen nach Rom gewesen ist. Sie führt an der *Piazza del Popolo* durch das Stadttor (*Porta del Popolo*, ehem. *Porta Flaminia*), durch das bereits in der Antike Pilger und Kaufleute nach Rom kamen. ▶ *3 Approccio*

Ponte Milvio (dt. Milvische Brücke)

Der *Ponte Milvio* ist eine Brücke antiken Ursprungs. Sie führt über den Tiber und war lange Zeit Hauptverkehrsweg für Reisende, die aus dem Norden nach Rom kamen. Die Brücke ist bereits im Jahr 207 v. Chr. aus Holz erbaut worden, wurde aber im Laufe der Jahrhunderte unzählige Male restauriert und mit Stein überbaut.
Heute ist die Brücke für den Autoverkehr gesperrt. Vor einigen Jahren entstand bei Frischverliebten die Tradition, ein Vorhängeschloss als Symbol der ewigen Liebe an der zentralen Laterne der Brücke zu befestigen und den Schlüssel im Tiber zu versenken. Woher genau dieser Brauch stammt, ist nicht eindeutig; zumindest aber erfuhr er einen regelrechten Boom, nachdem er im Erfolgsroman *Ho voglia di te* von Federico Moccia beschrieben worden ist. Da die Laterne nach einer Weile unter der Last der unzähligen Schlösser abknickte, befestigte man vor jeder Laterne Pfosten mit Ketten, an denen die Schlösser befestigt werden dürfen.
Eine weitere Lösung zur Schonung der Brücke ist die von jungen Kreativen aus Rom gegründete Webseite: http://www.lucchettipontemilvio.com/, auf der man ein virtuelles Vorhängeschloss mit seiner eigenen Liebeserklärung entwerfen kann.
▶ *Letteratura*

Ponte Milvio

Trastevere

Trastevere ist ein am Fluss Tiber (Tevere) gelegenes Stadtviertel Roms. Der Name bedeutet so viel wie: Jenseits des Tibers, da das Viertel jenseits des Stadtzentrums am westlichen Ufer des Tibers gelegen ist. *Trastevere* ist aufgrund seiner verwinkelten Gassen und zahlreichen Restaurants und Bars ein bei Römern und Touristen sehr beliebter Aufenthaltsort.

Eine weitere Attraktion des Viertels ist der berühmte Flohmarkt nahe des antiken Stadttors *Porta Portese*. ▶ *3 Approccio*

il Vaticano

Mitten in Rom befindet sich einer der in Italien gelegenen Kleinstaaten: Staat der Vatikanstadt (*Stato della Città del Vaticano*). Vatikanstadt ist mit einer Fläche von ca. 44 Hektar und etwa 600 Einwohnern der kleinste Staat der Welt. Der Vatikan ist der Sitz des Papstes und somit weltweites Zentrum der katholischen Kirche.

Die vatikanische Staatsbürgerschaft ist immer an ein Amt oder eine Funktion gebunden und kann somit immer nur zeitlich begrenzt angenommen werden. Die Amtssprachen des Vatikans sind Italienisch, Latein und Französisch.

Der Vatikan hat eine eigene Zeitung, den *Osservatore Romano*, die wöchentlich in sechs verschiedenen Sprachen erscheint, und einen Radiosender, *Radio Vaticano*.

Einige der berühmtesten Sehenswürdigkeiten Roms befinden sich eigentlich auf dem Territorium der Vatikanstadt, z.B. der Petersdom und die Sixtinische Kapelle. ▶ *3 Approccio*

SEHENSWÜRDIGKEITEN IN FLORENZ

Palazzo Pitti

Der *Palazzo Pitti* wurde Mitte des 15. Jahrhunderts für den reichen Kaufmann Luca Pitti errichtet. Nach dessen Tod erwarb die Familie →de' Medici den Bau und machte ihn zum offiziellen Wohnsitz der Herrscherfamilie.

Heute sind in dem Palast und dem dazugehörigen Park verschiedene Museen untergebracht, wie z.B. die Galerie für moderne Kunst, das Silbermuseum, die Kostüm-Galerie oder das Porzellanmuseum. Natürlich können auch die prunkvollen Gemächer im Inneren des Palastes besichtigt werden.

▶ *5 Approccio*

Ponte Vecchio

Der *Ponte Vecchio* (alte Brücke) ist die älteste Brücke in →Florenz. Ihr heutiges Erscheinungsbild geht zurück auf das Jahr 1345, als sie gebaut wurde, um einen alten Flussübergang zu ersetzen, der an dieser Stelle durch ein Hochwasser zerstört worden war. In dieser Zeit war es üblich, Werkstätten und Geschäfte auf Brücken unterzubringen, so wie es heute noch auf dem *Ponte Vecchio* zu sehen ist.

Zunächst betrieben dort vor allem Metzger und Gerber ihr Handwerk, wurden aber aufgrund des üblen Gestanks später von Goldschmiedewerkstätten verdrängt, welche noch heute überwiegend auf dem *Ponte Vecchio* vertreten sind.

C

Im 16. Jahrhundert ließ Cosimo I. de' Medici in einem Gang über den Geschäften der Brücke den nach dem Architekten Giorgio Vasari benannten Vasarikorridor errichten, um ungestört von den →Uffizien zum →Palazzo Pitti zu gelangen, ohne sich durch das Gewimmel auf der Brücke schlagen zu müssen.

Ponte Vecchio

Der *Ponte Vecchio* ist die einzige Brücke in →Florenz, die im Zweiten Weltkrieg unversehrt blieb.

▶ *5 Approccio*

Uffizi (dt. die Uffizien)

Die Uffizien bezeichnen einen Gebäudekomplex in →Florenz, der heute eine der bedeutendsten Kunstsammlungen der Welt beherbergt. Seinen Namen verdankt das berühmte Museum seiner ursprünglichen Bestimmung: Mitte des 16. Jahrhunderts ließ Cosimo I. de' Medici den riesigen Gebäudekomplex zur Unterbringung aller wichtigen Ämter des Großherzogtums Florenz vom Architekten

Giorgio Vasari errichten; und *ufficio* bedeutet eigentlich Büro.

Ein Nachfolger Cosimos, Francesco I., war ein leidenschaftlicher Kunstsammler und ließ das Obergeschoss des Gebäudes zu einer Galerie umbauen, in denen er seine gesammelten Kunstwerke unterbrachte. Nach dem Tod des letzten Medici-Herzogs wurden die gesammelten Reichtümer und Kunstwerke der Familie in den Uffizien ausgestellt.

Gli Uffizi

Die beeindruckende Sammlung umfasst Gemälde, Skulpturen, Wandteppiche und Zeichnungen aus der Zeit zwischen dem 13. und dem 18. Jahrhundert. Darunter befinden sich weltbekannte Gemälde der bedeutendsten italienischen Künstler, wie z.B. Botticelli, Leonardo da Vinci, →Michelangelo, Tizian, Raffael, Caravaggio oder Giotto und ausländischer Künstler, wie Rembrandt, Cranach oder Dürer.

▶ *5 Approccio*

SONSTIGES

agriturismo

Als *agriturismo* werden landwirtschaftliche (Familien-)Betriebe bezeichnet, denen ein Restaurant angeschlossen ist und die Zimmer oder Appartements an Touristen vermieten. Im Restaurant werden überwiegend Produkte aus eigener Herstellung verwendet und regionale Gerichte angeboten.

Diese Form von Urlaub wird immer beliebter, da man zwar eine Art Hotel-Service genießen kann, aber viel persönlicher und authentischer wohnt, meist fern ab vom Massentourismus. Auch bei *agriturismo*-Betrieben gibt es ganz unterschiedliche Niveaus: vom einfachen landwirtschaftlichen Betrieb mit günstigen Zimmern bis hin zu größeren

Betrieben mit mehreren Appartements, Poolanlagen, Spielplätzen und Kinderbetreuung.

Kommt man zur richtigen Zeit, kann man z.B. bei der Wein- oder Olivenernte helfen oder beim Scheren der Schafe zusehen.

Man kann ein *agriturismo* aber auch nur als Restaurant nutzen. In der Regel gibt es keine Menü-Karte, sondern lediglich eine kleine Auswahl an Gerichten, die an diesem Tag zubereitet werden. Das macht einen besonderen Reiz aus, da man Dinge probieren kann, die man sich selbst vielleicht nie bestellt hätte.   ▶ *5 Approccio*

corno rosso

Das rote Horn gilt in der Gegend rund um Neapel als Schutz vor dem bösen Blick (→ *malocchio*). Es ist also kein klassischer Glücksbringer, sondern soll Unglück von seinem Besitzer abwehren.

Man findet es über Türen, an Autorückspiegeln oder als Schlüssel- oder Kettenanhänger. Meist ist es aus Koralle, Gold oder Silber gefertigt, heutzutage häufig auch aus Plastik.

Der Brauch geht auf das Jahr 3500 v. Chr. zurück, als es unter der Landbevölkerung üblich war, das Horn eines Tieres über der Tür aufzuhängen, als Zeichen der Fruchtbarkeit, die gleichbedeutend war mit Kraft und Erfolg. Auch in der Mythologie hatte das Horn immer eine wichtige Funktion und diente als Opfergabe für Fruchtbarkeitsgottheiten.

Seine rote Farbe symbolisiert die Farbe des Blutes, das ebenfalls für Kraft steht und in vielen Kulturen die Farbe des Glücks ist.

Damit das Horn seine Funktion auch erfolgreich erfüllen kann, darf man es nicht selbst kaufen, sondern muss es geschenkt bekommen. Es ist daher ein sehr beliebtes Mitbringsel aus Neapel und Umgebung. ▶ 5B

Expo

Am 31. März 2008 fiel die Entscheidung, die große internationale Weltausstellung Expo vom 1. Mai bis 31. Oktober 2015 in →Mailand stattfinden zu lassen unter dem Motto „Den Planeten ernähren, Energie für das Leben". Technologie, Innovation, Kultur, Tradition und Kreativität sollten dabei mit den Themen Ernährung und Essen verbunden werden. ▶ 6A

Fernsehlandschaft in Italien

In Italien gibt es drei staatliche Fernsehkanäle: *Rai 1, Rai 2* und *Rai 3*.

Außerdem gibt es die Sender des Medienkonzerns *Mediaset*, deren Eigentümer der umstrittene ehemalige Ministerpräsident Silvio Berlusconi ist: *Rete 4, Canale 5* und *Italia 1*.

Weiterhin gibt es auch in Italien *Pay-TV Sender* wie z.B. *Sky* oder *Mediaset Premium*.

Über einige Kabelanbieter kann man gegen einen Aufpreis auch italienisches Fernsehen in Deutschland empfangen. Im Netz ist es möglich, einzelne *Rai*-Eigenproduktionen in deren Mediathek anzusehen. Viele Fernseh- und Showformate im Privatfernsehen gibt es heute in fast allen europäischen Ländern gleichermaßen. So gibt es in Italien auch die Formate der gängigen Casting- oder Spielshows, wie z.B. *The Voice Of Italy* oder *Grande fratello* (Big Brother),

Scherzi a parte (Verstehen Sie Spaß) oder *Scommettiamo che* (Wetten, dass...), das aber inzwischen auch in Italien der Vergangenheit angehört. ▶ 2 Approccio

il malocchio

Der *malocchio,* der böse Blick, ist ein uralter, vorchristlicher, aber nach wie vor verbreiteter Aberglaube in vielen Kulturen der Welt. Er besagt, dass der Blick eines bestimmten Menschen mit magischen Kräften einem anderen Schaden zufügen bzw. Unheil über ihn bringen kann.

Um sich vor dem *malocchio* zu schützen, gibt es in jeder Kultur unterschiedliche Hilfsmittel: In Italien gehört z.B. das → *corno rosso* dazu. Hat man davon keines zur Hand, soll auch das Berühren von Metall helfen oder die *mano cornuta,* eine Handgeste, bei der der kleine Finger und Zeigefinger ausgestreckt nach unten zeigen.

Achtung: Anders herum, mit den Fingern nach oben, ist die Geste eine üble Beleidigung! ▶ 5B

Natale

Natale bezeichnet das italienische Weihnachten. Die Feierlichkeiten beginnen wie in Deutschland am Abend des 24. Dezembers (*vigilia di natale*) üblicherweise mit einem festlichen Beisammensein der Familie und einem schönen Essen. Viele Familien besuchen in der Nacht vom 24. auf den 25. Dezember die Mitternachtsmesse.

Geschenke gibt es in Italien erst am 25. Dezember. In Italien hat die Weihnachtskrippe (*il presepe*) eine wesentlich längere Tradition als der Weihnachtsbaum (*l'albero di Natale*), der erst in den letzten Jahrzehnten an Bedeutung gewonnen hat. Die berühmtesten Weihnachtskrippen sind die neapolitanischen, in denen höchst aufwendige und detailreiche Szenen abgebildet sind. Während die Krippe und die meisten Figuren bereits in der Vorweihnachtszeit die italienischen Wohnzimmer schmücken, wird die Jesusfigur traditionell erst in der Nacht vom 24. auf den 25. Dezember in seine Krippe gelegt. ▶ 2B

Olivenöl

Apulien (→*la Puglia*) ist u.a. bekannt für die Produktion eines ausgezeichneten Olivenöls, das u.a. nach Deutschland exportiert wird. Die Olivenernte findet je nach Witterung zwischen Oktober und November statt. Man unterscheidet zwischen manuellen und mechanischen Ernteverfahren. Bei der manuellen Ernte werden unter den Bäumen

große Netze ausgelegt und die Oliven werden
entweder einzeln per Hand gepflückt, was sehr zeit-
und personalintensiv ist, oder mit Stöcken sanft
abgeschlagen. Der Vorteil liegt darin, dass die Oliven
kaum beschädigt werden, was sich später auf den
Säuregehalt des Öls positiv auswirkt.
Bei der mechanischen Ernte kommen
Rüttelmaschinen zum Einsatz.
Nach der Ernte werden die Oliven in der Ölmühle,
dem *frantoio*, zunächst gewaschen, dann zerkleinert
und schließlich gepresst. Die Qualitätsbeschreibung
extra vergine bezeichnet eine Erstpressung ohne
Wärmeeinwirkung.
Leider gibt es auch bei der Produktion von Olivenöl
immer wieder Skandale, bei denen z.B. einfach
Oliven aus unterschiedlichen Ländern gemischt
werden und anschließend falsch etikettiert in den
Handel gehen. ▶ *1 Approccio*

Presse in Italien

In Italien gibt es eine große Bandbreite an regionalen
und überregionalen Tageszeitungen. Zu den
wichtigsten überregionalen Tageszeitungen gehören:
*Il Corriere della Sera, La Repubblica, La Stampa und Il
Sole 24 ore*, die sich mit Wirtschaftsthemen befasst.
Eine Besonderheit in der italienischen
Presselandschaft stellen die sehr umfangreichen
Sportzeitungen dar, die täglich ausschließlich über
Sport-Ereignisse berichten. Die wichtigsten sind die
Gazzetta dello Sport und der *Corriere dello Sport*.
Die *Gazzetta dello Sport* erreicht in etwa dieselbe
Auflage wie eine der großen Tageszeitungen und
zeichnet sich durch ihre rosafarbenen Seiten aus.
Daneben gibt es außerdem eine Vielzahl an
Wochenmagazinen, die, ähnlich wie bei uns, mehr
oder weniger anspruchsvoll sind. Auf der einen Seite
gibt es die überall beliebte Klatschpresse mit
Zeitungen wie *Gente* oder *Oggi*, auf der anderen
Seite seriöse Wochenmagazine wie *L'Espresso* oder
Panorama. ▶ *2 Approccio*

Regionen

Italien ist in 20 Regionen unterteilt, die
Ähnlichkeiten mit den Bundesländern in
Deutschland haben:
Aostatal (*Valle D'Aosta*); Abruzzen (*Abbruzzo*);
Apulien (→*Puglia*); Basilikata (*Basilicata*); Emilia-
Romagna; Friaul-Julisch-Venetien (*Friuli-Venezia
Giulia*); Kalabrien (*Calabria*), Kampanien (*Campania*);
Latium (*Lazio*); Ligurien (*Liguria*); Lombardei
(*Lombardia*); Marken (*Marche*); Molise; Piemont
(*Piemonte*); Sardinien (*Sardegna*); Sizilien (*Sicilia*);

Toskana (*Toscana*); Trentino-Südtirol (*Trentino-Alto
Adige*); Umbrien (→*Umbria*), Venetien (*Veneto*).
Außerdem gibt es in Italien zwei Kleinstaaten: San
Marino und Vatikanstadt (→*Città del Vaticano*).
▶ *1 Approccio*

La sagra

Als *sagre* bezeichnet man die Feierlichkeiten eines
Ortes zu Ehren eines bestimmten regionalen
Produktes. Sind z.B. im Herbst die Esskastanien reif,
wird die *sagra* (oder *festa*) *della castagna* gefeiert.
Meist werden dann Buden mit typischen Gerichten
aus dem Produkt im Ortskern aufgestellt.
In jedem Ort gibt es über das Jahr verteilt
unterschiedliche *sagre,* die ein dort typisches
regionales Produkt ehren sollen, z.B. *la sagra delle
castagne*, die *sagra del tonno* (Thunfisch), *la sagra
delle uve* (Weintrauben), *la sagra della polenta*
(Maisgrieß) oder *la sagra del cinghiale* (Wildschwein).
▶ *5B*

Sagra delle uve

La scala

Das *Teatro alla Scala* ist eines der berühmtesten
Opernhäuser der Welt. Es wurde bereits im Jahr
1778 unweit des Mailänder Doms an der *Piazza della
Scala* eröffnet.

La Scala

Viele weltberühmte Komponisten, Sänger, Dirigenten und Regisseure wirkten an der Scala, darunter z.B. Giacomo Puccini, Giuseppe Verdi, Maria Callas sowie Plácido Domingo, Luciano Pavarotti oder Daniel Barenboim.
Außerdem kann sich die Scala damit rühmen, 1883 das erste Opernhaus weltweit gewesen zu sein, das elektrisch beleuchtet wurde.
Seit 1951 wird die Saisoneröffnung der Scala jedes Jahr am 7. Dezember, dem Tag des Schutzheiligen →Mailands, *Sant'Ambrogio*, feierlich begangen. ▶ 6A

Palazzo Chigi

Palazzo Chigi
Der *Palazzo Chigi* wurde von 1578 bis 1587 erbaut und ist seit 1961 Amtssitz des italienischen

Ministerpräsidenten (*Presidente del Consiglio*). Das Gebäude befindet sich im Zentrum Roms und grenzt sowohl an den *Palazzo Montecitorio*, in dem sich die Abgeordnetenkammer befindet, als auch an die *Via del Corso*, die Shoppingmeile der Stadt.
Benannt ist er nach der Adelsfamilie Chigi, die ihn im Jahre 1659 erwarb und lange Zeit als Stadtpalais nutzte.

Senatore a vita

Ein *senatore a vita* (Senator auf Lebenszeit) ist ein lebenslanges Mitglied des italienischen Senats. Zum Senator auf Lebenszeit kann man aufgrund seines Amtes oder durch Ernennung werden. So wird jeder italienische Staatspräsident nach seinem Präsidentenamt automatisch Senator auf Lebenszeit; es sei denn, er verzichtet explizit auf diese Auszeichnung. Weiterhin können fünf italienische Staatsbürger aufgrund besonderer Verdienste im sozialen oder künstlerischen Bereich vom amtierenden Staatspräsidenten zum Senator auf Lebenszeit ernannt werden.
Ernannte Senatoren auf Lebenszeit sind derzeit z.B.: die Neurowissenschaftlerin Elena Cattaneo, der Stararchitekt Renzo Piano und der Physik-Nobelpreisträger Carlo Rubbia. ▶ 6B

PERSONEN

Niccolò Ammaniti (* Rom, 1966)
Niccolò Ammaniti ist ein italienischer Schriftsteller. Sein erster Roman *Branchie* (dt. "Die letzte Nacht auf den Inseln") erschien 1994. Insgesamt veröffentlichte er bisher sieben Romane und zahlreiche Erzählungen. Zwei seiner Romane wurden mit wichtigen italienischen Literaturpreisen ausgezeichnet: Der Roman *Io non ho paura* gewann den *Premio Viareggio* und *Come Dio commanda* ("Wie es Gott gefällt") wurde mit dem *Premio Strega* ausgezeichnet.
Viele seiner Romane wurden verfilmt. Die Verfilmung des Erfolgsromans *Io non ho paura* unter der Regie von Starregisseur Gabriele Salvatores wurde u.a. auf der Berlinale gezeigt. Die meisten seiner Romane wurden auch ins Deutsche übersetzt. ▶ Letteratura

Stefano Benni (*Bologna, 1947)
Stefano Benni ist ein sehr erfolgreicher italienischer Schriftsteller und Satiriker. Er arbeitet außerdem als

Regisseur, Dramaturg und Kolumnist und gilt als einer der bekanntesten Vertreter der politischen Satire in Italien. In seinen häufig surrealen Geschichten und Gedichten mit grotesken Charakteren spiegelt er auf humoristische Weise die italienische Realität wider.
Seinen Durchbruch feierte er 1983 mit seinem Roman *Terra!*. Viele seiner Werke wurden auch ins Deutsche übersetzt. ▶ Letteratura

Il Belli (* 1791 in Rom, † 1863 in Rom)
Giuseppe Francesco Antonio Maria Gioachino Raimondo Belli war ein italienischer Dichter und Literat. Bekannt ist er für seine Gedichte im römischen Dialekt. Bei einem Aufenthalt in →Mailand lernte er die dortige Dialektpoesie und Satire kennen und nahm sie zum Vorbild für seine Gedichte im römischen Dialekt. Er schrieb unzählige satirische und bissige Sonette, von denen lediglich eines zu seinen Lebzeiten veröffentlicht wurde. Das ist u.a. der Tatsache geschuldet, dass er offiziell eher

konservativ lebte und später sogar als pedantischer Theater- und Literaturzensor für den Papst tätig war, der die Verbreitung der Werke Giuseppe Verdis oder William Shakespeares verbot. Belli starb einsam an einem Schlaganfall.
Erst nach seinem Tod wurde sein vollständiges Werk veröffentlicht, das heute als wichtiger Meilenstein der italienischen Satire gilt.   ▶ *Letteratura*

Papa Bonifacio (* ~1235 in Agnani; † 1303 in Rom)
Papst Bonifatius VIII. hieß eigentlich Benedetto Caetani. Im Jahr 1294 wurde er zum Papst gewählt und nahm den Namen Bonifatius VIII. an. Er galt als skrupelloser, habgieriger und herrschsüchtiger Papst und stand im ständigen Konflikt mit dem ebenso skrupellosen König Phillip IV von Frankreich, der ihn schließlich bei dem sogenannten Attentat von Anagni gefangen nehmen ließ. Papst Bonifatius konnte sich zwar einige Tage später befreien und kehrte nach Rom zurück, verstarb aber nur einen Monat später im Jahr 1303.   ▶ *3A*

Fausto Brizzi (*1968 in Rom)
Fausto Brizzi ist ein italienischer Regisseur und Drehbuchautor.
1994 beendet er erfolgreich seine Ausbildung am *Centro Sperimentale di Cinematografia* in Rom und schreibt Drehbücher für zahlreiche Fernsehproduktionen. Für sein Regiedebut *Notte prima degli esami* gewinnt er im Jahr 2006 zahlreiche nationale und internationale Filmpreise, u.a. den *David di Donatello* als bester Nachwuchsregisseur. Es folgen zahlreiche erfolgreiche Kinofilme.
2013 veröffentlichte er seinen ersten Roman *Cento giorni di felicità*, der auch ins Deutsche übersetzt wurde. 2015 erschien die Fortsetzung *Se mi vuoi bene*.   ▶ *Supplemento 2*

DJ Matrix (*1987 in Schio)
DJ Matrix heißt mit bürgerlichem Namen Matteo Schiavo und ist ein bekannter italienischer Musiker und Produzent. Seit er 14 Jahre alt ist, arbeitet er erfolgreich als DJ und seit 2006 komponiert er eigene Dance-Hits, mit denen er als Youtube-Star bekannt wurde.
Mit seinem Hit *La tipica ragazza italiana* gewann er schließlich den Webvideopreis als Künstler mit über einer Millionen Klicks und wurde auch über Youtube hinaus berühmt.
Inzwischen kann man ihn auch bei vielen Live- oder Fernsehauftritten bewundern.   ▶ *3B*

Carlo Goldoni (* 1707 in Venedig, † 1793 in Paris)
Carlo Goldoni war einer der bedeutendsten Komödiendichter und Librettisten Italiens. Eigentlich war er Jurist, fühlte sich aber immer zur Dichtkunst hingezogen und verfasste über 200 Theaterstücke und Opernlibretti.
Obwohl er seine Heimatstadt immer wieder verlassen musste, machte er →Venedig zum Schauplatz seiner berühmtesten Stücke und schrieb die brillantesten Dialoge im venezianischen Dialekt.
Zu seinen bekanntesten Stücken, die auch in Deutschland immer wieder aufgeführt werden, gehört *Il servitore di due patroni* (Der Diener zweier Herren).
Goldoni verbrachte die letzten Jahre seines Lebens in Paris, wo er vollkommen verarmt durch die Wirren der Französischen Revolution im Jahr 1793 starb.   ▶ *4B*

I Medici
Die Familie de' Medici war eine reiche Adelsfamilie, die ca. 350 Jahre lang über das Großherzogtum →Florenz herrschte. Ihr Einfluss ging aber noch weit über dieses Gebiet hinaus: Die Familie gilt als eine der einflussreichsten Dynastien zwischen dem 15. und 17. Jahrhundert und sie stellte u.a. sieben Kardinäle, zwei Päpste, zahlreiche Fürsten und Prinzen. Caterina und Maria de' Medici wurden sogar Königinnen von Frankreich.
Die Familie bestand aus Bankiers, Fürsten und Kaufleuten und ihr großer Einfluss war nicht zuletzt ihrem immensen Reichtum geschuldet.
Der Familie wird auf der einen Seite Skrupellosigkeit und Machtgier nachgesagt, auf der anderen Seite machten sie sich einen Namen als großzügige Förderer von Kunst, Wissenschaft und Kultur.
Über die Geschichte dieser großen Familiendynastie gibt es unzählige Forschungen und Bücher.   ▶ *5*
Approccio

Michelangelo (* 1475 bei Arezzo; † 1564 in Rom)
Michelangelo Buonarroti war ein italienischer Maler, Bildhauer, Architekt und Dichter und gilt als bedeutendster Repräsentant der italienischen Hochrenaissance und als einer der bedeutendsten Künstler aller Zeiten.
Schon als Kind wusste er, dass er Künstler werden wollte, und begab sich, anfänglich gegen den Willen seines Vaters, bereits im Alter von 13 Jahren in die Lehre des Bildhauers Ghirlandaio.
Zu seinen berühmtesten Werken zählen die Gewölbefresken in der Sixtinischen Kapelle und die

weltbekannte David-Staue, dessen Original heute in der *Accademia di Belle Arti* in →Florenz zu sehen ist. Mit der 5,17 m hohen David-Skulptur schuf Michelangelo die erste freistehende überlebensgroße Staue seit der römischen Antike. ▶ *3A*

Federico Moccia (*Rom, 1963)

Federico Moccia ist ein italienischer Schriftsteller und Regisseur.
Seine Liebesgeschichten genießen in Italien Kultstatus. Seinen ersten Roman *Tre metri sopra il cielo* veröffentlichte er 1992 zunächst auf eigene Kosten bei einem kleinen Verlag. Erst später wurde ein großer Verlag auf ihn aufmerksam und es folgten der zweite Roman *Ho voglia di te* sowie zahlreiche weitere erfolgreiche Romane, die in über 30 Sprachen übersetzt wurden. Einige seiner Romane wurden auch verfilmt, teilweise unter der Regie des Autors selbst.

Romolo (dt. Romulus)

In der römischen Mythologie gilt Romulus als der Gründer Roms. Der Legende nach waren Romulus und sein Bruder Remus die Söhne des Gottes Mars und der Königstochter und Priesterin Rhea Silvia. Da der Bruder des Königs die Thronfolge der beiden Jungen verhindern wollte, um diese selbst anzutreten, setzte er sie auf dem Tiber aus. Die Jungen wurden jedoch von einer Wölfin gefunden und von ihr aufgezogen. Später nahm sie ein Hirte zu sich. Genau an der Stelle, an dem der Hirte sie einst fand, wollten die Brüder später eine Stadt gründen. Sie gerieten jedoch in Streit und Romulus tötete seinen Bruder Remus und benannte die Stadt nach sich selbst: Rom. ▶ *3A*

Gianni Rodari (*1920 bei Novara; † 1980 Rom)

Gianni Rodari war ein bedeutender italienischer Journalist und Kinderbuchautor.
Er schrieb zahlreiche Kinderbücher und -gedichte und wurde 1970 mit dem Hans-Christian-Andersen-Preis für Jugendliteratur für sein engagiertes Werk ausgezeichnet, in dem er Kindern die Idee von Frieden und Freiheit näher bringt ▶ *Letteratura*

Gabriele Salvatores (*1950 in Neapel)

Gabriele Salvatores ist ein berühmter italienischer Regisseur und Drehbuchautor. Er stammt aus Neapel, absolvierte seine Ausbildung aber in Mailand, wo er in den siebziger Jahren zunächst am Theater arbeitete. 1983 führte er zum ersten Mal Regie bei einem Film, dem viele weitere Filmprojekte folgten. Der internationale Durchbruch gelang ihm 1991 mit *Mediterraneo*, der einen Oscar als bester ausländischer Film gewann.
2003 eröffnete er mit seiner Romanverfilmung *Io non ho paura* die Berlinale. Ein Jahr später gewann er dafür den italienischen Filmpreis. Sowohl bei der Berlinale als auch bei den internationalen Filmfestspielen in →Venedig war Salvatores bereits Jurymitglied.
Immer wiederkehrende Themen in seinen Werken sind das Überwinden von Sehnsüchten, die Freundschaft zwischen Männern und das Reisen im weitesten Sinne. ▶ *Letteratura*

Trilussa (*1871 in Rom; † 1950 in Rom)

Trilussa, eigentlich Carlo Alberto Camillo Mariano Salustri, war ein römischer Dichter, Schriftsteller und Journalist. Berühmt wurde er vor allem für seine Gedichte in römischem Dialekt, die sich auf satirische und humoristische Weise mit dem römischen Leben, der Liebe und den Verfehlungen von Politik und Gesellschaft befassen.
Bereits mit 16 Jahren veröffentlichte er sein erstes Sonett in der Römischen Zeitschrift *Il Rugantino* unter dem Pseudonym Trilussa, einem Anagramm (Vorgang der Buchstabenumstellung) seines bürgerlichen Nachnamens Salustri. Zwei Jahre später erschien sein erster Gedichtband: *Stelle de Roma - Versi Romaneschi*, dem zahlreiche weitere Gedichtbände und Prosatexte folgten.
Besonders im römischen Raum wurden viele Zitate Trilussas zu geflügelten Worten oder Redensarten. Nur zwanzig Tage vor seinem Tod im Jahr 1950 ernannte ihn Staatspräsident Luigi Einaudi zum → Senator auf Lebenszeit. ▶ *Letteratura*

Don Camillo e Peppone sind die Hauptfiguren vieler Erzählungen und mehrerer Romane von Giovannino Guareschi. Don Camillo ist der Pfarrer und Peppone der Bürgermeister eines kleinen fiktiven Ortes, der Boscaccio genannt wird; der reale Drehort ist allerdings Brescello, ein Dorf in der Region Emilia-Romagna.
Die Erzählungen handeln von der ständigen Rivalität zwischen den beiden Protagonisten, die am Ende ihrer Auseinandersetzungen immer wieder erkennen, dass sie eigentlich für dieselben Ideale und Ziele kämpfen. ▶ *6C*

C

WERKE

Io non ho paura

Der Roman von Niccolò Ammaniti erschien im Jahr 2001 beim Einaudi Verlag. Im selben Jahr gewann er den *Premio Strega*, einen bedeutenden italienischen Literaturpreis. Der Roman handelt von dem neunjährigen Michele, der auf einem seiner Streifzüge durch die erdrückende Hitze Süditaliens eine schauerliche Entdeckung macht. Es ist eine sozialkritische Geschichte über Freundschaft, Verbrechen und das Verhältnis zwischen Vater und Sohn.

2003 wurde der Roman unter der Regie des bekannten italienischen Regisseurs Gabriele Salvatores verfilmt. Der Film lief u.a. auch auf der Berlinale in Berlin. ▶ *Letteratura*

Ho voglia di te

Ho voglia di te ist der zweite Roman des Erfolgsautors Federico Moccia und erschien 2006 im Feltrinelli-Verlag. Der Roman ist die Fortsetzung von Moccias erstem Werk *Tre metri spora il cielo* und erzählt die Geschichte von Step, der gerade von seinem Studium aus New York zurückgekehrt ist und unter der Trennung von seiner großen Liebe Babi leidet, bis er Gin begegnet, die sein Leben durcheinander bringt.

Beachtlich ist die Wirkung, die Moccias Fortsetzungsromane auf ihre italienische Leserschaft haben: Tausende Teenager diskutierten im Internet über die Beziehung der Protagonisten und der im Buch beschriebene Brauch, an der Brücke Ponte Milvio in Rom ein Vorhängeschloss mit den Namen zweier Liebenden anzubringen und den Schlüssel anschließend im Tiber zu versenken, hat in Rom hunderttausende Nachahmer gefunden; zum Ärger der Behörden, denn die Brücke litt dermaßen unter der Last der vielen Schlösser, dass dieser Brauch verboten wurde. ▶ *Letteratura*

BETONUNG, ZEICHEN, ZAHLEN

L'ALFABETO ITALIANO   Das italienische Alphabet

a [a]	e [e]	i [i]	m [ɛmme]	q [ku]	u [u]	y ipsilon
b [bi]	f [ɛffe]	j i lunga	n [ɛnne]	r [ɛrre]	v [vu]	z [dzɛːta]
c [tʃi]	g [dʒi]	k kappa	o [o]	s [ɛsse]	w doppia vu	
d [di]	h [akka]	l [ɛlle]	p [pi]	t [ti]	x ics	

Die Buchstaben j, k, w, x und y sind keine „echten" italienischen Buchstaben, sondern kommen nur in Fremdwörtern und Eigennamen vor.

I SEGNI D'INTERPUNZIONE   Die Satzzeichen

Ciao bella! — punto esclamativo — punto interrogativo

Come va? Tutto ok a Francoforte? — minuscola

Ho una novità pazzesca; ma partiamo dall' inizio. — punto e virgola — accento

Sai, ieri sera abbiamo festeggiato il compleanno del mio papà. — virgola — punto

Tutta la sera la mia piccola cugina che di solito è carina e simpatica, ha — maiuscola

rotto. Ha continuato a ripetere: „Dopo c'è una sorpresa, …" — due punti — puntini — virgolette

La mia bisnonna è una donna molto vivace — alla sua età! Ed è sempre — parentesi — trattino

molto (troppo) sincera! Tra l'altro abbiamo saputo che, una volta, papà

ha rotto una vetrina con il pallone. Molto divertente. — apostrofo

LA PRONUNCIA   Die Aussprache

Le consonanti (Die Konsonanten)

b	[b]	*wie „b" in* **B**us, A**b**itur: **b**ello, a**b**itare
c	[k]	*wie „k" in* **K**ino: **c**asa, par**c**o, **c**lasse
c	[tʃ]	*vor „e" und „i" wie* „tsch" *in* **Tsch**echien: **c**entro, li**c**eo, **c**inema

> ⚠️ *Bei „ci" +Vokal wird das „i" nicht gesprochen:* ciao [tʃao]

ch	[k]	*wie „k" in* **B**an**k**en, **K**omma: an**ch**e, **ch**i
d	[d]	**d**ove, gran**d**e
f	[f]	**f**orse, edi**f**icio
g	[g]	**g**rande, lin**g**ua
g	[dʒ]	*vor „e" und „i" wie die weiche Aussprache von* „dsch" *in* **Dsch**ungel: **g**elato, **g**iro

> ⚠️ *Bei „gi" + Vokal wird das „i" nicht gesprochen:* **g**iusto [dʒusto], **G**iorgia

gh	[g]	*wie „g":* fun**gh**i
gl	[lj]	*wie die Kombination aus „l" + „j":* **gl**i, fami**gl**ia
gn	[nj]	*wie die Kombination aus „n" + „j":* si**gn**ora, ba**gn**o
h		wird grundsätzlich nicht ausgesprochen

l	[l]	**l**a, par**l**are
m	[m]	**m**adre, fiu**m**e
n	[n]	**n**ome, Tori**n**o
p	[p]	**p**adre, im**p**ortante
qu	[ku]	*ähnlich wie „qu":* ac**qu**a
r	[r]	**r**agazzo, pa**r**co
s	[s]	*scharfes/hartes,* „s" *wie in* Ku**ss**: **s**era
s	[z]	*weiches „s" wie in* **S**ahne *und* **s**üß: **s**nowboard, ro**s**a
sc	[sk]	*wie „sk" in* **Sk**ala: tede**sc**o, **sc**uola, **sc**rivere
sc	[ʃ]	*vor „e" und „i" wie* „sch" *in* **Sch**ule: **sc**i, cono**sc**ere

> ⚠️ *Bei „sci" + Vokal wird das „i" in der Regel nicht gesprochen.*

sch	[sk]	*wie „sk":* tede**sch**i, **sch**iena
t	[t]	**T**orino, i**t**aliano
v	[v]	**v**endere, do**v**e
z	[ts]	*hart gesprochen wie in* **Z**ucker: sen**z**a
z	[dz]	*weich gesprochen („d" + weiches „s"):* **z**io

Le vocali (Die Vokale)

a [a] **a**bit**a**re, m**a**dre
e [e] *geschlossenes „e" wie in* S**ee**: cellul**a**re, **e**dificio
e [ɛ] *offenes „e" wie in* M**e**nsch *und* **E**nde: c**e**ntro, **e**cco
i [i] **i**deale, ab**i**tare
o [o] *geschlossenes „o" wie in* S**o**hn: simb**o**lo, **o**riginale
o [ɔ] *offenes „o" wie in* d**o**ch: per**ò**, **o**ttimo
u [u] **u**ltimo, t**u**tto

I dittonghi (Die Diphthonge)

Treffen zwei Vokale zusammen, werden sie wie im Deutschen in einer Silbe zusammengefasst: z. B. **au**la, vor**rei**; ebenso: **-ai-**, **-oi-**, **-eu-** **ie**ri, sc**uo**la; ebenso: **-ua-**, **-ue-**, **-ui-**, **-ia-**, **-io-**, **-iu-**

In manchen Fällen werden die beiden Vokale allerdings getrennt in zwei Silben gesprochen: lic**e**o, p**ae**se, d**io**, te**o**ria, **E**uropa

L'accentuazione (Die Betonung)

1. Die meisten italienischen Wörter werden auf der vorletzten Silbe betont.

		bel	lo
		gran	de
	te	**des**	co
	ra	**gaz**	zo

2. Einige Wörter werden auf der drittletzten Silbe betont.

co	**no**	sce	re	
	sim	bo	lo	
	nu	me	ro	
fan	**ta**	sti	co	
	per	de	re	
au	**to**	gra	fo	

3. Einige mehrsilbige Wörter sind auch endbetont. In diesem Fall steht ein Akzent auf dem Endvokal.

z. B. perch**é**, citt**à**, pap**à**, per**ò**, men**ù** etc.

L'accento (Der Akzent)

1. Bei mehrsilbigen endbetonten Wörtern muss ein Akzent auf dem Endvokal stehen. Auch umgekehrt: Wenn ein Akzent auf dem Endvokal eines mehrsilbigen Wortes steht, ist das Wort endbetont.

z. B. perch**é**, citt**à**, pap**à**, com**ò**, men**ù** etc.

2. Auf einigen einsilbigen Wörtern steht auch ein Akzent. Dieser ist wichtig, um das Wort mit Akzent vom gleichlautenden Wort ohne Akzent zu unterscheiden.

z. B. e ≠ è, da ≠ dà, li ≠ lì, si ≠ sì etc.

I NUMERI   Die Zahlen

Grundzahlen	Zehner		Hunderter
0 zero	10 dieci	25 venticinque	101 cent(o)uno
1 uno	11 undici	26 ventisei	102 centodue
2 due	12 dodici	27 ventisette	200 duecento
3 tre	13 tredici	28 ventotto	250 duecentocinquanta
4 quattro	14 quattordici	29 ventinove	300 trecento
5 cinque	15 quindici	30 trenta	400 quattrocento
6 sei	16 sedici	31 trentuno	500 cinquecento
7 sette	17 diciassette	32 trentadue	600 seicento
8 otto	18 diciotto	33 trentatré	700 settecento
9 nove	19 diciannove	…	800 ottocento
	20 venti	40 quaranta	900 novecento
	21 ventuno	50 cinquanta	1000 mille
	22 ventidue	60 sessanta	1001 milleuno
	23 ventitré	70 settanta	1100 millecento
	24 ventiquattro	80 ottanta	1267 milleduecentosessantasette
		90 novanta	2000 duemila ⚠ *pl.*: mila
		100 cento	

⚠ Vor *-uno* und *-otto* verliert der Zehner seinen Endvokal.

⚠ Das angehängte *-tré* hat immer einen Akzent.

I numeri ordinali (Die Ordnungszahlen)

1º	il primo	1ª	la prima	6º	il sesto	6ª	la sesta
2º	il secondo	2ª	la seconda	7º	il settimo	7ª	la settima
3º	il terzo	3ª	la terza	8º	l'ottavo	8ª	l'ottava
4º	il quarto	4ª	la quarta	9º	il nono	9ª	la nona
5º	il quinto	5ª	la quinta	10º	il decimo	10ª	la decima

I GIORNI DELLA SETTIMANA   Die Wochentage

il lunedì – der Montag, montags
il martedì – der Dienstag, dienstags
il mercoledì – der Mittwoch, mittwochs
il giovedì – der Donnerstag, donnerstags

il venerdì – der Freitag, freitags
il sabato – der Samstag/Sonnabend, samstags
la domenica – der Sonntag, sonntags

I MESI DELL'ANNO   Die Monate des Jahres

gennaio	marzo	maggio	luglio	settembre	novembre
febbraio	aprile	giugno	agosto	ottobre	dicembre

L'ITALIANO IN CLASSE

Hilfe erbitten / anbieten:

Puoi aiutarmi?	Kannst du mir helfen?
Posso aiutarti?	Kann ich dir helfen?
Ho un problema a (+ inf.) / con … Mi aiuti?	Ich habe Probleme mit … Hilfst du mir?
Hai una penna / una matita?	Hast du einen Kugelschreiber/Bleistift?

Um Wiederholung bitten:

Può ripetere, per favore?	Können Sie das bitte wiederholen?
Può spiegarlo ancora una volta?	Können sie das noch einmal erklären?
Non capisco.	Ich verstehe das nicht.
Non ho capito.	Ich habe das nicht verstanden.
Può parlare più lentamente, per favore?	Können Sie bitte langsamer sprechen?

Um Erklärung oder Hinweise bitten:

Può spiegare … ?	Könnten Sie … erklären?
Ho una domanda.	Ich habe eine Frage.
Come, scusi?	Wie bitte?
Che cos'è questo?	Was ist das?
Non ho capito l'esercizio.	Ich habe die Aufgabe nicht verstanden.
Non capisco la parola / la frase …	Ich verstehe das Wort / den Satz … nicht.
Che cosa significa … in tedesco?	Was bedeutet … auf Deutsch?
Come si dice … in italiano?	Was heißt … auf Italienisch?
Si può dire anche … ?	Kann man auch … sagen?
Come si scrive … ?	Wie schreibt man …?
… si scrive con o senza „h"?	Schreibt man … mit oder ohne „h"?
Come si pronuncia …?	Wie spricht man … aus?
Può fare un esempio, per favore?	Können Sie bitte ein Beispiel nennen?
A che pagina?	Auf welcher Seite?
È giusto/corretto?	Ist das richtig?

A

È sbagliato?	Ist das falsch?
Quanto tempo abbiamo?	Wie viel Zeit haben wir?

Vorschläge erbitten / machen

Che cosa facciamo adesso?	Was machen wir jetzt?
Vado avanti io?	Soll ich weitermachen?
Cominciamo dall'inizio!	Fangen wir von vorne an!
Adesso tocca a te e dopo tocca a lui/lei.	Jetzt bist du dran, danach ist er/sie dran.

Sich entschuldigen

Mi scusi, non l'ho fatto apposta.	Tut mir leid, das habe ich nicht mit Absicht getan.
Mi scusi, (non) è colpa mia.	Tut mir leid, das ist (nicht) meine Schuld.
Scusami. / Scusa.	Entschuldige.

HINWEISE ZU DEN ARBEITSAUFTRÄGEN

Abbina (le frasi / le parole) alle vignette.	Verbinde die (Sätze/Wörter) mit den (Zeichnungen).
Aggiungi la forma corretta di …	Ergänze die richtige/passende Form von …
Aggiungi le forme mancanti.	Ergänze die fehlenden Formen.
Ascolta …	Höre zu …
Cerca le forme nel testo.	Suche die Formen im Text.
Che cosa c'è scritto nel testo?	Was steht im Text?
Chiedi (al tuo compagno / alla tua compagna).	Frage (deine/n Mitschüler/in).
Chiedetevi a vicenda.	Fragt euch abwechselnd/gegenseitig.
Completa il dialogo / la tabella / le frasi con …	Vervollständige den Dialog / die Tabelle / die Sätze mit …
Continua le frasi in modo corretto.	Setze die Sätze richtig fort.
Copia (la lista) nel tuo quaderno.	Übertrage (die Liste) in dein Arbeitsheft.
Correggi le frasi. / l'errore.	Korrigiere die Sätze. / den Fehler.
Create (un dialogo).	Erstellt (einen Dialog).
Decidi quale forma è corretta.	Entscheide, welche Form passt.
Descrivi (la differenza tra … e …).	Beschreibe (den Unterschied zwischen … und …).
Fai una lista.	Erstelle eine Liste.
Fai una rete di parole riguardo a …	Erstelle ein Wortfeld zum Thema …
Forma delle frasi in modo corretto.	Bilde richtige Sätze.
Guarda il testo / la vignetta / la foto.	Sieh dir den Text / die Zeichnung / das Foto an.
Indica la riga.	Gib die Zeile an.
Leggi il testo a p. xx.	Lies den Text auf S. xx.
Metti i verbi (al singolare / al passato prossimo).	Setze die Verben (in den Singular / das Perfekt).
Metti la forma giusta del verbo.	Setze die richtige Form des Verbs ein.
Metti (le frasi) nell'ordine giusto.	Ordne (die Sätze). / Bringe (die Sätze) in die richtige Reihenfolge.
Parla di …	Sprich über …
Presenta i risultati in classe.	Präsentiere die Ergebnisse in der Klasse.
Racconta di …	Erzähl über …
Ripeti.	Wiederhole. / Sprich nach.
Rispondi alle domande.	Beantworte die Fragen.
Scegli il riassunto esatto.	Wähle die richtige Zusammenfassung aus.
Scrivi …	Schreibe …
Spiega perché.	Begründe.
Trova le coppie di parole.	Finde die Wortpaare.
Usa le espressioni del testo.	Benutze die Ausdrücke aus dem Text.

I VERBI

VERBI AUSILIARI   Hilfsverben

VERBI RIFLESSIVI

infinito	essere	avere		alzarsi
indicativo presente	sono	ho		mi alzo
	sei	hai		ti alzi
	è	ha		si alza
	siamo	abbiamo		ci alziamo
	siete	avete		vi alzate
	sono	hanno		si alzano
imperativo del tu	sii!	abbi!		alzati!
	siamo!	abbiamo!		alziamoci!
	siate!	abbiate!		alzatevi!
participio	stato	avuto		alzato
gerundio	essendo	avendo		alzando
imperfetto	ero	avevo		mi alzavo
	eri	avevi		ti alzavi
	era	aveva		si alzava
	eravamo	avevamo		ci alzavamo
	eravate	avevate		vi alzavate
	erano	avevano		si alzavano
congiuntivo presente / imperativo del Lei	sia	abbia		mi alzi
	sia	abbia		ti alzi
	sia	abbia		si alzi
	siamo	abbiamo		ci alziamo
	siate	abbiate		vi alziate
	siano	abbiano		si alzino
congiuntivo imperfetto	fossi	avessi		mi alzassi
	fossi	avessi		ti alzassi
	fosse	avesse		si alzasse
	fossimo	avessimo		ci alzassimo
	foste	aveste		vi alzaste
	fossero	avessero		si alzassero
futuro	sarò	avrò		mi alzerò
	sarai	avrai		ti alzerai
	sarà	avrà		si alzerà
	saremo	avremo		ci alzeremo
	sarete	avrete		vi alzerete
	saranno	avranno		si alzeranno
condizionale	sarei	avrei		mi alzerei
	saresti	avresti		ti alzeresti
	sarebbe	avrebbe		si alzerebbe
	saremmo	avremmo		ci alzeremmo
	sareste	avreste		vi alzereste
	sarebbero	avrebbero		si alzerebbero

VERBI MODALI   Modalverben

infinito	volere	potere	dovere	sapere
indicativo presente	voglio	posso	devo	so
	vuoi	puoi	devi	sai
	vuole	può	deve	sa
	vogliamo	possiamo	dobbiamo	sappiamo
	volete	potete	dovete	sapete
	vogliono	possono	devono	sanno
participio	voluto	potuto	dovuto	saputo
gerundio	volendo	potendo	dovendo	sapendo
imperfetto	volevo	potevo	dovevo	sapevo
	volevi	potevi	dovevi	sapevi
	voleva	poteva	doveva	sapeva
	volevamo	potevamo	dovevamo	sapevamo
	volevate	potevate	dovevate	sapevate
	volevano	potevano	dovevano	sapevano
congiuntivo presente / imperativo del Lei	voglia	possa	debba	sappia
	voglia	possa	debba	sappia
	voglia	possa	debba	sappia
	vogliamo	possiamo	dobbiamo	sappiamo
	vogliate	possiate	dobbiate	sappiate
	vogliano	possano	debbano	sappiano
congiuntivo imperfetto	volessi	potessi	dovessi	sapessi
	volessi	potessi	dovessi	sapessi
	volesse	potesse	dovesse	sapesse
	volessimo	potessimo	dovessimo	sapessimo
	voleste	poteste	doveste	sapeste
	volessero	potessero	dovessero	sapessero
futuro	vorrò	potrò	dovrò	saprò
	vorrai	potrai	dovrai	saprai
	vorrà	potrà	dovrà	saprà
	vorremo	potremo	dovremo	sapremo
	vorrete	potrete	dovrete	saprete
	vorranno	potranno	dovranno	sapranno
condizionale	vorrei	potrei	dovrei	saprei
	vorresti	potresti	dovresti	sapresti
	vorrebbe	potrebbe	dovrebbe	saprebbe
	vorremmo	potremmo	dovremmo	sapremmo
	vorreste	potreste	dovreste	sapreste
	vorrebbero	potrebbero	dovrebbero	saprebbero

VERBI REGOLARI IN -ARE, -ERE, -IRE   regelmäßige Verben auf -are, -ere, -ire

infinito	parlare	vendere	sentire
indicativo	parlo	vendo	sento
presente	parli	vendi	senti
	parla	vende	sente
	parliamo	vendiamo	sentiamo
	parlate	vendete	sentite
	parlano	vendono	sentono
imperativo	parla!	vendi!	senti!
del tu	parliamo!	vendiamo!	sentiamo!
	parlate!	vendete!	sentite!
participio	parlato	venduto	sentito
gerundio	parlando	vendendo	sentendo
imperfetto	parlavo	vendevo	sentivo
	parlavi	vendevi	sentivi
	parlava	vendeva	sentiva
	parlavamo	vendevamo	sentivamo
	parlavate	vendevate	sentivate
	parlavano	vendevano	sentivano
congiuntivo	parli	venda	senta
presente /	parli	venda	senta
imperativo	parli	venda	senta
del Lei	parliamo	vendiamo	sentiamo
	parliate	vendiate	sentiate
	parlino	vendano	sentano
congiuntivo	parlassi	vendessi	sentissi
imperfetto	parlassi	vendessi	sentissi
	parlasse	vendesse	sentisse
	parlassimo	vendessimo	sentissimo
	parlaste	vendeste	sentiste
	parlassero	vendessero	sentissero
futuro	parlerò	venderò	sentirò
	parlerai	venderai	sentirai
	parlerà	venderà	sentirà
	parleremo	venderemo	sentiremo
	parlerete	venderete	sentirete
	parleranno	venderanno	sentiranno
condizionale	parlerei	venderei	sentirei
	parleresti	venderesti	sentiresti
	parlerebbe	venderebbe	sentirebbe
	parleremmo	venderemmo	sentiremmo
	parlereste	vendereste	sentireste
	parlerebbero	venderebbero	sentirebbero

GRUPPI DI VERBI   Verbgruppen

verbi in -care / -gare   Verben auf -care/-gare

verbi in -are con accento diverso
Verben auf -are mit abweichender Betonung

infinito	cercare	spiegare	abitare
indicativo presente	cerco	spiego	abito
	cerchi	spieghi	abiti
	cerca	spiega	abita
	cerchiamo	spieghiamo	abitiamo
	cercate	spiegate	abitate
	cercano	spiegano	abitano
imperativo del tu	cerca!	spiega!	abita!
	cerchiamo!	spieghiamo!	abitiamo!
	cercate!	spiegate!	abitate!
participio	cercato	spiegato	abitato
gerundio	cercando	spiegando	abitando
imperfetto	cercavo	spiegavo	abitavo
	cercavi	spiegavi	abitavi
	cercava	spiegava	abitava
	cercavamo	spiegavamo	abitavamo
	cercavate	spiegavate	abitavate
	cercavano	spiegavano	abitavano
congiuntivo presente / imperativo del Lei	cerchi	spieghi	abiti
	cerchi	spieghi	abiti
	cerchi	spieghi	abiti
	cerchiamo	spieghiamo	abitiamo
	cerchiate	spieghiate	abitiate
	cerchino	spieghino	abitino
congiuntivo imperfetto	cercassi	spiegassi	abitassi
	cercassi	spiegassi	abitassi
	cercasse	spiegasse	abitasse
	cercassimo	spiegassimo	abitassimo
	cercaste	spiegaste	abitaste
	cercassero	spiegassero	abitassero
futuro	cercherò	spiegherò	abiterò
	cercherai	spiegherai	abiterai
	cercherà	spiegherà	abiterà
	cercheremo	spiegheremo	abiteremo
	cercherete	spiegherete	abiterete
	cercheranno	spiegheranno	abiteranno
condizionale	cercherei	spiegherei	abiterei
	cercheresti	spiegheresti	abiteresti
	cercherebbe	spiegherebbe	abiterebbe
	cercheremmo	spiegheremmo	abiteremmo
	cerchereste	spieghereste	abitereste
	cercherebbero	spiegherebbero	abiterebbero

→ giocare, mancare, interrogare, rinfrescarsi, dimenticare

→ telefonare, visitare, dimenticare

verbi in -iare Verben auf -iare

verbi in -ire con -sc- Verben auf -ire mit -sc-

infinito	studiare	mangiare	sciare	capire
indicativo presente	studio	mangio	scio	capisco
	studi	mangi	scii	capisci
	studia	mangia	scia	capisce
	studiamo	mangiamo	sciamo	capiamo
	studiate	mangiate	sciate	capite
	studiano	mangiano	sciano	capiscono
imperativo del tu	studia!	mangia!	scia!	capisci!
	studiamo!	mangiamo	sciamo!	capiamo!
	studiate!	mangiate	sciate!	capite!
participio	studiato	mangiato	sciato	capito
gerundio	studiando	mangiando	sciando	capendo
imperfetto	studiavo	mangiavo	sciavo	capivo
	studiavi	mangiavi	sciavi	capivi
	studiava	mangiava	sciava	capiva
	studiavamo	mangiavamo	sciavamo	capivamo
	studiavate	mangiavate	sciavate	capivate
	studiavano	mangiavano	sciavano	capivano
congiuntivo presente / imperativo del Lei	studi	mangi	scii	capisca
	studi	mangi	scii	capisca
	studi	mangi	scii	capisca
	studiamo	mangiamo	sciamo	capiamo
	studiate	mangiate	sciate	capiate
	studino	mangino	sciino	capiscano
congiuntivo imperfetto	studiassi	mangiassi	sciassi	capissi
	studiassi	mangiassi	sciassi	capissi
	studiasse	mangiasse	sciasse	capisse
	studiassimo	mangiassimo	sciassimo	capissimo
	studiaste	mangiaste	sciaste	capiste
	studiassero	mangiassero	sciassero	capissero
futuro	studierò	mangerò	scierò	capirò
	studierai	mangerai	scierai	capirai
	studierà	mangerà	scierà	capirà
	studieremo	mangeremo	scieremo	capiremo
	studierete	mangerete	scierete	capirete
	studieranno	mangeranno	scieranno	capiranno
condizionale	studierei	mangerei	scierei	capirei
	studieresti	mangeresti	scieresti	capiresti
	studierebbe	mangerebbe	scierebbe	capirebbe
	studieremmo	mangeremmo	scieremmo	capiremmo
	studiereste	mangereste	sciereste	capireste
	studierebbero	mangerebbero	scierebbero	capirebbero

→ cambiare, consigliare

→ passeggiare, cominciare, lasciare, festeggiare, consigliare

→ finire, preferire, costruire, restituire, colpire, fornire

verbi in -ere con infiniti sdruccioli
Verben auf -ere mit Infinitven, die auf der vorletzten Silbe betont sind

cadere, dovere, godere, parere, piacere, potere, rimanere, sapere, sedere, tenere, vedere, volere

verbi con futuro/condizionale irregolare

infinito	vedere	vivere	cadere
indicativo presente	vedo	vivo	cado
	vedi	vivi	cadi
	vede	vive	cade
	vediamo	viviamo	cadiamo
	vedete	vivete	cadete
	vedono	vivono	cadono
imperativo del tu	vedi!	vivi!	cadi!
	vediamo!	viviamo!	cadiamo!
	vedete!	vivete!	cadete!
participio	visto	vissuto	caduto
gerundio	vedendo	vivendo	cadendo
imperfetto	vedevo	vivevo	cadevo
	vedevi	vivevi	cadevi
	vedeva	viveva	cadeva
	vedevamo	vivevamo	cadevamo
	vedevate	vivevate	cadevate
	vedevano	vivevano	cadevano
congiuntivo presente / imperativo del Lei	veda	viva	cada
	veda	viva	cada
	veda	viva	cada
	vediamo	viviamo	cadiamo
	vediate	viviate	cadiate
	vedano	vivano	cadano
congiuntivo imperfetto	vedessi	vivessi	cadessi
	vedessi	vivessi	cadessi
	vedesse	vivesse	cadesse
	vedessimo	vivessimo	cadessimo
	vedeste	viveste	cadeste
	vedessero	vivessero	cadessero
futuro	vedrò	vivrò	cadrò
	vedrai	vivrai	cadrai
	vedrà	vivrà	cadrà
	vedremo	vivremo	cadremo
	vedrete	vivrete	cadrete
	vedranno	vivranno	cadranno
condizionale	vedrei	vivrei	cadrei
	vedresti	vivresti	cadresti
	vedrebbe	vivrebbe	cadrebbe
	vedremmo	vivremmo	cadremmo
	vedreste	vivreste	cadreste
	vedrebbero	vivrebbero	cadrebbero

VERBI IRREGOLARI unregelmäßige Verben

infinito	andare	dare	dire	fare	stare	(man)tenere
indicativo presente	vado	do	dico	faccio	sto	tengo
	vai	dai	dici	fai	stai	tieni
	va	dà	dice	fa	sta	tiene
	andiamo	diamo	diciamo	facciamo	stiamo	teniamo
	andate	date	dite	fate	state	tenete
	vanno	danno	dicono	fanno	stanno	tengono
imperativo del tu	va'! / vai!	da'! / dai!	di'!	fa'! / fai!	sta'! / stai!	tieni!
	andiamo!	diamo!	diciamo!	facciamo!	stiamo!	teniamo!
	andate!	date!	dite!	fate!	state!	tenete!
participio	andato	dato	detto	fatto	stato	tenuto
gerundio	andando	dando	dicendo	facendo	stando	tenendo
imperfetto	andavo	davo	dicevo	facevo	stavo	tenevo
	andavi	davi	dicevi	facevi	stavi	tenevi
	andava	dava	diceva	faceva	stava	teneva
	andavamo	davamo	dicevamo	facevamo	stavamo	tenevamo
	andavate	davate	dicevate	facevate	stavate	tenevate
	andavano	davano	dicevano	facevano	stavano	tenevano
congiuntivo presente / imperativo del Lei	vada	dia	dica	faccia	stia	tenga
	vada	dia	dica	faccia	stia	tenga
	vada	dia	dica	faccia	stia	tenga
	andiamo	diamo	diciamo	facciamo	stiamo	teniamo
	andiate	diate	diciate	facciate	stiate	teniate
	vadano	diano	dicano	facciano	stiano	tengano
congiuntivo imperfetto	andassi	dessi	dicessi	facessi	stessi	tenessi
	andassi	dessi	dicessi	facessi	stessi	tenessi
	andasse	desse	dicesse	facesse	stesse	tenesse
	andassimo	dessimo	dicessimo	facessimo	stessimo	tenessimo
	andaste	deste	diceste	faceste	steste	teneste
	andassero	dessero	dicessero	facessero	stessero	tenessero
futuro	andrò	darò	dirò	farò	starò	terrò
	andrai	darai	dirai	farai	starai	terrai
	andrà	darà	dirà	farà	starà	terrà
	andremo	daremo	diremo	faremo	staremo	terremo
	andrete	darete	direte	farete	starete	terrete
	andranno	daranno	diranno	faranno	staranno	terranno
condizionale	andrei	darei	direi	farei	starei	terrei
	andresti	daresti	diresti	faresti	staresti	terresti
	andrebbe	darebbe	direbbe	farebbe	starebbe	terrebbe
	andremmo	daremmo	diremmo	faremmo	staremmo	terremmo
	andreste	dareste	direste	fareste	stareste	terreste
	andrebbero	darebbero	direbbero	farebbero	starebbero	terrebbero

infinito	venire	bere	rimanere	salire	scegliere
indicativo presente	vengo	bevo	rimango	salgo	scelgo
	vieni	bevi	rimani	sali	scegli
	viene	beve	rimane	sale	sceglie
	veniamo	beviamo	rimaniamo	saliamo	scegliamo
	venite	bevete	rimanete	salite	scegliete
	vengono	bevono	rimangono	salgono	scelgono
imperativo del tu	vieni!	bevi!	rimani!	sali!	scegli!
	veniamo!	beviamo!	rimaniamo!	saliamo!	scegliamo!
	venite!	bevete!	rimanete!	salite!	scegliete!
participio	venuto	bevuto	rimasto	salito	scelto
gerundio	venendo	bevendo	rimanendo	salendo	scegliendo
imperfetto	venivo	bevevo	rimanevo	salivo	sceglievo
	venivi	bevevi	rimanevi	salivi	sceglievi
	veniva	beveva	rimaneva	saliva	sceglieva
	venivamo	bevevamo	rimanevamo	salivamo	sceglievamo
	venivate	bevevate	rimanevate	salivate	sceglievate
	venivano	bevevano	rimanevano	salivano	sceglievano
congiuntivo presente / imperativo del Lei	venga	beva	rimanga	salga	scelga
	venga	beva	rimanga	salga	scelga
	venga	beva	rimanga	salga	scelga
	veniamo	beviamo	rimaniamo	saliamo	scegliamo
	veniate	beviate	rimaniate	saliate	scegliate
	vengano	bevano	rimangano	salgano	scelgano
congiuntivo imperfetto	venissi	bevessi	rimanessi	salissi	scegliessi
	venissi	bevessi	rimanessi	salissi	scegliessi
	venisse	bevesse	rimanesse	salisse	scegliesse
	venissimo	bevessimo	rimanessimo	salissimo	scegliessimo
	veniste	beveste	rimaneste	saliste	sceglieste
	venissero	bevessero	rimanessero	salissero	scegliessero
futuro	verrò	berrò	rimarrò	salirò	sceglierò
	verrai	berrai	rimarrai	salirai	sceglierai
	verrà	berrà	rimarrà	salirà	sceglierà
	verremo	berremo	rimarremo	saliremo	sceglieremo
	verrete	berrete	rimarrete	salirete	sceglierete
	verranno	berranno	rimarranno	saliranno	sceglieranno
condizionale	verrei	berrei	rimarrei	salirei	sceglierei
	verresti	berresti	rimarresti	saliresti	sceglieresti
	verrebbe	berrebbe	rimarrebbe	salirebbe	sceglierebbe
	verremmo	berremmo	rimarremmo	saliremmo	sceglieremmo
	verreste	berreste	rimarreste	salireste	scegliereste
	verrebbero	berrebbero	rimarrebbero	salirebbero	sceglierebbero

infinito	sedersi	uscire	piacere	togliere
indicativo	mi siedo	esco	piaccio	tolgo
presente	ti siedi	esci	piaci	togli
	si siede	esce	piace	toglie
	ci sediamo	usciamo	piacciamo	togliamo
	vi sedete	uscite	piacete	togliete
	si siedono	escono	piacciono	tolgono
imperativo	siediti!	esci!	piaci!	togli!
del tu	sediamoci!	usciamo!	piacciamo!	togliamo!
	sedetevi!	uscite!	piacete!	togliete!
participio	seduto	uscito	piaciuto	tolto
gerundio	sedendo	uscendo	piacendo	togliendo
imperfetto	mi sedevo	uscivo	piacevo	toglievo
	ti sedevi	uscivi	piacevi	toglievi
	si sedeva	usciva	piaceva	toglieva
	ci sedevamo	uscivamo	piacevamo	toglievamo
	vi sedevate	uscivate	piacevate	toglievate
	si sedevano	uscivano	piacevano	toglievano
congiuntivo	mi sieda	esca	piaccia	tolga
presente /	ti sieda	esca	piaccia	tolga
imperativo	si sieda	esca	piaccia	tolga
del Lei	ci sediamo	usciamo	piacciamo	togliamo
	vi sediate	usciate	piacciate	togliate
	si siedano	escano	piacciano	tolgano
congiuntivo	mi sedessi	uscissi	piacessi	togliessi
imperfetto	ti sedessi	uscissi	piacessi	togliessi
	si sedesse	uscisse	piacesse	togliesse
	ci sedessimo	uscissimo	piacessimo	togliessimo
	vi sedeste	usciste	piaceste	toglieste
	si sedessero	uscissero	piacessero	togliessero
futuro	mi sederò *	uscirò	piacerò	toglierò
	ti sederai	uscirai	piacerai	toglierai
	si sederà	uscirà	piacerà	toglierà
	ci sederemo	usciremo	piaceremo	toglieremo
	vi sederete	uscirete	piacerete	toglierete
	si sederanno	usciranno	piaceranno	toglieranno
condizionale	mi sederei *	uscirei	piacerei	toglierei
	ti sederesti	usciresti	piaceresti	toglieresti
	si sederebbe	uscirebbe	piacerebbe	toglierebbe
	ci sederemmo	usciremmo	piaceremmo	toglieremmo
	vi sedereste	uscireste	piacereste	togliereste
	si sederebbero	uscirebbero	piacerebbero	toglierebbero

* Beim Futur und Konditional von sedersi ist auch ‚mi siederò' etc. bzw. ‚mi siederei' etc. möglich.

infinito	raccogliere	valere	parere	trarre	porre
indicativo presente	raccolgo	valgo	paio	traggo	pongo
	raccogli	vali	pari	trai	poni
	raccoglie	vale	pare	trae	pone
	raccogliamo	valiamo	paiamo	traiamo	poniamo
	raccogliete	valete	parete	traete	ponete
	raccolgono	valgono	paiono	traggono	pongono
imperativo del tu	raccogli!	vali!	pari!	trai!	poni!
	raccogliamo!	valiamo!	paiamo!	traiamo!	poniamo!
	raccogliete!	valete!	parete!	traete!	ponete!
participio	raccolto	valso	parso	tratto	posto
gerundio	raccogliendo	valendo	parendo	traendo	ponendo
imperfetto	raccoglievo	valevo	parevo	traevo	ponevo
	raccoglievi	valevi	parevi	traevi	ponevi
	raccoglieva	valeva	pareva	traeva	poneva
	raccoglievamo	valevamo	parevamo	traevamo	ponevamo
	raccoglievate	valevate	parevate	traevate	ponevate
	raccoglievano	valevano	parevano	traevano	ponevano
congiuntivo presente / imperativo del Lei	raccolga	valga	paia	tragga	ponga
	raccolga	valga	paia	tragga	ponga
	raccolga	valga	paia	tragga	ponga
	raccogliamo	valiamo	paiamo	traiamo	poniamo
	raccogliate	valiate	paiate	traiate	poniate
	raccolgano	valgano	paiano	traggano	pongano
congiuntivo imperfetto	raccogliessi	valessi	paressi	traessi	ponessi
	raccogliessi	valessi	paressi	traessi	ponessi
	raccogliesse	valesse	paresse	traesse	ponesse
	raccogliessimo	valessimo	paressimo	traessimo	ponessimo
	raccoglieste	valeste	pareste	traeste	poneste
	raccogliessero	valessero	paressero	traessero	ponessero
futuro	raccoglierò	varrò	parrò	trarrò	porrò
	raccoglierai	varrai	parrai	trarrai	porrai
	raccoglierà	varrà	parrà	trarrà	porrà
	raccoglieremo	varremo	parremo	trarremo	porremo
	raccoglierete	varrete	parrete	trarrete	porrete
	raccoglieranno	varranno	parranno	trarranno	porranno
condizionale	raccoglierei	varrei	parrei	trarrei	porrei
	raccoglieresti	varresti	parresti	trarresti	porresti
	raccoglierebbe	varrebbe	parrebbe	tarrebbe	porrebbe
	raccoglieremmo	varremmo	parremmo	trarremmo	porremmo
	raccogliereste	varreste	parreste	trarreste	porreste
	raccoglierebbero	varrebbero	parrebbero	trarrebbero	porrebbero

VERBI CON PARTICIPI IRREGOLARI   Verben mit unreglmäßigem Partizip

infinito	participio passato	infinito	participio passato
accorgersi	accorto	prendere	preso
aggiungere	aggiunto	promettere	promesso
aprire	aperto	promuovere	promosso
attrarre	attratto	proporre	proposto
bere	bevuto	raccogliere	raccolto
chiedere	chiesto	raggiungere	raggiunto
chiudere	chiuso	rendere	reso
condividere	condiviso	richiedere	richiesto
conoscere	conosciuto	ridere	riso
convincere	convinto	rimanere	rimasto
correre	corso	risolvere	risolto
dare	dato	rispondere	risposto
decidere	deciso	rivedere	rivisto
dipingere	dipinto	rompere	rotto
dire	detto	scegliere	scelto
discutere	discusso	scendere	sceso
distruggere	distrutto	scoprire	scoperto
dividere	diviso	scorrere	scorso
esistere	esistito	scrivere	scritto
essere	stato	soffrire	sofferto
estendersi	esteso	sorridere	sorriso
fare	fatto	spendere	speso
fingersi	finto	stare	stato
incidere	inciso	succedere	successo
includere	incluso	svolgersi	svolto
interrompere	interrotto	togliere	tolto
iscriversi	iscritto	trarre	tratto
leggere	letto	uccidere	ucciso
mettere	messo	valere	valso
nascere	nato	vedere	visto
nascondere	nascosto	venire	venuto
offrire	offerto	vincere	vinto
parere	parso	vivere	vissuto
perdere	perso / (perduto)		
porgere	porto		

V

LISTA CRONOLOGICA

Symbole und Abkürzungen

~	bezeichnet die Lücke, in die du das neue Wort einsetzt.
[1]	bezeichnet ein Wort, das du angleichen musst. Die richtige Form steht am Ende des Teilkapitels.
Abc	Bei Verben in blauer Schrift musst du auf unregelmäßige Formen achten. ▶ S. 187ff.
Unterstriche	kennzeichnen die Wortbetonungen.
kursiv	bezeichnet fakultativen Wortschatz
▶	bezeichnet italienische Wörter derselben Wortfamilie.
=	bezeichnet Wörter und Wendungen mit gleicher Bedeutung.
≠	bezeichnet Wörter und Wendungen mit gegensätzlicher Bedeutung.
E	Englisch
F	Französisch
L	Latein
⚠	bezeichnet eine sprachliche Besonderheit.

Grundschrift	obligatorischer Wortschatz	jdn	jemanden
agg.	aggettivo (Adjektiv, Adj.)	m.	maschile (Maskulinum)
avv.	avverbio (Adverb)	pl.	plurale (Plural, Pl.)
cong.	congiunzione (Konjunktion)	prep.	preposizione (Präposition, P.)
etw.	etwas	p.p.	participio passato
f.	femminile (Femininum)	(rel.) pron.	(Relativ-)Pronomen
fam.	familiare (umgangssprachlich, ugs.)	qn	qualcuno (jemand)
inf.	infinito (Infinitiv, Inf.)	qs	qualcosa (etwas)
jd	jemand	sg.	singolare (Singular, Sg.)
jdm	jemandem	sost.	sostantivo (Substantiv, S.)

1 LA PUGLIA – ALLORA E OGGI

APPROCCIO

il tacco, i tacchi *pl.*	der Absatz	La Puglia è "il ~ dello stivale".
la superficie, le superfici *pl.*	die Fläche, die Oberfläche	L'Italia ha una ~ di più di 300 000 m². E surface F la surface
il chilometro	der Kilometer	Un ~ sono mille metri.
il milione	die Million	L'Italia ha 60 ~[1] di abitanti.
l'abitante *m./f.*	der/die Bewohner/-in	▶ abitare E inhabitant F l'habitant
il capoluogo, i capoluoghi *pl.*	die Landeshauptstadt	Il ~ della Puglia è Bari.
l'albero	der Baum	In Puglia ci sono tanti ~[2] di olivo. F l'arbre
creare	bilden, erschaffen	E create F créer
il bosco, i boschi *pl.*	der Wald	Nel ~ ci sono tanti alberi.
l'ombra	der Schatten	Quando fa caldo un albero offre dell'~. F l'ombre
il santo / la santa	der/die Heilige	San Nicola è il ~ di Bari. E/F saint L sanctus

⚠ San Francesco Sant'Antonio — aber: Per me il sabato è un giorno **santo**.

la chiesa	die Kirche	La ~ è molto vecchia.
celebrare	feiern	E to celebrate F célébrer

da … a	von … bis	Ho lezione dalle otto alle due.
famoso/-a	berühmt, bekannt	Roma è una città ~³ in tutto il mondo. **E** famous
infatti	tatsächlich	Ci sono molte regioni in Italia, ~ ce ne sono venti. **E** in fact **F** en effet
la moneta	die Münze	**E** money **F** monnaie
il centesimo	der Cent	Un euro sono cento ~⁴.
il castello	die Burg, das Schloss	Castel del Monte è un ~ in Puglia. **E** castle
medi(o)evale	mittelalterlich	**E** medieval **F** médiéval(e)
l'imperatore / l'imperatrice	der/die Kaiser/-in	Federico II era un ~. **E** emperor **F** l'empereur
il tetto	das Dach	Tutte le case hanno un ~. **F** le toit **L** tectum
tipico/-a	typisch	
la pietra	der Stein	**F** la pierre
Sapevi che …	Wusstest du, dass …	~ Filippo è di Lecce?
la regione	die Region	Ci sono venti ~⁵ in Italia.

l'Abbruzzo, la Basilicata, la Calabria, la Campania, l'Emilia-Romagna, il Friuli-Venezia Giulia, il Lazio, la Liguria, la Lombardia, le Marche, il Molise, il Piemonte, la Puglia, la Sardegna, la Sicilia, la Toscana, il Trentino-Alto Adige, l'Umbria, il Veneto, la Valle D'Aosta

l'olio	das Öl	**E** oil
l'oliva	die Olive	
la produzione	die Produktion	
la pasta	die Pasta *Nudeln*	Gli spaghetti sono un tipo di ~.
la costa	die Küste	L'Italia ha una ~ lunga. **E** coast **F** la côte
offrire, offerto *p.p.*	(an-)bieten	**E** offer **F** offrir **L** offerre
la sabbia	der Sand	Sulla costa ci sono molte spiagge di ~.
lo scoglio	die Klippe	Sulla costa della Puglia ci sono molti ~⁶.
dappertutto	überall	~ in Italia si trovano monumenti storici.
pulito/-a	sauber	Il mare in Puglia è molto ~.
l'esempio, gli esempi *pl.*	das Beispiel	**E** example
il porto	der Hafen	**E/F** port

nord – Norden   sud – Süden   est – Osten   ovest – Westen

1 milioni   **2** alberi   **3** famosa   **4** centesimi   **5** regioni   **6** scogli

1A ALLORA TUTTO ERA DIVERSO

allora	damals, dann	~ non c'era Internet. **F** alors
diverso/-a	anders, verschieden	Allora la vita era molto ~¹. **L** diversus
vivere, vissuto *p.p.*	leben	▶ la vita **F** vivre **L** vivere
il paese	das Dorf, der Ort, das Land	L'Italia è un ~ nel sud dell'Europa.
a piedi	zu Fuß	Come vai a scuola, ~ o in bicicletta?
diventare	werden (zu)	Quando ~² stanco, vado a dormire.
quanto/-a	wie	Il prof spiega benissimo. ~ è bravo!
pigro/-a	faul, träge	Oggi sono ~, non voglio uscire.
anzi	sogar, vielmehr	Il prof non è male, ~ spiega benissimo.

la messa	der Gottesdienst, die (heilige) Messe	Allora quasi tutti andavano a ~ la domenica. **E** mass
faticoso/-a	anstrengend, mühsam	La vita in campagna era ~[3]. **F** fatigant
la campagna	das Land	Preferisci vivere in città o in ~? ≠ la città **F** la champagne
lavorare	arbeiten	Mio padre ~[4] come professore.
il/la bambino/-a	das Kind; der Junge / das Mädchen	I ~[5] giocano a calcio nel parco. ≠ adulto

bambino/-a:	1-6 Jahre
ragazzo/-a:	bei Jugendlichen und jungen Erwachsenen
figlio/-a:	aus Sicht der Eltern

il pericolo	die Gefahr	Oggi ci sono tanti ~[6] per strada. **L** periculum
(fare) due chiacchiere	eine Plauderei, ein Schwätzchen (halten)	Ho fatto ~ con Leo: abbiamo parlato di Anna.
conoscersi	sich kennen	▶ conoscere **F** se connaître
incontrarsi	sich treffen	Ciao, Khalid! Dove ~[7]? In gelateria?
ad un certo punto	irgendwann	Tutti aspettavano Leo. ~ è arrivato.
bisogna +inf.	Es ist nötig (etw. zu tun).	Per entrare nel museo ~ comprare un biglietto.
mettersi d'accordo	sich abstimmen, sich einigen	Ragazzi, che cosa volete fare? ~[8]! **F** se mettre d'accord
l'appuntamento	die Verabredung, der Termin	Non posso venire, ho un ~ con mio zio. **E** appointment
preciso/-a	genau	Ragazzi, domani alle dieci ~[9]!
certamente	sicher, gewiss	Dov'è Anna? - ~ è già andata a casa.
si pron.	man	In Italia ~ mangia molta pasta.
lo sportello	der (Fahrkarten-) Schalter	Allora si compravano i biglietti allo ~.
più	mehr	Il vecchio negozio non c'è ~. **F** plus
la ferrovia	die Bahn, die Eisenbahn	Allora la gente prendeva la ~ per viaggiare.
la coda	die Reihe, die Schlange (beim Anstehen)	C'è una ~ molto lunga allo sportello.
in fondo avv.	im Grunde	Capisco quasi tutto. ~ l'italiano è facile.
comodo/-a	bequem, komfortabel	**E** comfortable **F** confortable
neanche	nicht einmal, auch nicht	Allora non c'era Internet e ~ il cellulare.
la televisione	das Fernsehen	Stasera guardo un film in ~. **E** television **F** la télévision
avere da fare qs	etw. zu tun haben	Senti, non posso venire, ~ tante cose ~[10]!
casomai	eventuell, vielleicht	~ vengo domani. Ma non sono sicuro.
la lettera	der Brief, der Buchstabe	"A" è una ~. Allora si scrivevano delle ~[11]. **E** letter **F** la lettre **L** littera/-ae
comunicare	kommunizieren	Per ~ oggi non si scrivono più tante lettere.
lo scherzo	der Scherz, der Witz	Khalid è molto divertente. Fa tanti ~[12].

frenetico/-a	schnelllebig, hektisch	La vita in città è $\sim^{13}$.

1 diversa **2** divento **3** faticosa **4** lavora **5** bambini **6** pericoli **7** ci incontriamo
8 Mettetevi d'accordo **9** precise **10** ho – da fare **11** lettere **12** scherzi **13** frenetica

1B L'INCONTRO D'ESTATE

il concorso	der Wettbewerb	Tutti vogliono vincere il ~. F le concours
il racconto	die Erzählung, die Geschichte	▶ raccontare
l'avventura	das Abenteuer	E adventure F l'aventure
un giorno *avv.*	eines Tages	~ in spiaggia Greta ha visto Nicola.
mentre	während	~ Anna parlava con Nicola, Adriana mangiava un gelato.
ad un tratto	plötzlich, auf einmal	Era tutto tranquillo ma ~ ho sentito qualcosa.

⚠ Unterscheide: **Ad un tratto** Giovanni è arrivato alla festa. (plötzlich)
Aspetta, vengo **subito**. (sofort)
≠ lat. subito – plötzlich

colpire (-sc-)	treffen, schlagen beeindrucken	I ragazzi mi $\sim^1$ con il pallone.
volare	fliegen	Il gelato di Greta $\sim^2$ nella sabbia. F voler
arrabbiarsi	sich ärgern, wütend werden	Leo $\sim^3$ perché Khalid è in ritardo.
naturalmente *avv.*	natürlich, selbstverständlich	Mi aiuti, per favore? – ~!
la testa	der Kopf	Dopo lo studio mi fa male la ~. F la tête
basso/-a	klein *Körpergröße*, niedrig	La mia mamma non è alta, è molto $\sim^4$. F bas, basse
corto/-a	kurz	Khalid ha i capelli $\sim^5$. F court/e ≠lungo
scusarsi	sich entschuldigen	Il ragazzo $\sim^6$ per il ritardo.
austriaco/-a	österreichisch	Non è tedesco, è ~.
Vienna	Wien (*Hauptstadt von Österreich*)	~ è la capitale dell'Austria.
sorridere a *qn*, sorriso *p.p.*	*jdn* anlächeln	È molto gentile, $\sim^7$ sempre a tutti. F sourire
togliersi *qs* (tolgo), tolto *p.p.*	sich *etw.* entfernen	Greta $\sim^8$ la sabbia dalla schiena con l'acqua
il cinema, i cinema *pl.*	das Kino	Oggi esce il film: andiamo al ~? E/F cinema
il cinema all'aperto	das Freiluftkino, das open-air-Kino	Sabato c'è il ~ nel parco.
salutare	grüßen, begrüßen	Gli italiani si $\sim^9$ con i baci. F saluer
il momento	der Moment	Aspetta un ~, torno subito!
succedere, successo *p.p.*	geschehen, passieren	Che cosa $\sim^{10}$?
imbarazzante	peinlich, unangenehm	Sono caduto con tutte le spese. Quanto era ~! E embarrassing
fermare	anhalten, stoppen	Le macchine si $\sim^{11}$ all'incrocio.
sconosciuto/-a	unbekannt	Chi è questa persona $\sim^{12}$? ≠ conosciuto/-a
l'attimo	der Augenblick, der Moment	Un ~ dopo, Khalid è arrivato. = il momento
la paura	die Angst	Oddio, i tacchi sono troppo alti. Ho ~ di cadere.

pe̲rdersi *qs*	*etw.* versäumen, verpassen	Giorgia, come era la festa ieri sera? ~¹³ qualcosa?
riuscire a + *inf.* **(riesco)**, **riuscito** *p.p.*	schaffen (*etw.* zu tun)	Come ~¹⁴ a portare questo tavolo da solo? È troppo pesante. **F** réussir
convi̲ncere di + *sost.*/ **a** *fare* *qs*, **convinto** *p.p.*	überzeugen, überreden	**E** to convince **F** convaincre
la giornata	der Tag *Verlauf*	Abbiamo avuto una bella ~. **=** il giorno

⚠ Unterscheide: giorno – giornata   È stata una bella **giornata**. (Zeit von morgens bis abends)
sera – serata   Ho un **giorno** (di tempo) per finire il compito. (giorno=24 Stunden)

l'add̲io, gli add̲ii *pl.*	der Abschied	Per l'~ si dice "Arrivederci!".
il contatto	der Kontakt	Filippo è ancora in ~ con gli amici di Lecce.
il pacchetto	das Päckchen, das Paket	Ho ricevuto un ~ dalla mia amica tedesca.
il ricordo di *qs/qn*	die Erinnerung an *etw./jmd*	Ho molti bei ~¹⁵ del tempo passato.

1 hanno colpito **2** è volato **3** si arrabbia **4** bassa **5** corti **6** si scusa **7** sorride **8** si toglie **9** salutano
10 è successo **11** fermano **12** sconosciuta **13** Mi sono perso/-a **14** riesci / sei riuscito **15** ricordi

PER COMUNICARE   UNITÀ 1

über Besonderheiten einer Region sprechen
(La Puglia) ha circa (4 milioni) di abitanti.
Il capoluogo è (Bari).
(In Puglia) si trovano (molti porti importanti).
(La Puglia) è famosa per (le orecchiette).
Un'altra cosa che possiamo vedere (solo in Puglia) (sono i trulli).
(Nel nord della Puglia) troviamo (il Gargano).
(Una costa così lunga) offre (tante spiagge).

erzählen, wie früher etwas war
Sai che quando avevo la tua età (non avevamo una macchina).

(Andavamo) quasi sempre (a piedi).
Tutto era tanto difficile allora.
Da bambini (potevamo giocare per strada).
Quando ero giovane (lavoravo in campagna).

etwas/jemanden beschreiben
(I ragazzi) erano (molto gentili).
(Il loro padre) era (italiano).
C'era (sabbia dappertutto).
(Nicola) era (alto e biondo) e aveva (i capelli lunghi un po' ricci).
(Suo fratello) era (abbastanza basso con i capelli neri e corti).

PER PARLARE   UNITÀ 1

di un paese/una regione

il paese	das Land (= Italia,	il lago	der See
la capitale	Germania) / das Dorf	il bosco	der Wald
il capoluogo	die Hauptstadt	il campo	das Feld
la città	die Landeshauptstadt	la campagna	das Land (≠ Stadt)
la via	die Stadt	trovarsi (nel nord)	sich (im Norden)
la strada	die Straße, der Weg		befinden
l'autostrada	die Straße	vicino alle (montagne)	in der Nähe der Berge
la strada di campagna	die Autobahn		
la ferrovia	die Landstraße	non lontano dal (mare)	in der Nähe vom (Meer)
il fiume	die Eisenbahn		nicht weit vom (Meer)
il mare	der Fluss	l'abitante	der/die Einwohner/in
il porto	das Meer	la lingua ufficiale	die Amtssprache
il monte	der Hafen	(essere) tipico/-a	typisch
la montagna	der Berg	(essere) famoso/-a per	berühmt/bekannt sein
avere un'altezza di	das Gebirge		für …
(6500) metri	(6500) Meter hoch sein		

di una persona ▶ *Per parlare di un testo, p. 166*

2 IL MONDO DEI MEDIA

APPROCCIO

il mezzo	das Mittel	Che ~ di comunicazione usi di solito?
la comunicazione	die Kommunikation	▶ comunicare
il giornale	die Zeitung	La mattina mio padre legge il ~. **F** le journal
la radio	das Radio	In macchina ascoltiamo sempre la ~.
la trasmissione	die Übertragung, die Sendung *Fernsehen*	Qual è la tua ~ preferita in tv? **E** transmission
il talent show	die Talentshow	Oggi non c'è niente in tv, solo un ~.
la soap opera	die Seifenoper	
raramente *avv.*	selten	Leggo spesso il giornale, ma ~ un libro. **F** rarement
il documentario, i documentari *pl.*	der Dokumentarfilm, die Dokumentation	C'è un ~ sull'Italia in TV. **E** documentary
il telegiornale	die (Fernseh-)Nachrichten	Si guarda il ~ per seguire le novità.
non ... mai	nie(mals)	~ guardo ~ le soap opera, non mi piacciono.
il titolo	der Titel, die Überschrift	Nel giornale ci sono tanti ~[1].
confrontare	vergleichen, gegenüberstellen	~[2] i due libri. Quale vi piace di più? **E** to confront
il/la compagno/-a (di classe)	der/die Klassenkamerad/in	Domani vado al cinema con i miei ~[3].
servire a *qs/qn*	etw./jdm dienen, nützen, brauchen	Uno smartphone ~[4] a molte cose diverse. **F** servir à qqn **L** servire
ritoccare	bearbeiten, retuschieren	Questa foto non mi piace così. La ~[5] dopo.
lo schermo	der Bildschirm	Preferisco guardare le foto sullo ~ grande.
nessuno	niemand	Durante le vacanze non c'è ~ a scuola.

non .. mai – *nie(mals)*	non ... più – *nicht mehr*	non ... neanche – *auch nicht, nicht einmal*	non ... nessuno – *niemand*
non .. ancora – *noch nicht*	non ... niente – *nichts*		

la ricerca	die Recherche, die Suche	Faccio una ~ per la mia relazione di storia.
scaricare	herunterladen	Come posso ~ le foto dal mio smartphone?
registrare	aufnehmen, aufzeichnen	**E** to register **F** enregistrer
il brano	das Musikstück	Mi piacciono tutti i ~[6] di Luciano Ligabue.
lo streaming	das Streaming	Non ho tv, guardo le partite importanti in ~.
sportivo/-a	sportlich	▶ lo sport **F** sportif

1 titoli   2 confrontate   3 compagni di classe   4 serve   5 ritocco   6 brani

2A RISCHI DI INTERNET

la vittima	das Opfer	**E** victim **F** la victime
il caso	der Fall, der Vorfall	Dire qualcosa di offensivo è un ~ di mobbing. **F** le cas
filmare	filmen	**F** filmer qc
visibile	sichtbar	Il filmato di Roma è ~ nel mio blog. **E/F** visible

il commento	der Kommentar	Durante il discorso c'erano dei ~[1] interessanti.
offensivo/-a	beleidigend, verletzend	E offensive F offensant
l'assenza	die Abwesenheit	Leo non c'è. Informo i suoi genitori dell'~. E absence
informare	informieren	▶ l'informazione
il/la preside	der/die Schulleiter/in	
il filmato	der Videoclip, das Filmmaterial	I ragazzi guardano il ~ sul loro viaggio.
in seguito	darauf(-hin)	~ al mobbing c'era una discussione a scuola.
il/la responsabile	der/die Verantwortliche	E responsible F le/la responsable
evitare	vermeiden	F éviter L vitare
la sospensione	die Suspendierung, der Schulverweis	Nel caso della ~ lo studente deve cambiare scuola. F la suspension
vero/-a	wahr, echt	L'Italia è bella. – Sì, è ~. L verus
la situazione	die Situation	È una ~ difficile per lei. Non sa cosa fare.
necessario/-a	notwendig, nötig	Per prendere voti alti, è ~ studiare. E necessary F nécessaire L necessarius
vietare	verbieten	L'insegnante ~[2] gli smartphone in classe.
l' insegnante	der/die Lehrer/in	F enseignant = il/la prof(essore/-ssa)
se	wenn	~ piove, rimango a casa. F si
scoraggiare	entmutigen, den Mut nehmen	Brutti voti di solito ~[3].
avere voglia di qs/qn / + inf.	Lust haben (auf etw./ jmd) / (etw. zu tun)	Non ~[4] di andare al cinema. Preferisco la spiaggia.
intervenire	eingreifen	In caso di cybermobbing bisogna ~.
credere	glauben	Non è possibile! Non lo ~[5]. F croire L credere
l'uso	der Gebrauch, die Benutzung	Per mia nonna l'~ dello smartphone è difficile. E use F l'usage
da parte di qn	seitens + Gen., von … aus	Ci vuole più attenzione ~ dei compagni di classe. F de la part de
invidiare	beneiden	I ragazzi lo ~[6] perché ha tante belle cose. E to envy F envier L invidere
in fretta avv.	eilig, in Eile	Fai ~. Non abbiamo tempo.
la competenza	die Kompetenz	Non dubito della sua ~.
stupido/-a	dumm	E stupid F stupide
annoiarsi	sich langweilen	Se non ho niente da fare, mi ~[7].
sperare	hoffen	~[8] che tutti i miei amici vengano alla festa. F espérer L sperare
intelligente	intelligent, klug	Leo prende sempre dei voti alti, è molto ~.
sembrare	scheinen	La ragazza ride sempre. ~[9] molto simpatica.
prendere in giro qn	sich über jdn lustig machen, jdn auf den Arm nehmen	I ragazzi mi ~[10] perché ho fatto qs di stupido.

| ben visto/-a | beliebt, angesehen | Questa ragazza è molto ~[11]. |

1 commenti **2** vieta **3** scoraggiano **4** ho voglia **5** credo **6** invidiano **7** annoio **8** Spero
9 sembra **10** prendono in giro **11** ben vista

2B CHE NE PENSI?

il programma	das Programm	Photoshop è un ~ per ritoccare le foto.
l'impegno	das Engagement, der Einsatz	Organizziamo una festa. Il nostro ~ è grande.
sociale	sozial	Aiutare le persone povere è un impegno ~.
il padre	*hier*: der Pater *Kirche*	Il ~ lavora per la chiesa.
occuparsi di *qs/qn*	sich kümmern um *jdn/etw.*, sich beschäftigen mit	Quando la mamma non c'è, io ~[1] di mio fratello. **F** s'occuper de qn/qc
il progetto	das Projekt	**E** project
presentare	präsentieren	Il prof ~[2] il nuovo studente alla classe.
in diretta	live, direkt *Fernsehen, Rundfunk*	Guardiamo la partita ~.
disposto/-a a + *inf.*	bereit *(etw. zu tun)*	Molte persone sono ~[3] a impegnarsi, ma non sanno come. **F** disposé à
il/la volontario/-a, i volontari, le volontarie *pl.*	der/die Freiwillige	**F** volontaire
l'attività	die Aktivität, die Tätigkeit	La mia ~ preferita nel tempo libero è correre.
l'immigrato/-a	der/die Einwanderer/in	Molti ~[4] in Italia sono africani. **E** immigrant
straniero/-a	ausländisch, fremd	A Roma ci sono sempre molti turisti ~[5]. **E** strange **F** étranger
la squadra	die Mannschaft, das Team	In una ~ di calcio ci sono 11 calciatori.
l'impressione *f.*	der Eindruck	Sembri triste. Ho l'~ che tu abbia un problema. **E** impression **F** l'impression
impegnarsi (in *qs*)	sich engagieren, sich für *etw.* einsetzen	Leo ~[6] in progetti sociali. = l'impegno
in parte	teilweise	L'impegno sociale è ~ divertente e ~ faticoso.
essere d'accordo con *qn*	mit *jdm* einer Meinung sein / einig sein	Hai ragione, ~[7] con te. **F** être d'accord avec qn
richiedere, richiesto *p.p.*	erfordern, verlangen	Questa attività ~[8] molto tempo.
regolare *agg.*	regelmäßig	**E** regular **F** régulier
il pranzo	das Mittagessen, das Festessen, das Mahl	Oggi per ~ mangiamo una pizza.
Natale *m.*	Weihnachten	La festa di ~ è il 25 dicembre. **F** il Noël
interrompere, interrotto *p.p.*	unterbrechen	Non ~ mai quando parla il prof! **F** interrompre
il/la boy/girl scout	der/die Pfadfinder/in	
altrimenti	ansonsten, sonst	Devi studiare, ~ prendi voti brutti.
esistere, esistito *p.p.*	existieren, vorhanden sein	~[9] molti progetti sociali. **E** to exist

sensato/-a	sinnvoll	**F** sensé
concreto/-a	konkret	Che significa essere boy scout di ~?
raccogliere, **raccolto** *p.p.*	(auf-/ein-)sammeln	Dopo un'ora la prof ~[10] i compiti.
i rifiuti	der Abfall	Dopo una festa bisogna raccogliere i ~[11].
ambientale *agg.*	Umwelt-	I rifiuti sono un problema ~.
darsi da fare	sich einsetzen, sich engagieren	~[12] nel sociale **=** impegnarsi
impegnato/-a	beschäftigt	Leo è ~ in un progetto sociale.
dubitare	bezweifeln	Ho cercato il libro dappertutto. ~[13] di trovarlo. **E** to doubt **F** douter **L** dubitare
valere, **valso** *p.p.*	gelten	Leo, le regole ~[14] per tutti, anche per te.
la gente	die Leute	In Italia la ~ è simpatica. **F** les gens

> ⚠ Da dove **viene** tutta questa gente? – Woher **kommen** alle diese Leute?
> italienisch: Singular   deutsch: Plural

parere, **parso** *p.p.*	scheinen	È contentissimo. Mi ~[15] che gli piaccia qui.

> ⚠ Das Verb **parere** bildet das *passato prossimo* mit *essere*. In der Regel wird es unpersönlich verwendet.

intendere, **inteso** *p.p.*	meinen	Non capisco, che cosa ~[16]? **E** to intend

1 mi occupo   **2** presenta   **3** disposte   **4** immigrati   **5** stranieri   **6** si impegna   **7** sono d'accordo   **8** richiede   **9** Esistono   **10** raccoglie   **11** rifiuti   **12** Mi do da fare   **13** Dubito   **14** valgono   **15** pare   **16** intendi

PER COMUNICARE   UNITÀ 2

sagen, wie häufig man etwas verwendet
(Io leggo) spesso (i titoli), ma non (leggo) quasi mai (le notizie).
(Io guardo) (quasi) sempre (i telegiornali in tv).
Qualche volta (c'è anche un bel film), raramente (un documentario).
Non (sono) mai offline (– neanche un minuto).
(La mamma compra) spesso (le riviste).

über Medien und Mediengewohnheiten sprechen
Guardo (volentieri) la tv.
Mi piacciono soprattutto trasmissioni come (i talent show e le soap opera).
Compro il giornale (tutti i giorni).
Ascolto la radio (con lo smartphone).
Leggo i giornali online.
(Le partite importanti le) guardo in streaming.
Vado online per (fare delle ricerche per la scuola / guardare i risultati di calcio / ...).
Seguo tutte le novità (in Internet).

Befürchtungen äußern
Ho paura che (non riesca a dimenticare in fretta quello che è successo).

seine Meinung äußern
Secondo me (il prof ha visto tutto).
Credo che (sia molto difficile).
È necessario che (la scuola vieti gli smartphone in classe).
Bisogna che (parliamo del problema).
Non è possibile che (questi due ragazzi siano così stupidi.)
Ho l'impressione che (i miei studenti qui al Gioberti abbiano abbastanza da fare).
Dubito un po' che (questo valga per tutti).

auf Diskussionsbeiträge reagieren
Ma scusi, (Padre), (ce) lo dica per favore.
Ma senta, (Padre), (me) lo spieghi, come faccio?
(Te) lo spiego volentieri, (Anna).
Sono (in parte) d'accordo con (te).
(La) capisco.
Scusa, (Anna), se (ti) interrompo, ma ...
(Leo), che cosa vuoi dire con ("sociale")?
Che cosa (fate) di concreto? (Fammi) un esempio, per favore.
(Anna), (dimmi) che cosa ne pensi?
Ma (Anna), che cosa intendi per ...?

PER PARLARE   **UNITÀ 2**

dei media

il reportage	*die Reportage*	la rivista per giovani	*die Jugendzeitschrift*
il telegiornale	*die Nachrichten*	l'intervista	*das Interview*
la trasmissione sportiva	*die Sportsendung*	l'oroscopo	*das Horoskop*
una trasmissione di	*eine Sendung über*	l'annuncio	*die Anzeige*
la soap opera	*die Seifenoper*	Leggo soprattutto	*Ich lese vor allem*
la pubblicità	*die Werbung*	(romanzi).	*(Romane).*
il (tele)film	*der (Fernseh-)Film*	(Gli oroscopi) mi	*(Horoskope) langweilen*
la serie	*die Serie*	annoiano.	*mich.*
la commedia	*die Komödie*		
l'attore / l'attrice	*der/die Schauspieler/in*	▶ *Per parlare di un testo, p. 165–168*	
l'emittente televisiva	*der Fernsehsender*		
l'emittente radiofonica	*der Radiosender*		
il programma televisivo	*das Fernsehprogramm*		
Il film dura (90 minuti).	*Der Film dauert (90 Minuten)*		

3 ROMA, CAPITALE D'ITALIA

APPROCCIO

la capitale	die Hauptstadt	Roma è la ~ d'Italia. **E** capital city **F** la capitale **L** caput

⚠ Unterscheide
la **capitale** – *Hauptstadt eines Landes, z. B. Rom für Italien, Berlin für Deutschland*
il **capoluogo** – *Hauptstadt einer italienischen Region oder Provinz oder eines deutschen Bundeslandes, z. B. Milano für Lombardia, Firenze für Toscana oder Stuttgart für Baden-Württemberg*

la sede	der Wohnsitz, der Firmensitz	Il Vaticano è la ~ del papa. ▶ sedersi **F** le siège **L** sedes
il papa	der Papst	Il ~ vive in Vaticano. **E** pope **F** le pape

⚠ Unterscheide   **il papa, i papi** – der Papst, die Päpste
il papà, i papà – der Papa, die Papas

fare **shopping**	shoppen, bummeln	Via Condotti è ideale per ~.
elegante	elegant	Non porto dei vestiti ~[1] nel tempo libero.
il locale	das Lokal	Questo ~ offre pizze ottime.
stupendo/-a	wunderbar	Roma mi piace molto, è ~[2].
l'incontro	das Treffen	▶ incontrare **E** encounter **F** le rencontre
il/la musicista, i musicisti *pl.*	der/die Musiker/in	▶ la musica
la traccia	die Spur	**E** trace **F** la trace
antico/-a, antichi/-e *pl.*	antik, altertümlich, alt	Il Colosseo è un monumento ~.
l'Impero Romano	das Römische Reich	**L** Imperium Romanum
raggiungere, raggiunto *p.p.*	erreichen	Come posso ~ l'aeroporto? - Prenda il treno.
il binario, i binari *pl.*	das Gleis	Il treno parte dal ~ 2.
la sedia a rotelle	der Rollstuhl	La ~ è utile se non puoi camminare.

l'ascensore *m.*	der Fahrstuhl, der Aufzug	F l'ascenseur (m.)
le scale *pl.*	die Treppe	Purtroppo non c'è un ascensore. Prendiamo le ~[3] !
la scala mobile	die Rolltreppe	Salire con la ~ è molto comodo.
la metro(politana)	die Metro, die U-Bahn	Prendiamo la ~ o l'autobus? F le métropolitain
la linea, le linee *pl.*	die Linie *Bahn*	Prendi la ~ A per raggiungere il centro.
la direzione	die Richtung	Segui la strada in ~ sud. E direction F la direction
pagare	(be)zahlen	~[4] 5 euro per le tue cose. E to pay F payer
singolo	einfach, Einzel-	E single F singulier
l'ora di punta	die Hauptverkehrszeit, der Berufsverkehr	All'~ c'è molta gente sulla metro.
avere senso	Sinn haben	Non ~[5] chiedere un'informazione a un turista.

⚠ to **make** sense (engl.) - **avere** senso (ital.)

l'angolo	die Ecke	Il negozio è lì all'~.

1 eleganti   2 stupenda   3 scale   4 Ho pagato   5 ha senso

3A IN GIRO PER ROMA

estendersi, esteso *p.p.*	sich erstrecken	Il fiume Po ~[1] per 652 chilometri. F s'étendre
il colle	der Hügel	F la colline L collis
portare	*hier:* führen	Scusi, questa strada ~[2] al centro?
eterno/-a	ewig, zeitlos	E eternal F éternel
la leggenda	die Legende, die Sage	Una ~ è una storia di una volta.
fondare	gründen	E to found F fonder
avanti/dopo Cristo (a./d. C.)	vor/nach Christus	Romolo ha fondato Roma nel 753 ~[3].
la basilica, le basiliche *pl.*	die Basilika	La ~ di San Pietro è una chiesa.
l'Europa	Europa	L'Italia e la Germania sono paesi d'~.

⚠ l'UE (Unione Europea) – die EU (Europäische Union)

suggestivo/-a	stimmungsvoll, beeindruckend	Roma di sera è molto ~[4].
il buco, i buchi *pl.*	das Loch	Sono caduto e adesso ho un ~ nei pantaloni.
la serratura	das Schlüsselloch, das Schloss	F la serrure
meraviglioso/-a	wunderbar	F merveillieux
lo stato	der Staat	Sai quanti ~[5] ci sono in Europa?
autonomo/-a	autonom, unabhängig, selbstständig	Il Vaticano si trova a Roma ma è uno stato ~.
cattolico/-a	katholisch	Il Vaticano è il centro del mondo ~.
il museo	das Museum	Oggi visitiamo un ~ sull'Impero Romano.
costruire (-sc-)	(er)bauen	Gli antichi Romani ~[6] il Colosseo. F construire

dipingere, dipinto *p.p.*	malen	A tanti bambini piace ~.
il tempio, i templi *pl.*	der Tempel	**E/F** temple **L** templum
il dio, gli dei *pl.*	der Gott	**F** le dieu **L** deus

⚠ Plural: **gli** dei
Die veraltete Form des Wortes *l'iddio, pl. gli iddei* erklärt den ungewöhnlichen Artikelgebrauch.

il secolo	das Jahrhundert	Un ~ sono cento anni. **F** le siècle **L** saeculum
trasformare	umwandeln, umbauen	Il papa ~[7] il tempio in una chiesa. **=** cambiare **E** to transform
forte	stark, gewaltig	**F** fort
la cupola	die Kuppel	La basilica di San Pietro ha una ~ grande.
scomodo/-a	ungemütlich, unbequem	**≠** comodo/-a
gettare	werfen	Ragazzi, non ~[8] i rifiuti per strada! **F** jeter
la fontana	der Brunnen	**E** fountain **F** la fontaine
barocco/-a, barocchi/-e *pl.*	barock, Barock-	La Fontana di Trevi è un monumento ~.
scorso/-a	vergangen, vorig	L'anno ~ siamo andati a Lecce.
guadagnare	verdienen	Suo padre ~[9] tanto, è molto ricco. **F** gagner
i soldi *pl.*	das Geld	Scusi, non ho i ~ per pagare.
il Presidente del Consiglio	der Ministerpräsident	
chic	schick, flott	Mi piacciono i vestiti eleganti e ~.
Accidenti!	Donnerwetter!	~! Quanto sei diventato grande!

1 si estende **2** porta **3** a. C. **4** suggestiva **5** stati **6** hanno costruito **7** ha trasformato **8** gettate **9** guadagna

3B UN PROGETTO CULTURALE EUROPEO

ciò che / quello che	(das,) was	~ mi piace di più in Italia è il bel tempo.
la cultura	die Kultur	**E** culture
il/la partner	der/die Partner/in	Mi piace fare gli esercizi con un ~.
europeo/-a, europee *pl. f.*	europäisch	La Germania e l'Italia sono paesi ~[1].
fuori	außerhalb, außen, draußen	Oggi non piove, andiamo ~.
personalmente	persönlich	È possibile parlare ~ con lui?
il carattere	der Charakter, die Eigenheit	Ogni persona ha il suo ~. **E** character
nazionale	national	**E** national
il parlamento	das Parlament	**E** parliament
olimpico/-a	Olympia-, olympisch	A Roma si trova lo stadio ~.
rilassarsi	sich erholen, sich entspannen	Stare in spiaggia è ideale per ~.
stamattina	heute früh, heute Morgen	~ ho incontrato un amico. ▶ la mattina.
la visita	die Besichtigung, der Besuch	▶ visitare **E** visit **F** la visite

C

il questionario, i questionari pl.	der Fragebogen	F le questionnaire
compilare	ausfüllen	~² il questionario!
piacere	gefallen	La visita del Colosseo mi ~³ molto. F plaire

⚠ **Il film mi è piaciuto.**   abweichend vom Deutschen: *passato prossimo* mit *essere*

ovviamente	offensichtlich, natürlich	~ tutti amano Roma: è bellissima. E obviously
spendere, speso *p.p.*	ausgeben	A Roma Anna ~⁴ molti soldi in vestiti.
il menù	die Speisekarte	Cameriere, ci porta il ~, per favore? E menu
l'acqua frizzante	Wasser mit Kohlensäure	Come vuoi l'acqua? Naturale o ~?
la discussione	die Diskussion	Abbiamo avuto una ~ sulla politica. ▶ discutere
la trattoria	*italienische Gaststättenart*	Nella ~ si mangia bene.
prenotare	vorbestellen, reservieren	Vorrei ~ una tavola per due persone alle sei.
scoprire, scoperto *p.p.*	entdecken	Adesso so tutto. ~⁵ la verità.
il conto	die Rechnung, die Summe	Cameriere, ci porta il ~, per favore?
separato/-a	getrennt	Noi due facciamo tutto insieme. Non siamo mai ~⁶.
quindi	also, daher	Comincia a piovere. ~ rimaniamo in casa.
funzionare	funktionieren	Il cellulare è rotto. Non ~⁷ più.
il modo	die Art, die Weise	In che ~ vuoi viaggiare? In autobus o in treno?
lontano/-a	weit	≠ vicino/-a
da lontano	von Weitem, aus der Ferne	~ il Colosseo sembra più piccolo.
in tutti i sensi	in jeder Hinsicht	Hai ragione ~.
strano/-a	seltsam, merkwürdig	Che ~! Di solito Anna non è mai in ritardo. E strange
il piatto	das Gericht, die Speise, der Teller	Questa trattoria offre ottimi ~⁸ di pasta.
l'acqua naturale	stilles Wasser	Io prendo una pizza e un' ~.
la differenza	der Unterschied	Ci sono delle ~⁹ tra la cultura italiana e quella tedesca. E difference
in comune	gemeinsam	Sono fratelli ma non hanno niente ~.
sorprendente	überraschend, erstaunlich	Hai speso tanto. Non è ~ se non hai più soldi.
visto che	da	Non vengo ~ sono stanco morto. = perché
il/la coetaneo/-a, le coetanee *pl. f.*	der/die Alters-/ Zeitgenosse/-in	Anna e Jens sono ~¹⁰.

1 europei   2 Compilate   3 è piaciuta   4 ha speso   5 Ho scoperto   6 separati   7 funziona   8 piatti
9 differenze   10 coetanei

PER COMUNICARE   UNITÀ 3

über die Nutzung von Transportmitteln sprechen
Questo autobus va a (Trastevere)?
Come posso raggiungere (i binari con la sedia a rotelle)?
Può prendere (l'ascensore / le scale mobili / …).
(Per Trastevere) deve prendere la metro fino a (Termini).
Deve scendere a (Termini).
Prenda (il tram 3) direzione (Stazione Trastevere).
Lì bisogna cambiare.
Vorrei quattro biglietti per andare (al Colosseo).
Due adulti e due bambini.

Historische Daten vorstellen
(Ha fondato la città) nel (753 a. C.).
(La Cappella Sistina, costruita) tra il (1473) e il (1484) …
Nel 1534 (Michelangelo ha dipinto la famosissima Creazione di Adamo).
All'inizio del (settimo) secolo (d. C.) (papa Bonifacio IV ha trasformato il tempio in una chiesa).
(Si tratta di un monumento barocco) del '700.

Erstaunen ausdrücken
Incredibile!
Che forte questo posto!
È stupendo.
È meraviglioso/-a!
Accidenti!

etwas vergleichen
Roma è la città più grande d'Italia.
È sicuramente più grande di Lecce.
La basilica di S. Pietro è la chiesa più grande d'Europa.
Uno dei punti più suggestivi è sicuramente il buco della serratura.
Più famosa dei musei – c'è la Cappella Sistina.
La musica è sempre la cosa più importante per te.

Besondere Reiseeindrücke schildern (Erlebnisse, Menschen, Essen, kulturelle Unterschiede)
Quello che è stata la cosa più interessante è …
(Jens ha) scoperto che (cos'è il coperto).
(Il conto alla romana) non conoscevamo ancora.
Mi sembra una cosa strana che (mangiate il pane con un piatto di pasta).
Ciò che ci ha colpito (molto) è che (mangiate già alle sei).
Abbiamo tante cose in comune.
Ci sono differenze tra (tedeschi) e (italiani).

PER PARLARE   UNITÀ 3

dei mezzi di trasporto

andare	in aereo	*fliegen*	la fermata	*die Haltestelle*
	in treno	*mit dem Zug fahren*	la stazione	*der Bahnhof*
	in metropolitana	*mit der U-Bahn fahren*		
	in tram	*mit der Straßenbahn fahren*	comprare un biglietto	*ein Ticket kaufen*
	in bici	*mit dem Fahrrad fahren*	arrivare puntualmente / puntuale / in ritardo	*pünktlich / zu spät kommen*
	a piedi	*zu Fuß gehen*		
			La metro parte ogni 10 minuti.	*Die U-Bahn fährt alle 10 Minuten.*
prendere	l'autobus	*den Bus nehmen*	La metro è fuori servizio.	*Die U-Bahn ist außer Betrieb.*
	il treno	*den Zug nehmen*		
	la linea (A)	*die Linie (A) nehmen*		
	il tram	*die Straßenbahn*	È l'ora di punta.	*Es ist Berufsverkehr.*
	l'aereo	*das Flugezug nehmen*	C'è traffico.	*Es ist (viel) Verkehr.*
	il taxi	*das Taxi nehmen*	L'apparecchio automatico non funziona.	*Der Automat funktioniert nicht.*

in un ristorante

il menu	die Speisekarte	il coltello	das Messer
l'antipasto	die Vorspeise	il cucchiaio	der Löffel
il primo piatto	der erste Gang	il cucchiaino	der Teelöffel
il secondo piatto	der zweite Gang	il coperto	das Gedeck
il contorno	die Beilage	il bicchiere	das Glas
il dolce	das Dessert, die Süßspeise	la mancia	das Trinkgeld
		È molto/troppo piccante.	Es ist sehr/zu scharf.
la carne	das Fleisch		
il pesce	der Fisch	È molto/troppo salato/-a.	Es ist sehr/zu salzig.
alla griglia	gegrillt		
fritto/-a	frittiert	Mi fa male la pancia.	Mir tut der Bauch weh.
l'insalata	der Salat	Vuoi assaggiare?	Magst du kosten?
la zuppa, la minestra	die Suppe	È stato buonissimo/-a.	Es war sehr lecker.
la forchetta	die Gabel		

4 ANDARE A SCUOLA E LAVORARE

APPROCCIO

la scuola elementare	die Grundschule	I ragazzi italiani frequentano la ~ da 6 a 10 anni. **E** elementary school
la scuola media	3-jährige Schule der Sekundarstufe I	Dopo la ~ devi scegliere come continuare.
l'obbligo scolastico	die Schulpflicht	Voglio continuare gli studi anche dopo l'~.
la metà	die Hälfte	Quasi ~ dei ragazzi va al liceo.
la terza media	dritte Klasse der Sek.I entspricht 8. Schuljahr	Con i ragazzi della ~ sono ancora amico.
il percento	Prozent	Il 48 ~ degli studenti continua gli studi dopo la terza media. **E** percent **F** pour cent

⚠ il 20 percento   il 37,4 percento   l'82 percento
Im Italienischen steht abweichend vom Deutschen vor Prozentzahlen immer der Singular-Artikel il bzw. l'.

la possibilità	die Möglichkeit	**E** possibility
l' istituto professionale	die Berufsfachschule (Sekundarstufe II)	Dopo l'istituto ~ potresti subito lavorare.
l'istituto tecnico	die Fachoberschule (Sekundarstufe II)	Vorrei frequentare l'~ dopo la terza media.
tecnico/a, tecnici, tecniche pl.	technisch	**E** technical **F** technique
il/la giornalista	der/die Journalist/in	Non era facile rispondere alle domande del ~.
intervistare	interviewen	Il giornalista mi ~[1]. Voleva sapere tutto.
il sogno	der Traum	Il mio ~ è di viaggiare. **L** somnium
la giurisprudenza	Jura, die Rechtswissenschaft	Studiare ~ è molto difficile.
il/la notaio/-a, i notai pl.	der/die Notar/in	Per diventare ~ bisogna studiare per anni.
la professione	der Beruf	**E** profession

rispettato/-a	angesehen, respektiert	Carla vorrebbe essere ~[2] al lavoro.
il/la restauratore/ restauratrice	der/die Restaurator/in	La ~[3] ha fatto un buon lavoro.
il mobile	das Möbel(-stück)	Mi serve un ~ più grande.
il mestiere	der (Handwerks-) Beruf, das Gewerbe	Cerco un ~ dove potrei lavorare con le mie mani. **F** le metier

> ⚠ Unterscheide **il mestiere** – der handwerkliche Beruf (Betonung auf die Ausübung)
> **la professione** – der erlernte Beruf (Betonung auf das Fachgebiet)

il lavoro	die Arbeit	Il ~ di cameriere è troppo poco creativo. **L** labor
dare fastidio a qn	jdn stören	~[4] a tutti che parla sempre al telefono.
l'ufficio, gli uffici pl.	das Büro	Dove trovo l'~ d'informazione? **E** office

> ⚠ Unterscheide
> Mio padre lavora in un grande **ufficio** in centro. – Mein Vater arbeitet in einem großen **Büro** im Stadtzentrum.
> La sera mia madre lavora ogni tanto nel suo **studio**. – Abends arbeitet meine Mutter manchmal in ihrem **Büro**. (=Arbeitszimmer im Haus oder in der Wohnung)

viaggiare	reisen	Dopo la scuola voglio ~ per il mondo.
l'azienda (di export)	das (Export-) Unternehmen	L'~ offre molte possibilità di viaggiare.
numeroso/-a	zahlreich, unzählig, hier: kinderreich	Siamo una famiglia ~[5]. **E** numerous
l'asilo	der Kindergarten	I bambini di 3 anni vanno di solito all'~.
lo stress	der Stress	Cosa posso fare contro lo ~ da esame?
la verità	die Wahrheit	Che cos'è successo? Dimmi la ~! **F** la vérité **L** veritas
la maturità	das Abitur, die Reife	In Italia l'esame di ~ è un esame di Stato.
la carriera	die Karriere	La ~ è importante ma non è tutto nella vita. **E** career
non ... affatto	(ganz und) gar nicht	~ sono ~ stanco, dai, andiamo al cinema.
qs piacerebbe a qn	etwas würde jdm gefallen / gefiele jdm	▶ piacere
comandare	befehlen, kommandieren	**E** command **F** commander
vorrebbe	er/sie/es möchte, hätte gern	▶ 3. Pers. von vorrei
il capo	der/die Chef/in	Il ~[6] è giovane, ma molto bravo.
stesso/-a	selbst	Tu ~ devi decidere cosa fare.

> **stesso/-a** hat je nach Satzstellung unterschiedliche Bedeutungen:
> Lo devo fare io **stesso**. – Das muss ich **selbst** machen. (nachgestellt: **selbst**)
> È sempre la **stessa** regola. – Es ist immer **dieselbe** Regel (vorgestellt oder alleine stehend: **der-/dieselbe**)

aggiungere, aggiunto p.p.	ergänzen	Vorrei ~ un po' di sale. **L** adiungere
siccome	da, weil	~ il tempo è brutto, rimaniamo a casa.

> ⚠ Unterscheide
> **Siccome** questo hotel non ha un ristorante dobbiamo cenare fuori. (am Satzanfang: siccome)
> Dobbiamo cenare fuori **perché** l'hotel non ha un ristorante. (nachgestellt: perché)

pugliese	apulisch	La cucina ~ è famosa.
la specialità	die Spezialität	**F** la spécialité **E** speciality

1 ha intervistato   **2** rispettata   **3** restauratrice   **4** Dà fastidio   **5** numerosa   **6** capo

4A RAGAZZI MI SERVE UN CONSIGLIO

il display	das *Display*	Il ~ è piccolo, non si vede niente.
riparare	reparieren	Riesci a ~ il mio computer davvero? **E** to repair
l'esperto/-a	der Experte, die Expertin	Non sono un ~, ma posso provarlo.
essere sicuro/-a di *qs / + inf.*	sicher sein	Non mi sento bene. Non ~¹ di venire.
dare una **mano** *a qn*	*jdm* helfen	Vorrei ~² ma purtroppo non ho tempo.
rompersi, rotto *p.p.*	kaputtgehen	Il mio cellulare ~³. Non funziona più.
il ferro	das Eisen	**F** le fer **L** ferrum
l'offerta	das Angebot, die Spende	**E** offer
il/la titolare	der/die Ladenbesitzer/in	Il ~ non voleva venderci proprio niente.
il modello	das Modell	Il ~ è troppo vecchio. Non lo voglio.
usato/-a	gebraucht	≠ nuovo **E** used
il lavoretto	der Job	Cerco un ~ per fare un po' di soldi. ▶ il lavoro
fare la **baby-sitter**	*babysitten*	~⁴ molto volentieri. Amo i bambini.
il/la dog-sitter	der/die Hundesitter/in	Come ~ sono sempre in giro.
il tablet	das *Tablet*	Hai visto il mio nuovo ~?
qualcuno	jemand	Conosci ~ che potrebbe darmi una mano?
Come mai?	Wieso? Wie kommt es?	~ non vuoi uscire con noi? Stai male?
rotto/-a	kaputt, gebrochen	Ecco, il cellulare è ~. Non funziona più.
faccia a faccia	von Angesicht zu Angesicht	Devi parlare ~ con lui, credimi, è meglio. **E** face to face
sul serio	im Ernst, ernsthaft	Non è uno scherzo. Lo dico ~.
stare attento/-a *a qn/qs*	aufpassen auf *jdn/etw.*	Lisa non ~⁵. Perde sempre qualcosa.

⚠ Unterscheide **stare attento** – aufpassen, auf der Hut sein
                 fare attenzione – aufpassen, aufmerksam/aufnahmebereit sein

costoso/-a	teuer	Il cellulare è troppo ~. Non ho tanti soldi.
il regalo	das Geschenk	Per il compleanno ho avuto un bel ~.
dispiacere	leidtun	Mi ~⁶ che hai perso il cellulare. ≠ piacere

gängigste Verwendung: mi dispiace – das tut mir Leid

l'incidente *m.*	der Unfall	Scusa, mi è caduto. Era un ~.
connesso/-a	verbunden	In vacanza non sono ~ a Internet. **E** connected
malato/-a	krank	Quando sono ~ mi sento male. **F** malade

1 sono sicuro/-a   **2** darti una mano   **3** si è rotto   **4** Faccio la baby-sitter   **5** sta attenta   **6** dispiace

4B DUE CARRIERE

l'imprenditore/imprenditrice	der/die Unternehmer/in	Il padre di Khalid ha un negozio, è un ~.
il/la proprietario/-a	der/die Eigentümer/in	Il ~ del negozio accanto lavora sempre.
la visita guidata	die Führung	La ~ era interessante, ma troppo breve.
l'agenzia	die Agentur	I biglietti si comprano all'~. E agency
darsi del tu/Lei	sich duzen/siezen	Non so mai se ~[1] o ~[2].
laurearsi in qs	in etw. seinen (Universitäts-)Abschluss machen	Vorrei ~[3] matematica.
ripetere	wiederholen	E to repeat L repetere
continuo/-a	dauernd, ständig	Solo uno studio ~ ti porta avanti. E continuous L continuus
la laurea, le lauree pl.	der Abschluss Universität	Spero di trovare subito lavoro dopo la ~.
la guida	der Reise-/Fremdenführer	Abbiamo visitato il museo con una ~. E guide
turistico/-a, turistici, turistiche pl.	Touristen-, touristisch	Il posto è molto ~. Arrivano da tutto il mondo.
originalmente avv.	ursprünglich	~ volevamo andare a Bari, poi abbiamo cambiato idea. E originally
il corso	der Kurs, der Lauf, der Lehrgang	Quale ~ ti piace di più? E course L cursus
l'impresa	das Unternehmen	L'agenzia turistica è una piccola ~. ▶ imprenditore/imprenditrice
esatto/-a	richtig, genau	Fabrizio è un imprenditore, vero? - ~! E exact
complimenti per qs	Kompliment (für etw.)	~ per la tua macchina. È davvero bella. F/E compliment
il successo	der Erfolg	E success
l'impiegato/-a	der/die Angestellte	Gli ~[4] preferiscono un lavoro sicuro.
la canoa	das Kanu	E canoe F canoë
veneziano/-a	venezianisch	Il teatro ~ è famoso in tutto il mondo.
l'intervista	das Interview	E the interview F le interview
il web design	das Web-Design	E web design
il futuro	die Zukunft	≠ il passato E future
la presenza	die Präsenz, die Anwesenheit	La ~ in Internet è importante. E presence
fondamentale	grundlegend, wichtig	La scelta professionale è ~ per il futuro. E fundamental
dovunque	überall	Come guida turistica puoi lavorare ~ nel mondo.
combinare	kombinieren, vereinen	Volevo ~ un lavoro creativo con un posto sicuro. E to combine F combiner
la conoscenza	die Kenntnis	Oggi la ~ dell'inglese è fondamentale.

lo spirito	der Geist, *hier:* Sinn	Non ho lo ~ necessario per fare arte. **E** spirit
attraverso	durch, über	Ha trovato il suo lavoro ~ alcuni amici.
la ragazza alla pari	*au pair*-Mädchen	Fare la ragazza ~ non è una vacanza, è lavoro.
iscriversi, iscritto *p.p.*	sich eintragen, sich anmelden	Vorrei ~[5] al prossimo corso d'italiano.
la facoltà	die Fakultät	**E** faculty **F** la faculté
l'informatica	die Informatik	**E** informatics **F** l'informatique
l'occasione *f.*	die Gelegenheit, die Chance	È un'ottima ~ per imparare l'italiano. **E** occasion
partecipare	teilnehmen	~[6] al concorso, ma purtroppo senza successo. **E** to participate
il premio	der Preis *Auszeichnung*	Hai vinto il ~, complimenti.
speciale	besonders, speziell	≠ normale **E** special
veloce	schnell	Per finire prima, devi essere più ~. ≠ lento
rispetto a *qn/qs*	im Vergleich zu, in Bezug auf *jdn/etw.*	Direi che ~ a me hai avuto più fortuna.
il sito Internet	die Internetseite	Il ~ mi piace, ha un bel web design.
dedicarsi a *qn/qs*	sich *jdm/etw.* widmen	Vorrei ~[7] a qualcosa di utile. **E** to dedicate
esclusivo/-a	ausschließlich, exklusiv	Mi dedico ~[8] agli studi, non esco quasi mai.

1 dargli del tu **2** dargli del Lei **3** laurearmi in **4** impiegati **5** iscrivermi **6** Ho partecipato
7 dedicarmi **8** esclusivamente

PER COMUNICARE UNITÀ 4

über Berufswünsche reden
Vorrei (guadagnare molti soldi).
Il mio sogno è (studiare giurisprudenza).
Vorrei diventare (notaio) come ha fatto (mio zio).
Mi piace (essere creativa).
Mi piace lavorare (con le mie mani).
Per me è importante (avere un posto di lavoro sicuro).
(Non) mi dà fastidio (lavorare in ufficio).
Mi piacerebbe (lavorare in un asilo o una scuola elementare).
Non so ancora cosa fare dopo la scuola.
Non voglio (diventare insegnante).
Vorrei avere abbastanza tempo libero per la mia famiglia.
Vorrei tanto viaggiare per il mondo.

Ratschläge geben
Al tuo posto farei (riparare lo smartphone).
Dovresti (subito comprarne uno nuovo).
Potresti (cercare un altro in Internet).
Perché non (fai la baby-sitter)?

über die Ausbildung sprechen
Mi sono laureato/-a in (medicina).
Chi vuole essere (una guida) deve fare un corso e un esame.
Per diventare (un insegnante) bisogna studiare.
Si è iscritto/-a alla facoltà (di informatica).
Per imparare (il russo) ha passato (un anno in Russia).

in einem Gespräch/Interview reagieren
Piacere, (Ornella).
Ah, lo posso capire bene.
Sì, è vero.
E che cosa fai esattamente?
Ottimo! Grazie dell'intervista.

Zufriedenheit ausdrücken
Ho la fortuna di (parlare abbastanza bene il tedesco.)
Non potrebbe andare meglio.
Sono davvero contento/-a (della scelta che ho fatto.)

PER PARLARE   UNITÀ 4

dei lavoretti e professioni

fare il/la baby-sitter	babysitten	il cameriere / la cameriera	der/ die Kellner/in
fare il/la dog-sitter	dogsitten		
dare ripetizioni	Nachhilfeunterricht geben	il cuoco / la cuoca	der Koch / die Köchin
		il medico	der Arzt / die Ärztin
dare lezioni di (pianoforte)	(Klavier-)Unterricht geben	l'artista	der/die Künstler/in
		il/la stilista	der/die Designer/in
consegnare giornali	Zeitungen austragen	l'insegnante	der/die Lehrer/in
riparare (biciclette)	(Fahrräder) reparieren	l'avvocato/-essa	der Anwalt / die Anwältin
lavare macchine	Autos waschen	l'architetto/-a	der/die Architekt/in
occuparsi di anziani	sich um ältere Menschen kümmern	l'ingegnere	der Ingenieur
fare la spesa per qn	für jdn einkaufen gehen	laurearsi in …	einen Hochschulabschuss erwerben in …
tagliare l'erba	Rasen mähen		
fare il/la cameriere/-a	kellnern	fare un corso di …	einen Lehrgang machen in …
lavorare al (supermercato)	in einem (Supermarkt) arbeiten		
		fare/dare un esame	eine Prüfung ablegen
il segretario / la segretaria	der/die Sekretär/in	iscriversi alla facoltà di …	sich für einen Studiengang in … einschreiben
il/la pilota	der/die Pilot/in, der/die Rennfahrer/in	passare (un anno) in …	(ein Jahr) in … verbringen
il fotografo / la fotografa	der/die Fotograf/in		
il poliziotto / la poliziotta	der/die Polizist/in	partecipare a …	teilnehmen an
		studiare …	studieren
		frequentare un corso di …	einen Kurs in … besuchen

5 NEL CENTRO D'ITALIA

APPROCCIO

il passo	der Schritt	Ancora due ~[1] e siamo al mare. **L** passus
la pineta	der Pinienwald	Subito dopo la ~ c'è la spiaggia. **F** la pinière
affittare	mieten	Ho ~[2] la casa per due settimane.
la roulotte	der Wohnwagen	La ~ è troppo stretta per tutti noi.
il Sentiero Francescano	▶ cultura e civiltà, p. 172	
accessibile	zugänglich, erreichbar	Il monumento è ~ solo con un biglietto. **E** accessible
il/la portatore/portatrice di handicap	der/die (Körper-)Behinderte	Si prega di lasciare libero il parcheggio per i ~[3].
la struttura	die Struktur, das Gebäude	La ~ è vecchia di almeno 200 anni.
la piscina	das Schwimmbad, der Pool	**F** la piscine
il parco giochi, i parchi *pl.*	der Spielplatz	
attrezzato/-a	ausgestattet	La roulotte è ~[4] con tutto il necessario.
il mini market	der Einkaufsladen	Il ~ è aperto fino a tardi.
il campo da tennis / beach volley	Tennis-/Beachvolleyball-Platz	Cerchiamo il ~, ci può dire dov'è?

l'isola	die Insel	All'~ d'Elba si arriva da Piombino.
l'escursione *f.*	der Ausflug	Domani si fa un'~ alle isole.
l'agriturismo	der Agrotourismus *Urlaub auf dem Bauernhof*	
l'uliveto	der Olivenhain	Le olive di quest'~ sono piccole ma buone.
la zona	die Zone, die Gegend	La ~ non è ancora turistica, per fortuna.
in mezzo (a) *prep.*	in der Mitte, inmitten (von)	Cosa fa la tua scarpa ~ alle mie cose?
il giardino	der Garten	F le jardin
la natura	die Natur	Come non si può amare la ~?
il prodotto	das Produkt	
raggiungibile	erreichbar	L'azienda è facilmente ~ in macchina.
lungo *prep.*	entlang	Prendi la strada ~ il fiume, è più breve.
ci vuole/vogliono + *sg.*	man braucht	~ tempo per imparare una lingua. ~[5] almeno 6 ore per arrivarci a piedi.

⚠ Unterscheide: **ci vuole** – **man** braucht/benötigt
bisogna (+ *inf.*) – man muss (+ *Inf.*)
ho bisogno di – ich brauche, benötige
mi serve – ich brauche (weil ich es verwenden möchte)

il cavallo	das Pferd	I ~[6] mi fanno paura.
a cavallo	zu Pferd, mit dem Pferd	Possiamo arrivare in spiaggia ~?
il verde	das Grüne	Facciamo una passeggiata nel ~ domani?
il cannocchiale	das Fernrohr	Con il ~ si può vedere molto lontano.
lo/la scienziato/-a	der/die Wissenschaftler/in	E scientist
acquistare	erwerben, kaufen	Ho ~[7] due biglietti per il concerto.
lo sconto	die Ermäßigung, der Rabatt	Adesso tutti i negozi fanno ~[8].
il soggiorno	der Aufenthalt	Il ~ è stato troppo breve.
il periodo	die Periode, der Zeitabschnitt	Per il ~ delle vacanze l'ufficio è chiuso.
contattare	kontaktieren	Per prenotare un tavolo devi ~ il ristorante.
disponibile	verfügbar	Mi dispiace, ma non c'è più un posto ~.
la stanza	das Zimmer	È disponibile una ~ con giardino?
l'aereo	das Flugzeug	Viaggiate in treno o ~?
a noleggio	Miet-	Per andare all'albergo prendo una macchina ~.
la navetta	der Shuttlebus	
cordialmente	Mit freundlichen Grüßen *Brief*	
ringraziare	danken	Ti ~ di questo regalo. Mi piace tanto.
in anticipo	im Voraus	Le ringrazio ~.

1 passi   2 affittato   3 portatori di handicap   4 attrezzata   5 Ci vogliono   6 cavalli   7 acquistato   8 sconti

5A EPPUR SI MUOVE

Eppur si muove!	Und sie bewegt sich doch! *Zitat*	
n<u>a</u>scere, nato *p.p.*	geboren werden	Dove sei ~¹? L naqui
frequentare	besuchen	Ho ~² un istituto professionale.

⚠ **Frequento** un corso di tedesco. –   Ich **besuche** einen Deutschkurs. (Kurs, Unterricht)
Giovanni **va a trovare** i suoi nonni. –   Giovanni **besucht** seine Großeltern. (Personen)
Oggi mi **viene a trovare** il mio amico. –   Heute **besucht** mich mein Freund. (Personen)
Domani **visitiamo** il museo. –   Morgen **besuchen** wir das Museum. (Museen, Monumente)

la medicina	die Medizin *hier:* Studium	Gli studenti di ~ non hanno mai tempo.
la mecc<u>a</u>nica	die Mechanik	Galileo aveva una passione per la ~.
l'apparecchio, gli apparecchi *pl.*	der Apparat	Con quest'~ puoi vedere molto lontano.
la corte	der Hof, der Fürstenhof	E court
Dialogo di Galileo Galilei sopra i due Massimi Sistemi del Mondo Tolemaico e Copernicano	*Dialog von Galileo Galilei über die zwei wichtigsten Weltsysteme, das ptolemäische und das kopernikanische*	
affermare	behaupten	Quello che tu ~³ non è vero.
l'universo	das Universum	
la difficoltà	die Schwierigkeit	Perché non mi hai detto che ti trovavi in ~? E difficulty
infine	schließlich, letztendlich	~ abbiamo trovato una soluzione. F enfin
il processo	der Prozess	In un ~ si vuole trovare una soluzione giusta.
la prigione	das Gefängnis	E prison
pubblicare	veröffentlichen	E to publish
la teor<u>i</u>a	die Theorie	Le tue ~⁴ non mi convincono affatto.
la villa	das Landhaus, die Villa	La ~ si trova in mezzo al verde.
la morte	der Tod	Alla sua ~ Galilei aveva 77 anni. F la mort L mors
futuro/-a	zukünftig	Cerco consigli sulla mia ~⁵ carriera. E future
interessare	interessieren	Non ti ~⁶ affatto dei miei problemi, vero?
il disegno	die Zeichnung, das Bild	E design F le dessin
il cielo	der Himmel	Il ~ qui è sempre blu. F le ciel
la guerra	der Krieg	La ~ deve finire subito.
la battaglia	der Kampf, die Schlacht	E battle
il laboratorio, i laboratori *pl.*	das Labor	Il nuovo ~ è attrezzato di tutto. E laboratory
il punto	der Punkt	Da lontano sembravi un piccolo ~.

la stella	der Stern	Questa sera non si vedono le ~[7].
la scoperta	die Entdeckung, die Erfindung	Lo scienziato ha presentato la sua ~.
la sintonia	der Einklang	Meno male, almeno su questo punto siamo in ~.
la Bibbia	die Bibel	La ~ è il libro più venduto nel mondo.
prendere una decisione	eine Entscheidung fassen	Devo ~ su cosa fare dopo la scuola.
la decisione	die Entscheidung	Sono d'accordo con la tua ~. E decision
l'ignorante	der Ignorant, der Banause	Questo ~non vuole capire che è successo.
ovvio/-a	offensichtlich, selbstverständlich	Tu sei invitato, ~. E obvious
rinnegare	verleugnen, ablehnen, seine Überzeugung aufgeben	Galileo doveva ~ la sua teoria.
ufficiale	offiziell	Adesso è ~: tutti hanno passato gli esami.
intorno a *qn/qs*	um *jdn/etw.* herum	C'era molta gente ~, ma nessuno aiutava la vittima.
sbagliarsi	sich irren, sich täuschen	Mi ~[8] o ti ho visto ieri alla festa?

---

1 nato/-a **2** frequentato **3** affermi **4** teorie **5** futura **6** interessi **7** stelle **8** sbaglio

5B UNA CORSA TRA IERI E OGGI

la corsa	der Lauf, das Rennen	Faccio una ~ nel parco ogni giorno.
l'origine *f.*	die Herkunft	E origin L origo
religioso/-a	religiös	Questa tradizione è di origine ~[1], si sa. E religious
sebbene + *cong.*	obwohl	~ non mi interessi il film, ti accompagno al cinema.
il legno	das Holz	Tutta la casa è fatta di ~.
la cima	die Spitze, der Gipfel, das Ende	Dalla ~ si vede fino al mare.
la statua	die Statue, das Standbild	Attenzione! Non fate cadere la ~.
dividersi, diviso *p.p.*	sich teilen	~ siamo ~[2] le spese. E to divide
indossare	anhaben, tragen *Kleidung*	Non so mai cosa ~ per uscire.
il costume	das Kostüm, die Tracht, der Brauch	Sono ~[3] di altri tempi.
azzurro/-a	blau	Il cielo è ~ quando il tempo è buono.
tradizionale	traditionell, üblich	Mia nonna ama le canzoni ~[4].
affinché + *cong.*	damit	Te lo dico ~ tu lo sappia.
l'orgoglio	der Stolz	La festa tradizionale è l'~ del paese.
il maschio, i maschi *pl.*	der Mann	Solo i ~[5] possono partecipare alla corsa.
benché + *cong.*	obwohl	~ sia tardi non posso dormire.
tale	derartig, solche(r), solches	È un caso ~ da intervenire subito. L talis

antiquato/-a	altertümlich, antiquiert	L antiquus
la tradizione	die Tradition	In Italia ogni paese ha le sue ~[6].
il valore	der Wert	Mio padre dà grande ~ agli studi. E value
la superstizione	der Aberglaube	E superstition
il corno rosso	▶ cultura e civiltà, S. 176	
il malocchio	▶ cultura e civiltà, S. 177	
anziano/-a	alt, betagt	= vecchio/-a
considerare	jdn/etw. halten für	Lo ~[7] sempre amico, nonostante tutto. E to consider
impegnativo/-a	*hier:* anspruchsvoll, anstrengend	L'escursione di domani è molto ~[8].
pesare	wiegen *Gewicht*	Quanto ~[9] la tua borsa?
verticale	senkrecht	E vertical
il percorso	der Weg, die Strecke	Il ~ finiva dopo pochi metri. F le parcours
totale	ganz, gesamt	Ho speso in ~ venti euro. E total
prima che + *cong.*	bevor	~ tu faccia un tale passo, pensaci bene.
la gara	der Wettbewerb, Wettkampf	In una ~ di corsa vince sempre il più veloce.
fare bella figura	einen guten Eindruck machen	Bisogna ~ quando sei invitato .
il/la turista	der/die Tourist/in	A Firenze ci sono sempre tanti ~[10].
rendere *qn/qs + agg.*, reso *p.p.*	jdn/etw. + *Adj.* machen	Con questo regalo ho ~[11] felice mia madre.
dimostrare	zeigen, beweisen	Ha ~ [12] di essere un buon amico.
svolgersi, svolto *p.p.*	sich abspielen, ablaufen	La gara si ~[13] sotto la pioggia.
successivo/-a	nachfolgend, anschließend	Era una bella festa ma il giorno ~ eravamo tutti stanchi.
l'onore *m.*	die Ehre	E honour
autentico/-a	echt, original, authentisch	La statua medievale è ~[14]. E authentic
esercitarsi	üben, sich schulen	~[15] a suonare la chitarra. E to exercise L exercere
l'atteggiamento	die Einstellung, die Haltung	Devi cambiare ~, sei troppo offensivo.
il dubbio, i dubbi *pl.*	der Zweifel	▶ dubitare E doubt L dubium

1 religiosa   2 Ci - divisi   3 costumi   4 tradizionali   5 maschi   6 tradizioni   7 considero   8 impegnativa
9 pesa   10 turisti   11 reso   12 dimostrato   13 svolgeva   14 autentica   15 Mi esercito

PER COMUNICARE UNITÀ 5

Informationen einholen für einen Aufenthalt in einem Campingplatz oder Hotel
Vi contatto per sapere se è disponibile (una stanza per quattro persone).
Quanto tempo ci vuole per arrivare (al vostro albergo in treno dall'aeroporto)?
Quanto costa (la FirenzeCard a prezzo ridotto)?

Vorhersagen treffen
Vermutungen aufstellen
Un giorno (quegli ignoranti lo capiranno).
Tra poco (tutti sapranno che ho ragione).
Sarà per sempre ovvio che (…).

etwas zu bewerten
(Tanti dicono che) una tale cosa sia un (po' antiquata).
Secondo me (le tradizioni hanno il loro valore anche nel 21° secolo).
Per loro è (una tradizione per gente vecchia) e (andarci) significa (essere out dal mondo moderno).
(Tanti) considerano (la tradizione antiquata).

PER PARLARE UNITÀ 5

dei luoghi di vacanza

passare le vacanze	*Urlaub verbringen*	la stanza	*das Zimmer*
		la tenda	*das Zelt*
in città	*Städtereise*	il giardino	*der Garten*
al mare	*Urlaub am Meer*	il balcone	*der Balkon*
vacanze in montagna	*Urlaub in den Bergen*	con una vista (sul) mare	*mit Meerblick*
in campagna	*Urlaub auf dem Lande*	la piscina	*der Pool*
in campeggio	*Urlaub auf dem Campingplatz*	il parco giochi	*der Spielplatz*
		la spiaggia attrezzata	*der (mit Schirmen und Liegen) ausgestattete Strand*
l'albergo	*das Hotel*		
l'appartamento	*das Apartment*		
il casale	*das Bauernhaus*	il mini market	*der Einkaufsladen*
il campeggio	*der Campingplatz*	il campo da tennis	*der Tennisplatz*
la roulotte	*der Wohnwagen*	il campo da beach-volley	*der Volleyballplatz*
la casa mobile	*mobile home*		
l'ostello	*das Hostel, die Jugendherberge*	l'escursione a cavallo	*der Ausritt, Ausflug mit dem Pferd*
		la gita in mountain-bike	*die Mountainbike-Tour*
		la passeggiata nel verde	*das Wandern im Grünen*
		fare sci nautico	*Wasserski fahren*
		fare surf	*surfen*
		fare sci	*Ski fahren*
		fare snowboard	*Snowboard fahren*
		andare in barca	*Boot fahren*

6 L'ITALIA CREATIVA E MODERNA

APPROCCIO

il triangolo industriale	das Industriedreieck (Mailand-Genua-Turin)	Il ~ si trova nel nord d'Italia. E triangle
la concentrazione	die Konzentration	Torino è una zona ad alta ~ industriale.
il servizio, i servizi *pl.*	die Dienstleistung	Siamo contenti del ~ dell'agenzia. ▶ servire

l'auto(m**o**bile) *f.*	das Auto(mobil)	L'industria dell'~ era forte in Italia.
il settentrione	der Norden	Il nord d'Italia si chiama anche il ~.
la decina	etwa zehn	Una ~ di anni fa i miei vivevano a Bari.

sg. **il centinaio** (m), *etwa hundert* ▶	pl. **le centinaia** (f) – *Hunderte*	
sg. **il migliaio** (m), *etwa tausend* ▶	pl. **le migliaia** (f) – *Tausende*	

la pianura	die Ebene, das Flachland	La ~ è una zona senza colline o montagne.
l'agricoltura	die Landwirtschaft, der Ackerbau	Il lavoro in ~ è sempre pesante. **E** agriculture
l'allevamento	die Tierhaltung, die Tierzucht	Questa carne è di un ~ della zona.
fornire (-sc-)	liefern	L'azienda ~[1] i ristoranti di verdura fresca.
sc**o**rrere, scorso *p.p.*	fließen, strömen	Tutti i fiumi ~[2] verso il mare.
il lago, i laghi *pl.*	der See	Mi piace fare un bagno nel ~ di Garda. **E** lake
settentrionale	nördlich	Per gli italiani la Germania è un paese ~. **=** a nord
l'accesso	die Anbindung, der Zugang	Per l'~ online bisogna registrarsi. **E** access
trarre, tratto *p.p.*	ziehen, entnehmen	I giovani ~[3] informazioni da Internet. **L** trahere
il profitto	der Nutzen, der Profit	**E** profit
il turismo	der Tourismus	▶ il/la turista **E** tourism
attrarre, attratto *p.p.*	anziehen	Il mare ~[4] tanti turisti. **E** to attract
il paesaggio, i paesaggi *pl.*	die Landschaft	Guarda quanto verde il ~ è. **F** le paysage
il tratto	der Abschnitt	In quel ~ la strada è interrotta. **F** le trait
la collina	der Hügel	Si può salire sulla ~ a piedi. **L** collis
la catena montuosa	die Gebirgskette	L'Appennino è una ~.
il meridione	der Süden	Il sud d'Italia si chiama ~. **≠** settentrione
meridionale	südlich	Napoli si trova nell'Italia ~.
particolare	besonderer, besondere/-s	Ha una passione ~ per l'Italia. **E** particular
l'importanza	die Wichtigkeit, die Bedeutung	▶ importante **E** importance
la pesca	die Fischerei	Al porto si possono vedere le attività di ~.
il vulcano	der Vulkan	L'Etna è il ~ più grande d'Europa. **E** volcano
la disoccupazione	die Arbeitslosigkeit	Nell'ultimo anno la ~ è scesa un po'. **E** disoccupation
la criminalità	die Kriminalität	La ~ è più alta nelle grandi città.

1 fornisce   **2** scorrono   **3** traggono   **4** attrae

6A LE TANTE FACCE DI MILANO

la faccia	das Gesicht	Guardami in ~, quando mi parli! **E** face
il/la stilista	der/die Designer/in	L'Italia ha sempre avuto grandi ~[1] di moda. **E** stylist
disoccupato/-a	arbeitslos	Non trovo lavoro. Sono ~. **E** disoccupied
l'affitto	die Miete	Abito con due amici. Ci dividiamo l'~ in tre. ▶ affittare
il/la pendolare	der/die Pendler/in	I ~[2] hanno una giornata lunga.

Italiano	Deutsch	Beispiel
Vale la pena.	Es lohnt sich.	~ visitare il castello? F valoir la peine
appassionato/-a *agg.*	begeistert	E passionate
la marca, le **marche** *pl.*	die Marke, das Label	Vestiti di ~ costano sempre di più.
la creatività	die Kreativität	▶ creativo/-a E creativity
il trend	der Trend	Ogni estate c'è un nuovo ~. E trend
la sfilata	die Modenschau	Alla ~ si presenta il nuovo trend della moda.
l'evento	das Event	Era un grande ~, sono rimasto fino a tardi.
il/la barista	der/die Barkeeper/in	Senza scontrino il ~ non ti serve il caffè.
disegnare	zeichnen, entwerfen	▶ il disegno E to design F dessiner
il ritratto	das Porträt	Non ti riconosco in questo ~. Sembri un altro.
il banc**a**rio, la banc**a**ria, i banc**a**ri, le banc**a**rie *pl.*	der/die Banker/in	Per fare il ~ devi amare la matematica.
innamorato/-a	verliebt	Sono stata a Roma e ~³ di questa città – è bellissima. ▶ l'amore
econ**o**mico/-a, econ**o**mici, econ**o**miche	Finanz-, finanziell	Ugo non ha soldi - ha gravi problemi ~⁴. E economic
la banca	die Bank *Kreditinstitut*	Mi servono soldi. Dov'è la ~ più vicina?
l'investimento	das Investment, die Investition	L' ~ valeva la pena.
la ditta	das Geschäft, die Firma	Molte ~⁵ in Italia sono piccole.
il mese	der Monat	Durante il ~ di agosto tutti sono al mare. L mensis
la mostra	die Ausstellung	La ~ presenta i ritratti dei Medici.
il tifoso, la tifosa	der Fan	I ~⁶ non vedevano l'ora di entrare nello stadio.
tifare per *qn/qs*	*jdn/etw.* anfeuern, zu *jdn/etw.* halten	~⁷ per la mia squadra preferita.
l'ingegner**i**a	die Ingenieurwissenschaft	Se vuoi costruire edifici, devi studiare ~.
la residenza	das Wohnheim	Spero di trovare un posto nella ~. E residence
il polit**e**cnico	*die Ingenieurakademie, technische Hochschule*	Il ~ di Milano è al quarto posto in classifica.
l'ambiente *m.*	das Umfeld, die Umgebung, die Umwelt	La casa mi piaceva, ma l'~ era brutto.
internazionale	international	Ci sono molti studenti ~⁸ all'università.
fortunato/-a	glücklich	Sono ~ ad aver vinto la partita. E fortunate

⚠ **essere fortunato** – Glück haben *(vgl. engl. to be lucky)*

Italiano	Deutsch	Beispiel
il tr**a**ffico, i tr**a**ffici *pl.*	der Verkehr, der Stau	E traffic F la trafic
lo scooter	der Motorroller, der Roller	Vorrei comprare uno ~ per andare a scuola.
il continente	der Kontinent	L'Asia è il ~ più grande del mondo.

i continenti: l'Europa, l'Asia, l'Africa, l'America (Nordamerica)

l'origine *f.*	die Herkunft, der Ursprung, die Quelle	E origin L origo
il terzo	das Drittel	In Italia due ~[9] degli studenti sono pendolari.

Bruchzahlen:	(un) mezzo –	die Hälfte
	un terzo –	ein Drittel
	un quarto –	ein Viertel
	etc. mit den Ordnungszahlen	

l'iscritto/-a	der/die Immatrikulierte	Il numero dei nuovi ~[10] è alto quest'anno.
extracomunitario/-a	nicht EU-, nicht zur EU gehörend	Gli ~[11] vengono da paesi fuori dell'Europa.
provenire da *qs*	aus *etw.* kommen, herkommen	I turisti ~[12] da ogni parte del mondo.

1 stilisti   2 pendolari   3 sono innamorata   4 economici   5 ditte   6 tifosi   7 tifo   8 internazionali   9 terzi
10 iscritti   11 extracomunitari   12 provengono

6B CREATIVITÀ ITALIANA: DUE RITRATTI

il volto	das Gesicht	È un ~ conosciuto del cinema.
il teatro lirico	das lyrische Theater, die Oper	Il ~ ha pubblicato il nuovo programma.
il/la cantante lirico/-a	der/die Opernsänger/in	Il ~ si dedica alla musica classica.
l'entrata	der Auftritt	C'erano applausi all'~ del cantante.
la scena	die Bühne	Da qui non vedo bene la ~ del teatro. E scene
la comparsa	der/die Statist/in	Il teatro cerca ~[1]. Vuoi partecipare?
l'adolescenza	die Jugend(-zeit)	Dai 14 ai 18 anni si vive l'~. E adolescence L adulescentia
l'interesse *m.*	das Interesse	Ho tanti ~[2], soprattutto per la musica.
artistico/-a	künstlerisch	Un cantante ha particolari abilità ~[3]. E artistic
il canto	der Gesang, das Singen	Mio padre ama il ~.
la partecipazione	die Teilnahme	La ~ al concorso è aperta a tutti. E participation
farsi notare	auf sich aufmerksam machen	Khalid si ~[4] sempre per i suoi scherzi.
l'epoca, le epoche *pl.*	die Epoche, die Zeit	A Roma ci sono tracce di tutte le ~[5].

⚠ Beachte:	l'epoca –	die Epoche, der (historische) Zeitraum
	dell'epoca –	aus der Zeit, damalig
	all'epoca –	zu der Zeit, damals

debuttare	debütieren, zum ersten Mal öffentlich auftreten	La Bartoli ha ~[6] a soli diciannove anni. F debutter
la serie, le serie *pl.*	die Reihe, die Serie	È in programma una nuova ~ tv. E series
l'opera	die Oper, das Werk	In estate danno l'~ all'aperto. E opera
incidere, inciso *p.p.*	aufnehmen *Ton*	Abbiamo ~[7] un album, lo vuoi ascoltare?
il CD	die CD	Il ~ costa solo 10 Euro.

la partitura	die Partitur, die Noten	Non sa leggere le ~[8], ma canta come un dio.
la registrazione	die Aufnahme	
sposato/-a	verheiratet	I miei genitori non sono ~[9].
la fondazione	die Gründung, die Stiftung	▶ fondare E foundation
l'eccellenza	die Spitzenklasse	La Bartoli rappresenta l'~ del teatro lirico. E excellence
l'architettura	die Architektur	Mi piace l'~ del palazzo.
contemporaneo/-a	zeitgenössisch	E contemporary
dato che	angesichts/aufgrund der Tatsache, dass	~ abbiamo perso il bus, andiamo a piedi.
il costruttore, la costruttrice	der/die Bauunternehmer/in	Il ~ è in ritardo con i lavori.
segnato/-a	gezeichnet	La sua vita è ~[10] da successo.
l'infanzia	die Kindheit	L'~ finisce con l'adolescenza.
insegnare	lehren, unterrichten	Al mio prof piace ~ la matematica. ▶ l'insegnante
lo studio	hier: Ingenieurbüro	Lo ~ offre stage a studenti d'ingegneria.
la notorietà	die Bekanntheit, die Berühmtheit	Gli eventi hanno dato ~ alla città.
progettare	entwerfen, planen	▶ il progetto E to project
avanguardistico/-a	avantgardistisch, bahnbrechend	La mostra è sull'architettura ~[11].
la fama mondiale	der Weltruhm	Al concerto partecipano artisti di ~.
il grattacielo	das Hochhaus, der Wolkenkratzer	Il ~ più alto d'Italia si trova a Milano.
nominare	ernennen	Il presidente ~[12] i ministri. L nominare
lo stipendio, gli stipendi pl.	der Lohn, das Gehalt, das Arbeitsentgelt	Il lavoro mi piace, lo ~ è basso però.
la periferia	die Peripherie, der Stadtrand, die Vorstadt	Le ~[13] sono le zone fuori dal centro storico.

1 comparse 2 interessi 3 artistiche 4 fa notare 5 epoche 6 debuttato 7 inciso 8 partiture 9 sposati 10 segnata 11 avanguardistico/-a 12 nomina 13 periferie 14 mette – a disposizione

PER COMUNICARE   UNITÀ 6

über wirtschaftliche und geografische Aspekte sprechen

(Milano, Genova e Torino) hanno la maggior concentrazione di (industria e di servizi).
(Milano) è la città (della moda e della borsa).
(La Pianura Padana) è fondamentale per (l'agricoltura e l'allevamento).
(Il Po) fornisce l'acqua necessaria.
(Il Po) è il fiume più lungo (d'Italia).
(La Pianura Padana) è la più grande pianura (d'Italia).
(Tra montagna e pianura) si trovano alcuni dei più grandi ed importanti laghi (d'Italia).
(Le regioni settentrionali) hanno accesso (al mare).
(Le regioni settentrionali) traggono profitto dal turismo.
(Il mare) ha un'importanza fondamentale per (queste zone).
(La pesca) offre una possibilità di lavoro.

grobe Mengenangaben machen

… una decina (di città d'arte)
(una grande attrazione per) migliaia di (turisti)
(scorre per) centinaia di (chilometri)

über aktuelle Ereignisse/Zustände sprechen

Al momento (sto studiando tedesco).
(Sto) ancora (vivendo con i miei genitori).
Attualmente (stiamo seguendo gli investimenti).
In questo periodo (sto andando a lavorare).

über Statistiken sprechen

Circa un terzo (degli studenti) …
Più di un quarto (degli iscritti) …
Il 9,3% (sono africani).

über das Leben und den Erfolg berühmter Persönlichkeiten sprechen

(Cecilia Bartoli) è nata a (Roma) nel (1966).
Ha fatto la sua prima entrata in scena all'età di (nove) anni come (comparsa).
La sua carriera ha avuto inizio con (la partecipazione a un talent show).
A solo (19) anni ha debuttato (a Roma nel Barbiere di Siviglia).
Ha vinto numerosi premi.
Oltre alla sua carriera si occupa di (ricerca storico musicale).
La sua notorietà internazionale ha inizio da …
(Ha disegnato numerosi progetti) di fama mondiale.
Tra le sue opere più importanti, abbiamo …

PER PARLARE   UNITÀ 6

delle persone famose

l'attore / l'attrice		der/die Schauspieler/in	il moderatore / la moderatrice	der/die Moderator/in
il/la cantante	rock	der/die Rocksänger/in	lo sportivo / la sportiva	der/die Sportler/in
	hip hop	der/die Hip-Hop Sängerin		
	pop	der/die Pop-Sängerin	lo scienziato /	der/die Wissenschaftlerin
	lirico	Opernsänger	la scienziata	
			fondare	gründen
l'imprenditore / l'imprenditrice		der/die Unternehmer/in	entrare in scena	auftreten
il fondatore / la fondatrice		der/die Gründer/in	recitare	spielen Film
			dare un concerto	ein Konzert geben
			disegnare	zeichnen
			scoprire	entdecken
il calciatore		der Fußballer	condurre	moderieren
il portiere		der Torwart	apparire in televisione	im Fernsehen auftreten
l'artista		der/die Künstler/in		
il/la stilista		der/die Designer/in	avere una propria trasmissione	eine eigene Sendung haben
il/la regista		der/die Regisseurin		
il/la musicista		der/die Musiker/in		
l'intrattenitore/ l'intrattenitrice		der/die Entertainer/in		

della statistica

la maggioranza	die Mehrheit	il grafico fa vedere / mostra che …	die Grafik veranschaulicht, dass
la minoranza	die Minderheit	Circa due terzi credono che …	Fast zwei Drittel glauben, dass …
la metà	die Hälfte		
un terzo	ein Drittel		
il 40%	40%		
il grafico	die Grafik	Le professioni più ricercate secondo il grafico sono …	Die gefragtesten Berufe sind laut Grafik …
il sondaggio	die Umfrage		
il diagramma (a torta)	das Kreis(-Diagramm)		

SUPPLEMENTO 1 GENTE SULL'AUTOBUS

il pensiero	der Gedanke	Darei tutto per leggere i tuoi ~1. ▶ pensare
maledetto/-a	verdammt	Il ~ computer non funziona di nuovo.
sposare	heiraten	Da grande vorrei ~ e avere figli.
l'uomo; gli uomini	der Mensch, der Mann	Il primo ~ si chiamava Adamo. L homo
il rumore	der Lärm	Il ~ delle macchine mi dà fastidio. E rumour
preoccuparsi per qn/qs	sich um jdn/etw. Sorgen machen	Mia madre ~2 sempre di sapere dove vado.
andare a prendere qn	jdn abholen	Nessun problema, ~3 Nina alla stazione.
l'ospedale m.	das Krankenhaus	

1 pensieri **2** si preoccupa **3** vado (io) a prendere

SUPPLEMENTO 2 DA NON PERDERE

l'inserto	das Beiheft	Oggi il giornale esce con un ~ sul lavoro.
trattare di qs	von etw. handeln	Il libro ~1 di problemi ambientali.
la generazione	die Generation	La nostra ~ è chiamata ~ Internet.
sopra	über	Ho nascosto il regalo ~ l'armadio.
innamorarsi	sich verlieben	~2 di questo vestito. ▶ l'amore
ricco/-a	reich	≠ povero/-a
il/la ribelle	der/die Rebell/in	È un ~. Non ascolta mai!
tenero/-a	zart	La madre si mostra ~3 con il figlio.
la morte	der Tod	La vita finisce con la ~. L mors
né … né	weder … noch	Secondo me, ~ lui ~ lei hanno ragione.
ciò nonostante	dennoch, trotzdem	Te l'ho detto tante volte, ~ l'hai dimenticato.
impressionato/-a	beeindruckt	F impressionné, impressionnée
il personaggio	die Figur, der Charakter Film	I ~4 del film erano bravi.
realistico/-a	realistisch	La storia del film è ~5.
insomma	letztlich	~, devo decidermi: vado alla festa o no?

banale	banal, fade	**F** banal, banale
onesto/-a	ehrlich	A essere ~, non mi piace. **E** honest **L** honestus
l'avvenimento	das Ereignis	Hai seguito gli ultimi ~[6]? –
odiato/-a	gehasst	È un personaggio brutto ed è ~ da tutti.
insultare	beleidigen	Non volevo ~ nessuno. **E** to insult
rivedere, rivisto p.p.	wiedersehen	Quella ragazza mi piace tanto. La voglio ~. ▶ vedere
fare parte di qs	zu *etw* gehören	Io non ~[7] gruppo.
la commissione	die Kommission	Gli studenti non sanno chi sono i prof della ~.
il/la fidanzato/-a	der/die Verlobte	I ~[8] promettono di sposarsi.
trascinare	*hier* verwickeln	Mi dispiace averti ~[9] in questa storia.
complicato/-a	kompliziert	Il problema è più ~ di quanto credevo.
includere, incluso p.p.	einbeziehen	È tutto ~[10] nel prezzo? **E** to include
il tradimento	der Verrat, die Untreue	Il ~ ha rotto la nostra amicizia.
incinta	schwanger	Quando una donna aspetta un figlio è ~.
risolvere, risolto p.p.	lösen	Ho un problema, ma è difficile da ~.
la moglie	die Ehefrau	Nina è la ~ di Toni, si sono sposati da poco.
ambientare in qs	in *etw.* spielen lassen	Il film è ~[11] in un piccolo paese in Italia.
il ricordo	die Erinnerung	Mi è rimasto un buon ~ delle vacanze.
distruggere, distrutto p.p.	zerstören	Hanno ~[12] il parco per costruire nuove case. **E** to destroy
il mito	der Mythos	Non ci credo, questo è un ~.
pentirsi di qs	*etw.* bereuen	~[13] di non essere uscito con noi ieri.
proporre, proposto p.p.	vorschlagen	È tardi, ~[14] per oggi di finire i lavori. **E** to propose **F** proposer **L** proponere

1 tratta **2** Mi sono innamorata **3** tenera **4** personaggi **5** realistica **6** avvenimenti **7** faccio parte del
8 fidanzati **9** trascinato **10** incluso **11** ambientato **12** distrutto **13** Si è pentito **14** propongo

SUPPLEMENTO 3 UNO STAGE

lo stage	das Praktikum	Lo ~ ti aiuta a capire se il lavoro è per te.

[staːʒ]: Das „g" wird weich und das „e" am Ende gar nicht gesprochen (französische Aussprache).

il/la protagonista	die Hauptfigur	La ~ del film è molto famosa.
il marketing	das Marketing	E marketing
noto/-a	bekannt	Il cantante è ~ in tutto il mondo.
sviluppare	entwickeln	C'è bisogno di ~ nuove idee.
conosciuto/-a	bekannt	▶ conoscere
promuovere, promosso p.p.	promoten, befördern	Secondo me vale la pena di ~ il progetto.
statale	staatlich	La maggior parte delle scuole è ~.
l'annuncio	die Anzeige *Stellensuche*	Cerco un baby-sitter. Ho messo online l'~.

corrente	fließend	Allora non c'era acqua ~. **E** current
oltre a qn/qs	neben *jdm/etw.*	~ all'italiano parla molto bene inglese.
di base	Basis-, Grund-	**E** basic
utilizzare	benutzen, anwenden	Devi ~ la lingua, altrimenti la dimentichi.
la lingua materna	die Muttersprache	Parla molte lingue, ma l'italiano è la sua ~.
intensivo/-a	intensiv	**E** intensive
il livello	das Niveau, das Level	Il ~ del corso è troppo basso per te.
scolastico/-a	Schul-, schulisch	L'inizio dell'anno ~ è a settembre.
il senso	der Sinn	▶ sentire **E** sense **F** le sens **L** senus
l'organizzazione f.	die Organisation	▶ organizzare **E** organisation
individuale	individuell	**E** individual
realizzare	realisieren	Vorrei ~ il mio sogno. ▶ realistico/-a
la presentazione	die Präsentation	**E** presentation **F** la présentation
l'abilità	die Fähigkeit, das Geschick	Scrive bene, è una delle sue tante ~[1]. **E** ability
il/la cliente	der Kunde, die Kundin	**E** client
essere in grado di (fare qs)	in der Lage sein (*etw.* zu tun)	Stasera non ~[2] studiare, sono troppo stanco.
soddisfacente	zufriedenstellend	Il risultato è ~, ma speravo di più.
l'entusiasmo	die Begeisterung	**E** enthusiasm
in attesa	in Erwartung *Brief*	Sono ancora ~ del risultato.
cortese	freundlich	È un signore ~. Mi saluta sempre.
la risposta	die Antwort	Oggi mi è arrivata la ~: ho avuto il posto!
porgere i saluti a qn	jdn begrüßen *formell in Briefen*	Le ~[3] i miei cordiali saluti.
cordiale	herzlich	La lettera che mi ha scritto era molto ~.
la data di nascita	das Geburtsdatum	Conosco le ~[4] di tutti i miei zii.
il diploma	das (Abschluss-)Zeugnis	La scuola media finisce con il ~.
conseguire	erreichen	Voleva ~ la maturità per forza.
presso	bei, *hier* an	Offrono un posto di stage ~ il museo.
fluente	fließend	Parla l'inglese in modo ~. **E** fluent
scritto/-a	schriftlich	L'esame ~ era più facile di quanto credevo.
orale	mündlich	Preferisco gli esami ~[5] a quegli scritti.
l'applicazione f.	die Anwendung	**E** application
il supporto	die Unterstützung	Mi serve il tuo ~. Non capisco l'esercizio. **E** support

1 abilità   2 sono in grado di   3 porgo   4 date di nascita   5 orali

LISTA ALFABETICA

Die Zahl hinter dem Pfeil zeigt die Fundstelle an.

Verben mit Besonderheiten sind blau gedruckt, siehe **I verbi** ab S. 187.

Grundschrift = obligatorischer Wortschatz

kursiv = fakultativer Wortschatz

A

a im + Monatsnamen; in, an, bei

avanti/dopo Cristo (a./d. C.) vor/nach Christus ▶ 3/B

abbastanza ziemlich, genug

l' **abbraccio**. die Umarmung; Herzliche Grüße (Brief, Mail)

l' *abilità* die Fähigkeit, das Geschick ▶ Suppl./3

l' **abitante** m/f der/die Bewohner/in ▶ 1/App.

abitare wohnen

accanto a neben

l' **accesso** die Anbindung, der Zugang ▶ 6/App.

Accidenti! Donnerwetter! ▶ 3/A

accompagnare begleiten

accorgersi di qn/qs jdn/etw. bemerken

l' **acqua (minerale)** das (Mineral-)Wasser

l' **acqua frizzante** Wasser mit Kohlensäure ▶ 3/B

l' **acqua naturale** stilles Wasser ▶ 3/B

acquistare erwerben, kaufen ▶ 5/App.

ad un certo punto irgendwann ▶ 1/A

ad un tratto plötzlich, auf einmal ▶ 1/B

l' **addio** der Abschied ▶ 1/B

addirittura sogar

adesso jetzt

l' **adolescenza** die Jugend(-zeit) ▶ 6/B

l' **adulto/-a** der/die Erwachsene

l' **aereo** das Flugzeug ▶ 5/App.

l' **aeroporto** der Flughafen

non … affatto (ganz und) gar nicht ▶ 4/App.

affermare behaupten ▶ 5/A

affinché + cong. damit ▶ 5/B

affittare vermieten ▶ 5/App.

l' **affitto** die Miete ▶ 6/A

l' **agenzia** die Agentur ▶ 4/B

aggiungere ergänzen ▶ 4/App.

l' **aglio** der Knoblauch

l' **agricoltura** die Landwirtschaft, der Ackerbau ▶ 6/App.

l' **agriturismo** der Agrotourismus Urlaub auf dem Bauernhof ▶ 5/App.

aiutare qn jdm helfen

Aiuto! Hilfe!

al limite notfalls

l' **albergo** das Hotel

l' **albero** der Baum ▶ 1/App.

alcuni/-e einige

alle …, all' … um … (Uhr)

l' **allenamento** das Training

l' **allevamento** die Tierhaltung, die Tierzucht ▶ 6/App.

allontanarsi da qn/qs sich von jdm/etw. entfernen

allora damals, dann ▶ 1/A

almeno wenigstens, zumindest

le **Alpi** pl. die Alpen

alto/-a hoch, gut (Noten)

altrimenti ansonsten, sonst ▶ 2/B

altro/-a andere(r, s)

alzarsi aufstehen

l' *amante* m./f. der/die Geliebte

amare lieben

amato/-a geliebt; geliebt

ambientare in qs in etw. spielen lassen ▶ Suppl./2

l' **ambiente** m. das Umfeld, die Umgebung, die Umwelt ▶ 6/A

l' *amicizia* die Freundschaft

l' **amico/-a** der/die Freund/in

ambientale agg. Umwelt- ▶ 2/B

l' *amore* m. die Liebe

anche auch

ancora noch

andare (vado) gehen, laufen, fahren; ~ *a prendere* qn jdn abholen ▶ Suppl./1; ~ **d'accordo** sich vertragen, miteinander auskommen

l' **angelo** der Engel

l' **angolo** die Ecke ▶ 3/App.

l' **anno** das Jahr; **Ho … anni.** Ich bin … alt.; **Quanti anni hai?** Wie alt bist du?

annoiarsi sich langweilen ▶ 2/A

l' *annuncio* die Anzeige (Stellensuche) ▶ Suppl./3

antico/-a antik, altertümlich, alt ▶ 3/App.

antiquato/-a altertümlich, antiquiert ▶ 5/B

anzi sogar, vielmehr ▶ 1/A

aperto/-a offen

l' **apparecchio** der Apparat ▶ 5/A

l' **appartamento** die Wohnung

appassionato/-a begeistert, leidenschaftlich ▶ 6/A

appena avv. eben

l' **applauso** der Applaus

l' *applicazione* f die Anwendung ▶ Suppl./3

l' **appuntamento** die Verabredung, der Termin ▶ 1/A

aprire öffnen

l' **arabo** Arabisch Sprache

l' **aranciata** die Orangenlimonade

l' **architettura** die Architektur ▶ 6/B

l' **armadio** der Schrank

arrabbiarsi sich ärgern, wütend werden ▶ 1/B

arrivare ankommen

Arrivederci! Auf Wiedersehen!

l' **arrivo** die Ankunft

l' **arte** m. Kunst Schulfach

l' **artista** m./f. der/die Künstler/in

artistico/-a künstlerisch ▶ 6/B

l' **ascensore** m. der Fahrstuhl, der Aufzug ▶ 3/App.

l' *asciugamano* das Handtuch

ascoltare zuhören, anhören

l' *ascoltatore* m./f. der/die Zuhörer/in

l' **asilo** der Kindergarten ▶ 4/App.

aspettare warten, erwarten

l' **assenza** die Abwesenheit ▶ 2/A

assolutamente absolut

attarre (attraggo) anziehen ▶ 6/App.

l' **atteggiamento** die Einstellung, die Haltung ▶ 5/B

attento/-a aufmerksam

fare attenzione (faccio) aufmerksam sein, aufpassen

l' **attimo** der Augenblick, der Moment ▶ 1/B

l' **attività** die Aktivität, die Tätigkeit ▶ 2/B

attraversare überqueren

attraverso durch, über ▶ 4/B

l' **attrazione** f. die Attraktion

attrezzato/-a ausgestattet ▶ 5/App.

l' *aula* das Klassenzimmer

austriaco/-a österreichisch ▶ 1/B

autentico/-a echt, original, authentisch ▶ 5/B

l' **auto(mobile)** f. das Auto(mobil) ▶ 6/App.
l' **autobus** der Bus
l' **autografo** das Autogramm
autonomo/-a autonom, unabhängig, selbstständig ▶ 3/A
avanguardistico/-a avantgardistisch, bahnbrechend ▶ 6/B
Avanti! Los!, Vorwärts!

avere (ho) haben; ~ **da fare** qs etw. zu tun haben ▶ 1/A; ~ **avuto** bekommen
l' *avvenimento* das Ereignis ▶ Suppl./2
l' *avventura* das Abenteuer ▶ 1/B
avvicinarsi a qn/qs sich jdm/ etw. (an)nähern
avvincente spannend
l' **azienda (di export)** das (Export-)Unternehmen, die Firma ▶ 4/App.
azzurro/-a blau ▶ 5/B

B
il **bagno** das Bad
fare il bagno baden (gehen)
il *balcone* der Balkon
ballare tanzen
il/la **bambino/-a** das Kind; der Junge / das Mädchen ▶ 1/A
banale banal, fade ▶ Suppl./2
la **banca** die Bank (Kreditinstitut) ▶ 6/A
il **bancario, la bancaria** der/die Banker/in ▶ 6/A
il **bar** die (Kaffee-)Bar, das Café
il/la **barista** der/die Barkeeper/in ▶ 6/A
barocco/-a barock, Barock- ▶ 3/A
di base Basis-, Grund- ▶ Suppl./3
la **basilica** die Basilika ▶ 3/A
basso/-a klein (Körpergröße), niedrig ▶ 1/B
la **battaglia** der Kampf, die Schlacht ▶ 5/A
il **beach volley** Beachvolleyball
bellissimo sehr schön
benché + cong. obwohl ▶ 5/B
bene avv. gut
benissimo avv. sehr gut
benvenuto/-a willkommen
bere (bevo) trinken
bianco/-a weiß
la **Bibbia** die Bibel ▶ 5/A
la **bicicletta** das Fahrrad

il **biglietto** die Fahrkarte, das Ticket
il **binario** das Gleis ▶ 3/App.
biondo/-a blond
bisogna +inf. Es ist nötig (etw. zu tun) ▶ 1/A
avere bisogno di qn/qs jdn/ etw. brauchen, benötigen;
blu agg. dunkelblau
Boh! Keine Ahnung!, Ist mir egal!
la **borsa** die Tasche (zum Tragen); ~ **da calcio** die Fußballtasche; ~ **della spesa** die Einkaufstasche
il **bosco** der Wald ▶ 1/App.
la **bottiglia** die Flasche
il/la **boy/girl scout** der/die Pfadfinder/in ▶ 2/B
il **brano** das Musikstück ▶ 2/App.
bravissimo/-a sehr gut/tüchtig
bravo/-a gut, tüchtig
breve kurz
brutto/-a hässlich; schlecht Noten
il **buco** das Loch ▶ 3/A
buono/-a gut ▶ 4/B
Buonasera! Guten Abend!
Buongiorno! Guten Tag!
il **burro** die Butter
la **busta** die Tüte

C
cadere fallen
il **caffè** der Kaffee, das Kaffee(- haus)
il **calciatore** der Fußballer, der Fußballspieler
il **calcio** Fußball
il **caldo** die Hitze, die Wärme
caldo/-a warm, heiß; ~ **caldo** warm sein, heiß sein
la **calma** die Ruhe
cambiare ändern, wechseln
la **camera** das Zimmer
il/la **cameriere/-a** der/die Kellner/in
camminare laufen, gehen
la **campagna** das Land ▶ 1/A
il **campeggio** Campingplatz
il **campo** das Feld, Spielfeld Ballsport
il **campo da tennis / beach volley** Tennis-/Beachvolleyball- Platz ▶ 5/App.
il **campo di basket** der Basketballplatz
il **campo di calcio** der Fußballplatz
il **campo sportivo** der Sportplatz
il **cannocchiale** das Fernrohr ▶ 5/App.

la **canoa** das Kanu ▶ 4/B
il/la **cantante** der/die Sänger/in; ~ **lirico/-a** der/die Opernsänger/ in ▶ 6/B
cantare singen
il **canto** der Gesang, das Singen ▶ 6/B
la **canzone** der Song, das Lied
il **caos** das Chaos
il/la **capo/-a** der/die Chef/in ▶ 4/App.
i **capelli** pl. die Haare
capire (-sc-) verstehen
la **capitale** die Hauptstadt ▶ 3/App.
il **capitolo** das Kapitel
il **capoluogo** die Landeshauptstadt ▶ 1/App.
il **carattere** der Charakter, die Eigenheit ▶ 3/B
carino/-a niedlich
la **carne** das Fleisch
caro/-a lieb, teuer auch: liebe/-r *Brief*
la **carriera** die Karriere ▶ 4/App.
la **cartolina** die Postkarte, Ansichtskarte
la **casa** das Haus
la **casa mobile** mobile home ▶ 5/App.
il **caso** der Fall, der Vorfall ▶ 2/A
casomai eventuell, vielleicht ▶ 1/A
la **cassa** die Kasse
il **castello** die Burg, das Schloss ▶ 1/App.
la **cattedrale** die Kathedrale
cattolico/-a katholisch ▶ 3/A
il **cavallo** das Pferd ▶ 5/App.; **a ~** zu Pferd, mit dem Pferd ▶ 5/App.
il **CD** die CD ▶ 6/B
c'è es gibt, da/dort ist + Sg.
celebrare feiern ▶ 1/App.
il **cellulare** das Handy
la **cena** das Abendessen
il **centesimo** der Cent ▶ 1/App.
il **centimetro** der Zentimeter
il **centro** das Zentrum
cercare (cerchi) suchen
certamente sicher, gewiss ▶ 1/A
certo avv. sicher
che pron. rel. der, die, das, den; cong. dass
Che …! Was für …!, Wie …!
Che? Was (für)?, Welche/ r+*Subst.*?
Chi? Wer?, Wen?
chiamare rufen, anrufen
la **chiamata** der Anruf

chic schick, flott ▶ 3/A

chiedere qs **a** qn *jdn etw.* fragen, bitten

la **chiesa** die Kirche ▶ 1/App.

il **chilo** das Kilo(-gramm)

il **chilometro** der Kilometer ▶ 1/App.

la **chitarra** die Gitarre

chiudere schließen, aufhören

ci da, dort; dorthin

Ciao! Hallo!; ~ **a tutti** Hallo alle zusammen!; ~ **bella!** Hallo schönes Mädchen! (*auch scherzhaft unter Freunden*)

il **cibo** das Essen

il/la *ciclista* der/die Fahrradfahrer/in

il **cielo** der Himmel ▶ 5/A

la **cima** die Spitze, der Gipfel, das Ende ▶ 5/B

il **cinema** das Kino ▶ 1/B

il **cinema all'aperto** das Freiluftkino, das open-air-Kino ▶ 1/B

ciò che (das,) was ▶ 3/B

ciò nonostante dennoch, trotzdem ▶ Suppl./2

cioè avv. das heißt, besser gesagt

la **cipolla** die Zwiebel

la **città** die Stadt

il **mazzociuffo** das Bund, der Strauß

la **classe** die Klasse

classico/-a klassisch

la **classifica** die Rangliste

il/la *cliente* der Kunde, die Kundin ▶ Suppl./3

la **coda** die Reihe, die Schlange (beim Anstehen) ▶ 1/A

il/la **coetaneo/-a** der/die Alters-/Zeitgenosse/-in ▶ 3/B

il **cognome** der Nachname

il **colle** der Hügel ▶ 3/A

il/la **collega** der Kollege / die Kollegin

collegato/-a con qn/qs in Verbindung sein mit *jdm/etw.*

la **collina** der Hügel ▶ 6/App.

colpire (-sc-) treffen, schlagen ▶ 1/B

comandare befehlen, kommandieren ▶ 4/App.

combinare kombinieren, vereinen ▶ 4/B

come avv. wie

Come mai? Wieso? Wie kommt es? ▶ 4/A

Come? Wie?

cominciare (a + inf.) anfangen, beginnen (*etw.* zu tun)

il **commento** der Kommentar ▶ 2/A

il/la **commesso/-a** der/die Verkäufer/in

la *commissione* die Kommission ▶ Suppl./2

il **comò** die Kommode

comodo/-a bequem, komfortabel ▶ 1/A

il/la **compagno/-a (di classe)** der/die Klassenkamerad/in ▶ 2/App.

il **comparso, la comparsa** der/die Statist/in ▶ 6/B

la **competenza** die Kompetenz ▶ 2/A

compilare ausfüllen ▶ 3/B

i **compiti** pl. die Schularbeit, die Hausaufgaben

il **compito** die Aufgabe, *auch*: Schulaufgabe, Klassenarbeit

il **compleanno** der Geburtstag

complicato/-a kompliziert ▶ Suppl./2

i **complimenti** pl. das Kompliment ▶ 4/B

comprare kaufen

in **comune** gemeinsam ▶ 3/B

il **computer** der Computer

comunicare kommunizieren ▶ 1/A

la **comunicazione** die Kommunikation ▶ 2/App.

comunque jedenfalls

con mit

Con affetto! Mit herzlichem Gruß!

la **concentrazione** die Konzentration ▶ 6/App.

il **concerto** das Konzert

il **concorso** der Wettbewerb ▶ 1/B

concreto/-a konkret ▶ 2/B

condividere teilen

confrontare vergleichen, gegenüberstellen ▶ 2/App.

connesso/-a verbunden, online ▶ 4/A

la **conoscenza** die Kenntnis ▶ 4/B

conoscere kennen

conoscersi sich kennen ▶ 1/A

conosciuto/-a bekannt ▶ Suppl./3

conseguire erreichen ▶ Suppl./3

considerare jdn/etw. halten für ▶ 5/B

consigliare raten, empfehlen

il **consiglio** der Rat, der Tipp, die Empfehlung

contattare sich mit etw. in Verbindung setzen, mit jdm Kontakt aufnehmen ▶ 5/App.

il **contatto** der Kontakt ▶ 1/B

contemporaneo/-a zeitgenössisch ▶ 6/B

contento/-a zufrieden

il **continente** der Kontinent ▶ 6/A

continuo/-a dauernd, ständig ▶ 4/B

il **conto** die Rechnung, die Summe ▶ 3/B

contro gegen

controllare kontrollieren, (über)prüfen

convincere überzeugen, überreden ▶ 1/B

il **coraggio** der Mut

cordiale herzlich ▶ Suppl./3

cordialmente mit freundlichen Grüßen (Brief) ▶ 5/App.

corrente fließend ▶ Suppl./3

correre eilen, rennen

il **corridoio** der Flur, der Korridor

la **corsa** der Lauf, das Rennen ▶ 5/B

il **corso** der Kurs, der Lauf, der Lehrgang ▶ 4/B

la **corte** der Hof, der Fürstenhof ▶ 5/A

cortese freundlich ▶ Suppl./3

il *cortile* der Hof

corto/-a kurz ▶ 1/B

la **cosa** die Sache

così avv. so

la **costa** die Küste ▶ 1/App.

costare kosten

costoso/-a teuer, kostspielig ▶ 4/A

costruire (-sc-) (auf)bauen, (er)bauen ▶ 3/A

il **costruttore, la costruttrice** der/die Bauunternehmer/in ▶ 6/B

il **costume** das Kostüm, die Tracht, der Brauch ▶ 5/B

creare bilden, erschaffen ▶ 1/App.

la **creatività** die Kreativität ▶ 6/A

creativo/-a kreativ

credere glauben ▶ 2/A

la **criminalità** die Kriminalität ▶ 6/App.

crudo/-a roh

la **cucina** die Küche

cucinare kochen

il/la **cugino/-a** der/die Kusin/-e

la **cultura** die Kultur ▶ 3/B

la **cupola** die Kuppel ▶ 3/A

il **custode** der Wärter, der Aufseher

D

da bei (Personen), von … (her), aus, seit; zu, für
da … a von … bis ▶ 1/App.
Dai! Los!
la **danza** der Tanz
dappertutto überall ▶ 1/App.
dare (do) geben
la *data di nascità* das Geburtsdatum ▶ Suppl./3
dato che angesichts/aufgrund der Tatsache, dass ▶ 6/B
davanti a prep. vor jdm/etw. örtlich
davvero avv. wirklich
debuttare den Erstauftritt machen, sein Debut feiern ▶ 6/B
decidere (di +inf.*)* entscheiden (etw. zu tun)
prendere **una decisione** eine Entscheidung fassen ▶ 5/A
la **decina** das Dutzend ▶ 6/App.
la **decisione** die Entscheidung ▶ 5/A
dedicarsi a qn/qs sich jdm/ etw. widmen ▶ 4/B
deluso/-a enttäuscht
il *desiderio* der Wunsch ▶ Suppl./1
a **destra** avv. rechts
di von (Genitiv); aus urspüngliche Herkunft
la **differenza** der Unterschied ▶ 3/B
difficile schwierig
la **difficoltà** die Schwierigkeit ▶ 5/A
dimenticare vergessen
dimenticato/-a vergessen ▶ 6/B
dimostrare zeigen ▶ 5/B
il **dio** der Gott ▶ 3/A
dipingere malen ▶ 3/A
il **diploma** das (Abschluss-) Zeugnis ▶ Suppl./3
dire (dico) sagen
in **diretta** live, direkt (Fernsehen), Rundfunk ▶ 2/B
la **direzione** die Richtung ▶ 3/App.
la **discesa** die Abfahrt
il **discorso** die Rede, der Vortrag
la **discussione** die Diskussion ▶ 3/B
discutere besprechen, diskutieren

disegnare zeichnen, entwerfen ▶ 6/A
il **disegno** die Zeichnung, das Bild ▶ 5/A
disoccupato/-a arbeitslos ▶ 6/A
la **disoccupazione** die Arbeitslosigkeit ▶ 6/App.
il **disordine** die Unordnung
il **display** das Display ▶ 4/A
disponibile verfügbar, erhältlich ▶ 5/App.
disposto/-a a + inf. bereit (etw. zu tun) ▶ 2/B
distruggere zerstören ▶ Suppl./2
la **ditta** die Firma, das Geschäft ▶ 6/A
diventare werden (zu) ▶ 1/A
diverso/-a anders, verschieden ▶ 1/A
divertente lustig, unterhaltsam
divertirsi sich vergnügen, Spaß haben
dividersi sich teilen ▶ 5/B
il **documentario** der Dokumentarfilm, die Dokumentation ▶ 2/App.
il/la **dog-sitter** der/die Hundesitter/ in ▶ 4/A
farsi la doccia (sich) duschen
il **dolce** die Süßspeise, der Nachtisch
domani avv. morgen
la **donna** die Frau, Dame
dopo nach; danach, dann
dormire schlafen
Dove? Wo?; **Di ~?** Woher?
dovere (devo) müssen, sollen
dovunque überall ▶ 4/B
dritto avv. geradeaus
il **dubbio** der Zweifel ▶ 5/B
dubitare bezweifeln ▶ 2/B
dunque also, demnach
durante prep. während

E

e und
è (er/sie/es) ist
l' **eccellenza** die Spitzenleistung, die Spitzenqualität ▶ 6/B
Ecco! Schau/t, hier ist/sind …!; ~**mi qua!** Hier bin ich!
economico/-a Wirtschafts-, wirtschaftlich, preiswert ▶ 6/A
l' **edificio** Gebäude
l' **educazione fisica** f. Sport (Schulfach)
Ehi(là)! Hallo!, Hey!
elegante elegant ▶ 3/App.
entrare (in) hereinkommen (in)

l' **entrata in scena** der Auftritt ▶ 6/B
entro avv. binnen, bis spätestens
l' *entusiasmo* die Begeisterung ▶ Suppl./3
entusiasto/-a di qn/qs von jdm/etw.begeistert sein
l' **epoca** die Epoche, die Zeit; **dell'~** damalig, der damaligen Zeit ▶ 6/B
esagerare übertreiben
l' **esame** m. die Prüfung
l' **esame di riparazione** m. die Nachprüfung
esatto/-a richtig, genau ▶ 4/B
esclusivo/-a ausschließlich, exklusiv ▶ 4/B
l' **escursione** f. der Ausflug ▶ 5/App.
l' **esempio** das Beispiel ▶ 1/App.; *per* ~ zum Beispiel
esercitarsi üben, sich schulen ▶ 5/B
l' **esercizio** die Übung
esistere existieren, vorhanden sein ▶ 2/B
l' **esperienza** die Erfahrung ▶ 6/B
l' **esperto/-a** der Experte, die Expertin ▶ 4/A
essere sein
l' **estate** f. der Sommer
estendersi sich erstrecken ▶ 3/A
l' **età** das Alter
eterno/-a ewig, zeitlos ▶ 3/A
l' **etto** 100 Gramm
l' **Europa** Europa ▶ 3/A
europeo/-a europäisch ▶ 3/B
l' **evento** das Event, das Ereignis ▶ 6/A
evitare vermeiden ▶ 2/A
Evviva! Hurra!, Juhu!
extracomunitario/-a nicht EU-, nicht zur EU gehörend ▶ 6/A

F

fa prep. vor zeitlich
la **faccia** das Gesicht ▶ 6/A; ~ a ~ von Angesicht zu Angesicht ▶ 4/A
facile leicht, einfach
la **facoltà** die Fakultät ▶ 4/B
la **fama mondiale** der Weltruhm ▶ 6/B
la **fame (da lupi)** der (Bären-) Hunger
la **famiglia** die Familie
familiare Familien-, familiär
famoso/-a berühmt, bekannt ▶ 1/App.

il/la **fan** der Fan
fantastico/-a fantastisch
fare (faccio) machen, tun; ~
vedere zeigen
dare fastidio a qn jdn stören
▶ 4/App.
faticoso/-a anstrengend,
mühsam ▶ 1/A
per **favore** bitte
fermare anhalten, stoppen
▶ 1/B
la **fermata** die Haltestelle
il **ferro** das Eisen ▶ 4/A
la **ferrovia** die Bahn, die
Eisenbahn ▶ 1/A
la **festa** das Fest
festeggiare feiern
il **festival** das Festival
il/la *fidanzato/-a* der/die Verlobte
▶ Suppl./2
fidarsi di qn/qs jdm/(auf) etw.
vetrauen
il/la **figlio/-a** der Sohn/die Tochter,
das Kind; ~ **unico/-a** das
Einzelkind
il **film** der Film
filmare filmen ▶ 2/A
il **filmato** der Videoclip, das
Filmmaterial, die Filmaufnahme
▶ 2/A
la **filosofia** Philosophie
finalmente endlich
la **fine** das Ende
il **fine settimana** das
Wochenende
fingersi sich stellen
finire (-sc-) beenden, enden
fino a prep. bis
firmare unterschreiben
la **fisica** Physik
il **fiume** der Fluss
il **flauto traverso** die Querflöte
fluente fließend ▶ Suppl./3
la *folla* die Menschenmenge
il **fon** der Fön
fondamentale grundlegend,
wichtig ▶ 4/B
fondare gründen ▶ 3/A
la **fondazione** die Gründung, die
Stiftung ▶ 6/B
in **fondo** im Grunde ▶ 1/A;
hinten, im Hintergrund
la **fontana** der Brunnen ▶ 3/A
la **fontina** Käsesorte
la **forma** die Form, die Gestalt
▶ 4/B
il **formaggio** der Käse
fornire (-sc-) liefern ▶ 6/App.
forse vielleicht
forte stark, gewaltig ▶ 3/A

la **fortuna** das Glück, das
Schicksal
fortunato/-a glücklich ▶ 6/A
Forza! Auf geht's! Nur Mut!
per **forza** unbedingt
la **foto** das Foto, die Fotografie
fra/tra in zeitlich; zwischen,
unter
il **francese** Französisch Sprache
il **fratello** der Bruder
freddo/-a kalt
frenetico/-a schnelllebig,
hektisch ▶ 1/A
frequentare besuchen ▶ 5/A
fresco/-a frisch; **fare ~** kühl
sein
in **fretta** avv. eilig, in Eile ▶ 2/A
frizzante prickelnd, spritzig
▶ 3/B
di **fronte a** prep. gegenüber
la **frutta** das Obst, die Frucht
fuggire fliehen
il **fungo** der Pilz
funzionare funktionieren ▶ 3/B
fuori außerhalb, außen,
draußen ▶ 3/B
futuro/-a zukünftig ▶ 5/A
il *futuro* die Zukunft ▶ 4/B

G

la **gara** der Wettlauf, das
Wettrennen ▶ 5/B
il **gatto** die Katze
la **gelateria** die Eisdiele
il **gelato** das Eis, die Eiscreme
geloso/-a eifersüchtig
i **gemelli** pl. die Zwillinge
la *generazione* die Generation
▶ Suppl./2
i **genitori** pl. die Eltern
la **gente** die Leute ▶ 2/B
gentile freundlich, nett
la **geometria** die Geometrie
la **Germania** Deutschland
gettare werfen ▶ 3/A
già schon, bereits auch: gewiss
la **giacca** die Jacke
il **giardino** der Garten ▶ 5/App.
giocare a qs **(giochi)** etw.
spielen
il **giornale** die Zeitung ▶ 2/App.
il/la **giornalista** der/die Journalist/in
▶ 4/App.
la **giornata** der Tag (Verlauf)
▶ 1/B
il **giorno** der Tag; **un ~** avv. eines
Tages ▶ 1/B
giovane jung; der/die
Jugendliche
girare drehen, abbiegen

il **giro** die Rundfahrt, der Rund-/
Spaziergang; **prendere in ~** qn
sich über jdn/ lustig machen,
jdn auf den Arm nehmen ▶ 2/A
la **gita** der Ausflug
la **giurisprudenza** Jura, die
Rechtswissenschaft ▶ 4/App.
giusto/-a richtig, gerecht
il **gol** das Tor
la **gonna** der Rock
governare etw. regieren
il **grado** das Grad Temperatur
grande groß, großartig
gratis avv. umsonst, kostenlos
il **grattacielo** das Hochhaus, der
Wolkenkratzer ▶ 6/B
grave schlimm, schwerwiegend
grazie danke
gridare schreien
il **gruppo** die Gruppe
guadagnare verdienen ▶ 3/A
guardare ansehen, schauen
la **guerra** der Krieg ▶ 5/A
la **guida** der Reise-/
Fremdenführer ▶ 4/B
la **visita guidata** die Führung
▶ 4/B

H

il **hard disk esterno   inv.** die
externe Festplatte
l' **hobby** das Hobby

I

l' **idea** die Idee
ideale ideal
ieri avv. gestern
l' **ignorante** der Banause, der/die
Ignorant/in ▶ 5/A
imbarazzante peinlich,
unangenehm ▶ 1/B
imbranato/-a tollpatschig
l' **immigrato/-a** der/die
Einwanderer/in ▶ 2/B
imparare (a + inf.) erlernen,
lernen (etw. zu tun)
impegnarsi in qs sich
engagieren, sich für etw.
einsetzen ▶ 2/B
impegnativo/-a hier:
anspruchsvoll, anstrengend
▶ 5/B
impegnato/-a beschäftigt
▶ 2/B
l' **impegno** das Engagement
▶ 2/B
l' **imperatore / l'imperatrice** der/
die Kaiser/in ▶ 1/App.
l' **Impero Romano** das Römische
Reich ▶ 3/App.

l' **impiegato/-a** der/die Angestellte ▶ 4/B
importante wichtig
l' **importanza** die Wichtigkeit, die Bedeutung ▶ 6/App.
l' **imprenditore/imprenditrice** der/die Unternehmer/in ▶ 4/B
l' **impresa** das Unternehmen ▶ 4/B
impressionato/-a beeindruckt ▶ Suppl./2
l' **impressione** f. der Eindruck ▶ 2/B
improvvisamente avv. plötzlich
in in, zu, nach (Richtung); in
l' **incidente** m. der Unfall ▶ 4/A
incidere aufnehmen Ton ▶ 6/B
incinto/-a schwanger ▶ Suppl./2
includere einbeziehen ▶ Suppl./2
incontrare treffen
incontrarsi sich treffen ▶ 1/A
l' **incontro** das Treffen ▶ 3/App.
incredibile unglaublich
l' **incrocio** die Kreuzung
l' **indirizzo** die Adresse
individuale individuell ▶ Suppl./3
indossare anhaben, tragen (Kleidung) ▶ 5/B
l' **industria** die Industrie
l' **infanzia** die Kindheit ▶ 6/B
infatti tatsächlich ▶ 1/App.
infine schließlich, letztendlich ▶ 5/A
informare informieren ▶ 2/A
l' **informatica** die Informatik ▶ 4/B
l' **informazione** f. die Information
l' **ingegneria** die Ingenieurwissenschaft ▶ 6/A
l' **inglese** m. Englisch Sprache
l' **inizio** der Anfang
innamorarsi sich verlieben ▶ Suppl./2
innamorato/-a verliebt ▶ 6/A
inoltre außerdem
l' **insalata** der Salat
l' **insegnante** der/die Lehrer/in ▶ 2/A
insegnare lehren, unterrichten ▶ 6/B
l' *inserto* das Beiheft ▶ Suppl./2
insieme avv. zusammen, gemeinsam
insomma letztlich ▶ Suppl./2
insultare beleidigen ▶ Suppl./2
intelligente intelligent, klug ▶ 2/A
intendere meinen ▶ 2/B

intensivo/-a intensiv ▶ Suppl./3
interessante interessant
interessare interessieren ▶ 5/A
l' **interesse** m. das Interesse ▶ 6/B
internazionale international ▶ 6/A
interrogare befragen, ausfragen
l' **interrogazione** f. die Abfrage
interrompere unterbrechen ▶ 2/B
l' **intervallo** die Pause, Halbzeitpause
intervenire (**intervengo**) eingreifen ▶ 2/A
l' **intervista** das Interview ▶ 4/B
intervistare interviewen ▶ 4/App.
intorno a qn/qs um jdn/etw. herum ▶ 5/A
invece hingegen, dagegen
l' **inverno** m. der Winter
l' **investimento** die Investition, das Investment ▶ 6/A
invidiare beneiden ▶ 2/A
invitare einladen
l' **iscritto/-a** der/die Immatrikulierte ▶ 6/A
iscriversi sich eintragen, sich anmelden ▶ 4/B
l' **isola** die Insel ▶ 5/App.
l' **istituto professionale** italienischer Schultyp, ähnlich einer Berufsfachschule in Deutschland ▶ 4/App.
l' **istituto tecnico** italienischer Schultyp, ähnlich einer Fachoberschule in Deutschland ▶ 4/App.
l' **italiano** Italienisch Sprache

J
i **jeans** pl. die Jeans

K
il **kite(surf)** das Kitesurfing

L
il **laboratorio** das Labor ▶ 5/A
il **lago** der See ▶ 6/App.
lamentarsi jammern
lasciare lassen, zulassen, verlassen
il **latino** Latein
la **laurea** der Abschluss (Universität) ▶ 5/A
laurearsi in qs in etw. seinen (Universitäts-)Abschluss machen ▶ 4/B
lavare waschen, abwaschen; nass spritzen

lavorare arbeiten ▶ 1/A
il **lavoretto** der Job ▶ 4/A
il **lavoro** die Arbeit ▶ 4/App.
la **leggenda** die Legende, die Sage ▶ 3/A
leggere lesen
leggero/-a leicht (Gewicht), sanft
il **legno** das Holz ▶ 5/B
la **lettera** der Brief, der Buchstabe ▶ 1/A
il **letto** das Bett
la **lettrice** die Lektorin, Fremdsprachenassistentin
la **lezione** der Unterricht, die Unterrichtsstunde
la **lezione di danza** der Tanzunterricht
lì/là da, dort
libero/-a frei
la *libreria* die Buchhandlung
il **libro** das Buch
il **liceo** das Gymnasium
la **linea** die Linie (Bahn) ▶ 3/App.
la **lingua** die Sprache
la *lingua materna* die Muttersprache ▶ Suppl./3
il **litro** der Liter
il **livello** das Niveau, das Level ▶ Suppl./3
il **locale** das Lokal ▶ 3/App.
lontano/-a weit, fern ▶ 3/B
loro sie, ihnen (nach Präp.)
lui/lei ihn, ihm; sie, ihr (nach Präp.)
lungo prep. entlang ▶ 5/App.
lungo/-a lang, weit
il **lungomare** die Strandpromenade
il **luogo** der Ort

M
ma aber
la **macchina** das Auto, die Maschine
la **madre** die Mutter
la **maglietta** das T-Shirt
il **maglione** der Pullover
il **maiale** das Schwein
il **mal d'amore** der Liebeskummer
il **mal di testa** die Kopfschmerzen
malato/-a krank ▶ 4/A
la **malattia** die Krankheit
male avv. schlecht; **fare** ~ weh tun; **meno** ~ zum Glück, umso besser
maledetto/-a verdammt ▶ Suppl./1
Maledizione! Verdammt!
la **mamma** die Mama, die Mutter

Mamma mia! Meine Güte!, Mannomann!
mancare fehlen
mandare schicken, senden
la **mandorla** die Mandel
mangiare essen
dare una mano a qn jdm helfen ▶ 4/A
mantenere (mantengo) bewahren, aufrechterhalten
il **marchio** die Marke, das Label ▶ 6/A
il **mare** das Meer
il *marketing* das Marketing ▶ Suppl./3
marrone braun
il **maschio** der Mann ▶ 5/B
la **mate(matica)** Mathe(matik)
la **materia** das Schulfach
la **mattina** der Vormittag, der Morgen
la **mattina** avv. vormittags, morgens
la **maturità** das Abitur, die Reife ▶ 4/App.
me mir, mich (nach Präp.)
la **meccanica** die Mechanik ▶ 5/A
i **media** pl. die Medien
la **medicina** die Medizin ▶ 5/A
il *medioevo* das Mittelalter
medi(o)evale mittelalterlich ▶ 1/App.
meglio avv. besser
la **mela** der Apfel
la **memoria** die Erinnerung, der Speicherplatz; ~ **memoria** auswendig
il **menù** die Speisekarte ▶ 3/B
meraviglioso/-a wunderbar ▶ 3/A
il **mercato** der Markt
la **merenda** der Snack, die Brotzeit
meridionale südlich ▶ 6/App.
il **meridione** der Süden ▶ 6/App.
il **mese** der Monat ▶ 6/A
la **messa** der Gottesdienst, die (heilige) Messe ▶ 1/A
il **messaggino** fam. die SMS, Kurznachricht
il **mestiere** der (Handwerks-)Beruf, das Gewerbe ▶ 4/App.
la **metà** die Hälfte ▶ 4/App.
il **metro** der Meter
la **metro(politana)** die Metro, die U-Bahn ▶ 3/App.
mettere legen, stellen; anziehen
mettersi a qs (+ inf.) mit etw. anfangen, anfangen zu + Inf.

mettersi d'accordo sich abstimmen, sich einigen ▶ 1/A
il **mezzo** das Mittel ▶ 2/App.; **in** ~ **(a)** prep. in der Mitte, inmitten (von) ▶ 5/App.
mezzo/-a halb
a **mezzogiorno** avv. mittags
mi mich, mir
dispiacere leidtun ▶ 4/A
il **milione** die Million ▶ 1/App.
il **millennio** das Jahrtausend
il **mini market** der Einkaufsladen ▶ 5/App.
il **minuto** die Minute
mio/-a mein
misterioso/-a geheimnisvoll
il **mistero** das Geheimnis
il *mito* der Mythos ▶ Suppl./2
il **mobile** das Möbel(-stück) ▶ 4/App.
la **moda** die Mode
il **modello** das Model ▶ 4/A; das Modell
moderno/-a modern
il **modo** die Art, die Weise ▶ 3/B
la *moglie* die Ehefrau ▶ Suppl./2
molto avv. sehr
il **momento** der Moment ▶ 1/B
il **mondo** die Welt
la **moneta** die Münze ▶ 1/App.
la **montagna** der Berg, das Gebirge
il **monumento** die Sehenswürdigkeit, das Monument
la *morte* der Tod ▶ 5/A
morto/-a tot
la **mostra** die Ausstellung ▶ 6/A
il **movimento** die Bewegung
il *muro* die Mauer
il **museo** das Museum ▶ 3/A
la **musica** die Musik
il/la **musicista** der/die Musiker/in ▶ 3/App.

N
nascere geboren werden, entstehen ▶ 5/A
nascondere verstecken
il **Natale** das Weihnachten ▶ 2/B
la **natura** die Natur ▶ 5/App.
naturalmente avv. natürlich, selbstverständlich ▶ 1/B
nazionale national ▶ 3/B
ne davon
né ...né weder ... noch ▶ Suppl./2
neanche nicht einmal, auch nicht ▶ 1/A
necessario/-a notwendig, nötig ▶ 2/A

il **negozio** das Geschäft, der Laden
nero/-a schwarz
nervoso/-a nervös
nessuno niemand ▶ 2/App.
la **neve** der Schnee
nevicare schneien
niente avv. nichts; ~ **male** avv. nicht schlecht; **per** ~ avv. überhaupt nicht
il **Nilo** der Nil
no nein
nocivo/-a schädlich
noioso/-a langweilig
a **noleggio** Miet-, Leih- ▶ 5/App.
il **nome** der Name
nominare ernennen ▶ 6/B
non nicht
non ... mai nie(mals) ▶ 2/App.
il/la **nonno/-a** der Opa, die Oma
nonostante ciò trotzdem
il **nord** der Norden
normale normal
il/la **notaio/-a** der/die Notar/in ▶ 4/App.
farsi **notare (da** qn) sich bei jdm bekannt machen, auf sich aufmerksam machen ▶ 6/B
la **notizia** die Nachricht, die Notiz
noto/-a bekannt ▶ Suppl./3
la **notorietà** die Bekanntheit, die Berühmtheit ▶ 6/B
la **novità** die Neuigkeit
il **numero** die Zahl, die Nummer
numeroso/-a zahlreich, unzählig, hier:kinderreich ▶ 4/App.
nuovo/-a neu
di **nuovo** avv. wieder, erneut

O
o oder
l' **obbligo scolastico** die Schulpflicht ▶ 4/App.
l' **occasione** f. die Gelegenheit, die Chance ▶ 4/B
gli **occhiali (da sole)** pl. die (Sonnen-)Brille
l' **occhio** das Auge
occuparsi di qn/qs sich kümmern um jdn/etw., sich beschäftigen mit ▶ 2/B
Oddio! O Gott!
odiato/-a gehasst ▶ Suppl./2
offensivo/-a beleidigend, verletzend ▶ 2/A
l' **offerta** das Angebot, die Spende ▶ 4/A
offrire anbieten, spenden, spendieren ▶ 1/App.

oggi heute

ogni jede(r, s); ~ **tanto** ab und zu ▶ 6/A

l' **olio** das Öl ▶ 1/App.

l' **oliva** die Olive ▶ 1/App.

oltre a qn/qs neben jdm/etw. ▶ Suppl./3

l' **ombra** der Schatten ▶ 1/App.

onesto/-a ehrlich ▶ Suppl./2

l' **onore** m. die Ehre ▶ 5/B

l' **opera** die Oper, das Werk ▶ 6/B

l' **ora** die Stunde, die Unterrichtsstunde; **Non vedo** l'~! Ich kann es nicht erwarten!; **A che ~?** Um wie viel Uhr?; l'~ **di punta** die Hauptverkehrszeit, der Berufsverkehr ▶ 3/App.

orale mündlich ▶ Suppl./3

l' **orario** der Stundenplan, der Zeitplan

l' **ordine** m. die Ordnung; **mettere in ~** aufräumen

organizzare organisieren

l' *organizzazione* f die Organisation ▶ Suppl./3

l' **orgoglio** der Stolz ▶ 5/B

l' **orientamento** die Orientierung

originale original, originell ▶ 4/B

l' **origine** f. die Herkunft, der Ursprung ▶ 5/B

ottimo/-a ausgezeichnet, sehr gut

ovviamente offensichtlich, natürlich ▶ 3/B

ovvio/-a selbstverständlich ▶ 5/A

P

il **pacchetto** das Päckchen, das Paket ▶ 1/B

il **padre** der Vater; der Pater (Kirche) ▶ 2/B

il **paesaggio** die Landschaft ▶ 6/App.

il **paese** das Dorf, der Ort, das Land ▶ 1/A

pagare (be)zahlen ▶ 3/App.

la **pagina** die Seite

il **paio** das Paar

il **palazzo** der Palast

la **pallavolo** Volleyball

il **pallone** der Ball

il **pane** das Brot

il **panino** das Brötchen

i **pantaloni** pl. die Hosen

il **papa** der Papst ▶ 3/App.

il **papà** der Papa

il **pappamolle** fam. das Weichei

il **parcheggio** der Parkplatz

il **parco** der Park; il ~ **giochi** der Spielplatz ▶ 5/App.

parere scheinen ▶ 2/B

parecchio avv. viel, beträchtlich

il/la **parente** der/die Verwandte

la **parete** die Wand

il **parlamento** das Parlament ▶ 3/B

parlare sprechen

in **parte** teilweise ▶ 2/B

partecipare a qs an etw. teilnehmen ▶ 4/B

la **partecipazione** die Teilnahme ▶ 6/B

particolare besonderer, besondere/-s ▶ 6/App.

partire losgehen, wegfahren, abreisen

la **partita** die Partie, das Spiel Ballsport

la **partitura** die Partitur, die Noten ▶ 6/B

il/la **partner** der/die Partner/in ▶ 3/B

la **Pasqua** (das) Ostern

passare verbringen; ~ **per** qs an etw. vorbeikommen, durch etw. durchfahren/-gehen

passeggiare spazieren gehen

la **passeggiata** der Spaziergang

la **passione** die Leidenschaft

il **passo** der Schritt ▶ 5/App.

la **pasta** die Pasta (Nudeln) ▶ 1/App.

le **patatine** pl. die Chips

pattinare eislaufen; ~ **inline** inlineskaten

i **pattini (in linea)** pl. die Inlineskates

la **paura** die Angst ▶ 1/B

la **pausa** die Pause

pazzesco/-a unglaublich, verrückt

Peccato! Schade!

il **pedalò** das Tretboot

il/la **pendolare** der/die Pendler/in ▶ 6/A

pensare denken

il *pensiero* der Gedanke ▶ Suppl./1

pentirsi di qs etw. bereuen ▶ Suppl./2

per für, um… zu

il **percento** das Prozent ▶ 4/App.

perché weil

Perché? Warum?

perciò daher, deshalb

il **percorso** der Weg, die Strecke ▶ 5/B

perdere verlieren, verschwenden

perdersi versäumen, verpassen ▶ 1/B

perfetto/-a perfekt

perfino sogar

il **pericolo** die Gefahr ▶ 1/A

la **periferia** die Peripherie, der Stadtrand, die Vorstadt ▶ 6/B

il **periodo** die Periode, der Zeitabschnitt, der Zeitraum ▶ 5/App.

però jedoch

la **persona** die Person

il *personaggio* die Figur, der Charakter (Film) ▶ Suppl./2

personalmente persönlich ▶ 3/B

pesante agg. gewichtig, schwer

pesare wiegen (Gewicht) ▶ 5/B

la **pesca** die Fischerei ▶ 6/App.

il **pezzo** das Stück

piacere gefallen ▶ 3/B

Piacere! Angenehm!

il *piano* der Plan

il **pianoforte** das Klavier

la **pianura** die Ebene, das Flachland ▶ 6/App.

il **piatto** das Gericht, die Speise, der Teller ▶ 3/B

la **piazza** der Platz (Straße)

piccolo/-a klein

il **piede** der Fuß; **a ~** zu Fuß ▶ 1/A

la **pietra** der Stein ▶ 1/App.

pigro/-a faul, träge ▶ 1/A

la **pineta** der Pinienwald ▶ 5/App.

piovere regnen

la **piscina** das Schwimmbad, der Pool ▶ 5/App.

la **pista** die Piste; la ~ **ciclabile** der Fahrradweg; la ~ **di skateboard** die Skaterbahn

più mehr ▶ 1/A

poco/-a wenig, **tra ~** gleich, in Kürze

un po' avv. etwas, ein bisschen

la **poesia** das Gedicht

poi dann, danach

il **politecnico** die Ingenieurakademie, die technische Hochschule ▶ 6/A

la **politica** die Politik

il **pomeriggio** der Nachmittag

il **pomodoro** die Tomate

il **ponte** die Brücke

porgere überreichen ▶ Suppl./3

la **porta** die Tür

A–Z

portare tragen, bringen, mitbringen

il/la **portatore/portatrice di handicap** der/die (Körper-)Behinderte ▶ 5/App.

il **porto** der Hafen ▶ 1/App.

possibile möglich

la **possibilità** die Möglichkeit ▶ 4/App.

il **poster** das Poster

il **posto** der Platz, der Ort

potente mächtig

potere (posso) können

povero/-a arm

il **pranzo** das Mittagsessen, das Festessen, das Mahl ▶ 2/B

preciso/-a genau ▶ 1/A

preferire (-sc-) bevorzugen, lieber machen

preferito/-a Lieblings-, bevorzugt

prego bitte

il **premio** der Preis (Auszeichnung) ▶ 4/B

prendere nehmen, auch: (etwas kleines) essen/trinken; ~ **il sole** sich sonnen; ~ **in giro** qn sich über jdn/ lustig machen, jdn auf den Arm nehmen ▶ 2/A

prenotare vorbestellen, reservieren ▶ 3/B

preoccuparsi per qn/qs sich um jdn/etw. Sorgen machen ▶ Suppl./1

preparare vorbereiten

presentare präsentieren ▶ 2/B

la *presentazione* die Präsentation ▶ Suppl./3

la **presenza** die Präsenz, die Anwesenheit ▶ 4/B

il/la **preside** der/die Schulleiter/in ▶ 2/A

il **Presidente del Consiglio** der Ministerpräsident ▶ 3/A

presso bei, hier an ▶ Suppl./3

presto avv. früh; **A ~!** Bis bald!

il **prezzo** der Preis

prima früher, vorher; ~ **che** + cong. bevor ▶ 5/B; ~ **di** + inf. vor etw.

il **problema** m. das Problem

il **processo** der Prozess ▶ 5/A

il **prodotto** das Produkt ▶ 5/App.

la **produzione** die Produktion ▶ 1/App.

il/la **prof(essore/-ssa)** der/die Lehrer/in

la **professione** der Beruf ▶ 4/App.

il **profilo** das Profil

il **profitto** der Nutzen, der Profit ▶ 6/App.

il **profumo** der Duft, das Parfüm

progettare entwerfen, planen ▶ 6/B

il **progetto** das Projekt ▶ 2/B

il **programma** das Programm ▶ 2/B

promettere versprechen

promuovere promoten, befördern ▶ Suppl./3

Pronto!/? Hallo!/? Telefonat

pronto/-a fertig, vorbereitet

proporre (propongo) vorschlagen ▶ Suppl./2

il/la **proprietario/-a** der/die Eigentümer/in ▶ 4/B

proprio avv. genau

a proposito di apropos, übrigens

il **prosciutto** der Schinken

prossimo/-a nächste(r, s)

il/la **protagonista** die Hauptfigur ▶ Suppl./3

provare (a + inf.**)** probieren (etw. zu tun)

provenire (provengo) da qs aus etw. kommen, herkommen, (her)stammen ▶ 6/A

la *provincia* die Provinz

pubblicare veröffentlichen ▶ 5/A

pugliese apulisch ▶ 4/App.

pulito/-a sauber ▶ 1/App.

il **punto** der Punkt ▶ 5/A

purtroppo leider

Q

qualche + sg. einige

qualche volta manchmal

qualcosa etwas

qualcuno jemand ▶ 4/A

Quale? Welche(r, s)?

quando wenn, sobald

quando? wann?

quanto/-a wie (sehr/viel) ▶ 1/A

Quanto/-a? Wie viel?

il **quartiere** das Wohnviertel

quasi fast

quello/-a jene(r, s)

il **questionario** der Fragebogen ▶ 3/B

questo/-a diese(r, s)

qui/qua hier

quindi also, daher ▶ 3/B

R

raccogliere (raccolgo) (auf-/ein-)sammeln ▶ 2/B

raccontare erzählen

il **racconto** die Erzählung, die Geschichte ▶ 1/B

la **radio** das Radio ▶ 2/App.

(ragazza) alla pari au pair ▶ 4/B

i **ragazzi** pl. die Jugendlichen

il/la **ragazzo/-a** der Junge, das Mädchen

raggiungere erreichen ▶ 3/App.

raggiungibile erreichbar ▶ 5/App.

avere ragione Recht haben

raramente selten ▶ 2/App.

realistico/-a realistisch ▶ Suppl./2

realizzare realisieren ▶ Suppl./3

il **regalo** das Geschenk ▶ 4/A

la **regione** die Region ▶ 1/App.

registrare aufnehmen, aufzeichnen ▶ 2/App.

la **registrazione** die Aufnahme ▶ 6/B

la **regola** die Regel

regolare agg. regelmäßig ▶ 2/B

la **relazione** das Referat

la **religione** Religion

religioso/-a religiös ▶ 5/B

rendere qn/qs + agg. jdn/etw. + Adj. machen ▶ 5/B

la **residenza studenti** das Studentenwohnheim ▶ 6/A

il/la **responsabile** der/die Verantwortliche ▶ 2/A

il/la **restauratore/restauratrice** der/die Restaurator/in ▶ 4/App.

restituire (-sc-) zurückgeben

il/la *ribelle* der/die Rebell/in ▶ Suppl./2

riccio/-a lockig

ricco/-a reich ▶ Suppl./2

la **ricerca** die Recherche, die Suche ▶ 2/App.

ricevere erhalten

richiamare zurückrufen

richiedere erfordern, verlangen ▶ 2/B

riconoscere wiedererkennen

il *ricordo* die Erinnerung ▶ Suppl./2; il ~ **di** qn/qs die Erinnerung an etw. ▶ 1/B

ridere lachen

i **rifiuti** pl. der Abfall ▶ 2/B

rilassarsi sich erholen, sich entspannen ▶ 3/B

rimanere (rimango) bleiben

rinfrescarsi sich erfrischen

ringraziare sich bei jdm bedanken, jdm danken ▶ 5/App.

rinnegare verleugnen, ablehnen, seine Überzeugung aufgeben ▶ 5/A
riparare reparieren ▶ 4/A
ripetere wiederholen ▶ 4/B
riposarsi sich ausruhen
risolvere lösen ▶ Suppl./2
rispettato/-a angesehen, respektiert ▶ 4/App.
rispetto a qn/qs im Vergleich zu, in Bezug auf jdn/etw. ▶ 4/B
rispondere antworten
la *risposta* die Antwort ▶ Suppl./3
il **ristorante** das Restaurant
il **risultato** das Ergebnis
risvegliarsi wieder aufwachen
il **ritardo** die Verspätung
in ritardo avv. verspätet
ritoccare bearbeiten, retuschieren ▶ 2/App.
il **ritratto** das Porträt ▶ 6/A
riuscire a + inf. schaffen (etw. zu tun) ▶ 1/B
rivedere wiedersehen ▶ Suppl./2
la **rivista** die Zeitschrift
la **roba** das Zeug
Roma Rom (die Hauptstadt von Italien)
romano/-a römisch
romantico/-a romantisch
rompere kaputt machen, nerven
rompersi kaputtgehen ▶ 4/A
il **rossetto** der Lippenstift
rosso/-a rot
rotto/-a kaputt, gebrochen ▶ 4/A
la **roulotte** der Wohnwagen ▶ 5/App.
rubato/-a gestohlen
il *rumore* der Lärm ▶ Suppl./1

S
la **sabbia** der Sand ▶ 1/App.
salire (salgo) hinaufgehen, steigen, einsteigen
il **salotto** das Wohnzimmer
saltare springen, überspringen, ausfallen
salutare grüßen, begrüßen ▶ 1/B
la **salute** die Gesundheit
il **saluto** der Gruß
Salve! Hallo!
il **santo, la santa** der/die Heilige ▶ 1/App.
sapere (so) wissen, auch: können
Sapevi che … Wusstest du, dass … ▶ 1/App.
avere saputo erfahren haben

il **sardo** Sardisch (Sprache)
sbagliarsi sich irren, sich täuschen ▶ 5/A
lo **scaffale** das Regal
le **scale** die Treppe ▶ 3/App.
la **scala mobile** die Rolltreppe ▶ 3/App.
scaricare herunterladen ▶ 2/App.
scarico/-a leer Batterie, Akku
la **scarpa** der Schuh
scegliere (scelgo) wählen, aussuchen
la **scena** die Szene, die Bühne ▶ 6/B
scendere absteigen, aussteigen
lo **schermo** der Bildschirm ▶ 2/App.
lo **scherzo** der Scherz, der Witz ▶ 1/A
la **schiena** der Rücken
schifo! Igitt!; **fare ~** abscheulich, eklig sein
lo **sci** der Ski
sciare (scii) Ski fahren
le **scienze** Naturwissenschaft (Schulfach)
lo/la **scienziato/-a** der/die Wissenschaftler/in ▶ 5/App.
la **sciocchezza** der Blödsinn
lo **sciopero** der Streik
lo **scoglio** die Klippe ▶ 1/App.
scolastico/-a Schul-, schulisch
scomodo/-a ungemütlich, unbequem ▶ 3/A
sconosciuto/-a unbekannt ▶ 1/B
scontento/-a unzufrieden
lo **sconto** die Ermäßigung, der Rabatt ▶ 5/App.
lo **scontrino** der Kassenbon, Kassenzettel
lo **scooter** der Motorroller, der Roller ▶ 6/A
la **scoperta** die Entdeckung, die Erfindung ▶ 5/A
scoprire entdecken ▶ 3/B
scoraggiare entmutigen, den Mut nehmen ▶ 2/A
scorrere fließen, strömen ▶ 6/App.
scorso/-a vergangen, vorig ▶ 3/A
la **scottatura** der Sonnenbrand, die Verbrennung
scritto/-a schriftlich ▶ Suppl./3
la **scrivania** der Schreibtisch
scrivere schreiben
la **scuola** die Schule
la **scuola elementare** die Grundschule ▶ 4/App.

la **scuola media** 3-jährige Schule der Sekundarstufe I ▶ 4/App.
Scusa! Entschuldige!
scusarsi sich entschuldigen ▶ 1/B
Scusi! Entschuldigen Sie!
se wenn, falls ▶ 2/A
sebbene + cong. obwohl ▶ 5/B
il/la **secchione/-a** fam. der/die Streber/in
il **secolo** das Jahrhundert ▶ 3/A
secondo me meiner Meinung nach
la **sede** der Wohnsitz, der Firmensitz ▶ 3/App.
sedersi (mi siedo) sich setzen
la **sedia** der Stuhl; **~ a rotelle** der Rollstuhl ▶ 3/App.
segnare zeichnen, aufzeichnen, ein Tor schießen
segnato/-a gezeichnet ▶ 6/B
il **segreto** das Geheimnis
seguire qn/qs folgen, verfolgen
in seguito darauf(-hin), als Folge (davon) ▶ 2/A
sembrare scheinen ▶ 2/A
sempre immer
sensato/-a sinnvoll ▶ 2/B
il *senso* der Sinn ▶ Suppl./3; **avere ~** Sinn haben ▶ 3/App.
Senta! Hören Sie!
Senti! Hör mal!
sentire hören, fühlen
Ci sentiamo! Bis später! *Telefonat*
senza ohne
separato/-a getrennt ▶ 3/B
seppellire (-sc-) beerdigen
la **sera** der Abend
la sera avv. abends, am Abend
la **serata** der Abend (Verlauf)
la **serie** die Reihe, die Serie ▶ 6/B
la **serratura** das Schlüsselloch, das Schloss ▶ 3/A
servire a qn/qs zu etw. dienen, nützen, brauchen ▶ 2/App.
il **servizio** die Dienstleistung, der Dienst ▶ 6/App.
settentrionale nördlich ▶ 6/App.
il **settentrione** der Norden ▶ 6/App.
la **settimana** die Woche
la **sfilata di moda** die Modenschau ▶ 6/A
si pron. man ▶ 1/A
sì ja
si sich
sia … che sowohl … als auch ▶ 6/A
siccome weil, da ▶ 4/App.
siciliano/-a sizilianisch

sicuramente sicher

essere **sicuro/-a di** qs / + inf. sicher sein ▶ 4/A

la **signora** die Frau, die Dame

il **signore** der Herr

silenzioso/-a still, leise

il **simbolo** das Symbol

simpatico/-a nett, sympathisch

a sinistra avv. links

sincero/-a ehrlich

singolo einfach, Einzel- ▶ 3/App.

il *sintomo* das Symptom, das Anzeichen

la **sintonia** der Einklang ▶ 5/A

il **sito Internet** die Internetseite ▶ 4/B

la **situazione** die Situation ▶ 2/A

lo **snowboard** das Snowboard

la **soap opera** die Seifenoper ▶ 2/App.

sociale sozial ▶ 2/B

soddisfacente zufriedenstellend ▶ Suppl./3

soffrire di qs an etw. leiden

il **soggiorno** der Aufenthalt ▶ 5/App.

il **sogno** der Traum ▶ 4/App.

i **soldi** pl. das Geld ▶ 3/A

il **sole** die Sonne

prendere il sole sich sonnen

di solito normalerweise, meistens

solo nur

la **soluzione** die Lösung

sopra über ▶ Suppl./2

soprattutto hauptsächlich

la **sorella** die Schwester

sorprendente überraschend, erstaunlich ▶ 3/B

la **sorpresa** die Überraschung

sorridere a qn jdn anlächeln ▶ 1/B

la **sospensione** die Suspendierung ▶ 2/A

sotto unter

lo **spazio** der Raum, der Platz

speciale besonders, speziell ▶ 4/B

la **specialità** die Spezialität ▶ 4/App.

spendere ausgeben ▶ 3/B

sperare hoffen ▶ 2/A

la **spesa** der Einkauf

spesso oft

la **spiaggia** der Strand

spiegare erklären

lo **spirito** der Geist, die Neigung ▶ 4/B

spiritoso/-a humorvoll, witzig

lo **sport** der Sport

lo **sportello** der (Fahrkarten-) Schalter ▶ 1/A

sportivo/-a sportlich ▶ 2/App.

sposare heiraten; heiraten ▶ Suppl./1

sposato/-a verheiratet ▶ 6/B

spostarsi sich verschieben, wegbewegen, Platz machen

la **squadra** die Mannschaft, das Team ▶ 2/B

lo **stadio** das Stadion

olimpico/-a Olympia-, olympisch ▶ 3/B

lo *stage* das Praktikum ▶ Suppl./3

stamattina heute früh, heute Morgen ▶ 3/B

stanco/-a (morto/-a) (tot-) müde

la **stanza** das Zimmer, der Raum ▶ 5/App.

stare **(sto)** sein, sich befinden, stehen; ~ **bene/male** es geht gut/schlecht

stasera heute Abend

statale staatlich ▶ Suppl./3

lo **stato** der Staat ▶ 3/A

la **statua** die Statue, das Standbild ▶ 5/B

la **stazione** der Bahnhof

la *stella* der Stern; der Stern ▶ 5/A

stesso/-a selbst, gleich ▶ 4/App.

il/la **stilista** der/die Designer/in ▶ 6/A

lo **stipendio** der Lohn, das Gehalt ▶ 6/B

lo **stivale** der Stiefel

la **storia** die Geschichte

la **storia dell'arte** Kunstgeschichte (Schulfach)

storico/-a historisch

la **strada** die Straße

straniero/-a ausländisch, fremd ▶ 2/B

strano/-a seltsam, merkwürdig ▶ 3/B

lo **streaming** das Streaming ▶ 2/App.

lo **stress** der Stress ▶ 4/App.

stretto/-a eng

lo **strumento** das Instrument

lo/la **studente/studentessa** der/die Schüler/in

studiare studieren, lernen

lo **studio** das Lernen, das Studium, das Ingenieurbüro ▶ 6/B

stupendo/-a wunderbar ▶ 3/App.

stupido/-a dumm ▶ 2/A

su auf

subito sofort

succedere geschehen, passieren ▶ 1/B

successivo/-a nachfolgend, anschließend ▶ 5/B

il **successo** der Erfolg ▶ 4/B

il **succo** der Saft

suggestivo/-a stimmungsvoll, beeindruckend ▶ 3/A

sul serio im Ernst, ernsthaft ▶ 4/A

suonare spielen +Instrument

la **superficie** die Fläche, die Oberfläche ▶ 1/App.

la **supplenza** die Vertretung Schule

il *supporto* die Unterstützung ▶ Suppl./3

svegliarsi aufwachen

sviluppare entwickeln ▶ Suppl./3

svizzero/-a schweizerisch

svolgersi sich abspielen, ablaufen ▶ 5/B

T

il **tablet** das tablet ▶ 4/A

il **tacco** der Absatz ▶ 1/App.

la **taglia** die Größe

tale derartig, solche(r), solches ▶ 5/B

il **talent show** die Talentshow ▶ 2/App.

tanto avv. sehr, viel

tanto/-a viel

la *tappa* die Etappe

tardi avv. spät

il **tavolo** der Tisch

il **taxi** das Taxi

te dich, dir (nach Präp.)

il **teatro** das Theater

il **teatro lirico** die Oper ▶ 6/B

il **tedesco** Deutsch Sprache

telefonare a qn jdn anrufen

il **telefonino** das Handy

il **telegiornale** die (Fernseh-) Nachrichten ▶ 2/App.

la **televisione** das Fernsehen ▶ 1/A

il **televisore** der Fernseher

il **tema** der Aufsatz, das Thema

il **tempio** der Tempel ▶ 3/A

il **tempo** die Zeit, das Wetter

la **tenda** das Zelt

tenere **(tengo)** halten

tenero/-a zart ▶ Suppl./2

la **teoria** die Theorie ▶ 5/A

la **terra** der Boden, die Erde

terribile schrecklich

la **terza media** dritte Klasse der Mittelschule, Klasse 8 ▶ 4/App.
il **terzo** das Drittel ▶ 6/A
la **testa** der Kopf ▶ 1/B
il/la **testimone** der Zeuge / die Zeugin
il **tetto** das Dach ▶ 1/App.
ti dich, dir
tifare per qn/qs jdn/etw. anfeuern, zu jdn/etw. halten ▶ 6/A
il **tifoso**, la **tifosa** der Fan ▶ 6/A
timido/-a schüchtern
tipico/-a typisch ▶ 1/App.
il **tipo** der Typ, die Art
il/la **titolare** der/die Ladenbesitzer/in ▶ 4/A
il **titolo** der Titel, die Überschrift ▶ 2/App.
tocca a qn jd ist an der Reihe/dran
togliersi qs **(tolgo)** sich etw. entfernen ▶ 1/B
la *tomba* das Grab
tornare zurückkehren, zurückkommen
la **torta** die Torte, der Kuchen
totale agg. ganz, gesamt ▶ 5/B
la **traccia** die Spur ▶ 3/App.
il *tradimento* der Verrat, die Untreue ▶ Suppl./2
tradizionale traditionell, üblich ▶ 5/B
la **tradizione** die Tradition ▶ 5/B
il **traffico** der Verkehr, der Stau ▶ 6/A
il **tram** die Straßenbahn
tranquillo/-a ruhig
trarre (traggo) ziehen, entnehmen ▶ 6/App. ; ~ **profitto da** qs. Nutzen aus etw. ziehen ▶ 2/App.
trascinare hier verwickeln ▶ Suppl./2
trasformare umwandeln, umbauen ▶ 3/A
la **trasmissione** die Übertragung, die Sendung (Fernsehen) ▶ 2/App.
trattare (di) qs etw. behandeln, von etw. handeln ▶ Suppl./2
il **tratto** der Abschnitt ▶ 6/App.
la **trattoria** italienische Gaststättenart ▶ 3/B
il **trend** der Trend ▶ 6/A
il **treno** der Zug, die Bahn
il **triangolo industriale** das Industriedreieck (Mailand-Genua-Turin) ▶ 6/App.
triste traurig
troppo avv. zu (sehr/viel)

troppo/-a zu viel
trovare finden
trovarsi sich befinden
tu du
tuo/tua deine(r, s)
il **turismo** der Tourismus ▶ 6/App.
il/la **turista** der/die Tourist/in ▶ 5/B
turistico/-a Touristen-, touristisch ▶ 4/B
tutti/-e e due beide
tutto avv. ganz; alles
tutto/-a ganz, jede(r,s); pl.: alle

U

uccidere töten
uccidersi sich umbringen, Selbstmord begehen
ufficiale offiziell ▶ 5/A
l' **ufficio** das Büro ▶ 4/App.
uguale a qn/qs agg. jdm/etw. ähnlich, gleich
l' **uliveto** der Olivenhain ▶ 5/App.
ultimamente neulich, vor kurzem
ultimo/-a letzte(r, s)
l' **università** die Universität ▶ 4/B
l' **universo** das Universum ▶ 5/A
l' **uomo** der Mensch, der Mann ▶ Suppl./1
l' **uovo** f. das Ei
usare gebrauchen, (be)nutzen
usato/-a gebraucht ▶ 4/A
uscire (esco) hinausgehen, herauskommen auch: ausgehen
l' **uso** der Gebrauch, die Benutzung ▶ 2/A
utile nützlich
utilizzare benutzen, anwenden ▶ Suppl./3

V

la **vacanza** die Ferien, der Urlaub
vale la pena (di fare qs) es lohnt sich (etw. zu tun) ▶ 6/A
valere (valgo) gelten ▶ 2/B
il **valore** der Wert ▶ 5/B
la **vasca (da bagno)** die (Bade-)Wanne
vecchio/-a alt
vedere sehen, wahrnehmen
Ci vediamo! Bis später!
il *veleno* das Gift
veloce schnell ▶ 4/B
vendere verkaufen
veneziano/-a venezianisch ▶ 4/B
venire (vengo) kommen; ~ *a sapere* erfahren
il **vento** der Wind

il **verde** das Grüne ▶ 5/App.
la **verdura** das Gemüse
la **verità** die Wahrheit ▶ 4/App.
vero/-a wahr, echt ▶ 2/A
vero? nicht wahr?
verso prep. in Richtung
verticale senkrecht ▶ 5/B
i **vestiti** pl. die Kleidung
il **vestito** das Kleid, der Anzug
la **vetrina** das Schaufenster, die Schaufensterscheibe
la **via** die Straße
il **viaggio** die Reise
viaggiare reisen ▶ 4/App.
vicino a in der Nähe von
il/la **vicino/-a** der/die Nachbar/in
il **vicolo** die Gasse
il **videogioco** das Videospiel
Vienna Wien (Hauptstadt von Österreich) ▶ 1/B
vietare verbieten ▶ 2/A
la **villa** das Landhaus, die Villa ▶ 5/A
vincere gewinnen, siegen
visibile sichtbar ▶ 2/A
la **visita** die Besichtigung, der Besuch ▶ 3/B
visitare qs etw. besichtigen
visto che da ▶ 3/B
la **vita** das Leben
la **vittima** das Opfer ▶ 2/A
vivace lebhaft
vivere leben ▶ 1/A
dal vivo avv. live
la **voce** die Stimme
volare fliegen ▶ 1/B
volentieri gern(e)
volere (voglio) wollen
ci vuole sg. / **vogliono** + pl. man braucht ▶ 5/App.
il **volo** der Flug
il/la **volontario/-a** der/die Freiwillige ▶ 2/B
la **volta** das Mal
il **volto** das Gesicht ▶ 6/B
vorrei ich möchte, ich hätte gerne
il **voto** die Note
il **vulcano** der Vulkan ▶ 6/App.

W

il **web design** das Web-Design ▶ 4/B

Z

lo **zaino** der Rucksack
lo/la **zio/-a** der/die Onkel, Tante
la **zona** die Zone, die Gegend ▶ 5/App.

DEUTSCH-ITALIENISCHES WÖRTERBUCH

Die Zahl hinter dem Pfeil zeigt die Fundstelle an.
Verben mit Besonderheiten sind blau gedruckt, siehe **I verbi** ab S. 187.
Grundschrift = obligatorischer Wortschatz
kursiv = fakultativer Wortschatz

A

abbiegen girare
Abend la sera; *Verlauf* la serata
Abendessen la cena
abends *avv.* la sera
Abenteuer l'avventura ▶ 1/B
aber ma
Abfahrt la discesa
Abfall i rifiuti *pl.* ▶ 2/B
Abfrage l'interrogazione f.
Abitur la maturità ▶ 4/App.
ablaufen svolgersi ▶ 5/B
ablehnen rinnegare ▶ 5/A
abreisen partire
Absatz il tacco ▶ 1/App.
abscheulich fare schifo
Abschied l'addio ▶ 1/B
Abschluss (Universität) la laurea ▶ 5/A
Abschnitt il tratto ▶ 6/App.
absolut assolutamente
abspielen (sich) svolgersi ▶ 5/B
absteigen scendere
aussteigen scendere
abstimmen(sich) mettersi d'accordo ▶ 1/A
Abwesenheit l'assenza ▶ 2/A
Ackerbau l'agricoltura ▶ 6/App.
Adresse l'indirizzo
Agentur l'agenzia ▶ 4/B
Agrotourismus Urlaub auf dem Bauernhof ▶ 5/App.
ähnlich (jdm/etw.) uguale a qn/qs agg.
Aktivität l'attività ▶ 2/B
alle tutto/-a
allein (da) solo/-a
alles tutto
Alpen le Alpi *pl.*
also allora; dunque
also quindi ▶ 3/B
alt vecchio/-a
Alter l'età
altertümlich antiquato/-a ▶ 5/B
anbieten offrire ▶ 1/App.
Anbindung l'accesso ▶ 6/App.
andere(r, s) altro/-a
ändern cambiare
anders diverso/-a ▶ 1/A
Anfang l'inizio

anfangen cominciare (a + inf.); ~ (mit etw.), ~ (zu + Inf.) mettersi a qs (+ inf.)
Angebot l'offerta ▶ 4/A
Angenehm! Piacere!
angesehen rispettato/-a ▶ 4/App.
angesichts, dass dato che ▶ 6/B
Angestellte/r l'impiegato/-a ▶ 4/B
Angst la paura ▶ 1/B
anhaben (Kleidung) indossare ▶ 5/B
anhalten fermare ▶ 1/B
anhören ascoltare
ankommen arrivare
Ankunft l'arrivo
annähern (sich jdm/etw.) avvicinarsi a qn/qs
anmelden (sich) iscriversi ▶ 4/B
Anruf la chiamata
anrufen (jdn) telefonare a qn
anrufen chiamare
anschließend successivo/-a ▶ 5/B
ansehen guardare
Ansichtskarte la cartolina
ansonsten altrimenti ▶ 2/B
anstrengend faticoso/-a ▶ 1/A
antik antico/-a ▶ 3/App.
Antwort la risposta ▶ Suppl./3
antworten rispondere
anwenden utilizzare ▶ Suppl./3
Anwendung l'applicazione ▶ Suppl./3
Anwesenheit la presenza ▶ 4/B
Anzeige (Stellensuche) l'annuncio ▶ Suppl./3
anziehen attarre ▶ 6/App.; mettere
Anzug il vestito
Apfel la mela
Apparat l'apparecchio ▶ 5/A
Applaus l'applauso
apropos a proposito di
apulisch pugliese ▶ 4/App.
Arabisch *Sprache* l'arabo
Arbeit il lavoro ▶ 4/App.
arbeiten lavorare ▶ 1/A
arbeitslos disoccupato/-a ▶ 6/A
Arbeitslosigkeit la disoccupazione ▶ 6/App.
Architektur l'architettura ▶ 6/B
ärgern (sich) arrabbiarsi ▶ 1/B
arm povero/-a
Art il modo ▶ 3/B
Art il tipo
Attraktion l'attrazione f.
auch anche
auf su
Auf Wiedersehen! Arrivederci!
Aufenthalt il soggiorno ▶ 5/App.
Aufgabe il compito

aufmerksam attento/-a; ~ **machen (auf sich)** farsi notare (da qn) ▶ 6/B; ~ **sein** fare attenzione
Aufnahme la registrazione ▶ 6/B
aufnehmen registrare ▶ 2/App.
aufnehmen Ton incidere ▶ 6/B
aufpassen auf jdn/etw. stare attento/-a a qn/qs ▶ 4/A
aufpassen fare attenzione
aufräumen mettere in ordine
Aufsatz il tema
Aufseher il custode
aufstehen alzarsi
Auftritt l'entrata in scena ▶ 6/B
aufwachen svegliarsi
Aufzug l'ascensore m. ▶ 3/App.
Auge l'occhio
Augenblick l'attimo ▶ 1/B
aus *urspüngliche Herkunft* di
ausfallen saltare
Ausflug l'escursione ▶ 5/App.; la gita
ausfüllen compilare ▶ 3/B
ausgeben spendere ▶ 3/B
ausgehen uscire
ausgestattet attrezzato/-a ▶ 5/App.
ausgezeichnet ottimo/-a
ausländisch straniero/-a ▶ 2/B
ausruhen (sich) riposarsi
ausschließlich esclusivo/-a ▶ 4/B
außerdem inoltre
außerhalb fuori ▶ 3/B
außen fuori ▶ 3/B
aussteigen scendere
Ausstellung la mostra ▶ 6/A
auswendig a memoria
Auto la macchina
Auto(mobil) l'auto(mobile) f. ▶ 6/App.
Autogramm l'autografo

B

Bad il bagno
baden (gehen) fare il bagno
(Bade)-Wanne la vasca (da bagno)
Bahn il treno; la ferrovia ▶ 1/A
bahnbrechend avanguardistico/-a ▶ 6/B
Bahnhof la stazione
Balkon il balcone
Ball il pallone
banal banale ▶ Suppl./2
Banause l'ignorante m./f. ▶ 5/A
Bank (Kreditinstitut) la banca ▶ 6/A
Banker/in il bancario, la bancaria ▶ 6/A
Barkeeper/in il/la barista ▶ 6/A
barock, Barock- barocco/-a ▶ 3/A
Basilika la basilica ▶ 3/A

Basketballplatz il campo di basket
bauen costruire
Baum l'albero ▶ 1/App.
Bauunternehmer/in il costruttore, la costruttrice ▶ 6/B
Beachvolleyball il beach volley
bearbeiten ritoccare ▶ 2/App.
bedanken(sich bei jdm) ringraziare ▶ 5/App.
beeindruckend suggestivo/-a ▶ 3/A
beeindruckt impressionato/-a ▶ Suppl./2
beenden finire (-sc-)
beerdigen seppellire (-sc-)
befehlen comandare ▶ 4/App.
befinden (sich) trovarsi
befördern promuovere ▶ Suppl./3
befragen interrogare
begeistert appassionato/-a ▶ 6/A
begeistert sein (von jdm/etw.) entusiasto/-a di qn/qs
Begeisterung l'entusiasmo ▶ Suppl./3
beginnen (etw. zu tun) cominciare (a + inf.)
begleiten accompagnare
begrüßen salutare ▶ 1/B
behaupten affermare ▶ 5/A
bei (*Personen*) da
bei presso ▶ Suppl./3
beide tutti/-e e due
Beiheft l'inserto ▶ Suppl./2
Beispiel l'esempio ▶ 1/App.
bekannt conosciuto/-a ▶ Suppl./3; noto/-a ▶ Suppl./3
bekannt famoso/-a ▶ 1/App.
bekannt machen (sich bei jdm) farsi notare (da qn) ▶ 6/B
Bekanntheit la notorietà ▶ 6/B
bekommen avere avuto
beleidigen insultare ▶ Suppl./2
beleidigend offensivo/-a ▶ 2/A
beliebt ben visto/-a ▶ 2/A
bemerken (jdn/etw.) accorgersi di qn/qs
beneiden invidiare ▶ 2/A
benötigen (jdn/etw.) avere bisogno di qn/qs
benutzen usare
benutzen utilizzare ▶ Suppl./3
Benutzung l'uso ▶ 2/A
bequem comodo/-a ▶ 1/A
bereit (etw. zu tun) disposto/-a a + inf. ▶ 2/B
Berg la montagna
Beruf il mestiere ▶ 4/App.
Beruf la professione ▶ 4/App.
Berufsverkehr l'ora di punta ▶ 3/App.
berühmt famoso/-a ▶ 1/App.
Berühmtheit la notorietà ▶ 6/B
beschäftigen (sich mit) occuparsi di qn/qs ▶ 2/B

beschäftigt impegnato/-a ▶ 2/B
besichtigen (etw.) visitare qs
Besichtigung la visita ▶ 3/B
Besitzer/in il/la proprietario/-a ▶ 4/B
besonderer, besondere/-s particolare ▶ 6/App.
besonders speciale ▶ 4/B
besprechen discutere
besser *avv.* meglio
Besuch la visita ▶ 3/B
besuchen frequentare ▶ 5/A
Bett il letto
bevor prima che + cong. ▶ 5/B
bevorzugen preferire
bevorzugt preferito/-a
bewahren mantenere (mantengo)
Bewegung il movimento
Bewohner/in l'abitante m./f. ▶ 1/App.
bezweifeln dubitare ▶ 2/B
Bibel la Bibbia ▶ 5/A
Bild il disegno ▶ 5/A
bilden creare ▶ 1/App.
Bildschirm lo schermo ▶ 2/App.
binnen entro
Bis bald! A presto!
bis fino a prep.
bitte per favore; prego
bitten (jdn etw.) chiedere
blau azzurro/-a ▶ 5/B
bleiben rimanere (rimango)
Blödsinn la sciocchezza
blond biondo/-a
Boden la terra
Brauch il costume ▶ 5/B
brauchen (jdn/etw.) avere bisogno di qn/qs
braun marrone
Brief la lettera ▶ 1/A
Brille gli occhiali pl.
bringen portare
Brot il pane
Brötchen il panino
Brücke il ponte
Bruder il fratello
Brunnen la fontana ▶ 3/A
Buch il libro
Buchhandlung la libreria
Buchstabe la lettera ▶ 1/A
Bühne la scena ▶ 6/B
Burg il castello ▶ 1/App.
Büro l'ufficio ▶ 4/App.
Bus l'autobus
Butter il burro

C
Campingplatz il campeggio
CD il CD ▶ 6/B
Cent il centesimo ▶ 1/App.
Chance l'occasione f. ▶ 4/B
Chaos il caos

Charakter (Film) il personaggio ▶ Suppl./2
Charakter il carattere ▶ 3/B
Chef/in il/la capo/-a ▶ 4/App.
Chips le patatine *pl.*
Computer il computer

D
da *avv.* lì/là; ci
da *cong.* siccome ▶ 4/App.; visto che ▶ 3/B
Dach il tetto ▶ 1/App.
dagegen invece
daher perciò; quindi ▶ 3/B
damals allora ▶ 1/A
Dame la donna; la signora
damit affinché + cong. ▶ 5/B
danach dopo; poi
danke grazie
danken (jdm) ringraziare ▶ 5/App.
dann allora; dopo; poi ▶ 1/A
darauf(-hin) in seguito ▶ 2/A
dass che
dauernd continuo/-a ▶ 4/B
davon ne
deine(r, s) tuo/tua
denken pensare
dennoch ciò nonostante ▶ Suppl./2
der, die, das, den pron. rel. che
derartig tale ▶ 5/B
deshalb perciò
Designer/in il/la stilista ▶ 6/A
Deutsch *Sprache* il tedesco
Deutschland la Germania
dich te (nach Präp.); ti
Dienst il servizio ▶ 6/App.
Dienstleistung il servizio ▶ 6/App.
diese(r, s) questo/-a
dir te (*nach Präp.*); ti
direkt *avv.* in diretta ▶ 2/B
Diskussion la discussione ▶ 3/B
diskutieren discutere
Dokumentarfilm il documentario ▶ 2/App.
Donnerwetter! Accidenti! ▶ 3/A
Dorf il paese ▶ 1/A
dort lì/là; ci
drehen girare
Drittel il terzo ▶ 6/A
du tu
Duft il profumo
dumm stupido/-a ▶ 2/A
dunkelblau blu
durch attraverso ▶ 4/B; per
Dutzend la decina ▶ 6/App.
duzen/siezen (sich) darsi del tu/Lei ▶ 4/B

E
eben *avv.* appena
Ebene la pianura ▶ 6/App.

echt autentico/-a ▶ 5/B
Ecke l'angolo ▶ 3/App.
Ehefrau la moglie ▶ Suppl./2
Ehre l'onore m. ▶ 5/B
ehrlich onesto/-a ▶ Suppl./2;
sincero/-a
Ei l'uovo m., le uova *pl.* f.
eifersüchtig geloso/-a
Eigentümer/in il/la proprietario/-a
▶ 4/B
eilen correre
eilig *avv.* in fretta ▶ 2/A
einbeziehen includere ▶ Suppl./2
Eindruck l'impressione f. ▶ 2/B; ~
machen (gut) fare bella figura ▶ 5/B;
~ machen (schlecht) fare una
figuraccia
einfach facile
eingreifen intervenire ▶ 2/A
einig sein (mit jdm) essere d'accordo
con qn ▶ 2/B
einige alcuni/-e; qualche + sg.
Einkauf la spesa
Einkaufsladen il mini market ▶ 5/App.
Einkaufstasche la borsa della spesa
Einklang la sintonia ▶ 5/A
einladen invitare
einsetzen (sich) darsi da fare ▶ 2/B
einsteigen salire
Einstellung l'atteggiamento ▶ 5/B
eintragen (sich) iscriversi ▶ 4/B
Einverstanden! Va bene!
Einwanderer/in l'immigrato/-a ▶ 2/B
Einzelkind il/la figlio/-a unico/-a
Eis il gelato
Eisdiele la gelateria
Eisen il ferro ▶ 4/A
eislaufen pattinare
elegant elegante ▶ 3/App.
Eltern i genitori *pl.*
empfehlen consigliare
Empfehlung il consiglio
Ende la fine
enden finire (-sc-)
endlich finalmente
eng stretto/-a
Engagement l'impegno ▶ 2/B
engagieren (sich) darsi da fare ▶ 2/B;
impegnarsi in qs ▶ 2/B
Engel l'angelo
Englisch *Sprache* l'inglese m.
entdecken scoprire ▶ 3/B
Entdeckung la scoperta ▶ 5/A
entfernen (sich etw.) togliersi qs
▶ 1/B; ~ (*sich von jdm/etw.*)
allontanarsi da qn/qs
entlang prep. lungo ▶ 5/App.
entmutigen scoraggiare ▶ 2/A
entscheiden (etw. zu tun) decidere
(di +inf.)

Entscheidung fassen prendere una
decisione ▶ 5/A
Entscheidung la decisione ▶ 5/A
entschuldigen (sich) scusarsi ▶ 1/B
entspannen(sich) rilassarsi ▶ 3/B
entstehen nascere ▶ 5/A
enttäuscht deluso/-a
entwerfen disegnare ▶ 6/A
entwerfen progettare ▶ 6/B
entwickeln sviluppare ▶ Suppl./3
Epoche l'epoca ▶ 6/B
Erde la terra
Ereignis l'avvenimento ▶ Suppl./2
erfahren venire a sapere; ~ haben
avere saputo
Erfahrung l'esperienza ▶ 6/B
Erfindung la scoperta ▶ 5/A
Erfolg il successo ▶ 4/B
Erfordern richiedere ▶ 2/B
erfrischen (sich) rinfrescarsi
ergänzen aggiungere ▶ 4/App.
Ergebnis il risultato
erhalten ricevere
erhältlich disponibile ▶ 5/App.
erholen (sich) rilassarsi ▶ 3/B
Erinnerung an etw. il ricordo di qn/qs
▶ 1/B
Erinnerung il ricordo ▶ Suppl./2
erklären spiegare
Ermäßigung lo sconto ▶ 5/App.
ernennen nominare ▶ 6/B
erreichbar raggiungibile ▶ 5/App.
erreichen conseguire ▶ Suppl./3;
raggiungere ▶ 3/App.
erstaunlich sorprendente ▶ 3/B
erstrecken (sich) estendersi ▶ 3/A
Erwachsene l'adulto/-a
erwarten aspettare
erwerben acquistare ▶ 5/App.
erzählen raccontare
Erzählung il racconto ▶ 1/B
Essen il cibo
essen mangiare
Etappe la tappa
etwas qualcosa
Europa l'Europa ▶ 3/A
europäisch europeo/-a ▶ 3/B
Event l'evento ▶ 6/A
eventuell casomai ▶ 1/A
ewig eterno/-a ▶ 3/A
existieren esistere ▶ 2/B
exklusiv esclusivo/-a ▶ 4/B
Experte/Expertin l'esperto/-a ▶ 4/A

F
Fähigkeit l'abilità ▶ Suppl./3
fahren andare
Fahrkarte il biglietto
Fahrrad la bicicletta
Fahrradfahrer/in il/la ciclista
Fahrradweg la pista ciclabile

Fahrstuhl l'ascensore m. ▶ 3/App.
Fakultät la facoltà ▶ 4/B
Fall il caso ▶ 2/A
fallen cadere
falls se ▶ 2/A
Familie la famiglia
Familien-, familiär familiare
Fan il/la fan; il tifoso, la tifosa ▶ 6/A
fantastisch fantastico/-a
fast quasi
faul pigro/-a ▶ 1/A
fehlen mancare
feiern celebrare ▶ 1/App.; festeggiare
Feld il campo
Ferien la vacanza
fern lontano/-a ▶ 3/B
Fernrohr il cannocchiale ▶ 5/App.
Fernsehen la televisione ▶ 1/A
Fernseher il televisore
fertig pronto/-a
Fest la festa
Festival il festival
Figur (Film) il personaggio ▶ Suppl./2
Film il film
Filmaufnahme il filmato ▶ 2/A
filmen filmare ▶ 2/A
finden trovare
Firma la ditta ▶ 6/A
Fischerei la pesca ▶ 6/App.
Fläche la superficie ▶ 1/App.
Flachland la pianura ▶ 6/App.
Flasche la bottiglia
Fleisch la carne
fliegen volare ▶ 1/B
fliehen fuggire
fließen scorrere ▶ 6/App.
fließend corrente; fluente ▶ Suppl./3
flott chic ▶ 3/A
Flug il volo
Flughafen l'aeroporto
Flugzeug l'aereo ▶ 5/App.
Flur il corridoio
Fluss il fiume
folgen seguire qn/qs
Fön il fon
Form la forma ▶ 4/B
Foto la foto
Fragebogen il questionario ▶ 3/B
fragen (jdn etw.) chiedere qs a qn
Französisch *Sprache* il francese
Frau la donna; la signora
frei libero/-a
Freiluftkino il cinema all'aperto ▶ 1/B
Freiwillige il/la volontario/-a ▶ 2/B
fremd straniero/-a ▶ 2/B
Freund/in l´ amico/-a
freundlich cortese ▶ Suppl./3
freundlich gentile
Freundschaft l'amicizia
frisch fresco/-a
Frucht la frutta

früh *avv.* presto
früher *avv.* prima
fühlen sentire
Führung la visita guidata ▶ 4/B
funktionieren funzionare ▶ 3/B
für per
Fuß il piede
Fußball il calcio
Fußballer il calciatore
Fußballplatz il campo di calcio
Fußballtasche la borsa da calcio

G

ganz *agg.* tutto/-a; totale ▶ 5/B; *avv.* tutto
Garten il giardino ▶ 5/App.
Gasse il vicolo
Gebäude l'edificio
geben dare (do)
Gebirge la montagna
geboren werden nascere ▶ 5/A
Gebrauch l'uso ▶ 2/A
gebrauchen usare
gebraucht usato/-a ▶ 4/A
gebrochen rotto/-a ▶ 4/A
Geburtsdatum la data di nascita ▶ Suppl./3
Geburtstag il compleanno
Gedanke il pensiero ▶ Suppl./1
Gedicht la poesia
Gefahr il pericolo ▶ 1/A
gefallen piacere ▶ 3/B
gegen contro
Gegend la zona ▶ 5/App.
gegenüber prep. di fronte a
Gehalt lo stipendio ▶ 6/B
gehasst odiato/-a ▶ Suppl./2
Geheimnis il mistero; il segreto
geheimnisvoll misterioso/-a
gehen (gut/schlecht) stare bene/male
gehen andare; camminare
gehören (zu etw.) fare parte di qs ▶ Suppl./2
Geist lo spirito ▶ 4/B
Geld i soldi *pl.* ▶ 3/A
Gelegenheit l'occasione f. ▶ 4/B
geliebt amato/-a
Geliebte l'amante m./f.
gelten valere ▶ 2/B
gemeinsam *avv.* insieme; in comune ▶ 3/B
Gemüse la verdura
genau preciso/-a ▶ 1/A; esatto/-a ▶ 4/B *avv.* proprio
Generation la generazione ▶ Suppl./2
genug abbastanza
Geometrie la geometria
geradeaus dritto
gerecht giusto/-a
Gericht il piatto ▶ 3/B
gern(e) volentieri

gesamt totale ▶ 5/B
Gesang il canto ▶ 6/B
Geschäft il negozio
geschehen succedere ▶ 1/B
Geschenk il regalo ▶ 4/A
Geschichte il racconto ▶ 1/B
Geschichte la storia
Gesicht la faccia ▶ 6/A; il volto ▶ 6/B
Gestalt la forma ▶ 4/B
gestern ieri
gestohlen rubato/-a
Gesundheit la salute
getrennt separato/-a ▶ 3/B
gewaltig forte ▶ 3/A
Gewerbe il mestiere ▶ 4/App.
gewichtig agg. pesante
gewinnen vincere
gezeichnet segnato/-a ▶ 6/B
Gift il veleno
Gipfel la cima ▶ 5/B
Gitarre la chitarra
glauben credere ▶ 2/A
gleich agg. stesso/-a ▶ 4/App.; avv. tra poco
Gleis il binario ▶ 3/App.
Glück la fortuna
glücklich fortunato/-a ▶ 6/A
Gott il dio ▶ 3/A
Gottesdienst la messa ▶ 1/A
Grab la tomba
Grad *Temperatur* il grado
groß grande
großartig grande
Großartig! Grande!
Größe la taglia
gründen fondare ▶ 3/A
grundlegend fondamentale ▶ 4/B
Grundschule la scuola elementare ▶ 4/App.
Gründung la fondazione ▶ 6/B
Grüne il verde ▶ 5/App.
Gruppe il gruppo
Gruß il saluto; mit freundlichen ~ (Brief) cordialmente ▶ 5/App.; mit herzlichem ~! Con affetto!
grüßen salutare ▶ 1/B
gut *avv.* bene agg. bravo/-a; Noten alto/-a; sehr ~ ottimo/-a; sehr ~ bravissimo/-a; *avv.* sehr ~ benissimo
Guten Abend! Buonasera!
Guten Tag! Buongiorno!
Gymnasium il liceo

H

Haare i capelli *pl.*
haben avere
Hafen il porto ▶ 1/App.
halb mezzo/-a
Halbzeitpause l'intervallo
Hälfte la metà ▶ 4/App.
Hallo! Salve!; Pronto!/? *Telefonat*

halten tenere (tengo)
Haltestelle la fermata
Handtuch l'asciugamano
Handy il cellulare; il telefonino
hässlich brutto/-a
Hauptfigur il/la protagonista ▶ Suppl./3
hauptsächlich soprattutto
Hauptstadt la capitale ▶ 3/App.
Hauptverkehrszeit l'ora di punta ▶ 3/App.
Haus la casa
Hausaufgaben i compiti *pl.*
Heilige il santo, la santa ▶ 1/App.
heiraten sposare ▶ Suppl./1
heiß caldo/-a; ~ sein fare caldo
hektisch frenetico/-a ▶ 1/A
helfen (jdm) aiutare qn
hereinkommen (in) entrare (in)
herkommen provenire da qs ▶ 6/A
Herkunft l'origine f. ▶ 5/B
Herr signore
herum (um jdn/etw.) intorno a qn/qs ▶ 5/A
herunterladen scaricare ▶ 2/App.
herzlich cordiale ▶ Suppl./3
Herzliche Grüße *Brief, Mail* un'abbraccio
Herzlichen Glückwunsch! Tanti auguri!
heute oggi; ~ Abend stasera; ~ Morgen stamattina ▶ 3/B
Hey! Ehi(là)!
hier qui/qua
Hilfe! Aiuto!
Himmel il cielo ▶ 5/A
hinaufgehen salire
hinausgehen uscire
hingegen invece
hinten in fondo
Hip-Hop-Musik la musica hip hop
historisch storico/-a
Hitze il caldo
Hobby l'hobby
hoch alto/-a
Hochhaus il grattacielo ▶ 6/B
Hof il cortile; la corte ▶ 5/A
hoffen sperare ▶ 2/A
Holz il legno ▶ 5/B
hören sentire
Hosen i pantaloni *pl.*
Hotel l'albergo
Hügel il colle ▶ 3/A; la collina ▶ 6/App.
humorvoll spiritoso/-a
Hundesitter/in il/la dog-sitter ▶ 4/A
Hunger la fame
Hurra! Evviva!

I

ideal ideale
Idee l'idea
Igitt! schifo!
Immatrikulierte l'iscritto/-a ▶ 6/A
immer sempre
in a; *Richtung* in
in in
in *zeitlich* fra/tra
individuell individuale ▶ Suppl./3
Industrie l'industria
Informatik l'informatica ▶ 4/B
Information l'informazione f.
informieren informare ▶ 2/A
Ingenieurakademie il politecnico
▶ 6/A
Ingenieurwissenschaft l'ingegneria
▶ 6/A
Inhaber/in il/la proprietario/-a ▶ 4/B
inlineskaten pattinare (inline)
Inlineskates i pattini (in linea) *pl.*
Insel l'isola ▶ 5/App.
Instrument lo strumento
intelligent intelligente ▶ 2/A
intensiv intensivo/-a ▶ Suppl./3
interessant interessante
Interesse l'interesse m. ▶ 6/B
interessieren interessare ▶ 5/A
international internazionale ▶ 6/A
Internetseite il sito Internet ▶ 4/B
Interview l'intervista ▶ 4/B
interviewen intervistare ▶ 4/App.
Investition l'investimento ▶ 6/A
irgendwann ad un certo punto ▶ 1/A
irren (sich) sbagliarsi ▶ 5/A
Italienisch *Sprache* l'italiano

J

ja sì
Jacke la giacca
Jahr l´ anno
Jahrhundert il secolo ▶ 3/A
Jahrtausend il millennio
jammern lamentarsi
Jeans i jeans *pl.*
jede(r, s) ogni; tutto/-a
jedenfalls comunque
jedoch però
jemand qualcuno ▶ 4/A
jene(r, s) quello/-a
jetzt adesso
Job il lavoretto ▶ 4/A
Journalist/in il/la giornalista ▶ 4/App.
Jugend(-zeit) l'adolescenza ▶ 6/B
Jugendliche il/la giovane
Jugendlichen i ragazzi *pl.*
jung giovane
Junge il bambino ▶ 1/A; **Junge** il
ragazzo
Jura la giurisprudenza ▶ 4/App.

K

Kaffee il caffè
Kaiser/in l'imperatore / l'imperatrice
▶ 1/App.
kalt freddo/-a
Kampf la battaglia ▶ 5/A
Kanu la canoa ▶ 4/B
Kapitel il capitolo
kaputt rotto/-a ▶ 4/A; ~ **machen**
rompere; ~ **gehen** rompersi ▶ 4/A
Karriere la carriera ▶ 4/App.
Käse il formaggio
Kasse la cassa
Kassenbon lo scontrino
Kathedrale la cattedrale
katholisch cattolico/-a ▶ 3/A
Katze il gatto
kaufen acquistare ▶ 5/App.; comprare
Kellner/in il/la cameriere/-a
kennen conoscere; **sich ~** conoscersi
▶ 1/A
Kenntnis la conoscenza ▶ 4/B
Kilo(-gramm) il chilo
Kilometer il chilometro ▶ 1/App.
Kind il/la bambino/-a ▶ 1/A; il/la
figlio/-a
Kindergarten l'asilo ▶ 4/App.
Kindheit l'infanzia ▶ 6/B
Kino il cinema ▶ 1/B
Kirche la chiesa ▶ 1/App.
Kitesurfing il kite(surf)
Klasse la classe
Klassenarbeit il compito
Klassenkamerad/in il/la compagno/-a
(di classe) ▶ 2/App.
Klassenzimmer l'aula
klassisch classico/-a
Klavier il pianoforte
Kleid il vestito
Kleidung i vestiti *pl.*
klein (Körpergröße) basso/-a ▶ 1/B
klein piccolo/-a
Klippe lo scoglio ▶ 1/App.
klug intelligente ▶ 2/A
Knoblauch l'aglio
kochen cucinare
Kollege/Kollegin il/la collega
kombinieren combinare ▶ 4/B
kommen (aus etw.) provenire da qs
▶ 6/A
kommen venire (vengo)
Kommentar il commento ▶ 2/A
Kommission la commissione
▶ Suppl./2
Kommode il comò
Kommunikation la comunicazione
▶ 2/App.
kommunizieren comunicare ▶ 1/A
Kompetenz la competenza ▶ 2/A
Kompliment i complimenti *pl.* ▶ 4/B
kompliziert complicato/-a ▶ Suppl./2

konkret concreto/-a ▶ 2/B
können potere (posso)
können sapere
Kontakt il contatto ▶ 1/B
Kontinent il continente ▶ 6/A
kontrollieren controllare
Konzentration la concentrazione
▶ 6/App.
Konzert il concerto
Kopf la testa ▶ 1/B
Kopfschmerzen il mal di testa
Korridor il corridoio
kosten costare
kostenlos avv. gratis
Kostüm il costume ▶ 5/B
krank malato/-a ▶ 4/A
Krankheit la malattia
kreativ creativo/-a
Kreativität la creatività ▶ 6/A
Kreuzung Straße l'incrocio
Krieg la guerra ▶ 5/A
Kriminalität la criminalità ▶ 6/App.
Küche la cucina
Kuchen la torta
kühl fresco; ~ **sein** fare fresco
Kultur la cultura ▶ 3/B
kümmern (sich um jdn/etw.**)**
occuparsi di qn/qs ▶ 2/B
Kunde/Kundin il/la cliente ▶ Suppl./3
Kunst l´ arte m.
Kunstgeschichte la storia dell´arte
Künstler/in l'artista m./f.
künstlerisch artistico/-a ▶ 6/B
Kuppel la cupola ▶ 3/A
Kurs il corso ▶ 4/B
kurz breve; corto/-a ▶ 1/B
Kusin/-e il/la cugino/-a
Küste la costa ▶ 1/App.

L

Label il marchio ▶ 6/A
Labor il laboratorio ▶ 5/A
lachen ridere
Laden il negozio
Ladenbesitzer/in il/la titolare ▶ 4/A
Land il paese ▶ 1/A
Land la campagna ▶ 1/A
Landeshauptstadt il capoluogo
▶ 1/App.
Landhaus la villa ▶ 5/A
Landschaft il paesaggio ▶ 6/App.
Landwirtschaft l'agricoltura ▶ 6/App.
lang lungo/-a
langweilen (sich) annoiarsi ▶ 2/A
langweilig noioso/-a
Lärm il rumore ▶ Suppl./1
lassen lasciare
Latein il latino
Lauf la corsa ▶ 5/B
laufen andare; camminare
Leben la vita

leben vivere ▶ 1/A
lebhaft vivace
leer *Batterie, Akku* scarico/-a
legen mettere
Legende la leggenda ▶ 3/A
lehren insegnare ▶ 6/B
Lehrer/in l'insegnante ▶ 2/A; il/la prof(essore/-ssa)
leicht facile; *Gewicht* leggero/-a
leiden (an etw.) soffrire di qs
Leidenschaft la passione
leidenschaftlich appassionato/-a ▶ 6/A
leider purtroppo
leidtun dispiacere ▶ 4/A
leise silenzioso/-a
Lektorin la lettrice
lernen (etw. zu tun) imparare (a + inf.)
Lernen lo studio
lernen studiare
lesen leggere
letzte(r, s) ultimo/-a
letztendlich infine ▶ 5/A
letztlich insomma ▶ Suppl./2
Leute la gente ▶ 2/B
liebe/-r *inform. Brief* caro/-a
Liebe l'amore m.
lieben amare
Liebeskummer il mal d'amore
Lieblings- preferito/-a
Lied la canzone
liefern fornire (-sc-) ▶ 6/App.
Linie (Bahn) la linea ▶ 3/App.
links a sinistra
Lippenstift il rossetto
Liter il litro
live dal vivo; in diretta ▶ 2/B
Loch il buco ▶ 3/A
lockig riccio/-a
Lohn lo stipendio ▶ 6/B
lohnt sich (etw. zu tun) vale la pena (di fare qs) ▶ 6/A
Lokal il locale ▶ 3/App.
Los! Avanti!; Dai!
lösen risolvere ▶ Suppl./2
losgehen partire
Lösung la soluzione
Lust haben (auf etw.) / (etw. zu tun) avere voglia di qs / + inf. ▶ 2/A
lustig divertente

M
machen fare
mächtig potente
Mädchen la bambina ▶ 1/A; la ragazza
Mal la volta
malen dipingere ▶ 3/A
Mama la mamma
man si pron. ▶ 1/A
manchmal qualche volta

Mandel la mandorla
Mann il maschio ▶ 5/B; l'uomo ▶ Suppl./1
Mannschaft la squadra ▶ 2/B
Marke il marchio ▶ 6/A
Marketing il marketing ▶ Suppl./3
Markt il mercato
Mathe(matik) la mate(matica)
Mauer il muro
Mechanik la meccanica ▶ 5/A
Medien i media *pl.*
Medizin la medicina ▶ 5/A
Meer il mare
mehr avv. più ▶ 1/A
mein mio/-a
meinen intendere ▶ 2/B
Mensch l'uomo ▶ Suppl./1
Menschenmenge la folla
merkwürdig strano/-a ▶ 3/B
Meter il metro
Metro la metro(politana) ▶ 3/App.
Miet- a noleggio ▶ 5/App.
Miete l'affitto ▶ 6/A
Million il milione ▶ 1/App.
Ministerpräsident il Presidente del Consiglio ▶ 3/A
Minute il minuto
mir mi
mir, mich (nach Präp.) me
mit con
mittags a mezzogiorno *avv.*
Mittagessen il pranzo ▶ 2/B
Mittel il mezzo ▶ 2/App.
Mittelalter il medioevo
mittelalterlich medi(o)evale ▶ 1/App.
Möbel(-stück) il mobile ▶ 4/App.
Mode la moda
Model il modello ▶ 4/A
Modell il modello
Modenschau la sfilata di moda ▶ 6/A
modern moderno/-a
modisch alla moda
möglich possibile
Möglichkeit la possibilità ▶ 4/App.
Moment il momento ▶ 1/B; l'attimo ▶ 1/B
Monat il mese ▶ 6/A
morgen avv. domani
Morgen la mattina
morgens avv. la mattina
Motorroller lo scooter ▶ 6/A
mündlich orale ▶ Suppl./3
Münze la moneta ▶ 1/App.
Museum il museo ▶ 3/A
Musik la musica
Musiker/in il/la musicista, i musicisti *pl.* ▶ 3/App.
Musikstück il brano ▶ 2/App.
müssen dovere (devo)
Mut il coraggio
Mutter la madre; la mamma

Muttersprache la lingua materna ▶ Suppl./3
Mythos il mito ▶ Suppl./2

N
nach prep. dopo
Nachbar/in il/la vicino/-a
nachfolgend successivo/-a ▶ 5/B
Nachmittag il pomeriggio
nachmittags avv. il pomeriggio
Nachname il cognome
Nachprüfung l'esame di riparazione m.
Nachricht la notizia
Nachrichten (Fernsehen) il telegiornale ▶ 2/App.
nächste(r, s) prossimo/-a
Nachtisch il dolce
nähern (sich jdm/etw.) avvicinarsi a qn/qs
Name il nome
national nazionale ▶ 3/B
Natur la natura ▶ 5/App.
natürlich naturalmente ▶ 1/B; ovviamente ▶ 3/B
Naturwissenschaft le scienze
neben prep. accanto a
nehmen prendere
Neigung lo spirito ▶ 4/B
nein no
nervös nervoso/-a
nett gentile
nett simpatico/-a
neu nuovo/-a
Neuigkeit la novità
neulich ultimamente
nicht non; ~ **einmal, auch** ~ neanche ▶ 1/A
nichts niente
nie(mals) non … mai ▶ 2/App.
niedlich carino/-a
niedrig basso/-a ▶ 1/B
niemand nessuno ▶ 2/App.
Niveau il livello ▶ Suppl./3
noch ancora *avv.*
Norden il nord; il settentrione ▶ 6/App.
nördlich settentrionale ▶ 6/App.
normal normale
normalerweise di solito *avv.*
Notar/in il/la notaio/-a ▶ 4/App.
Note il voto
notfalls al limite
nötig (etw. zu tun) bisogna +inf. ▶ 1/A
nötig necessario/-a ▶ 2/A
Notiz la notizia
notwendig necessario/-a ▶ 2/A
Nummer il numero
nur solo

nützen (zu etw) servire a qn/qs ▶ 2/App.
nützlich utile
Nutzen il profitto ▶ 6/App.; **~ aus etw. ziehen** trarre profitto da qs ▶ 2/App.

O

Obst la frutta
obwohl benché + cong. ▶ 5/B; sebbene + cong. ▶ 5/B
oder o
offen aperto/-a
offensichtlich ovviamente ▶ 3/B
offiziell ufficiale ▶ 5/A
öffnen aprire
oft spesso
ohne senza
Öl l'olio ▶ 1/App.
Olive l'oliva ▶ 1/App.
Olivenhain l'uliveto ▶ 5/App.
Olympia-, olympisch olimpico/-a ▶ 3/B
Oma la nonna
Onkel lo zio
online sein essere online
Opa il nonno
Oper il teatro lirico ▶ 6/B
Opernsänger/in il/la cantante lirico/-a ▶ 6/B
Opfer la vittima ▶ 2/A
Orangenlimonade l'aranciata
Ordnung l'ordine m.
Organisation l'organizzazione f. ▶ Suppl./3
organisieren organizzare
Orientierung l'orientamento
original originale ▶ 4/B
originell originale ▶ 4/B
Ort il luogo; il posto; il paese ▶ 1/A
österreichisch austriaco/-a ▶ 1/B

P

Paar il paio
Päckchen il pacchetto ▶ 1/B
Paket il pacchetto ▶ 1/B
Palast il palazzo
Papa il papà
Papst il papa ▶ 3/App.
Parfüm il profumo
Park il parco
Parkplatz il parcheggio
Parlament il parlamento ▶ 3/B
Partitur la partitura ▶ 6/B
Partner/in il/la partner ▶ 3/B
passieren succedere ▶ 1/B
Pasta (Nudeln) la pasta ▶ 1/App.
Pause l'intervallo
Pause la pausa
peinlich imbarazzante ▶ 1/B
Pendler/in il/la pendolare ▶ 6/A
perfekt perfetto/-a

Periode il periodo ▶ 5/App.
Peripherie la periferia ▶ 6/B
Person la persona
persönlich personalmente ▶ 3/B
Pfadfinder/in il/la boy/girl scout ▶ 2/B
Pferd il cavallo ▶ 5/App.
Philosophie la filosofia
Physik la fisica
Pilz il fungo
Pinienwald la pineta ▶ 5/App.
Piste la pista
Plan il piano
planen progettare ▶ 6/B
Platz il posto; lo spazio; *Straße* la piazza; **~ machen** spostarsi
plötzlich ad un tratto ▶ 1/B; improvvisamente
Politik la politica
Pool la piscina ▶ 5/App.
Porträt il ritratto ▶ 6/A
Poster il poster
Postkarte la cartolina
Praktikum lo stage ▶ Suppl./3
Präsentation la presentazione ▶ Suppl./3
präsentieren presentare ▶ 2/B
Präsenz la presenza ▶ 4/B
Preis il prezzo; il premio (Auszeichnung) ▶ 4/B
preiswert economico/-a ▶ 6/A
prickelnd frizzante ▶ 3/B
probieren (etw. zu tun) provare (a + inf.)
Problem il problema m.
Produktion la produzione ▶ 1/App.
Profil il profilo
Programm il programma ▶ 2/B
Projekt il progetto ▶ 2/B
promoten promuovere ▶ Suppl./3
Provinz la provincia
Prozent il percento ▶ 4/App.
Prozess il processo ▶ 5/A
Prüfung l'esame m.
Pullover il maglione
Punkt il punto ▶ 5/A

Q

Querföte il flauto traverso

R

Rabatt lo sconto ▶ 5/App.
Radio la radio ▶ 2/App.
Rangliste la classifica
Rat il consiglio
raten consigliare
Raum lo spazio; la stanza ▶ 5/App
realisieren realizzare ▶ Suppl./3
realistisch realistico/-a ▶ Suppl./2
Rebell/in il/la ribelle ▶ Suppl./2
Recherche la ricerca ▶ 2/App.
Rechnung il conto ▶ 3/B
Recht haben avere ragione

rechts a destra *avv.*
Rede il discorso
Referat la relazione
Regal lo scaffale
Regel la regola
regelmäßig agg. regolare ▶ 2/B
regieren (etw.) governare
Region la regione ▶ 1/App.
regnen piovere
reich ricco/-a ▶ Suppl./2
Reise il viaggio
Reiseführer la guida ▶ 4/B
reisen viaggiare ▶ 4/App.
Religion la religione
religiös religioso/-a ▶ 5/B
rennen correre
Rennen la corsa ▶ 5/B
reparieren riparare ▶ 4/A
reservieren prenotare ▶ 3/B
Restaurant il ristorante
Restaurator/in il/la restauratore/ restauratrice ▶ 4/App.
retuschieren ritoccare ▶ 2/App.
richtig esatto/-a ▶ 4/B; giusto/-a
Richtung la direzione ▶ 3/App.
Rock la gonna
roh crudo/-a
Rollstuhl la sedia a rotelle ▶ 3/App.
Rolltreppe la scala mobile ▶ 3/App.
romantisch romantico/-a
römisch romano/-a
rot rosso/-a
Rücken la schiena
Rucksack lo zaino
rufen chiamare
Ruhe la calma
ruhig tranquillo/-a
Rundfahrt il giro

S

Sache la cosa
Saft il succo
sagen dire (dico)
Salat l'insalata
sammeln raccogliere ▶ 2/B
Sand la sabbia ▶ 1/App.
Sänger/in il/la cantante
Sardisch *Sprache* il sardo
sauber pulito/-a ▶ 1/App.
Schade! Peccato!
schädlich nocivo/-a
schaffen (etw. zu tun) riuscire a + inf. ▶ 1/B
Schalter lo sportello ▶ 1/A
Schatten l'ombra ▶ 1/App.
Schau/t Ecco!
schauen guardare
Schaufenster la vetrina
scheinen sembrare ▶ 2/A parere ▶ 2/B
Scherz lo scherzo ▶ 1/A
schick chic ▶ 3/A

schicken mandare
Schicksal la fortuna
Schinken il prosciutto
Schlacht la battaglia ▶ 5/A
schlafen dormire
Schlange (beim Anstehen) la coda
▶ 1/A
schlecht *avv.* male
schlecht Noten brutto/-a
schließen chiudere
schließlich infine ▶ 5/A
schlimm grave
Schloss il castello ▶ 1/App.
Schlüsselloch la serratura ▶ 3/A
Schnee la neve
schneien nevicare
schnell veloce ▶ 4/B
schnelllebig frenetico/-a ▶ 1/A
schon già
Schrank l′ armadio
schrecklich terribile
schreiben scrivere
Schreibtisch la scrivania
schreien gridare
schriftlich scritto/-a ▶ Suppl./3
Schritt il passo ▶ 5/App.
schüchtern timido/-a
Schuh la scarpa
Schul-, schulisch scolastico/-a
Schulaufgabe il compito
Schule la scuola
Schüler/in lo/la studente/studentessa
Schulfach la materia
Schulleiter/in il/la preside ▶ 2/A
Schulpflicht l'obbligo scolastico
▶ 4/App.
schwanger incinto/-a ▶ Suppl./2
schwarz nero/-a
Schwein il maiale
schweizerisch svizzero/-a
schwer pesante
Schwester la sorella
schwierig difficile
Schwierigkeit la difficoltà ▶ 5/A
Schwimmbad la piscina ▶ 5/App.
See il lago ▶ 6/App.
sehen vedere
Sehenswürdigkeit il monumento
sehr molto; tanto
Seifenoper la soap opera ▶ 2/App.
sein essere
seit da
Seite la pagina
seitens da parte di qn ▶ 2/A
selbst stesso/-a ▶ 4/App.
Selbstmord begehen uccidersi
selbstverständlich naturalmente *avv.*
▶ 1/B; ovvio/-a ▶ 5/A
selten raramente ▶ 2/App.
seltsam strano/-a ▶ 3/B
senden mandare

Sendung (Fernsehen) la trasmissione
▶ 2/App.
senkrecht verticale ▶ 5/B
Serie la serie ▶ 6/B
setzen (sich) sedersi (mi siedo)
shoppen fare shopping ▶ 3/App.
sicher certo; sicuramente; certamente
▶ 1/A; ~ sein essere sicuro/-a ▶ 4/A
sichtbar visibile ▶ 2/A
siegen vincere
siezen (sich) darsi del Lei ▶ 4/B
singen cantare
Sinn il senso ▶ Suppl./3; ~ haben
avere senso ▶ 3/App.
sinnvoll sensato/-a ▶ 2/B
Situation la situazione ▶ 2/A
sizilianisch siciliano/-a
Skaterbahn la pista di skateboard
Ski lo sci; ~ fahren sciare (scii)
SMS il messaggino
Snack la merenda
Snowboard lo snowboard; ~ fahren
fare snowboard
so così
sofort subito
sogar addirittura; perfino; anzi ▶ 1/A
Sohn il figlio
solche(r), solches tale ▶ 5/B
sollen dovere (devo)
Sommer l′ estate f.
Song la canzone
Sonne il sole
sonnen (sich) prendere il sole
Sonnenbrand la scottatura
Sonnenbrille gli occhiali da sole pl.
sonst altrimenti ▶ 2/B
Sorgen machen (sich um jdn/etw.)
preoccuparsi per qn/qs ▶ Suppl./1
sowohl … als auch sia … che ▶ 6/A
sozial sociale ▶ 2/B
spannend avvincente
spät tardi *avv.*
spazieren gehen passeggiare
Spaziergang il giro; la passeggiata
Speise il piatto ▶ 3/B
Speisekarte il menù ▶ 3/B
spendieren offrire ▶ 1/App.
Spezialität la specialità ▶ 4/App.
Spiel *Ballsport* la partita
spielen (etw.) giocare a qs (giochi);
+*Instr.* suonare
Spielplatz il parco giochi. ▶ 5/App.
Spitze la cima ▶ 5/B
Spitzenleistung l'eccellenza ▶ 6/B
Sport lo sport.
Sport *Schulfach* l'educazione fisica f.
sportlich sportivo/-a ▶ 2/App.
Sportplatz il campo sportivo
Sprache la lingua
sprechen parlare
springen saltare

spritzig frizzante ▶ 3/B
Spur la traccia ▶ 3/App.
Staat lo stato ▶ 3/A
staatlich statale ▶ Suppl./3
Stadion lo stadio
Stadt la città
ständig continuo/-a ▶ 4/B
stark forte ▶ 3/A
Statist/in il comparso, la comparsa
▶ 6/B
Statue la statua ▶ 5/B
Stau il traffico ▶ 6/A
stehen stare
steigen salire
Stein la pietra ▶ 1/App.
stellen (sich) fingersi
stellen mettere
Stern la stella ▶ 5/A
Stiefel lo stivale
Stiftung la fondazione ▶ 6/B
still silenzioso/-a
Stimme la voce
stimmungsvoll suggestivo/-a ▶ 3/A
Stolz l'orgoglio ▶ 5/B
stoppen fermare ▶ 1/B
Strand la spiaggia
Strandpromenade il lungomare
Straße la strada; la via
Straßenbahn il tram
Streber/in il/la secchione/-a fam.
Strecke il percorso ▶ 5/B
Streik lo sciopero
Stress lo stress ▶ 4/App.
Stück il pezzo
Studentenwohnheim la residenza
studenti ▶ 6/A
studieren studiare
Studio lo studio
Studium lo studio
Stuhl la sedia
Stunde l'ora
Stundenplan l'orario
Suche la ricerca ▶ 2/App.
suchen cercare
Süden il meridione ▶ 6/App.
südlich meridionale ▶ 6/App.
Summe il conto ▶ 3/B
Suspendierung la sospensione ▶ 2/A
Süßspeise il dolce
Symbol il simbolo
sympathisch simpatico/-a
Symptom il sintomo
Szene la scena ▶ 6/B

T

Tag il giorno; (Verlauf) la giornata
▶ 1/B
Talentshow il talent show ▶ 2/App.
Tante lo/la zio/-a
Tanz la danza
tanzen ballare

Tanzunterricht la lezione di danza
Tasche (zum Tragen) la borsa
Tätigkeit l'attività ▶ 2/B
tatsächlich infatti ▶ 1/App.
täuschen (sich) sbagliarsi ▶ 5/A
Taxi il taxi
Team la squadra ▶ 2/B
teilen (sich) dividersi ▶ 5/B
teilen condividere
Teilnahme la partecipazione ▶ 6/B
teilnehmen (an etw.) partecipare a qs
▶ 4/B
teilweise in parte ▶ 2/B
Teller il piatto ▶ 3/B
Tempel il tempio ▶ 3/A
Termin l'appuntamento ▶ 1/A
teuer costoso/-a ▶ 4/A
Theater il teatro
Thema il tema
Theorie la teoria ▶ 5/A
Ticket il biglietto
Tierhaltung l'allevamento ▶ 6/App.
Tipp il consiglio
Tisch il tavolo
Titel il titolo ▶ 2/App.
Tochter la figlia
Tod la morte ▶ 5/A
tollpatschig imbranato/-a
Tomate il pomodoro
Tor il gol
Tor schießen segnare
Torte la torta
tot morto/-a
töten uccidere
Tourismus il turismo ▶ 6/App.
Tourist/in il/la turista ▶ 5/B
touristisch turistico/-a ▶ 4/B
Tradition la tradizione ▶ 5/B
Traditionell tradizionale ▶ 5/B
tragen (Kleidung) indossare ▶ 5/B
tragen portare
Training l'allenamento
Traum il sogno ▶ 4/App.
traurig triste
treffen (sich) incontrarsi ▶ 1/A
treffen colpire (-sc-) ▶ 1/B
treffen incontrare
Treffen l'incontro ▶ 3/App.
Trend il trend ▶ 6/A
Treppe le scale ▶ 3/App.
Tretboot il pedalò
trinken bere
trotzdem ciò nonostante ▶ Suppl./2
T-Shirt la maglietta
tun fare
Tür la porta
Tüte la busta
Typ il tipo

U

U-Bahn la metro(politana) ▶ 3/App.
üben esercitarsi ▶ 5/B
über attraverso ▶ 4/B; sopra
▶ Suppl./2
überall dappertutto ▶ 1/App.;
dovunque ▶ 4/B
überqueren attraversare
überraschend sorprendente ▶ 3/B
Überraschung la sorpresa
überreden convincere ▶ 1/B
überreichen porgere ▶ Suppl./3
Überschrift il titolo ▶ 2/App.
übertreiben esagerare
überzeugen convincere ▶ 1/B
Übung l' esercizio
um ... (Uhr) alle ..., all'...
um... zu per + inf.
umbauen trasformare ▶ 3/A
umbringen (sich) uccidersi
Umfeld l'ambiente m. ▶ 6/A
umsonst gratis
umwandeln trasformare ▶ 3/A
Umwelt l'ambiente m. ▶ 6/A
unabhängig autonomo/-a ▶ 3/A
unangenehm imbarazzante ▶ 1/B
unbedingt per forza
unbekannt sconosciuto/-a ▶ 1/B
unbequem scomodo/-a ▶ 3/A
und e
Unfall l'incidente m. ▶ 4/A
ungemütlich scomodo/-a ▶ 3/A
unglaublich incredibile; pazzesco/-a
Universität l'università ▶ 4/B
Universum l'universo ▶ 5/A
Unordnung il disordine
unter sotto
unterbrechen interrompere ▶ 2/B
Unternehmen l'impresa ▶ 4/B
Unternehmer/in l'imprenditore/
imprenditrice ▶ 4/B
Unterricht(sstunde) la lezione
unterrichten insegnare ▶ 6/B
Unterrichtsstunde l'ora
Unterschied la differenza ▶ 3/B
unterschreiben firmare
Unterstützung il supporto ▶ Suppl./3
Untreue il tradimento ▶ Suppl./2
unzufrieden scontento/-a
Urlaub la vacanza
Ursprung l'origine f. ▶ 5/B

V

Vater il padre
venezianisch veneziano/-a ▶ 4/B
verabreden (sich) darsi appuntamento
Verabredung l'appuntamento ▶ 1/A
Verantwortliche il/la responsabile
▶ 2/A
verbieten vietare ▶ 2/A
Verbrennung la scottatura

verbringen passare
verbunden connesso/-a ▶ 4/A
verdammt maledetto/-a ▶ Suppl./1
Verdammt! Maledizione!
verdienen guadagnare ▶ 3/A
verfolgen seguire qn/qs
verfügbar disponibile ▶ 5/App.
vergangen scorso/-a ▶ 3/A
vergessen dimenticare ▶ 6/B
vergleichen confrontare ▶ 2/App.
vergnügen (sich) divertirsi
verheiratet sposato/-a ▶ 6/B
verkaufen vendere
Verkäufer/in il/la commesso/-a
Verkehr il traffico ▶ 6/A
verlangen richiedere ▶ 2/B
verlassen lasciare
verletzend offensivo/-a ▶ 2/A
verleugnen rinnegare ▶ 5/A
verlieben (sich) innamorarsi
▶ Suppl./2
verliebt innamorato/-a ▶ 6/A
verlieren perdere
Verlobte il/la fidanzato/-a ▶ Suppl./2
vermeiden evitare ▶ 2/A
vermieten affittare ▶ 5/App.
veröffentlichen pubblicare ▶ 5/A
verpassen perdersi ▶ 1/B
Verrat il tradimento ▶ Suppl./2
verrückt pazzesco/-a
versäumen perdersi ▶ 1/B
verschieben (sich) spostarsi
verschieden diverso/-a ▶ 1/A
verspätet *avv.* in ritardo
Verspätung il ritardo
versprechen promettere
verstecken nascondere
verstehen capire (-sc-)
vertragen (sich) andare d'accordo
Vertretung *Schule* la supplenza
Verwandte il/la parente
vetrauen (jdm/(auf) etw.) fidarsi di
qn/qs
Videoclip il filmato ▶ 2/A
Videospiel il videogioco
viel *avv.* parecchio; tanto; agg.
tanto/-a
vielleicht casomai ▶ 1/A; forse
Villa la villa ▶ 5/A
Volleyball la pallavolo
von di; ~ ... bis da ... a ▶ 1/App.
vor prima di + inf.; *örtlich* ~ jdm/etw.
davanti a; *zeitlich* fa
vorbeikommen (an etw.) passare per
qs
vorbereiten preparare
vorbereitet pronto/-a
vorbestellen prenotare ▶ 3/B
Vorfall il caso ▶ 2/A
vorher prima
vorig scorso/-a ▶ 3/A

Vormittag la mattina
vormittags la mattina
vorschlagen proporre ▶ Suppl./2
Vorstadt la periferia ▶ 6/B
Vortrag il discorso
Vorwärts! Avanti!
Vulkan il vulcano ▶ 6/App.

W
Wählen scegliere
wahr vero/-a ▶ 2/A
während prep. durante
Wahrheit la verità ▶ 4/App.
Wald il bosco ▶ 1/App.
Wand la parete
Wann? Quando?
Wärme il caldo
warm caldo/-a; ~ **sein** fare caldo
warten aspettare
Warum? Perché?
Was für …! Che …!
waschen lavare
Wasser (mit Kohlensäure) l'acqua frizzante ▶ 3/B; **stilles ~** l'acqua naturale
wechseln cambiare
weder … noch né …né ▶ Suppl./2
Weg il percorso ▶ 5/B
wegfahren partire
weh tun fare male
Weichei il pappamolle fam.
Weihnachten il Natale ▶ 2/B
weil perché; siccome ▶ 4/App.
weiß bianco/-a
weit lontano/-a ▶ 3/B; lungo/-a
Welche(r, s)? Quale?
Welt il mondo
Weltruhm la fama mondiale ▶ 6/B
Wen? Chi?
wenig poco/-a
wenigstens almeno
wenn se ▶ 2/A; quando
Wer? Chi?
werden (zu) diventare ▶ 1/A
werfen gettare ▶ 3/A
Werk l'opera ▶ 6/B

Wert il valore ▶ 5/B
Wettbewerb il concorso ▶ 1/B
Wetter il tempo
Wettlauf la gara ▶ 5/B
Wettrennen la gara ▶ 5/B
wichtig importante
Wichtigkeit l'importanza ▶ 6/App.
widmen (sich jdm/etw.) dedicarsi a qn/qs ▶ 4/B
wie avv. come ; ~ (sehr/viel) quanto/-a ▶ 1/A.
Wie? Come?
Wie viel? Quanto/-a?
wieder di nuovo
wiedererkennen riconoscere
wiederholen ripetere ▶ 4/B
wiedersehen rivedere ▶ Suppl./2
wiegen (Gewicht) pesare ▶ 5/B
Wien (Hauptstadt von Österreich) Vienna ▶ 1/B
Wieso? Come mai? ▶ 4/A
willkommen benvenuto/-a
Wind il vento
Winter l'inverno m.
wirklich avv. davvero
wissen sapere
Wissenschaftler/in lo/la scienziato/-a ▶ 5/App.
Witz lo scherzo ▶ 1/A
witzig spiritoso/-a
Wo? Dove?
Woche la settimana
Wochenende il fine settimana
Woher? Di dove?
wohnen abitare
Wohnsitz la sede ▶ 3/App.
Wohnung l'appartamento
Wohnviertel il quartiere
Wohnwagen la roulotte ▶ 5/App.
Wohnzimmer il salotto
Wolkenkratzer il grattacielo ▶ 6/B
wollen volere (voglio)
wunderbar meraviglioso/-a ▶ 3/A; stupendo/-a ▶ 3/App.
Wunsch il desiderio ▶ Suppl./1
wütend werden arrabbiarsi ▶ 1/B

Z
Zahl il numero
zahlreich numeroso/-a ▶ 4/App.
zart tenero/-a ▶ Suppl./2
zeichnen disegnare ▶ 6/A
zeichnen segnare
Zeichnung il disegno ▶ 5/A
zeigen dimostrare ▶ 5/B; fare vedere
Zeit il tempo
zeitgenössisch contemporaneo/-a ▶ 6/B
Zeitschrift la rivista
Zeitung il giornale ▶ 2/App.
Zelt la tenda
Zentimeter il centimetro
Zentrum il centro
zerstören distruggere ▶ Suppl./2
Zeug la roba
Zeuge/Zeugin il/la testimone
ziehen trarre ▶ 6/App.
ziemlich abbastanza
Zimmer la camera; la stanza ▶ 5/App.
Zone la zona ▶ 5/App.
zu (sehr/viel) avv. troppo; agg. troppo/-a
zufrieden contento/-a
zufriedenstellend soddisfacente ▶ Suppl./3
Zug il treno
Zugang l'accesso ▶ 6/App.
zuhören ascoltare
Zuhörer/in l'ascoltatore m./f.
Zukunft il futuro ▶ 4/B
zukünftig futuro/-a ▶ 5/A
zurückgeben restituire (-sc-)
zurückkehren tornare
zurückkommen tornare
zurückrufen richiamare
zusammen insieme
Zweifel il dubbio ▶ 5/B
Zwiebel la cipolla
Zwillinge i gemelli pl.
zwischen fra/tra

BILDQUELLENVERZEICHNIS

A–Z

A1PIX-YOUR PHOTO TODAY: S. 90; **action press:** S. 126 *oben rechts* Everett Collection; **akg-images:** S. 126 *oben Mitte* MPortfolio / Electa; **Atac Spa Roma:** S. 43 *rechts*; S. 44 *Mitte;* **Bicio Fabbri:** S. 57 *Mitte;* **Caritas Ambrosiana**: S. 35 *Mitte rechts;* **Clip Dealer:** S. 43 *Piramide:* ArTo; S. 109 *Mitte rechts* jovannig; **Corbis/Reuters:** S. 109 *oben links* Catherine Panchout; S. 111 *unten Mitte* Max Rossi; S. 112 *C* Alessandro Garofalo; S. 117 Giampiero Sposito; **Cornelsen / Louisa Pabst:** S. 11 *oben* mit freundlicher Genehmigung der Ferrovie Sud Est; S. 27 *oben*; S. 123; S. 161; **ddp images:** S. 120 *rechts* INTERTOPICS/Capital Pictures; **distil-lab associazione di promozione sociale:** S. 70 *unten*; **F1online**: S. 8 *Hintergrund* Age/Planet Observer; S. 42 *oben rechts* AGE/Juanma Aparicio S. 69 *untere Reihe 1. Bild* John Romanelli Blend Images RM; **Feltrinelli:** S. 120 *links* © 2005, Giangiacomo Feltrinelli Editore, Mailand; **Fotolia:** S. 6 *oben links:* 1 Denis Gladkiy*; 2* michaklootwijk*; rechts (v.o.n.u.)* markobe; ANADEL; Gabriele Bignoli; ArTo; CRISTINA D. ARBUNESCU; Mi.Ti. S. 7 *oben links* alexa_adrian2001; *oben rechts (v.o.n.u)* goodluz; rcaucino; africa; Mi.Ti.; mpina; Aleksandar Todorovic S. 8 *1* Roberto Zilli; *2* swisshippo; *3* Sven Krause; *4* Freesurf; *Mitte rechts* pepe; S. 9 *5* StudioGi; *6* Samuele Gallini; *7* and.one; *8* Samuele Gallini S. 13 *unten links* sp4764; *unten rechts* Rawpixel.com S. 14 *1* Ettore; *2* liubomirt; *3* Silvia Bogdanski; *4* Antonmaria Galante S. 15 *Hintergrund* Africa Studio S.20 *oben links* Shjmyra; *oben rechts* asife; *unten links* Günter Menzl; *unten rechts* sabino.parente S.21 *oben rechts* sebra; *unten links* Khakimullin Aleksandr; *unten rechts* kaimanblu S. 26/27 *Hintergrund* vege S. 26 *unten links* francemora; *unten rechts* Alex Beck S. 27 *unten links* ra2studio, *unten rechts* michaeljung S. 29 *oben* kmiragaya S. 31 *Mitte* highwaystarz S. 37 *links* Michaela Rofeld; S. 42 *oben links* Samuele Gallini; S. 43 *oben links* ekaterina_belova; *oben rechts* Massimo Rotondo; *Mitte links* Gian Paolo Tarantini; *Mitte rechts* Alexandr Ozerov; S. 44 *Via Condotti* lornet; *Basilica* fabiomax; S. 46 *1* Rolf Fischer; *2* scaliger; *4* Maridav S. 48 *Collage links* Albo; *Collage rechts* zardo S. 49 pixs:sell S. 56 *Hintergrund* neonshot S.60 *Mitte links* detailblick-foto S. 61 *Mitte rechts* Tivtyler S. 62 stockcreations S. 63 Tobias Arhelger S. 64/65 *Hintergrund* angiolina S. 65 *oben* rh2010; *unten* Daniel Ernst S. 69 *obere Reihe 1* Javier Brosch;*2* LuckyBusiness Photo Studio; *4* SusaZoom; *untere Reihe 3* Robert Kneschke; *4* PhotographyByMK S. 71 *oben* Kzenon; *unten* Monkey Business S. 72 *1* Oksana Kuzmina; *2* BillionPhotos.com; *3* contrastwerkstatt; *4* Monkey Business; *5* JackF; *6* auremar S. 74 *Mitte (v.l.n.r.)* goodluz; lenets_tan; BillionPhotos.com; SZ-Designs; *unten (v.l.n.r.)* Alexander Raths; Oksana Kuzmina; tunedin; Silvano Rebai S. 76 stockpics S. 77 *unten links* Sergey Nivens; *unten Mitte* Robert Przybysz; *unten rechts* goodluz S. 81 *1* Jamrooferpix; *2* Alessio Laconi; *3* Yü Lan; *4* Eisenhans; *5* Zarya Maxim S. 82 *oben links* picturegarden; *oben rechts (v.o.n.u)* Roberto Zocchi; Visions-AD; Pietro D'Antonio; *Mitte* nito S.83 *oben* vitaly tiagunov *Mitte oben* Maridav; *Mitte unten* biosdi S. 88 *unten 1* Sergey Novikov; *2* Ivan Floriani; *4* JFL Photography S. 89 *Mitte* ktsdesign S. 94/95 *Hintergrund* Jürgen Fälchle S. 95 *oben* Photocreo Bednarek; *Mitte links* frenta; *unten rechts* Comugnero Silvana S. 100 *oben links* shock; *Mitte links* coolman; *unten links* Roberto Lo Savio; *unten rechts* travelbook S. 101 *le Alpi* /ARochau; *l'agricoltura* ChiccoDodiFC; *Lago Maggiore* ClaraNila; *l'allevamento* dinosmichail; *l'Appennino* JFL Photography; *Pisa* magann; *Siena* QQ7; *la pesca* fesenko; *il vulcano* LianeM – S. 102 contrastwerkstatt S. 103 *oben* Oscar; *unten (v.l.n.r.)* George Dolgikh; Daniel Ernst; alephcomo1; Wrangler; Rido S. 104 *oben* Syda Productions; *Mitte links* Artur Marciniec; *Mitte rechts* Diorgi; *unten* kasto S. 105 *oben* marcoemilio; *oben links* BillionPhotos.com; *Mitte rechts* oneinchpunch S. 106 *unten links* Ermolaev Alexandr; *unten rechts* gpointstudio S. 107 Gianni S. 108 *Mitte rechts (v.o.n.u)* Claudio Colombo; frenk58; frenk58 S. 109 *unten rechts (v.o.n.u).* Tupungato; Leonid Andronov S. 110 *unten links* Juulijs; *unten Mitte* S.Kobold S. 113 *oben links* oneinchpunch; *Mitte rechts Blitz* fotola70; S. 116 *Mitte rechts oben* ggfum; *Mitte rechts unten* castrovilli; *unten 1. Reihe (v.l.n.r.)* comodigit; Sabphoto; zinkevych; *unten 2. Reihe (v.l.n.r.)* bst2012; Monkey Business; gstockstudio S. 124 David Porras; S. 135 *unten links* sp4764; *unten rechts* Rawpixel.com S. 137 *1* SSilver; *2* meryll; *3* kasto; *4* BillionPhotos.com; *5* Jamrooferpix; *6* Zarya Maxim S. 139 *oben* Claudio Colombo; *Mitte* frenk58; *unten* frenk58 S. 169 fotorealis S. 170 *oben* Sergii Figurnyi; *unten* padabaiashi S. 173 Sergii Figurnyi S. 174 *oben* Freesurf; *Mitte* Leonid Andronov S. 175 lucazzitto S. 176 *links* Sergii Figurnyi; *rechts* Alexey Kuznetsov S. 177 Dario Lo Presti S. 178 *Mitte* fotonat67; *unten* Amro S. 179 fabiomax; **imago:** S. 88 *3* Chromorange; **laif:** *Cover* Dietmar Denger; S. 21 *oben links* contrasto/RICCARDO VENTURI; S. 89 *unten* TANIA/contrasto; S. 111 *unten rechts* STEFANO G. PAVESI/ contrasto;S. 112 *A* Augusto Casasoli A3/contrasto; *B* Augusto Casasoli A3/contrasto; *D* Casasoli A3/contrasto; S. 130

Dario Pignatelli/Polaris; **Legambiente Onlus:** S. 37 *rechts* ; **mauritius images** S. 69 *obere Reihe, 3* Fiona Fergusson; S. 92 P. Widmann S. 113 *unten rechts* MARKA; **mauritius images/Alamy:** S. 8: *Mitte links* Ivan Vdovin; S. 28 *Mitte rechts* PHOTOMAX; S. 95 *unten* Adam Eastland Art + Architecture; S.101 *il turismo culturale* Dennis MacDonald; S. 105 *Mitte links* SFM MILAN; S. 109 *Mitte links* Terese Loeb Kreuzer; S. 111 *Mitte rechts* Motoring Picture Library; – S. 111 *unten links* PACIFIC PRESS; **mauritius images/United Archives:** S. 13 *oben rechts*; *Mitte rechts Hofeinfahrt;* **Photomovie:** S. 126 *oben links* Milano; **picture-alliance:** S.11 *unten* KPA/Andres; S. 20 *unten Mitte* dieKLEINERT.d; S. 55 *rechts unten* Keystone S. 95 *Mitte rechts oben* Luisa Ricciar; S. 95 *Mitte rechts unten* CPA Media Co.;**Sermig:** S. 35 *Mitte links* - Arsenale della Pace, Turin; **Shutterstock:** S. 13 *oben links* T photography; S. 46 *3* pavel dudek; S. 69 *untere Reihe 2. Bild* Alexander Raths; **staseraintv.com ®:** S. 26 *links oben;* **Uchronia Ed.:** S. 132; S. 133; **Vico Equense** (mit freundlicher Genehmigung der Stadt Vico Equense): **S.93**

Karten
Cornelsen/Christian Görke S. 7; S. 100, S. 113, U2+3

Ecco 2
METODO DI ITALIANO

Herausgegeben von
Philipp Volk

Im Auftrag des Verlages erarbeitet von:
Rosmarie Legler, Robert Mintchev,
Mariella Quarantelli, Jan Scheitza, Philipp Volk

und der Redaktion
Louisa Pabst

redaktionelle Assistenz
Eva Baumgart-Catania, Claudia Kolitzus

Projektleitung: Heike Malinowski

Beratende Mitwirkung
Dagmar Horn, Katherina Keck, Prof. Dr. Daniel Reimann,
Paolo Vetrano, Susanne Lindemann

Layoutkonzept: werkstatt für gebrauchsgrafik, Berlin
Layout und technische Umsetzung: vitaledesign, Berlin
Karten: Christian Görke
Illustration: Anna Mars, Laurent Lalo (S. 73, 99, 102, 118), Matthias Pflügner (S. 140)
Umschlagfoto: laif/Dietmar Denger

Symbole und Verweise

1 officina creativa Lernaufgabe
🎧 1|52 Hörverstehen/Tracknummern
🇮🇹 Sprachmittlung
✏ Schreibaufgabe
👥 Partnerarbeit
👥👥 Gruppenarbeit
//O Differenzierungsaufgabe (leicht)
//● Differenzierungsaufgabe (schwer)
facoltativo fakultative Übung
METHODEN ▶ S.163 ✓
Verweis auf das Methodentraining
im Anhang
LANDESKUNDE 🌐
Landeskundlicher Hinweis

Begleitmaterialien zu **Ecco 2**
978-3-06-021256-9 Audio-CD
978-3-06-021241-5 Arbeitsheft mit CD
978-3-06-021245-3 Grammatikheft
978-3-06-021254-5 Handreichungen für den Unterricht

Im Lernmittel wird in Form von Symbolen auf eine CD verwiesen; diese enthält – bis auf die Hörverstehensübungen – ausschließlich optionale Unterrichtsmaterialien. Die CD unterliegt nicht dem staatlichen Zulassungsverfahren.

Soweit in diesem Lehrwerk Personen fotografisch abgebildet sind und ihnen von der Redaktion fiktive Namen, Berufe, Dialoge und Ähnliches zugeordnet oder diese Personen in bestimmte Kontexte gesetzt werden, dienen diese Zuordnungen und Darstellungen ausschließlich der Veranschaulichung und dem besseren Verständnis des Inhalts.

www.cornelsen.de

1. Auflage, 1. Druck 2016

Alle Drucke dieser Auflage sind inhaltlich unverändert und können im Unterricht nebeneinander verwendet werden.

© 2016 Cornelsen Schulverlage GmbH, Berlin

Das Werk und seine Teile sind urheberrechtlich geschützt.
Jede Nutzung in anderen als den gesetzlich zugelassenen Fällen bedarf der vorherigen schriftlichen Einwilligung des Verlages. Hinweis zu den §§ 46, 52 a UrhG: Weder das Werk noch seine Teile dürfen ohne eine solche Einwilligung eingescannt und in ein Netzwerk eingestellt oder sonst öffentlich zugänglich gemacht werden. Dies gilt auch für Intranets von Schulen und sonstigen Bildungseinrichtungen.

Druck: Mohn Media Mohndruck, Gütersloh

ISBN 978-3-06-021208-8

PEFC zertifiziert
Dieses Produkt stammt aus nachhaltig
bewirtschafteten Wäldern und kontrollierten
Quellen.
www.pefc.de

PEFC/04-31-1033

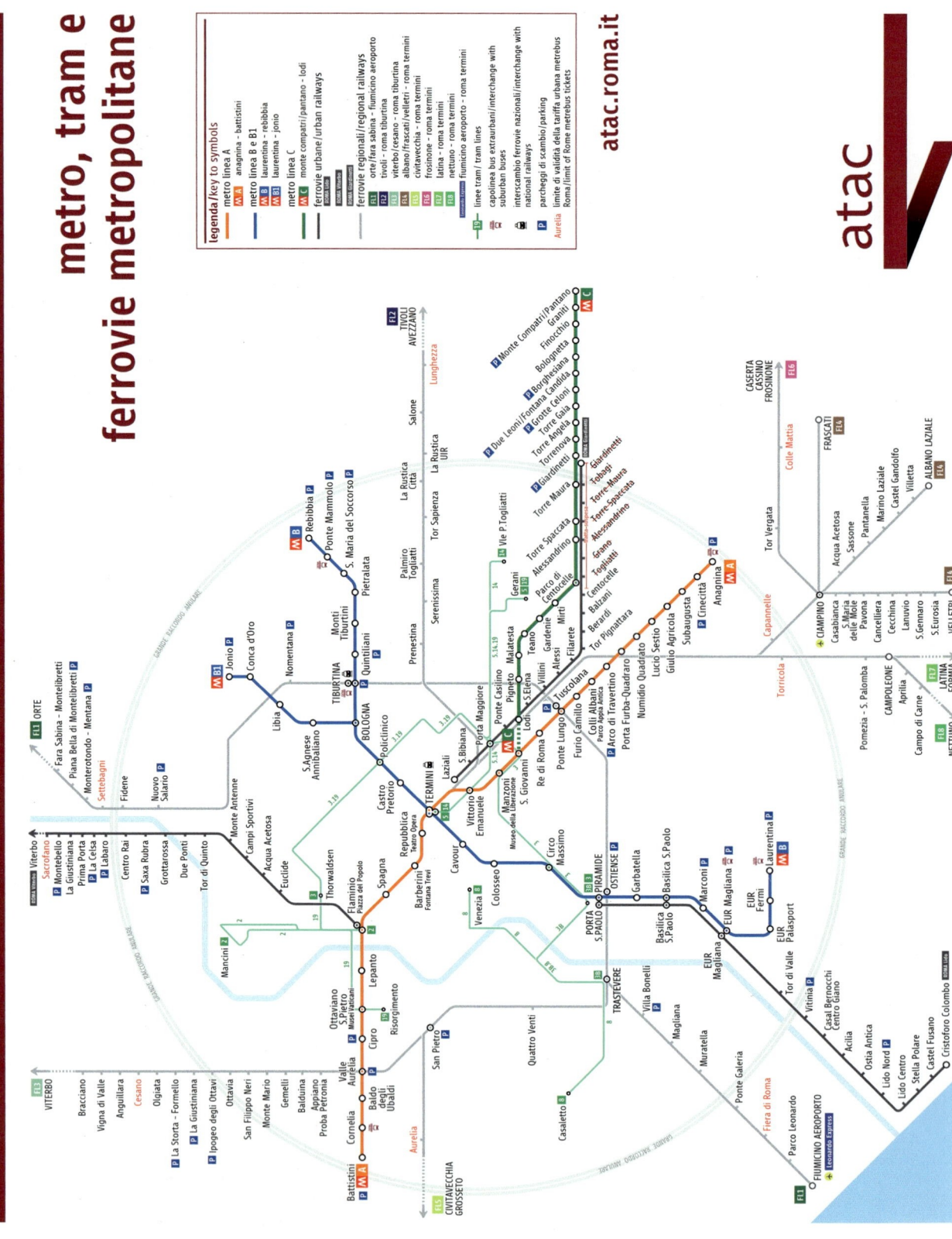

metro, tram e ferrovie metropolitane

atac.roma.it

atac

legenda/key to symbols

M A metro linea A
- anagnina - battistini

M B metro linea B e B1
M B1 laurentina - rebibbia
laurentina - jonio

M C metro linea C
- monte compatri/pantano - lodi

ferrovie urbane/urban railways

ferrovie regionali/regional railways
FL1 orte/fara sabina - fiumicino aeroporto
FL2 tivoli - roma tiburtina
FL3 viterbo/cesano - roma tiburtina
FL4 albano/frascati/velletri - roma termini
FL5 civitavecchia - roma termini
FL6 frosinone - roma termini
FL7 latina - roma termini
FL8 nettuno - roma termini
fiumicino aeroporto - roma termini

linee tram / tram lines
capolinea bus extraurbani/interchange with suburban buses
interscambio ferrovie nazionali/interchange with national railways
P parcheggi di scambio/parking
limite di validità della tariffa urbana metrebus
Roma/limit of Rome metrebus tickets